Christian Julmi

Atmosphären in Organisationen

Wie Gefühle das Zusammenleben in Organisationen beherrschen

2. Auflage

FSC
www.fsc.org
MIX
Papier aus ver-
antwortungsvollen
Quellen
Paper from
responsible sources
FSC® C105338

Bibliografische Information der Deutschen Nationalbibliothek:
Die Deutsche Nationalbibliothek verzeichnet diese Publikation in
der Deutschen Nationalbibliografie; detaillierte bibliografische Daten sind im Internet über dnb.dnb.de abrufbar.

Zweite, korrigierte und erweiterte Auflage

© 2024 Christian Julmi
Erste Auflage 2015, Projektverlag, Bochum/Freiburg
Verlag: BoD · Books on Demand GmbH, In de Tarpen 42,
22848 Norderstedt
Druck: Libri Plureos GmbH, Friedensallee 273, 22763 Hamburg

ISBN: 978-3-7597-7462-0

VORWORT ZUR ZWEITEN AUFLAGE

Die im Jahre 2015 erschienene Monografie „Atmosphären in Organisationen" hatte eine Auflage von 250 Stück. Bei monografischen Dissertationen ist es (nicht nur) in der Betriebswirtschaftslehre üblich, diese im Rahmen solcher kleineren Auflagen zu veröffentlichen. Dies schuldet dem Umstand Rechnung, dass es sich in der Regel um spezielle Literatur handelt, die zwar in ihrer wissenschaftlichen Community zur Kenntnis genommen bzw. gelesen wird (oder werden sollte), darüber hinaus aber keine breite Leserschaft adressiert. Weniger üblich und umso erfreulicher ist es daher, wenn die erste Auflage bereits wenige Jahre später vergriffen ist und eine zweite Auflage erscheinen kann.

Da es sich bei der vorliegenden Monografie um eine Dissertation handelt, ist der Kerntext in dieser im Vergleich zur ersten Auflage weitgehend unverändert. Es wurden lediglich kleinere Korrekturen vorgenommen. Neu in der zweiten Auflage ist hingegen ein Briefwechsel, den ich mit Hermann Schmitz – dessen Neue Phänomenologie die Grundlage meiner Arbeit darstellt – im Anschluss an und über meinen „kühnen Brückenschlag von der Phänomenologie zur Betriebswirtschaft" (Schmitz) geführt habe. Der Briefwechsel stellt eine kritische Würdigung der Arbeit dar, die auch kleinere Revisionen meinerseits beinhaltet, geht teilweise aber auch über die Arbeit hinaus und bietet spannende Anknüpfungspunkte für die weitere Beschäftigung mit der Thematik an.

Dass der Kerntext der zweiten Auflage unverändert bleibt, heißt selbstverständlich nicht, dass seit der Erstveröffentlichung zum Thema Atmosphären in der Management- und Organisationsforschung wenig passiert ist. Im Gegenteil hat das Thema inzwischen auch international an Fahrt aufgenommen und erfreut sich einer beständig wachsenden Forschungsgemeinschaft. Zu dieser Entwicklung gehört auch die Übersetzung einer komprimierten Fassung meiner Dissertation ins Englische, die unter dem Titel „Situations and atmospheres in organizations. A (new) phenomenology of being-in-the-organization" 2017 bei Mimesis International veröffentlicht wurde. Darüber hinaus knüpft das 2018 im Hanser Verlag erschienene Buch „Atmosphärische Führung. Stimmungen wahrnehmen und gezielt beeinflussen", das ich gemeinsam mit Guido Rappe verfasst habe, an die hier dargelegten Thesen an. Es richtet sich einerseits an Führungskräfte der Praxis, stellt andererseits aber auch eine Weiterentwicklung der in Kapitel 5 behandelten Entwicklungsdynamiken gemeinsamer Situationen und Atmosphären in Organisationen dar. Wie breit die Atmosphärenforschung inzwischen insgesamt geworden ist, zeigt nicht zuletzt der von Barbara Wolf und mir herausgegebene Band „Die Macht der Atmosphären", der im Karl Alber Verlag erschienen ist und zahlreiche Beiträge verschiedenster Disziplinen zum Thema umfasst.

In diesem Zuge bin ich auch über die breite Rezeption meiner Dissertation in der nationalen wie internationalen Forschung sehr erfreut. Neben anderen Themen ist insbesondere die in Kapitel 7 entworfene Idealtypologie bislang auf gute Resonanz gestoßen. Bei dieser unterscheide ich vier idealtypische Erscheinungsweisen der Atmosphären in Bezug auf ihre leibliche Wirkung. Dabei lasse ich aber keineswegs, wie Robert Gugutzer in seinem Aufsatz „Atmosphären, Situationen und der Sport" in: Zeitschrift für Soziologie Jahrgang 49, 2020, Heft 5-6 anführt, „den situativen Kontext von Atmosphären außer Acht" (S. 379). Immerhin habe ich mich mit der Bedeutung dieses Kontextes explizit in Abschnitt 7.3 („Der situative Einfluss auf die idealtypische Einordnung von Atmosphären") befasst. Gugutzer sieht sich hier in einer Linie mit Schmitz: „Anknüpfend an Schmitz lautet die zentrale These des Textes, dass Atmosphären immer in Situationen eingebettet sind" (S. 371). Schmitz, der seinen Situationsbegriff erst im vorletzten Band seines Systems und nach seiner Gefühlstheorie eingeführt hat, scheint da allerdings reservierter, wenn er sagt: „Atmosphären sind oft an Situationen gebunden, können aber als freie Atmosphären auch ohne Situationen auftreten" (Hermann Schmitz im Gespräch mit Christian Julmi über Atmosphären, in: Wolf, Barbara/Julmi, Christian (Hrsg.): Die Macht der Atmosphären, Freiburg 2020, S. 447-463, hier S. 454). Mir scheint es vielmehr, dass Gugutzers Prämisse der Verbundenheit von Situation und Atmosphäre in meiner Dissertation stärker vertreten wird als von Schmitz selbst. Insofern sehe ich meine Idealtypologie auch nicht im Widerspruch, sondern in komplementärer Ergänzung zu Gugutzers überaus gelungener Typologie der Situationsatmosphären. Letztlich zähle ich meine Dissertation auch als Beitrag zu der von ihm begründeten Neophänomenologischen Soziologie und betrachte die Frage nach der Verbundenheit von Situation und Atmosphäre als eine der Schlüsselfragen der Atmosphärenforschung.

Christian Julmi, Velbert, 2024

Vorwort zur ersten Auflage

Die vorliegende Arbeit entstand im Rahmen meiner Tätigkeit als wissenschaftlicher Mitarbeiter am Lehrstuhl für Betriebswirtschaftslehre, insbesondere Organisation und Planung, und wurde an der Fakultät für Wirtschaftswissenschaft der FernUniversität in Hagen als Dissertation angenommen. Bei der Erstellung der Arbeit war ich auf die Unterstützung vieler Personen angewiesen.

Zu besonderem Dank bin ich meinem Doktorvater Prof. Dr. Ewald Scherm verpflichtet, der mich während der Erstellung des Dissertationsvorhabens jederzeit gefördert und unterstützt hat und dadurch zum Gelingen des Forschungsprojektes entscheidend beitrug. Die Möglichkeit, philosophisch orientierte Grundlagenforschung in einem von der Betriebswirtschaftslehre bislang nicht erschlossenen Bereich betreiben zu dürfen, empfinde ich als ein seltenes Privileg. Dank zu sagen gilt zudem Prof. Dr. Jürgen Weibler als Zweitgutachter und Prof. Dr. Thomas Hering Drittprüfer der Dissertation, einmal für die aufgebrachte Zeit, aber auch für die aufschlussreichen und interessanten Anregungen.

Meinen Kolleginnen und Kollegen am Lehrstuhl danke ich für die konstruktiven Diskussionen während und außerhalb der zahlreichen Doktorandenseminare, die vielfältigen Anstoß zur Verbesserung gegeben haben. Mein Dank gilt außerdem Prof. Dr. Guido Rappe für die inspirierenden Gespräche und Hinweise von philosophischer Seite.

Der Veröffentlichungsprozess einer Dissertation ist oftmals zeit- und kraftraubend. Hier spreche ich meinem Verleger Dr. Fred Pusch meinen besonderen Dank für die wie immer sehr gute und unkomplizierte Zusammenarbeit aus. Da eine Arbeit nicht ohne Lektorat auskommt, möchte ich an dieser Stelle zudem den gewissenhaften

Korrekturlesern danken, insbesondere Dr. Timo Fleschutz, Dr. Hilger Jahnes, Florian Lindner und Sandra Di Giovanni.

Schließlich empfinde ich tiefe Dankbarkeit gegenüber meinem familiären und privaten Umfeld für die bedingungslose Unterstützung in sämtlichen Phasen vor und während der Erstellung dieser Arbeit. Allen voran sind hier meine Frau Nadezhda, der ich diese Arbeit widme, und meine Eltern Christine und Bernd zu nennen.

Christian Julmi, Hagen, 2015

INHALTSVERZEICHNIS

ABBILDUNGSVERZEICHNIS

ABKÜRZUNGSVERZEICHNIS

Abb.	Abbildung
Aufl.	Auflage
bzw.	beziehungsweise
d. h.	das heißt
dt.	deutsch
ebd.	ebenda
En.	Endnote
engl.	englisch
Fn.	Fußnote
franz.	französisch
gr.	griechisch
Hrsg.	Herausgeber
lat.	lateinisch
MOF	Management- und Organisationsforschung
PAD	Pleasure-Arousal-Dominance
S.	Seite
S-O-R	Stimulus-Organism-Response
u. a.	und andere
vgl.	vergleiche
z. B.	zum Beispiel

„Man sagt dann: Etwas liegt in der Luft.
Was so in der Luft liegt, ist ein Gefühl."
(Schmitz 1965, S. 50)

1 Einleitung

1.1 Ausgangssituation

Atmosphären sind in Organisationen immer und überall präsent. Man verständigt sich über Atmosphären so mühelos wie über das Wetter, ganz gleich, ob es sich um die angespannte Atmosphäre einer Besprechung, die gemeinschaftliche Atmosphäre bei der Weihnachtsfeier oder die mitreißende Atmosphäre bei der Ansprache des neuen Geschäftsführers handelt. Atmosphären sind jedoch keinesfalls nur Schmuck- oder Beiwerk des organisationalen Zusammenlebens, über das man sich – wie über das Wetter – unterhält, wenn einem sonst nichts einfällt. Vielmehr sind Atmosphären für ein gelingendes organisationales Zusammenleben essenziell. Atmosphären bilden für das Verhalten der Organisationsmitglieder nicht nur einen Rahmen, sondern wirken in hohem Maße verhaltensbeeinflussend. Wer gut gelaunt und gelassen in eine aggressive und hitzige Atmosphäre hineingerät, kann sich von dieser anstecken lassen oder sich in seinem Tun merklich gehemmt oder gestört fühlen.[1] Während die euphorische Atmosphäre zum Mitmachen einlädt, lässt eine bedrückte Atmosphäre spürbar alle Initiative erlahmen.[2] Ob die Atmosphäre einer Sitzung gespannt, locker oder bedrückt ist, wirkt sich jeweils auf den Verlauf und das Ergebnis der Sitzung aus.[3] Das Erfassen der vorherrschenden Atmosphäre gibt Aufschluss darüber, welches Verhalten angemessen ist und welches nicht.[4] In Verhandlungen bedarf es eines atmosphärischen Gespürs dafür, worauf die Gegenseite wirklich hinaus will, etwas, das in der Regel gerade nicht aus dem tatsächlich Gesagten hervorgeht.[5] Ein Vorgesetzter muss ein Gespür für die in seiner

---

[1] vgl. Schmitz 2007, S. 271
[2] vgl. Slaby 2011, S. 133
[3] vgl. Böhme 2007, S. 281
[4] vgl. Langewitz 2007, S. 322
[5] vgl. Schmitz 2013, S. 24

Belegschaft herrschende Atmosphäre besitzen, um erfolgreich führen zu können.[6] Wer nicht ein gewisses Gespür oder Geschick im Umgang mit Atmosphären mitbringt, hat es schwer, sich im Alltag des organisationalen Zusammenlebens zu behaupten.

Ein wesentliches Merkmal von Atmosphären besteht darin, dass diese nicht nur wahrgenommen, sondern durch den Wahrnehmenden gleichermaßen mitkonstituiert werden. Eine angespannte Atmosphäre kann in manchen Fällen dadurch aufgelockert werden, dass jemand einen Witz macht. Atmosphären können ebenso geschaffen wie zerstört werden, etwa wenn der ungeliebte Vorgesetzte in die gemeinschaftliche Atmosphäre seines Teams hineinplatzt und den Anwesenden das Wort sprichwörtlich im Halse stecken bleibt.[7] Für Schöll kann eine schlechte oder vergiftete Atmosphäre bei den Betroffenen gar zu Leistungsverweigerung, Angst, fehlender Motivation oder innerer Kündigung führen, während eine positive Atmosphäre die Leistungsbereitschaft, Motivation und Arbeitszufriedenheit der Organisationsmitglieder steigern kann.[8] Ob man so weit gehen muss, sei dahingestellt – dass das organisationale Zusammenleben aber wesentlich von Atmosphären beeinflusst wird und ohne Atmosphären eigentlich nicht gedacht werden kann, sollte durch die skizzierten Beispiele allerdings deutlich geworden sein.

1.2 Problemstellung und Zielsetzung

Trotz der hohen praktischen Relevanz von Atmosphären in Organisationen sind bislang keine Versuche unternommen worden, diese theoretisch zu erfassen und systematisch zu erforschen. Der Grund hierfür scheint in erster Linie darin zu liegen, dass in der Wissenschaft allgemein und in der Management- und Organisationsforschung (MOF)

---

[6] vgl. Doerfler 2011, S. 25; Wefers 2012, S. 53
[7] vgl. Schmitz 1974, S. 329; Böhme 2007, S. 290
[8] vgl. Schöll 2009, S. 37

in der Regel eine strikte Trennung von Subjekt und Objekt unterstellt wird, sodass nur das erforscht werden kann, was entweder Subjekt oder Objekt ist, da sich beides gegenseitig ausschließt.[9] Nun ist es jedoch gerade für Atmosphären konstitutiv, dass sie weder rein objektiv noch rein subjektiv verstanden werden können. Atmosphären sind nicht ausschließlich subjektiv, da sie in und an einer konkreten räumlichen Umgebung wahrgenommen und mit dieser identifiziert bzw. dieser zugeschrieben werden.[10] Man kann sich einer Atmosphäre in vielen Fällen einfach dadurch entziehen, dass man den Raum verlässt. Atmosphären sind aber auch nicht ausschließlich objektiv, da sie ganzheitlich wahrgenommen werden und ebenso wenig auf ihre Einzelteile reduziert wie ohne einen Wahrnehmenden gedacht werden können. Damit sind sie weder (vollständig) quantifizierbar noch objektivierbar, denn beides bedarf einer Ablösung des Anschauungsobjektes von einer Gesamtheit und setzt entsprechend Teilbarkeit voraus.[11] In einem naturwissenschaftlichen Sinne existieren Atmosphären nicht und können entsprechend auch nicht gemessen werden. Atmosphären werden zwar räumlich wahrgenommen, beziehen sich jedoch nicht auf einen naturwissenschaftlichen Raum, sondern auf einen Raum gespürter Anwesenheit, der sich mathematisch nicht fassen lässt. In diesem sind Atmosphären ganzheitlich und bedürfen entsprechend einer ganzheitlichen Betrachtungsweise, die sich nicht aus einzelnen Faktoren ableiten lässt.[12] Im Gegenteil lassen sich nur durch die Betrachtung des Ganzen Muster erkennen sowie (falls vorhanden) die Beziehungen einzelner Elemente untereinander nachvollziehen.[13]

In der gespürten Anwesenheit nimmt man mit der Umgebung immer auch seine eigene körperliche Präsenz mit wahr, sodass das Medium

---

[9] vgl. Dale/Burrell 2000, S. 20; Dale 2001, S. 13, 21
[10] vgl. Schmitz 2005c, S. 28-29
[11] vgl. Tellenbach 1968, S. 60-61; Griffero 2014, S. 15-16
[12] vgl. Müller 2011, S. 1374
[13] vgl. Arnheim 1991, S. 55

der Wahrnehmung von Atmosphären der eigene Körper ist – aber nicht der objektiv messbare, sondern der subjektiv gespürte Körper, der von ersterem abgrenzend als Leib bezeichnet werden kann.[14] Die Atmosphäre lässt jemanden am eigenen Leib spüren, wie ihm in seiner Umgebung zumute ist.[15] Die Atmosphäre ist die gemeinsame Wirklichkeit des räumlich Wahrgenommenen und des leiblich Wahrnehmenden.[16] Die Untersuchung eines Raumes, der im leiblichen Erleben fundiert ist, bedarf entsprechend einer phänomenologischen Vorgehensweise,[17] die den Leib ins Zentrum ihrer Überlegungen rückt – denn ohne den Leib wäre für den Menschen kein Wiederfinden in seiner Umgebung möglich. Erst dieser verankert ihn in einer räumlichen Umgebung, die ihm atmosphärisch und damit ganzheitlich imponiert.[18]

Eine solche leibphänomenologisch fundierte Erforschung von Atmosphären lässt sich mittlerweile insbesondere (aber nicht nur) im Bereich der Architektur finden.[19] Diese Arbeiten sind grundsätzlich für die Erforschung von Atmosphären in Organisationen relevant, da auch Organisationen in eine architektonische Umgebung eingebettet sind, deren Atmosphäre für eine Organisation charakteristisch sein kann. Zwischen der Erforschung von Atmosphären in der Architektur und in der Organisation besteht jedoch ein wesentlicher Unterschied. Zunächst gilt für beide, dass Atmosphären immer aus einer bestimmten Situation heraus wahrgenommen werden.[20] Während sich jedoch die Architektur mit dem atmosphärischen Rahmen beschäftigt,

---

[14] vgl. Schmitz 1965, S. 5; Rappe 2005, S. 14

[15] vgl. Böhme 1985, S. 199; 2013a, S. 31

[16] vgl. Böhme 2013a, S. 34

[17] vgl. Schouten 2007, S. 40

[18] vgl. Rappe 2006, S. 20-21

[19] vgl. z. B. Hasse 2003; 2008; 2012; 2014; Meisenheimer 2004; Böhme 2006; Bischoff 2007; Kazig 2008; Grant 2013; Hofmann 2013

[20] vgl. Hasse 2008, S. 103

innerhalb dessen sich Situationen abspielen,[21] sind Organisationen selbst soziale Gebilde[22] und fallen in diesem Sinne mit den Situationen ihrer Organisationsmitglieder zusammen. Die ursprünglichen Bestandteile der Lebenswelt in Organisationen sind Situationen, die ebenso Teil der Organisationsmitglieder wie des Zusammenlebens in der Organisation und damit der Organisation selbst sind.[23] Organisationen bieten im Gegensatz zur Architektur keinen Rahmen für das Zusammenleben – sie sind das Zusammenleben. Entsprechend können Atmosphären in Organisationen nicht als der Situation vorgängig oder diese unterlegend gedacht werden. Ob die Atmosphäre in einer Organisation angespannt oder gelöst, ob sie von Vertrauen oder Misstrauen geprägt ist, hängt von der Situation ab, in der sich die Organisationsmitglieder befinden. Die Erforschung von Atmosphären in Organisationen ist daher immer auch eine Erforschung von Situationen. Durch diese Verflechtung von Atmosphäre und Situation kommt eine Komplexität ins Spiel, die über die genannte Problematik einer strikten Trennung von Subjekt und Objekt hinaus mitverantwortlich dafür sein dürfte, dass sich – etwa anders als in der Architektur und trotz der aufgezeigten praktischen Relevanz – bislang keine nennenswerten Versuche identifizieren lassen, Atmosphären in Organisationen theoretisch zu erforschen.[24] Entsprechend fehlt es bereits an einem grundlegenden theoretischen Verständnis darüber, was Atmosphären in Organisationen sind, wie sie entstehen und wie sie sich adäquat beschreiben lassen.

Vor diesem Hintergrund besteht das Ziel dieser Arbeit darin, auf Basis einer leibphänomenologischen Herangehensweise die Entwicklungsdynamiken und Erscheinungsweisen von Atmosphären in

---

[21] vgl. Knodt 1994, S. 49
[22] vgl. Scherm/Pietsch 2007, S. 5
[23] vgl. Küpers 2013a, S. 329
[24] vgl. Scherm/Julmi 2012, S. 69

Organisationen insbesondere im Zusammenspiel mit den Situationen der Organisationsmitglieder herauszuarbeiten.

1.3 Aufbau der Arbeit

In Kapitel 2 erfolgt zunächst eine allgemeine und vom Phänomen der Atmosphäre losgelöste wissenschaftstheoretische Einordnung der Arbeit innerhalb der MOF. Diese ist insbesondere deshalb von wesentlicher Bedeutung, da mit dem Paradigma des Restrealismus innerhalb der MOF wissenschaftstheoretisches Neuland betreten wird. Kapitel 3 setzt sich dann mit dem aktuellen Stand der Atmosphärenforschung auseinander. Dieses Kapitel besteht im Wesentlichen aus zwei Teilen. Der erste Teil gibt einen historischen Überblick über die Atmosphärenforschung in der Philosophie bzw. Phänomenologie, der in der Gegenwart endet. Der zweite Teil widmet sich verschiedenen Herangehensweisen der Erforschung von Atmosphären in den Wirtschaftswissenschaften und unterzieht diese – auch unter Berücksichtigung der zuvor erarbeiteten philosophischen bzw. phänomenologischen Erkenntnisse – jeweils einer kritischen Würdigung. Im Anschluss an den aktuellen Forschungsstand werden in Kapitel 4 die phänomenologischen Grundlagen der Arbeit entwickelt. Hierbei liegt das Augenmerk insbesondere auf den Phänomenen des Leibes und der Atmosphäre sowie ihres Zusammenspiels. Darüber hinaus werden grundlegende Begriffe wie derjenigen der leiblichen Kommunikation und der Situation erläutert. Aufbauend auf den phänomenologischen Grundlagen widmen sich die Kapitel 5, 6 und 7 der Erforschung von Atmosphären in Organisationen. Die Kapitel 5 und 6 fokussieren auf die Entwicklungsdynamiken von Atmosphären in Organisationen, die untrennbar mit den Entwicklungsdynamiken gemeinsamer Situationen verbunden sind. Während sich Kapitel 5 allgemein mit Atmosphären und gemeinsamen Situation in Organisationen auseinandersetzt, erörtert Kapitel 6 daran anknüpfend Atmosphären und gemeinsame Situationen von Organisationen. Kapitel 7 untersucht die Erscheinungsweisen von Atmosphären in Organisationen. Hierbei wird eine aus vier

Idealtypen bestehende Typologie von Atmosphären entwickelt. Kapitel 8 fasst die wesentlichen Erkenntnisse der Arbeit zusammen, widmet sich der Frage nach ableitbaren Gestaltungsempfehlungen und zeigt auf, wo sich an diese Arbeit anknüpfend weiterer Forschungsbedarf ergibt bzw. sich Forschungsmöglichkeiten eröffnen.

2 Wissenschaftstheoretische Einordnung der Arbeit

2.1 Paradigmenvielfalt in der Management- und Organisationsforschung

Der Großteil der Entwicklung von Theorien in der MOF basiert auf der Schließung identifizierter oder konstruierter Forschungslücken. Ein solches Vorgehen stellt in der Regel die in der bisherigen Forschung zugrunde gelegten Annahmen nicht infrage, sondern übernimmt diese (mehr oder weniger) unreflektiert.[25] Dieses Vorgehen soll an dieser Stelle nicht kritisiert werden. Neben der Forschung innerhalb etablierter Bereiche ist es jedoch ebenso von Bedeutung, existierende Theorien infrage zu stellen und neue Theorien zu etablieren, um eine neue Sichtweise auf organisationale Phänomene zu erlangen.[26] Die vorliegende Arbeit unternimmt einen solchen Versuch. Damit einhergehend ist die Frage nach der wissenschaftstheoretischen Einordnung der Arbeit gleichermaßen wichtig wie schwierig – denn bevor mit existierenden Annahmen „gebrochen" werden kann, müssen diese erst einmal offengelegt werden. Dies wird dadurch erschwert, dass in der interdisziplinär ausgerichteten und entsprechend heterogenen MOF[27] „kein gemeinsames Verständnis davon [besteht], was es heißt, Wissenschaft zu betreiben".[28] Da sich in der MOF dennoch bestimmte Muster identifizieren lassen, die bestimmen, welche Disziplinen sich zur Entleihung von Erkenntnissen und Theorien eignen und wie diese angeeignet werden,[29] soll im Folgenden versucht werden, so etwas wie ein allgemeines Theorien- (und damit Forschungs-)Verständnis in der

---

[25] vgl. Alvesson/Sandberg 2013, S. 131; 2014, S. 976

[26] vgl. Alvesson/Sandberg 2013, S. 144; 2014, S. 977

[27] vgl. Oswick/Fleming/Hanlon 2011, S. 318

[28] Scherer/Marti 2014, S. 16; vgl. Hibbert/Sillince/Diefenbach/Cunliffe 2014, S. 280

[29] vgl. Oswick/Fleming/Hanlon 2011, S. 318

MOF herauszuarbeiten und mit dem dieser Arbeit zugrunde liegenden Verständnis kritisch in Bezug zu setzen.

Um in der Forschung entscheiden zu können, welche Tatsachen überhaupt als forschungsrelevant angesehen werden können, bedarf es wissenschaftlicher Leitvorstellungen und grundlegender Annahmen, die sich unter den Begriff eines sogenannten wissenschaftlichen Paradigmas zusammenfassen lassen, das den Forschenden nicht nur in seiner Arbeit leitet,[30] sondern ihn auch als Mitglied einer Forschungsgemeinschaft ausweist.[31] Ein wissenschaftliches Paradigma verweist auf die grundsätzlichen Annahmen eines Forschers in Bezug auf sein Erkenntnisinteresse, auf die Beschaffenheit des Erkenntnisgegenstands (Ontologie) sowie auf die Art und Weise der Erkenntnis- und Wissensgenerierung (Epistemologie).[32]

Die grundsätzlichen Annahmen und Leitvorstellungen sind kein festes Regelwerk, das man auf einzelne, logische Bestandteile reduzieren kann.[33] Ein wissenschaftliches Paradigma lässt sich als Ganzes nicht einfach in eine Menge von diskreten Elementen zerlegen – auch wenn bestimmte Aspekte analysiert und herausgelöst werden können – und besitzt daher immer auch etwas Vages oder Diffuses.[34] Dies zeigt sich insbesondere in der interdisziplinär ausgerichteten MOF, in der nicht einmal klar erscheint, welche und wie viele Paradigmen es überhaupt gibt. Verschiedene Systematisierungsversuche kommen zu (teilweise sehr) unterschiedlichen Ergebnissen.[35]

---

[30] vgl. Kuhn 1973, S. 30

[31] vgl. ebd., S. 186

[32] vgl. Scherer/Marti 2014, S. 18; auch Burrell/Morgan 1979, S. 1-2; Kilduff/Mehra/ Dunn 2011, S. 299

[33] vgl. Kuhn 1973, S. 26

[34] vgl. Waschkies 1993, S. 133

[35] vgl. z. B. Burrell/Morgan 1979; Astley/Van de Ven 1983; Adler/Borys 1993; Deetz 1996; Schultze/Stabell 2004; Hassard/Cox 2013

2.2 Paradigmatische Strömungen in der Management- und Organisationsforschung

2.2.1 Erkenntnisinteresse von Theorien

Trotz dieser Heterogenität besteht in der MOF weitgehend Einigkeit darüber, dass das Erkenntnisinteresse von Theorien darin besteht, Phänomene zu erklären und/oder vorherzusagen.[36] Nach Lenk (1972, S. 13) gehört es allgemein zu „den obersten Zielen der Wissenschaft", „dass man mit Hilfe ihrer Theorien Ereignisse erklären und/oder voraussagen kann". Die Erklärung einer Theorie besteht in einem Wissen über die Wechselwirkungen der Elemente einer Theorie (z. B. zwischen Variablen); die Vorhersage bezieht sich auf das Ergebnis dieser Wechselwirkungen und kann sich auf einzelne Elemente der Theorie ebenso beziehen wie auf die Theorie als Ganzes.[37] Vorhersagen müssen sich nicht auf die Zukunft beziehen, sondern können auch rückwärts oder seitwärts gerichtet sein. Dies ist etwa bei der Evolutionstheorie der Fall.[38] Der Begriff Erklärung bezieht sich in den meisten Fällen seiner Verwendung auf eine Ursache-Wirkungs-Beziehung, so dass in der MOF anstatt von Erklärung alternativ auch von Verstehen gesprochen wird. Damit soll zum Ausdruck kommen, dass sich menschliches Handeln in Organisationen nicht allein auf leicht zugängliche und eindeutig zu identifizierende Ursachen zurückführen lässt.[39] Anstatt von Ursachen wird hier eher von Gründen gesprochen.[40]

---

[36] vgl. Dubin 1978, S. 18-19; Chmielewicz 1979, S. 11; Freese 1980, S. 192; Bacharach 1989, S. 501; Shapira 2014, S. 1313

[37] vgl. Dubin 1978, S. 19-20

[38] vgl. Schmitz 2010b, S. 73; 2014b, S. 123

[39] vgl. Scherm/Pietsch 2007, S. 9; Hatch/Cunliffe 2013, S. 9

[40] vgl. Greshoff/Kneer/Schneider 2008a, S. 8

Obwohl es eine lange Diskussion über den Unterschied zwischen Erklären und Verstehen in der allgemeinen Wissenschaftstheorie gibt,[41] die hier nicht im Einzelnen nachgezeichnet werden soll, ist bis heute hinsichtlich dieser Begriffe kein Konsens erreicht. Um wenigstens einen überblicksartigen Begriffsgebrauch zu ermöglichen, lässt sich folgendes Spannungsfeld umreißen, in dem die Begriffe in der MOF zueinander gestellt erscheinen. Beim Erklären wird davon ausgegangen, dass sich menschliche Handlungen in ihrer Struktur grundsätzlich durch naturwissenschaftlich-kausale Theorien abbilden (Ontologie) und sich soziale Phänomene entsprechend mit naturwissenschaftlichen Methoden erforschen lassen (Epistemologie). Demgegenüber wird beim Verstehen davon ausgegangen, dass sich soziale Phänomene grundsätzlich von naturwissenschaftlichen Phänomenen unterscheiden (Ontologie) und ihre Erforschung daher einer von den Naturwissenschaften unabhängigen, geisteswissenschaftlichen Herangehensweise bedarf (Epistemologie). Diese Position wird häufig auf Dilthey zurückgeführt, dessen Aussage „Die Natur erklären wir, das Seelenleben verstehen wir"[42] meist anschaulicher Ausgangspunkt solcher Überlegungen darstellt.[43]

Der erste Ansatz wird allgemein als Realismus (Positivismus, Materialismus) bezeichnet, der zweite Ansatz als Anti-Realismus (Konstruktivismus, Idealismus, Nominalismus), wobei es sich insbesondere bei Letzterem um eine Sammelbezeichnung verschiedener Strömungen handelt.[44] Der sogenannte Realismus nimmt in der MOF gegenüber

---

[41] vgl. z. B. Apel 1979; Greshoff/Kneer/Schneider 2008b

[42] Dilthey 1990, S. 144

[43] vgl. Abel 1948, S. 211; Schanz 1975, S. 31; Beckermann 1977, S. 1; Burrell/Morgan 1979, S. 3; Chmielewicz 1979, S. 38-39; Morey/Luthans 1984, S. 27; Konegen/Sondergeld 1985, S. 65-68; Lee 1991, S. 343; Johnson/Duberley 2003, S. 1283; Kieser/Walgenbach 2010, S. 29; Hatch/Cunliffe 2013, S. 9-14

[44] vgl. Burrell/Morgan 1979, S. 3-4; Tsoukas 2000, S. 531; Apel 2011, S. 79-81

dem Anti-Realismus grundsätzlich eine dominante Stellung ein.[45] Ontologie und Epistemologie der beiden Ansätze sollen im Folgenden weiter präzisiert werden.

2.2.2 Realismus und Anti-Realismus

Der Realismus geht davon aus, dass vor jeder Erkenntnis eine „Realität an sich" mit unveränderlicher Struktur existiert, die dem nach Erkenntnis suchenden Subjekt als vorgängig gegeben ist. Diese ontologische Basisannahme wird auch als positivistisches Weltbild bezeichnet. Dem Realismus zufolge ist es grundsätzlich möglich, die vorgängig gegebene Realität zu erkennen, indem Theorien aufgestellt und empirisch durch systematische Beobachtungen geprüft werden. Auf diese Weise wird ein Erkenntnisprozess in Gang gesetzt, der zu einer stetigen Vermehrung des Wissens über Natur und Kultur führt.[46] Mit dem Realismus wird eine methodische Einheit der Wissenschaften angenommen, wobei die Geisteswissenschaften streng genommen keine eigenständige Wissenschaft darstellen, sondern als Teil der Naturwissenschaften aufgefasst werden. Soziale Phänomene lassen sich mittels naturwissenschaftlicher Methoden untersuchen; ein eigenständiger (epistemologischer) Anspruch der Geisteswissenschaften wird zurückgewiesen.[47] Naturwissenschaftliche Methoden basieren auf einer axiomatisch fundierten mathematischen Modellierung sowie auf ihrer experimentellen Überprüfung.[48] Während die mathematische Modellierung der Theoriebildung dient, soll durch das Experiment die Theorie mittels Beobachtung der Wirklichkeit geprüft werden.

---

[45] vgl. Burrell/Morgan 1979, S. 25; Lee 1991, S. 343; Townley 2003, S. 51-52; Scherer/Marti 2014, S. 18

[46] vgl. Scherer/Marti 2014, S. 20; auch Burrell/Morgen 1979, S. 5; Johnson/Duberley 2003, S. 1282; Schmitz 2014b, S. 11

[47] vgl. Chmielewicz 1979, S. 39; Lee 1991, S. 343

[48] vgl. Schmitz 2004, S. 147; Abschnitt 2.3.3; auch Lee 1991, S. 342

Demgegenüber gibt es anti-realistischen Ansätzen zufolge keine objektive, vorgängige Realität. Stattdessen entsteht die Realität erst mit bzw. durch das Subjekt und existiert letztlich nur für dieses als subjektive Realität. Realität ist nicht objektiv vorhanden, sondern wird – beispielsweise als Sinn – subjektiv konstruiert. Die organisationale Realität ist als soziale Konstruktion nur in den Köpfen der Organisationsmitglieder vorhanden.[49] Mit einem subjektivistischen Ansatz sind empirische Untersuchungen möglich, beruhen letztlich jedoch immer auf einer Interpretationsleistung, die die konstruierte Realität derjenigen berücksichtigen muss, die Gegenstand der Untersuchung sind.[50] Epistemologisch geht es entsprechend darum, diese konstruierte Realität zu verstehen, wobei dieses Verstehen wesentlich auf Interpretation beruht.[51] Da aufgrund der immer schon konstruierten Wirklichkeit so etwas wie eine theorieneutrale Sprache nicht existiert und die Wissenschaft daher keine universalen Wahrheiten artikulieren kann, stellt jede Wissenschaft letztlich eine Interpretation dar, die immer auch (sozial) mit konstruiert ist und durch Sprache, Interessen oder Weltsichten (mit)erschaffen wird.[52] Der Erkenntnisprozess einer solchen auf Verstehen ausgerichteten Vorgehensweise verläuft daher letztlich zirkulär. Dies wird als „hermeneutischer Zirkel" bezeichnet: „Echtes Verstehen kann sich nur durch Kenntnis aller Umstände einstellen; diese Kenntnis muss aber durch Einzelerfahrungen vermittelt werden, die erst das Ganze aufbauen können. Der Rahmen, der Verständnis ermöglicht, muss also im Verstehensvollzug antizipiert werden: Jedes Verstehen setzt ein gewisses Vorverständnis voraus".[53] Demgegenüber suggeriert der naturwissenschaftlich geprägte Realismus, dieser würde nicht auf Interpretationen beruhen und könne den

---

[49] vgl. Burrell/Morgen 1979, S. 4-5; Morgan 1990, S. 18-24; Lee 1991, S. 347; Hatch/Yanow 2003, S. 69; Scherer/Marti 2014, S. 27

[50] vgl. Lee 1991, S. 347

[51] vgl. Konegen/Sondergeld 1985, S. 99; Hartmann 2000, S. 66

[52] vgl. Johnson/Duberley 2003, S. 1282; McAuley 2004, S. 192

[53] Wuchterl 1977, S. 165

hermeneutischen Zirkel umgehen – was Vertreter der Geisteswissen-schaften[54] bestreiten. Lenk (1993, S. 350; 2013, S. 93) prägte in diesem Zusammenhang den Ausspruch „Wir können nicht nicht interpretie-ren".

Interpretierende Methoden der Geisteswissenschaften besitzen einen größeren Spielraum und sind in ihrer Ausgestaltung prinzipiell freier, da sie im Gegensatz zu den naturwissenschaftlichen Methoden nicht an die radikalen Vorgaben der Messbarkeit gebunden sind und mit Prinzipien arbeiten können, die sich nicht naturwissenschaftlich nach-weisen lassen (müssen).[55] Die Methoden anti-realistischer Ansätze be-ziehen sich primär auf Vorgehensweisen der Ethnographie, Herme-neutik, Phänomenologie und Fallstudien.[56] Die Terminologie von Rea-lismus und Anti-Realismus wird allerdings in der MOF nicht stringent durchgehalten und besitzt zudem irreführende, präjudizierende Kon-notationen. Deshalb soll sie im Folgenden durch die präziseren Aus-drücke „naturwissenschaftlich" versus „geisteswissenschaftlich" oder „hermeneutisch" (bzw. spezifischer im Kontext dieser Arbeit: „phäno-menologisch") ergänzt bzw. ersetzt werden.

2.2.3 Das Dualismus-Problem

In der MOF stehen sich Realismus und Anti-Realismus als unvereinbar gegenüber. Dies zeigt sich besonders prägnant an der paradigmati-schen Unterscheidung von Burrell/Morgan, nach der sich Paradigmen in der MOF anhand dessen klassifizieren lassen, ob sie objektivistisch oder subjektivistisch sind. Subjektivität meint hier die Perspektive der (konstruierten) Innenwelt und Objektivität die Perspektive der (vor-gängig gegebenen) Außenwelt.[57] Obwohl Burrell/Morgan durchaus

---

[54] vgl. z. B. Kuhn 1973; Feyerabend 1986; Lenk 1993; Rappe 2015a; 2015b
[55] vgl. Rappe 2015b, S. 38
[56] vgl. Burrell/Morgan 1979, S. 28-32; Lee 1991, S. 342; Hatch/Yanow 2003, S. 65
[57] vgl. Burrell/Morgan 1979, S. 4-5

verschiedene Grade subjektivistischer und objektivistischer Annahmen zulassen,[58] verbleiben sie mit ihrem Postulat des gegenseitigen Ausschlusses von subjektivistischen und objektivistischen Ansätzen[59] in einer Dichotomie, die letztlich nur entweder einen Idealismus oder (als Realismus) einen Materialismus kennt und damit bereits auf metatheoretischer Ebene einen unüberwindbaren Dualismus von Innen- und Außenwelt unterstellt.[60] Dadurch wird der Mensch (als Innenwelt) auf eine Art und Weise von seiner Umgebung (als Außenwelt) abgetrennt, „die jede Wechselwirkung zu einem unlösbaren Problem werden lässt".[61] Es bleibt nur die Möglichkeit, sich für eine der beiden Seiten als die „Maßgebliche" zu entscheiden, die dann – wenn überhaupt – die andere beeinflusst bzw. aufgrund der fehlenden Wechselwirkung steuert. Entweder steuert (im Materialismus) die Außenwelt mechanistisch die Innenwelt oder ein metaphysisch gedachter (mehr oder weniger freier) Wille der Innenwelt steuert (im Idealismus) die Außenwelt.[62] Letztlich verbleiben aber beide Sichtweisen auf ihrer jeweiligen Seite. Der Erforscher der Außenwelt schafft erkenntnistheoretisch genauso wenig den Sprung in die Innenwelt (z. B. vom Gehirn ins Bewusstsein) wie der Erforscher der Innenwelt die Außenwelt erreicht, da diese als innerweltlich konstruierte in der Innenwelt verbleibt.[63]

Obwohl dieser unterstellte Dualismus innerhalb der MOF immer wieder kritisiert wurde und wird,[64] stellt der Ansatz von Burrell/Morgan

---

[58] vgl. ebd., S. 7
[59] vgl. ebd., S. 25
[60] vgl. auch Adler/Boys 1993, S. 657; Schmitz 2014b, S. 11, 33
[61] Feyerabend 1989, S. 208
[62] vgl. auch Burrell/Morgan 1979, S. 2; Willmott 1993a, S. 682; Schmitz 2014b S, 13
[63] vgl. auch Schmitz 2004, S. 150; 2010c, S. 74
[64] vgl. z. B. Giddens 1984, S. XX-XXII; Willmott 1990, S. 44; 1993a, S. 682; Deetz 1996, S. 194; Corman 2000, S. 16-17; Schultze/Stabell 2004, S. 552; Prasad 2012; S. 586

noch immer eine der am meisten zitierten Arbeiten der MOF dar und gilt für viele als (meta)wissenschaftstheoretischer Standard,[65] wobei die Annahme eines Dualismus von Innen- und Außenwelt auch über die Arbeit von Burrell/Morgan hinaus allgemein in der MOF tief verankert ist.[66] Das Problem eines solchen bereits auf metaparadigmatischer Ebene auftretenden Dualismus – also vor jeder Theoriebildung – besteht darin, dass damit sogenannte „geisteswissenschaftliche" oder „hermeneutische" Ansätze wie etwa die Phänomenologie Heideggers in ein Weltbild gezwängt werden, das durch diese gerade infrage gestellt wird. Dadurch wird das Verständnis dieser Ansätze schon von der Wurzel her (sprich: ontologisch) verzerrt.[67] Ansätze wie der von Heidegger setzen an der unwillkürlichen Alltagserfahrung des Menschen an, die als ganzheitliche Erfahrung einer klaren Unterscheidung von Subjekt und Objekt vorausgeht.[68]

Anstelle einer strikten Trennung von Subjekt (mit einer Innenwelt) und Objekt (in der Außenwelt) bedarf es daher einer Unterscheidung, die keine gegenseitige Ausschließlichkeit impliziert. Eine solche lässt sich mit Schmitz vornehmen, für den nicht primär Subjekte subjektiv oder Objekte objektiv sind. Vielmehr beziehen sich Subjektivität und Objektivität auf „Sachverhalte" (sowie damit verbunden „Programme" und „Probleme"), insbesondere auf diejenigen, die auch „Tatsachen" sind.[69] Ein Sachverhalt bezeichnet, dass etwas ist; ein Programm bedeutet, dass etwas sein soll oder erwünscht ist; ein Problem bezieht sich auf die Frage, ob etwas ist. Sachverhalte beziehen sich allgemein auf nicht-absurde Aussagen, sprich solche, die keinen logischen Widerspruch zur Folge haben. Nicht alle Sachverhalte sind auch Tatsachen. Ein Sachverhalt, der keine Tatsache ist, ist beispielsweise, dass der Mond aus grünem Käse besteht. Dass ein Kreis eckig ist, ist dagegen

---

[65] vgl. Hassard/Cox 2013, S. 1701-1702

[66] vgl. Dale 2001, S. 13, 21

[67] vgl. Deetz 1996, S. 194; Schultze/Stabell 2004, S. 556; Sieben 2007, S. 91

[68] vgl. Rappe 1995, S. 15-16

[69] vgl. Schmitz 1992, S. 33-34; Abschnitt 4.5

weder ein Sachverhalt noch eine Tatsache, da der Satz einen logischen Widerspruch zur Folge hat.[70]

Tatsachen sind objektiv, wenn sie von jedem benannt werden können, der über das notwendige Wissen sowie ausreichende Sprache verfügt. Subjektiv sind diese hingegen, wenn sie höchstens von einem (für sich selbst) benannt werden können. Dies ist der Fall, wenn die Sachverhalte, Programme und Probleme ihm nahegehen, ihn betreffen bzw. betroffen machen, sodass aus einem Programm ein Wunsch und aus einem Problem eine Sorge wird.[71] Subjektivität basiert auf einem Evidenzerlebnis, Objektivität auf einer Richtigkeit, die sich intersubjektiv nachprüfen lässt.[72] Objektivität eröffnet damit die Möglichkeit der Anwendung mathematischer oder naturwissenschaftlicher Kriterien zur Überprüfung einer formalen Richtigkeit. Diese Anwendungsmöglichkeit stellt jedoch keine notwendige Bedingung für Objektivität bzw. die Benennung objektiver Tatsachen dar. Das Subjektivitätsverständnis von Schmitz stimmt – zumindest vom Grundsatz her – mit dem von Heidegger überein, der statt von subjektiven Tatsachen den Ausdruck der „Jemeinigkeit" prägte.[73] Subjektivität und Objektivität stehen dem skizzierten Verständnis folgend nicht in einem „Verhältnis gegenseitiger Ausschließlichkeit", was von Rappe (2005, S. 449) als „erkenntnistheoretische[r] Fehler" bezeichnet wird. Mit dem aufgezeigten Verständnis von Subjektivität und Objektivität kann das Dualismus-Problem überwunden werden.

---

[70] vgl. Schmitz 1977, S. 380; 1994b, S. 56; 2010a, S. 22
[71] vgl. Schmitz 2009, S. 10-11; 2014b, S. 50
[72] vgl. Abschnitt 2.3.2
[73] vgl. Heidegger 2006, S. 42

2.3 Phänomenologie und Naturwissenschaft

2.3.1 Phänomen und Theorie

Die „Neue Phänomenologie" von Schmitz, die zusammen mit den Arbeiten von Rappe die Grundlage dieser Arbeit darstellt (und im Folgenden verkürzt als „Phänomenologie" bezeichnet wird),[74] ist eine Vorgehensweise, mit der eine „Stellung in der Mitte" eingenommen werden kann, „welche die spaltenden dualistischen Tendenzen unbesetzt gelassen haben und heute versuchen, mit allen möglichen ‚Brücken-Gesetzen' irgendwie zu füllen bzw. zu überbrücken".[75] Da sich besagte Mittelstellung (wie aufgezeigt) paradigmatisch nicht einfach in die bestehende Literatur der MOF einordnen lässt, sind weitere Präzisierungen erforderlich. Hierzu scheint insbesondere das Verhältnis der Begriffe „Phänomen" und „Theorie" aufschlussreich, da einerseits die Phänomenologie zwar die Wissenschaft der Phänomene,[76] deshalb jedoch nicht theorielos ist, und andererseits das Erkenntnisinteresse von Theorien in der MOF darin besteht, Phänomene der (organisationalen) Lebenswelt zu erklären und vorherzusagen. Bevor die Phänomenologie wissenschaftstheoretisch eingeordnet werden kann, muss entsprechend erst das Verhältnis der Begriffe Phänomen und Theorie innerhalb der MOF herausgearbeitet werden.

In der MOF folgt die Theorie der Theoriebildung fast ausschließlich einem objektivistischen Verständnis gemäß der Klassifikation von Burrell/Morgan (Realismus) und damit einem naturwissenschaftlichen

---

[74] Damit soll nicht bestritten werden, dass die Phänomenologie selbst ein sehr heterogenes Forschungsfeld mit einer Reihe existierender phänomenologischer Methoden darstellt, die sich in erster Linie durch den zugrunde gelegten Philosophen unterscheiden (vgl. Gill 2014, S. 121). Ein Vergleich verschiedener phänomenologischer Methoden wird in dieser Arbeit nicht durchgeführt (vgl. hierzu im organisationalen Kontext Gill 2014, der jedoch die Phänomenologie von Schmitz nicht berücksichtigt).

[75] Rappe 2015b, S. 45-46

[76] vgl. Schmitz 1967, S. 1; Gill 2014, S. 118

Paradigma, das das Erklären und Vorhersagen von Phänomenen der Erfahrungswelt in den Mittelpunkt stellt.[77] Die Verwendung des Theoriebegriffs folgt in den weiteren Ausführungen diesem Verständnis, nach dem dasjenige, das durch eine Theorie erklärt oder vorhergesagt werden soll, ein Phänomen ist.[78] Theorien und Phänomene stehen also in einem engen Zusammenhang. Mit Theorien soll etwas über Phänomene ausgesagt werden, z. B. wie oder wann diese auftreten.[79] Obwohl dieser Zusammenhang häufig explizit angeführt wird, fehlt in der Regel eine Präzisierung oder Definition des Phänomenbegriffs. Dennoch lassen sich aus dessen Verwendung im Zusammenhang mit Theorien ein paar (rudimentäre) Aussagen über die Eigenschaften von Phänomenen machen.

Ein wesentlicher Unterschied zwischen Phänomenen und Theorien scheint zunächst darin zu bestehen, dass Phänomene lebensweltlich bzw. in der Erfahrungswelt verankert sind, während die Theoriebildung naturwissenschaftlich (oder mathematisch) fundiert ist.[80] Chmielewicz (1979, S. 43, Hervorhebungen im Original) spricht etwa von „realen Phänomene[n] der Erfahrungswelt (Phänomenebene)". Ein Phänomen ist etwas, das jemandem in seiner Erfahrung tatsächlich erscheint.[81] In diesem Sinne ist ein Phänomen eine Tatsache für den Erfahrenden, die einer Beobachtung zugänglich ist, weil sie sich in der Erfahrung zeigt. Phänomene sind als Tatsachen empirisch und werden unter anderem als Objekte[82], Ereignisse[83], Prozesse[84],

---

[77] vgl. z. B. Hempel 1965; Dubin 1978; Chmielewicz 1979; Bacharach 1989; Popper 2005; Bhattacherjee 2012; Opp 2014; Bettis/Gambardella/Helfat/Mitchell 2014, S. 1411; Shapira 2014, S. 1313

[78] vgl. Hatch/Cunliffe 2013, S. 5

[79] vgl. Corley/Gioia 2011, S. 12

[80] vgl. Hempel 1965, S. 111-112

[81] vgl. Moran 2000, S. 4; Gill 2014, S. 118

[82] vgl. Opp 2014, S. 142

[83] vgl. Lauth/Sareiter 2005, S. 13; Opp 2014, S. 142; auch Lenk 1972, S. 16

[84] vgl. Lauth/Sareiter 2005, S. 13

Sachverhalte[85] oder eben Tatsachen[86] bezeichnet. Letztlich wird der Begriff des Phänomens – in seinem ursprünglichen Sinne von gr. *fainómenon* (φαινόμενον) – für alles verwendet, was sich irgendwie zeigt oder jemandem erscheint und als solches Sich-Zeigendes für den Wahrnehmenden real oder tatsächlich ist.[87]

Da die Tatsache oder Tatsächlichkeit (dass etwas ist) alleine wenig über das Phänomen aussagt, werden Theorien aufgestellt, mittels derer dann die (tatsächlichen) Phänomene erklärt und vorhergesagt werden sollen.[88] Theorien sind auf Axiomen (d. h. Basisannahmen) beruhende und aus diesen gewonnene Systeme von Behauptungen über ein allgemeines Verhalten oder eine allgemeine Struktur, die einer empirischen Überprüfung zugänglich sein müssen.[89] Die einzelnen Behauptungen einer Theorie sind über kausale Ursache-Wirkungs-Beziehungen miteinander verbunden, die ihrerseits Behauptungen darstellen.[90] Da die Axiome einer Theorie deren Grenzen in Bezug auf die Anwendbarkeit oder Aussagefähigkeit festlegen, beziehen sich Theorien immer nur auf Ausschnitte der Erfahrungswelt.[91] Die Güte einer Theorie bemisst sich darin, wie „gut" sie ein Phänomen zu erklären oder vorherzusehen vermag. Dafür ist es notwendig, dass Theorien grundsätzlich infrage gestellt werden können, d. h., sie müssen falsifizierbar sein, da ansonsten die Prüfung oder Feststellung ihrer Güte nicht möglich ist.[92] Die Erklärung einer Theorie bezieht sich auf die Wechselwirkungen der Behauptungen eines Systems, die Prognose

---

[85] vgl. Chmielewicz 1979, S. 47; Apel 2011, S. 17
[86] vgl. Chmielewicz 1979, S. 47
[87] vgl. Heidegger 2006, S. 28
[88] vgl. Vester 2009, S. 20
[89] vgl. Hempel 1965, S. 111-112; Schanz 1975, S. 48; Sutherland 1975, S. 9; Bacharach 1989, S. 496; Popper 2005, S. 3, 48
[90] vgl. Chmielewicz 1979, S. 11; auch Stinchcombe 1987, S. 28
[91] vgl. auch Dubin 1978, S. 216; Bacharach 1989, S. 498; Süß 2009, S. 113
[92] vgl. Bacharach 1989, S. 501, 512; Popper 2005, S. 3

auf das Ergebnis dieser Wechselwirkungen.[93] Entsprechend können Theorien ein Phänomen prognostizieren, ohne dieses zu erklären.[94] Ebenso ist es möglich, dass dasselbe Phänomen durch mehrere Theorien erklärt oder prognostiziert werden kann.[95]

Für das Verständnis des Zusammenhangs von Phänomen und Theorie scheint zudem die Beschreibung als eine Art „Mittelstück" eine wichtige Rolle zu spielen. Die Beschreibung ist einerseits nicht Phänomen (sondern dessen Beschreibung),[96] andererseits wird die reine Beschreibung von Phänomenen überwiegend (noch) nicht als Theorie betrachtet.[97] Beschreibungen können im Gegensatz zu Theorien nicht richtig oder falsch sein[98] und dementsprechend nicht geprüft oder falsifiziert werden, auch wenn für Beschreibungen selbstverständlich ein Spielraum der Adäquatheit besteht, der sie qualitativ sehr unterschiedlich sein lassen kann.

Beschreibungen hängen eng mit Begriffen zusammen, die beispielsweise durch Definitionen gewonnen werden können.[99] Zu den Beschreibungen gehören nach Bacharach Kategorisierungen, Typologien und Metaphern. Beschreibungen sind eine wichtige Quelle für Theorien,[100] indem sie etwa zur Auswahl der Behauptungen einer Theorie oder zur Lokalisierung der Grenzen einer Theorie beitragen.[101] Zusammenfassend lassen sich Phänomen, Beschreibung und Theorie folgendermaßen abgrenzen: Ein Phänomen ist das, was sich zeigt.

---

[93] vgl. Dubin 1978, S. 19-20
[94] vgl. ebd., S. 23
[95] vgl. Miller/Tsang 2010, S. 141-14
[96] vgl. Chmielewicz 1979, S. 46
[97] vgl. Lenk 1972, S. 13; Dubin 1978, S. 16; Chmielewicz 1979, S. 9-11; Bacharach 1989, S. 497; Süß 2004, S. 16
[98] vgl. Chmielewicz 1979, S. 9; Schmitz 1994b, S. 223
[99] vgl. auch Schmitz 1980a, S. 209
[100] vgl. Bacharach 1989, S. 497
[101] vgl. Dubin 1978, S. 16

Dies zeigt sich aber immer unterschiedlich, so dass eine Beschreibung gebraucht wird. Eine Beschreibung dient der sprachlichen Präzisierung dessen, was sich zeigt. Mittels einer Theorie lässt sich das, was beschrieben wurde, in einen erweiterten wissenschaftlichen Rahmen stellen und mit ihrer Hilfe erfassen oder erklären, also etwa auch sagen, wie etwas beschaffen ist sowie wann und warum es auftritt.[102] Die Beschreibung stellt die notwendige Brücke zwischen Phänomen und Theorie dar, deren Anknüpfung an das Phänomen die Sprache und an die Theorie die (mathematische) Logik ist.[103] Es gilt: Kein Phänomen ohne Erfahrung, keine Beschreibung ohne Sprache und keine Theorie ohne Logik.

2.3.2 Subjektive Evidenz und objektive Richtigkeit

Ein Phänomen ist für denjenigen, dem es sich unzweifelhaft zeigt, eine subjektive Tatsache. Subjektive Tatsachen gelten demnach für ein Subjekt. Sie beruhen auf einem Evidenzerlebnis des Subjekts und können nur von diesem ausgesagt werden. Objektive Tatsachen können dagegen intersubjektiv geteilt werden. Es lassen sich grundsätzlich zwei verschiedene Arten objektiver Tatsachen unterscheiden: Die lebensweltlich-objektiven Tatsachen und die formal-objektiven Tatsachen. Lebensweltlich-objektive Tatsachen sind in einem subjektiven Evidenzerlebnis fundiert. Die Tatsache „Ich habe Schmerzen" ist beispielsweise eine subjektive Tatsache, aus der sich – etwa durch den Abgleich mit anderen – die lebensweltlich-objektive Tatsache ableiten lässt, dass die meisten Menschen Schmerz empfinden können. Formal-objektive Tatsachen lassen sich dagegen nur mit entsprechendem Fachwissen und entsprechenden (Mess-)Instrumenten überprüfen. Im Gegensatz zu lebensweltlich-objektiven Tatsachen sind formal-objektive Tatsachen nicht in subjektiven Tatsachen (der Lebenswelt) fundiert, sondern erschöpfen sich in einer formal feststellbaren

---

[102] vgl. auch Bacharach 1989, S. 498
[103] vgl. auch Schneider 1981, S. 34-35

Richtigkeit in Bezug auf vorhandenes Fachwissen und verwendete (Mess-)Instrumente. Ob etwa ein formal durch entsprechende Apparate einwandfrei ermittelter Schmerz auch tatsächlich subjektiv gespürt wird, kann letztlich nur durch den Betroffenen ausgesagt werden. Ein formal angezeigter Schmerz kann durch die subjektive Tatsache, keinen Schmerz zu verspüren, widerlegt werden. Ein gespürter Schmerz kann jedoch nicht dadurch widerlegt werden, dass er formal nicht angezeigt wird. Streng genommen müssen jedoch auch formal-objektive Tatsachen immer wieder an subjektive Erfahrungen angeschlossen werden – zumindest solange sie den Anspruch erheben, etwas über diese auszusagen. Bei besagtem Beispiel der Schmerzfeststellung braucht es jemanden, der an die Gültigkeit der eingesetzten Apparate glaubt (sonst würden sie nicht eingesetzt), d. h., für den die Gültigkeit eine subjektive Tatsache darstellt, die auf Annahmen beruht, die für ihn selbst nicht mehr zu durchschauen sind. In diesem Sinne behält der hermeneutische Zirkel auch für formal-objektive Tatsachen seine Gültigkeit.[104]

Dieser Argumentation folgend kann zwischen (lebensweltlicher) Wahrheit und (formaler) Richtigkeit unterschieden werden. Wahrheit bezieht sich in diesem Sinne auf Tatsachen, die lebensweltlich verankert sind und ein Evidenzerlebnis voraussetzen. Richtigkeit bezieht sich dagegen auf Tatsachen, deren Tatsächlichkeit sich durch die Anwendung formaler Regeln feststellen lässt und ohne (direkt zuordenbares) Evidenzerlebnis auskommt. Wahrheit kann subjektiv oder (lebensweltlich-)objektiv sein; Richtigkeit ist dagegen (formal-)objektiv. Theorien basieren als formale Systeme von Behauptungen nicht auf lebensweltlich-objektiven, sondern auf formal-objektiven Tatsachen. Die auf Axiomen beruhende Richtigkeit einer Theorie lässt sich durch die Anwendung objektiver, formaler Regeln feststellen, beispielsweise durch die Prüfung der Widerspruchsfreiheit einer Theorie oder einen

---

[104] vgl. Rappe 2012, S. 56-67; 2015a, S. 242-269

Abgleich der Theorie mit empirisch erhobenen Daten.[105] Obwohl Theorien als formale Systeme von Behauptungen nicht als solche in der Lebenswelt zu verorten sind, bedeutet dies nicht, dass sie nicht auch realitätsbildend sein können. Theorien bestimmen die Wahrnehmung derjenigen, die an sie glauben und werden über den Glauben – der letztlich an ein Evidenzerlebnis gebunden ist – Teil der Lebenswelt bzw. wachsen als lebensweltlich-objektive oder subjektive Tatsachen gleichsam in diese ein, was etwa Ghoshal/Moran (1996) am Beispiel der Transaktionskostentheorie gezeigt haben. Erneut offenbart sich die Gültigkeit des hermeneutischen Zirkels auch für die Naturwissenschaft.

Während die Naturwissenschaft auf (objektive) Richtigkeit angewiesen ist, orientiert sich die Phänomenologie am beschriebenen Verständnis von Wahrheit als in einem (subjektiven) Evidenzerlebnis fundierte Tatsächlichkeit. Mit Schmitz lässt sich nun der Begriff des Phänomens präzisierend definieren als „Sachverhalt für jemand zu einer Zeit, dem der Betreffende dann nicht im Ernst den Glauben verweigern kann, dass es sich um eine Tatsache handelt".[106] Das Evidenzerlebnis bezieht sich auf das Ereignis, „in dem ein Sachverhalt als Tatsache unzweifelhaft hervortritt".[107] Charakteristisch für diese Definition des Phänomens ist vor allem die doppelte Relativierung auf eine Person zu einem Zeitpunkt. Dadurch wird die Phänomenologie zu einer empirischen Wissenschaft, in der stets aufs Neue überprüft werden muss, ob etwas für jemanden noch ein Phänomen ist.[108] Der Begriff der Empirie verweist in diesem Zusammenhang jedoch weniger auf die von Bacon (2009) initiierte Experimentalwissenschaft im naturwissenschaftlichen Sinne (lat. *scientia experimentalis*), sondern auf das

---

[105] vgl. Rappe 2005, S. 31-32; Julmi/Scherm 2012b, S. 3-4

[106] Schmitz 2009b, S. 12, Hervorhebungen im Original; vgl. 1967, S. 1; Rappe 2012, S. 13

[107] Schmitz 2014b, S. 38

[108] vgl. Schmitz 2009b, S. 12-13

ursprüngliche und lebensweltlich fundierte Empirie-Verständnis im Sinne der gr. *empeiría* (εμπειρία) als lebensweltlich fundierte Erfahrung bzw. als lebensweltlich fundiertes Erfahrungswissen.[109] Während das Empirieverständnis der Naturwissenschaft auf formal-objektiven Tatsachen (z. B. Messwerten) beruht, basiert das Empirieverständnis der Phänomenologie auf lebensweltlich-objektiven Tatsachen und damit auf subjektiver Evidenz. Ein empirisches Phänomen stellt beispielsweise der subjektiv gespürte Schmerz da, der für den Spürenden eine subjektive Tatsache ist, die sich nicht durch die Annahme widerlegen lässt, er sei nicht da – auch dann nicht, wenn ein Arzt keine formal-objektive Ursache für den Schmerz feststellen kann.[110] Die euklidische bzw. nicht-euklidische Geometrie sind zwar Theorien,[111] aber keine Phänomene, da sie nicht invariant gegenüber jeder beliebigen Variation von Annahmen sind.[112] Als Theorie ist die euklidische Theorie dennoch in die Lebenswelt eingewachsen, da ihre Konstruktion der Welt über Linien und Punkte wesentlich die Linearität des Denkens beeinflusst hat.[113]

In Bezug auf die im weiteren Verlauf der Arbeit verwendete Terminologie ist in diesem Zusammenhang das Verhältnis der Begriffe Konstrukt und Konzept zu klären. Nach Sauerwald (2007, S. 33) besitzen Konstrukte einen höheren Abstraktionsgrad als Konzepte, der sich darin zeigt, dass sich bei Konstrukten „kein unmittelbarer Zusammenhang zwischen ihnen und dem Phänomen, das sie widerspiegeln", herleiten lässt. Konzepte besitzen dagegen einen niedrigeren Abstraktionsgrad und beziehen sich auf direkt beobachtbare oder leicht zu erhebende Phänomene. Die Verbindung eines Konzepts zu einem

---

[109] vgl. Dale/Burrell 2000, S. 17-18; Dale 2001, S. 4-5; Werhahn 2010, S. 248; Küpers 2013b, S. 346

[110] vgl. Rappe 2005, S. 447; Julmi/Scherm 2012b, S. 3

[111] vgl. Hempel 1965, S. 111

[112] vgl. Schmitz 1967, S. 103

[113] vgl. Townley 2003, S. 47

Phänomen muss im Gegensatz zum Konstrukt klar ersichtlich sein.[114] Entsprechend bestehen Konstrukte aus formal-objektiven Tatsachen, während Konzepte lebensweltlich-objektive Tatsachen widerspiegeln, über die sich ohne spezifisches Fachwissen Einigkeit erzielen lässt und die ohne weiteres nachvollziehbar sind.

2.3.3 Phänomenologische und naturwissenschaftliche Methode

Die phänomenologische Methode wird von Schmitz als „phänomenologische Revision" bezeichnet.[115] Mit dieser soll „möglichst viel von dem komplexen Glauben, von dem jeder Mensch erfüllt ist, ohne ihn ganz zu durchschauen, zu einzelnen Annahmen expliziert" werden, „indem diese mit möglichst weitgespannter Variation geprüft werden an der Frage: Welchem zur Annahme anstehenden Sachverhalt kann ich nicht im Ernst die Anerkennung verweigern, dass es sich um eine Tatsache handelt". Zur Wissenschaft wird die Phänomenologie durch den Grad der Exaktheit ihrer Beschreibung bzw. deren Adäquatheit, durch Begriffsbestimmung sowie deren Kombination und durch die intersubjektiv nachprüfbaren und damit objektiven Begründungszusammenhänge von Phänomen und Situation, die erarbeitet werden müssen. Die Begriffsbestimmung hat sich hierbei an der relativ trivialen Lebenserfahrung zu orientieren, die grundsätzlich jedem Menschen zugänglich ist, entweder in direkter Erfahrung oder in der Erinnerung. Aus dieser relativ trivialen Lebenserfahrung lassen sich Begriffe gewinnen, die wissenschaftlich genauer bestimmt werden können, und von denen sich einige sogar bis zu einem gewissen Grad formalisieren und durch eine Definition erfassen lassen. Diese Begriffe sind die Instrumente des Phänomenologen (als Geisteswissenschaftler), mit denen er sich den Phänomenen aus seinem

---

[114] vgl. Cameron/Whetten 1983, S. 7; Quinn/Rohrbaugh 1983, S. 363-364; Sauerwald 2007, S. 33

[115] Schmitz 2004, S. 152

Erkenntnisinteresse heraus nähert. Auf diese Art können komplexe Phänomene rekonstruiert und auf ihre Fundierung in jeweiligen Situationen hin überprüft werden. Die erarbeiteten Begründungszusammenhänge ermöglichen es, Annahmen auf die Probe zu stellen und zu variieren. Diese Phänomenerfassung durch Begriffsbestimmung und Begründungszusammenhänge sollte jedoch nicht als Möglichkeit einer Letztbegründung missverstanden werden, da eine solche (schon wegen der Gültigkeit des hermeneutischen Zirkels) grundsätzlich nicht möglich ist.[116]

Phänomenologie und Naturwissenschaft erforschen jeweils auf ihre Weise die Erfahrungswelt und damit letztlich deren Phänomene. Dennoch handelt es sich um sehr unterschiedliche Methoden der Erkenntnisgewinnung. Diese Unterschiedlichkeit zeigt sich bereits in der dualistischen Trennung von Innen- und Außenwelt. Letztere wird in der Naturwissenschaft unterstellt, widerspricht jedoch der Alltagserfahrung, auch wenn diese Vorstellung habituell bzw. kulturell eingeübt werden kann und insbesondere in der sogenannten „westlichen Welt" auch wird.[117] Ähnliches gilt für die axiomatische Voraussetzung aller Naturwissenschaft, dass sich – im Gegensatz zur Ganzheitlichkeit menschlicher Erfahrung – letztlich alles auf Einzelnes reduzieren lässt bzw. die Welt als ein (gigantisches) Netzwerk einzelner Faktoren aufgefasst wird.[118] Die Axiome der Naturwissenschaft sind häufig nicht ohne Willkür von der beschreibenden Ebene zu gewinnen, indem bestimmte Sachverhalte zu Tatsachen erklärt werden, während andere unter den Tisch fallen. Die lebensweltliche Orientierung der Phänomenologie gegenüber der Naturwissenschaft zeigt sich beispielsweise in der Raumvorstellung. Die Phänomenologie geht von einem räumlichen „Hier" aus, das in der Erfahrungswelt wurzelt. Die

---

[116] vgl. Schmitz 1997, S. 20-21; 2009b, S. 14; Rappe 2012, S. 37
[117] vgl. Baxter/Hughes 2004, S. 364; Schmitz 2004, S. 148; Rappe 2005, S. 148; 2015a, S. 162; Forstmann/Burgmer/Mussweiler 2012, S. 1239
[118] vgl. Schmitz 2010b, S. 38

Naturwissenschaft geht dagegen von einer (axiomatisch fundierten) dreidimensionalen Raumvorstellung aus, die nicht (mehr) in der Erfahrungswelt wurzelt.[119] Mit einer solchen Vorstellung fallen etwa diejenigen Tatsachen unter den Tisch, wonach der (objektiv) gleiche Weg (subjektiv) als unterschiedlich lang wahrgenommen werden kann. Die naturwissenschaftliche Raumvorstellung ist (gemäß gegebener Definition) daher kein Phänomen der Erfahrungswelt.

Die mathematische Modellierung naturwissenschaftlicher Theorien beruht auf ihrer reduktionistischen Perspektive in Form von Axiomen, mit denen sich einzelne Bausteine in Form von Parametern, Variablen und Kausalzusammenhängen gewinnen und in mathematischen Modellen abbilden lassen.[120] Der Begriff des Modells ist in diesem Zusammenhang mit dem Begriff der Theorie gleichzusetzen, da beide (insbesondere im angloamerikanischen Bereich) überwiegend als synonym betrachtet werden.[121] Der Begriff der Kausalität ist in der Naturwissenschaft selbst schon ein reduktionistischer Begriff, da er einerseits eine Trennung von Ursache und Wirkung sowie andererseits einen linearen Zusammenhang annimmt. In der Erfahrungswelt können dagegen Ursache und Wirkung zusammenfallen, beispielsweise bei einem elektrischen Schlag oder dem Wind.[122] Die Kausalität der Erfahrungswelt zeichnet sich zudem eher durch Zirkularität (treffender: Reflexivität) als durch Linearität aus.[123] Entsprechend ist der Begriff der Kausalität in der Phänomenologie ein anderer (bzw. ein nicht reduzierter), der das Zusammenfallen von Ursache und Wirkung ebenso berücksichtigt wie deren Zirkularität bzw. deren Reflexivität, in der sich beide letztlich hinsichtlich ihrer Kausalität nicht mehr überzeugend unterscheiden lassen.

---

[119] vgl. Schmitz 2014b, S. 112-113
[120] vgl. auch Schmitz 2004, S. 149
[121] vgl. z. B. Dubin 1978, S. 18; Whetten 1989, S. 491; Wolf 2013, S. 5
[122] vgl. Schmitz 2004, S. 149; 2010c, S. 52-53
[123] vgl. Schultze/Stabell 2004, S. 554

Die auf einer reduktionistischen Perspektive beruhende mathematische Modellierung entfaltet ihr Potenzial schließlich durch die experimentelle Methode, mittels derer „Prognosen in Bezug auf einzelne Dimensionen der Variation"[124] geprüft werden können. Es ist daher in erster Linie die Prognose, durch die sich naturwissenschaftliche Modelle auszeichnen und mittels derer sich eine Vielzahl an Manipulationsmöglichkeiten eröffnen.[125] Erkenntnistheoretisch schwieriger wird es, wenn naturwissenschaftliche Modelle als Erklärung herangezogen werden, wobei die Erklärungsleistung darin gesehen wird, für Phänomene der Erfahrungswelt die Ursache(n) angeben zu können. Dies ist insofern problematisch, als dass sich Modelle durch ihre Prognosen bewähren und damit letztlich von der Wirkung auf die Ursache geschlossen wird bzw. die kausalen Zusammenhänge eines Modells nicht unabhängig von der (prognostizierten) Wirkung gedacht werden können.[126] Dies ist streng genommen schon logisch nicht zulässig, da einerseits eine Wirkung auch durch eine andere, unbekannte Ursache hervorgerufen werden kann, ohne dass dadurch die kausalen Zusammenhänge verletzt würden,[127] und andererseits die Erklärung nicht „(ohne Zirkel) die Ursache des zu Erklärenden sein kann".[128]

Versteht man (wie beschrieben) die kausalen Zusammenhänge eines Modells als Erklärung und das Ergebnis dieser Zusammenhänge als Prognose, folgt daraus, dass die Erklärungsleistung einer Theorie nicht unabhängig von deren Prognoseleistung gedacht werden kann, während andererseits die Prognoseleistung einer Theorie keine Erklärungsleistung voraussetzt. Man kann Prognosen über ein Phänomen treffen, ohne etwas über dieses Phänomen zu wissen.[129] Insgesamt ist

---

[124] Schmitz 2004, S. 149
[125] vgl. Schmitz 2010b, S. 72
[126] vgl. Schmitz 2004, S. 149-151; 2010b, S. 75; Rappe 2015b, S. 49-50
[127] vgl. Stinchcombe 1987, S. 32
[128] Rappe 2015a, S. 31
[129] vgl. Dubin 1978, S. 23

der „Schluss von der Bewährung bei der Vorhersage auf die Kompetenz zur kausalen Erklärung unserer Lebenswelt [...] nicht nur nicht logisch zwingend, sondern" aufgrund der fehlenden lebensweltlichen Fundierung „auch inhaltlich sehr fragwürdig".[130]

Während die Stärke naturwissenschaftlicher Theoriebildung in der Prognose liegt, zeichnet sich die Phänomenologie über ihre enge „Anbindung" an die Erfahrungswelt durch ihr Potenzial des Erklärens und Verstehens aus.[131] Mittels naturwissenschaftlicher Theorien ist ein Verstehen nicht möglich, da dieses „immer einen ‚Versteher' voraus[setzt], und den zu erklären ist unmöglich, weil man eine Ursache nicht einholen kann, indem man sie linear kausal aus ihrer Wirkung hervorgehen lässt! Das würde die Wirkung zu ihrer Ursache machen, und wäre zirkulär".[132] Die Erklärung stellt allgemein eine Antwort auf eine „Warum"-Frage dar, ist hier jedoch nicht naturwissenschaftlich zu verstehen, sondern geisteswissenschaftlich. In einem geisteswissenschaftlichen Sinne sind Erklärung und Verstehen eng aneinander gekoppelt, denn die Verstehensleistung ist immer auch eine Erklärungsleistung. Die „Erklärung durch Verstehen" ist „die Methode der verstehenden Geisteswissenschaften, die unter die Räder kommt, wenn sie von naturwissenschaftlich orientierten Wissenschaftstheoretikern an der Methode der Erklärung durch Naturgesetze, die meist Ablaufgesetze sind, gemessen wird".[133]

Wenn Chmielewicz (1979, S. 40-41) anmerkt, dass naturwissenschaftliche Methoden häufig deshalb bevorzugt würden, weil sie den größeren wissenschaftlichen Fortschritt mit sich bringen, so muss hinzugefügt werden, dass dieser (größere) Fortschritt kein erkenntnistheoretischer ist, sondern sich in der Machbarkeit erschöpft.[134] Dies macht

---

[130] Schmitz 2010b, S. 256
[131] vgl. Schmitz 1997, S. 21
[132] Rappe 2015a, S. 26-27
[133] Schmitz 2010b, S. 51, Hervorhebung im Original
[134] vgl. Schmitz 2010b, S. 256

implizit auch Popper (2005, S. 36, Hervorhebungen im Original) deutlich, wenn er sagt: „Die Theorie ist das Netz, das wir auswerfen, um die Welt einzufangen, – sie zu rationalisieren, zu erklären und zu beherrschen. Wir arbeiten daran, die Maschen des Netzes immer enger zu machen". Die naturwissenschaftliche Methode zeigt „uns die Welt durch die Brille der Machbarkeit".[135] Obwohl sie erkenntnistheoretisch nicht über ihre formal-objektiven Tatsachen hinaus in die Lebenswelt weist, greift sie durch ihre Möglichkeiten der Manipulation in diese ein und bestimmt dadurch die Art und Weise, wie sie wahrgenommen wird (z. B. durch die Vorstellung der Anatomie des Körpers in der Medizin), sodass sich abermals der hermeneutische Zirkel naturwissenschaftlicher Methoden zeigt.

2.4 Das Paradigma des Restrealismus

Da sich die Phänomenologie wesentlich von der in der MOF dominierenden naturwissenschaftlichen Vorstellung der Theoriebildung (Realismus) unterscheidet, handelt es sich bei der vorliegenden Arbeit nicht um eine theoretische Arbeit in einem naturwissenschaftlichen Sinne. Stattdessen handelt es sich um eine geisteswissenschaftlich-theoretische Arbeit, die sich an den genannten methodischen Prinzipien der Phänomenologie orientiert und deren Erkenntnisinteresse in einem (geisteswissenschaftlichen) Erklären und Verstehen von Phänomenen der organisationalen Lebenswelt besteht. Die geisteswissenschaftlich-theoretische Fundierung dieser Arbeit ist insofern wahrheitsfähig bzw. falsifizierbar, als sie jederzeit einer phänomenologischen Revision standzuhalten hat.

Wenn Schmitz allerdings davon spricht, dass durch die beständige Prüfung das Ziel der Phänomenologie letztlich darin besteht, „sich so weit wie möglich, selbst wenn das ein unendlich fernes Ziel sein sollte,

---

[135] Rappe 2015b, S. 48

zur gleichsam nackten Lebenserfahrung vorzutasten",[136] offenbart sich eine ontologische Basisannahme, nach der es so etwas wie eine Lebenserfahrung an sich gibt. Dadurch vertritt Schmitz eine Art „subjektivistisch-positivistisches" Weltbild, das sich von demjenigen des Realismus darin unterscheidet, dass die Welt an sich lebensweltlich in der Erfahrung fundiert ist und nicht in einem aller Erfahrung vorausgehenden, subjektunabhängigen Universum. Indem Schmitz als ideales Letztziel seiner phänomenologischen Methode die Erschließung der Lebenserfahrung an sich angibt, unterstellt er implizit als Letztziel die Auflösung des hermeneutischen Zirkels.

Diese Idealvorstellung zeigt sich bei Schmitz bereits in der Konzeption von so etwas wie „niedersten Arten"[137] oder einfach „Arten"[138], die bestimmt sind durch die Fähigkeit einer „vielfältigen Wiederkehr als anschaulich abhebbare Invariante in Bezug auf Gleichheit (Übereinstimmendes in Gleichen) unabhängig von räumlichem und zeitlichem Zusammenhang".[139] Eine Art verweist damit durch ihre unabhängige und wiederkehrende Gleichheit auf so etwas wie eine reine oder ungefilterte Qualität der Erfahrung. An diesem Punkt zeigt sich gleichsam, weshalb Schmitz in seinem Begriffssystem – insbesondere mit den Begriffen der leiblich gespürten Enge und der Weite[140] – die Erfahrung räumlich zu fassen vermag, aber an einer (leiblich fundierten) zeitlichen Erfassung der Erfahrung scheitert. Er hat sich zwar ausgiebig und ebenso aufschlussreich mit der Analyse der Zeit beschäftigt –

---

[136] Schmitz 1994c, S. 9

[137] vgl. Schmitz 1964, S. 131

[138] vgl. Schmitz 1980a, S. 193-194

[139] ebd., S. 194

[140] Da es in diesem Kapitel ausschließlich um eine wissenschaftstheoretische Einordnung geht, wird in diesem Abschnitt auf die Definition von Begriffen wie Leib, Enge, Weite, Lust, Unlust oder Gestaltkreis verzichtet. Diese finden sich in den entsprechenden Abschnitten der Arbeit (zum Leib vgl. Abschnitt 4.2.1; zu Enge und Weite vgl. Abschnitt 4.2.2; zu Lust und Unlust vgl. Abschnitt 4.2.3).

beispielsweise in seiner jüngst vorgelegten *Phänomenologie der Zeit*[141] –, vermag die zeitliche Dimension jedoch letztlich nicht schlüssig in sein Begriffssystem zu integrieren. Die zeitliche Erfassung der Erfahrung als eine ungefilterte muss zwangsläufig im Keim ersticken, weil sich der hermeneutische Zirkel nicht von der zeitlichen Erfahrung trennen lässt. Der hermeneutische Zirkel offenbart sich in Form der eigenen Sozialisation oder Biografie, denn die Qualität der Wahrnehmung ist niemals eine reine, ungefilterte, sondern eine durch die zeitliche Dimension der Erfahrung – also durch die eigene Sozialisation oder Biografie – vorgängig bestimmte. Jedes Verstehen setzt bereits ein Vorverständnis voraus und dieser hermeneutische bzw. in diesem Sinne „biografische" Zirkel filtert die Wahrnehmung jeweils auf eine sehr spezifische Weise, die auch für die räumliche Wahrnehmung gilt und aus der nicht herauszukommen ist. Die Vorstellung von so etwas wie einer „nackten Lebenserfahrung" muss entsprechend aufgegeben werden. Dieser Argumentation folgt grundsätzlich Rappe, der neben der räumlichen Dimension von Enge und Weite die zeitliche Dimension von Lust und Unlust setzt, wobei er beide nicht als (niederste) Arten im Sinne einer reinen, ungefilterten Erfahrung versteht, sondern allenfalls als Gattungen, „die nicht anschaulich abgehoben werden können, sondern immer nur im Einzelfall begegnen".[142]

Wissenschaftstheoretisch wird ein ungefilterter Zugang zur Wirklichkeit von Rappe abgelehnt. So etwas wie „Dinge an sich" können auch in der Lebenserfahrung nicht erkannt werden, eine ungefilterte Lebenserfahrung gibt es nicht. Allerdings muss man sich, wenn so etwas wie eine gemeinsame Erfahrungswelt organisiert werden soll, auf Leitvorstellungen und grundlegende Annahmen als paradigmatische Basis einigen. Von diesen ausgehend kann dann die wissenschaftliche Durchdringung der Welt vorgenommen werden. Dieses Vorgehen

---

[141] vgl. Schmitz 2014c
[142] Rappe 2005, S. 655

wird von Rappe – in Anlehnung an Lenk[143] – als „Restrealismus" bezeichnet. Der Restrealismus lehnt einerseits die ontologische Annahme einer Erfahrungswelt an sich ab, geht aber andererseits sehr wohl von der Existenz einer gemeinsamen Wirklichkeit aus, auf die man sich einigen kann. Diese gemeinsame Wirklichkeit ist jedoch keine vorgängig gegebene oder ungefilterte, sondern eine immer schon durch die (gemeinsame) Sozialisation imprägnierte, auch wenn sie sich als natürliche präsentiert. Die Subjektivität des Menschen ist ohne seine Sozialisation nicht zu denken und kann demnach auch nicht aus ihr herausgeschält werden.[144] Epistemologisch bedeutet der Restrealismus, dass auch die Phänomenologie nicht ohne Leitvorstellungen und grundlegende Annahmen auskommt. Sie sucht diese jedoch auf ein Minimum zu beschränken, das ausreicht, um zu einer gemeinsamen Wirklichkeit zu kommen bzw. sich auf eine solche zu verständigen, in der man sich auf Phänomene als Gegenstände einigen kann. Das primäre Verfahren einer solchen Einigung stellt die Sprache dar.[145] Wissenschaftlich wird diese Einigung durch die intersubjektive Nachprüfbarkeit der zugrunde gelegten lebensweltlich-objektiven Tatsachen. Die gemeinsame, restrealistische Wirklichkeit ist „zwar phänomenologisch nachprüfbar und lebensdienlich evident, aber erkenntnistheoretisch streng genommen ‚letztlich' nicht beweisbar".[146] Entsprechend ist auch eine absolute, ontologisch verstandene Objektivität nicht möglich, sondern muss zwangsläufig auf der Ebene eines intersubjektiven Restrealismus verbleiben.[147]

Da in dieser vorliegenden Arbeit die biografische Dimension der subjektiven Erfahrung eine wesentliche Rolle spielt, muss die

---

[143] vgl. Lenk 2000, S. 150
[144] vgl. Rappe 2005, S. 435
[145] vgl. Rappe 2012, S. 49
[146] Rappe 2006, S. 27
[147] vgl. Rappe 2010a, S. 271

„ontologisierende Phänomenologie" von Schmitz[148] um die erkennt-nistheoretische Dimension des Gestaltkreises – als phänomenolo-gisch aufgearbeitetes Äquivalent zum hermeneutischen Zirkel – erwei-tert werden. In diesem Sinn beruht auch die vorliegende Arbeit auf den wissenschaftstheoretischen Leitvorstellungen und grundlegen-den Annahmen des Restrealismus, womit zumindest in der MOF pa-radigmatisches Neuland betreten wird. Die grundlegenden Annah-men dieses Paradigmas sollen (den eingangs aufgestellten Kriterien folgend) abschließend kurz zusammengefasst werden.

Das Erkenntnisinteresse des Restrealismus besteht sowohl in einem Verstehen als auch einem Erklären, die in einem geisteswissenschaft-lichen Sinne (wie beschrieben) eng aneinander gekoppelt sind. Der Er-kenntnisgegenstand stellt die subjektive Erfahrungswelt dar, die so beschaffen ist, dass man sich auf sie objektiv einigen kann. Weder meint hier Subjektivität eine bloß innerweltlich konstruierte Erfah-rungswelt, noch ist mit Objektivität eine für alle gleichermaßen gültige und ungefilterte „Wirklichkeit an sich" zu verstehen, die aus Atomen oder Molekülen bestehen soll. Subjektivität ist das, was jemandem nahe geht; Objektivität ist das, worüber sich intersubjektiv Einigkeit er-zielen lässt. Subjektivität und Objektivität beziehen sich allgemein auf Sachverhalte und stehen nicht in einem Verhältnis gegenseitiger Aus-schließlichkeit. Die subjektive Erfahrungswelt soll diesem Verständnis folgend lebensweltlich-objektiv (sprich: intersubjektiv) verstanden und erklärt werden. Epistemologisch gilt, dass sowohl die Verstehens- als auch die Erklärungsleistung immer auch eine Interpretationsleis-tung ist, sodass der hermeneutische Zirkel seine Gültigkeit behält und – da das primäre Einigungsverfahren des Restrealismus die Sprache ist – entsprechend begrifflich berücksichtigt werden muss.[149] Die

---

[148] Rappe 2012, S. 273

[149] Dies geschieht im Rahmen dieser Arbeit durch die „Reflexivität des Leibes" (vgl. Abschnitt 4.2.4) sowie den Begriff des „Gestaltkreises" (vgl. Abschnitt 5.3).

Definition des Phänomens als „Sachverhalt für jemand zu einer Zeit, dem der Betreffende dann nicht im Ernst den Glauben verweigern kann, dass es sich um eine Tatsache handelt"[150] wird durch den Restrealismus nicht angefochten, aber durch den erkenntnistheoretischen Hinweis ergänzt, dass jedes Phänomen als Aspekt einer Situation auf die Perspektive verweist, die das Phänomen in Erscheinung treten lässt.

Mit dem Restrealismus lässt sich daher in dieser Definition zusätzlich der Aspekt des „Glaubens" akzentuieren, da es sich insofern letztlich um einen Glauben handelt, als diesem Annahmen zugrunde liegen, die für den Betreffenden unhintergehbar sind und sich entsprechend auch der Möglichkeit einer beliebigen Variation entziehen. Die Methodeneinheit von Natur- und Geisteswissenschaften wird zugunsten eines Methodendualismus zurückgewiesen. Dieser Methodendualismus hat jedoch nichts mit dem Dualismus von Außenwelt (Objektivität) und Innenwelt (Subjektivität) zu tun, der innerhalb der Naturwissenschaften bzw. naturwissenschaftlicher Methoden unterstellt wird. Diesen Dualismus von Objektivität und Subjektivität gilt es mittels genuin geisteswissenschaftlicher Methoden zu überwinden. Dieser Arbeit liegt die (genuin geisteswissenschaftliche) Methode der Phänomenologie von Schmitz und Rappe bei Geltung der genannten Annahmen zugrunde.

Gerade weil die Phänomenologie sich an der unwillkürlichen Lebenserfahrung orientiert, zeichnet sie sich durch eine „breite Anwendbarkeit in speziellen Wissenschaften"[151] aus. Sie lässt sich epistemologisch sowohl ergänzend zu naturwissenschaftlich geprägten Wissenschaften (z. B. Architektur, Geografie, Medizin, Phonetik, Psychiatrie, Psychotherapie) verwenden, als auch in Bereichen, die sich für eine naturwissenschaftliche Durchdringung nicht eignen (z. B. Pädagogik,

---

[150] Schmitz 2009b, S. 12, Hervorhebungen im Original
[151] Schmitz 2009b, S. 15

Pflegewissenschaft, Sinologie, praktische Theologie).[152] Entsprechend lässt sie sich in der MOF anwenden, in der sich (wie gezeigt) sowohl naturwissenschaftliche als auch nicht-naturwissenschaftliche Strömungen identifizieren lassen, wobei Erstere gegenüber Letzteren die dominanteren darstellen. Letztlich lassen sich Forschungsarbeiten der MOF (und darüber hinaus) genau dann in die vorliegende Arbeit integrieren, wenn sich in ihnen ein Bezug zur Lebenswelt bzw. zu lebensweltlich-objektiven Tatsachen finden lässt (d. h., wenn sie sich „integrieren lassen"), selbst wenn diese paradigmatisch anders „unterfüttert" sind. Gemäß erarbeitetem Verständnis ist diese Integration bei Konzepten allgemein leicht zu bewerkstelligen. Eine Integration von Konstrukten ist zumindest vom Grundsatz her möglich, da zwischen lebensweltlich-objektiven und formal-objektiven Tatsachen keine Situation der Inkommensurabilität besteht, da diese nicht unmittelbar zueinander in Konkurrenz stehen und eine Koexistenz beider möglich ist.[153] Diese Möglichkeit der Koexistenz basiert wesentlich auf der Unterscheidung von (lebensweltlicher) Wahrheit und (formaler) Richtigkeit.

---

[152] vgl. ebd., S. 15-16
[153] vgl. Scherer 1998, S. 149-150

3 AKTUELLER FORSCHUNGSSTAND ZUM ATMOSPHÄRENBEGRIFF

3.1 Atmosphäre und Stimmung

Der Ausdruck Atmosphäre wird im Alltag häufig gebraucht. Jeder nimmt Atmosphären wahr und verständigt sich mühelos mit anderen über sie. Die meisten Menschen haben zwar ein intuitives Verständnis dafür, was eine Atmosphäre ist, tun sich jedoch schwer zu beschreiben, was genau sie eigentlich mit dem Ausdruck meinen.[154] Meist bezeichnet er etwas Vages und Diffuses[155] und wird auf vielfältige Art und Weise eingesetzt. Er kann für sich alleine stehen (z. B. die Atmosphäre einer Besprechung), er kann mit Substantiven (z. B. die Gesprächsatmosphäre) oder Adjektiven (z. B. die gespannte Atmosphäre) zusammen auftreten oder ohne explizite Benennung durchscheinen (z. B. als dicke Luft). Selbst die Beschreibung der eigenen Befindlichkeit kann etwas unverkennbar Atmosphärisches aufweisen (wenn man sich z. B. heiter oder melancholisch fühlt).[156]

Schon diese wenigen Beispiele zeigen das breite Spektrum im Sprechen von Atmosphären auf. Trotz dieser Bandbreite lassen sich jedoch allgemeine Merkmale von Atmosphären angeben. Einer gängigen Auffassung folgend bezeichnet der Ausdruck eine erlebte Gefühlsqualität, die einen engen Zusammenhang zum Raum zeigt, in dem sie als anwesend empfunden wird.[157] Daraus lässt sich ableiten, dass Atmosphären einen räumlichen und (als Gefühlsqualität) ganzheitlichen Charakter haben, der sich auf die räumliche und zeitliche Gegenwart (das Hier und Jetzt) des Menschen, der sie wahrnimmt, bezieht. Durch ihren räumlichen Charakter sind Atmosphären leiblich spürbar, sie

---

[154] vgl. Hauskeller 1995, S. 6; Schöll 2009, S. 37
[155] vgl. Böhme 2013a, S. 28
[156] vgl. Rauh 2008, S. 128-130; auch Knodt 1994, S. 48
[157] vgl. z. B. Kazig 2008, S. 147; Schmitz 2012a, S. 39; Böhme 2013a, S. 33

betreffen den Menschen ganzheitlich und vermitteln ihm dadurch bestimmte Gefühlsqualitäten,[158] etwa die Hektik einer belebten und stark befahrenen Straße oder die Trauer auf einer Beerdigung. Man kann in Atmosphären wie in einen Raum eintreten,[159] so wie ein eben noch trauriger Mensch in die Lustigkeit einer Kneipe eintritt, die ihn in sich hineinzieht – wobei die Traurigkeit auch so tief sitzen kann, dass die Atmosphäre als zu aufdringlich empfunden wird und man dem atmosphärischen Druck der Fröhlichkeit ausweicht.[160] Dieses Beispiel macht zudem deutlich, dass sich Atmosphären in kürzesten räumlichen und zeitlichen Abständen wandeln können, sodass sie sich durch eine gewisse Flüchtigkeit auszeichnen.[161] In diesem Sinne besitzen Atmosphären eine hohe (räumliche und zeitliche) Dynamik; sie werden beständig von konkurrierenden Atmosphären durchkreuzt, überlagert und verdrängt.[162]

Die Wahrnehmung von Atmosphären setzt voraus, dass sie sich irgendwie im Raum befinden. Als erlebte Anwesenheit sind Atmosphären im Hier und Jetzt präsent und werden räumlich ausgedehnt erlebt bzw. spürbar. Aus ihrer besonderen Form der Anwesenheit im Raum folgt, dass die insbesondere in den Naturwissenschaften mit ihrer spezifischen Raumauffassung dominierende Dichotomie von subjektiver Innenwelt und objektiver Außenwelt[163] nicht geeignet ist, um ein adäquates Reden über Atmosphären zu ermöglichen. Atmosphären lassen sich in einem solchen dualistischen Weltbild weder der (physikalisch verstandenen) Außenwelt zuschreiben, da Atmosphären keine quantitativ messbare Stofflichkeit besitzen (wie z. B. physikalische Größe, Gestalt oder Bewegung von sie bildenden Körpern); noch

---

[158] vgl. Böhme 1985, S. 199
[159] vgl. Rappe 2006, S. 215
[160] vgl. Scheler 1923, S. 12
[161] vgl. Julmi/Scherm 2012a, S. 30
[162] vgl. Schmitz 1969, S. 138; Kazig 2008, S. 151
[163] vgl. Kapitel 0

lassen sie sich einer (privaten) Innenwelt zuordnen, da etwa die obige Atmosphäre in einer belebten Kneipe oder in einem Stadion sich nicht im Geist oder der Seele des in sie eintretenden Menschen abspielt, sondern für ihn als Eindruck seiner Umgebung ganz konkret örtlich vorhanden ist.[164]

Daraus folgt jedoch nicht, dass sich zwischen den Qualitäten einer Umgebung und dem menschlichen Befinden in dieser nicht differenzieren ließe. Im Gegenteil, gerade über Atmosphären kann das menschliche Befinden wesentlich beeinflusst werden, so dass es geradezu Künste gibt, die sich damit beschäftigen. Man denke etwa an die Atmosphäre in einem Kaufhaus, welche zum Verweilen und Kaufen anregen soll oder die Atmosphäre einer Wahlveranstaltung, die durch eine Atmosphäre der Geschlossenheit Wähler mobilisieren soll.[165] Ein Innenarchitekt muss sich ebenfalls gut auf die Gestaltung von Büroräumen verstehen, da diese wesentlich mit beeinflusst, ob ein Raum als warm und einladend empfunden wird oder eher als kühler, zum Weitergehen anregender Durchgangsraum.[166]

In der Literatur wird diese Differenzierung häufig dadurch zum Ausdruck gebracht, dass man bei den Qualitäten einer Umgebung von (objektiver) Atmosphäre und beim menschlichen Befinden in dieser von (subjektiver) Stimmung spricht.[167] Dass eine solche Unterscheidung von Innen (Stimmung) und Außen (Atmosphäre) jedoch problematisch ist, hat bereits Heidegger (2006, S. 136) an der Stimmung herausgearbeitet, denn die Stimmung überfällt einen weder von außen noch von innen, sondern steigt „als Weise des In-der-Welt-Seins aus diesem selbst auf". Durch die Stimmung werden Dasein und Welt gleichursprünglich erschlossen. In diesem Sinne ist die Stimmung eine Subjekt und Objekt umgreifende Ganzheit, die sowohl Hintergrund als

---

[164] vgl. Schmitz 2005c, S. 28-29; Böhme 2013a, S. 31

[165] vgl. Böhme 1985, S. 200-201

[166] vgl. Scherm/Julmi 2012, S. 72; Böhme 2013a, S. 87

[167] vgl. z. B. Henckmann 2008, S. 45; Boltres-Streeck 2012, S. 109

auch Quelle der wechselseitigen Ansteckung beider Seiten ist, etwa wenn die düstere Landschaft mich selbst düster stimmt oder die eigene düstere Stimmung die Landschaft in eine düstere Stimmung taucht.[168] Diese Verbundenheit von Dasein und Welt zeigt sich auch als wesentliche Eigenschaft der Wirkung von Atmosphären, so dass die historischen Wurzeln der Atmosphärenforschung bei der Erforschung von Stimmungen (und damit bei Heidegger) zu suchen sind, die ersterer forschungsgeschichtlich vorausgehen.[169]

3.2 Historischer Überblick über die Atmosphärenforschung

3.2.1 Stimmung bei Heidegger

Seit Demokrit und Platon ist das europäische Denken von einer Aufspaltung der Person in eine Seele als ihre private Innenwelt und einer allen zugänglichen Außenwelt der Körper geprägt. Äußere Einflüsse kommen in die Seele nur über die Sinnesorgane hinein.[170] Diese dualistische Spaltung von Innen (oder Subjekt, Seele) und Außen (oder Objekt, Körper) – die zwischen der körperlosen Seele einerseits und dem seelenlosen Körper andererseits keinen Zwischenraum mehr erlaubt[171] – bildet auch die Grundlage des bis heute diskutierten cartesischen Dualismus, der die neuzeitliche Entwicklung besonders stark prägte und als Basis der dualistischen Vorstellungen innerhalb der MOF angesehen werden kann,[172] auch wenn dieser historische Einfluss in der MOF häufig übergangen wird.[173] Der cartesische Dualismus geht auf die Unterscheidung zwischen der körper- und raumlosen

---

[168] vgl. Schmitz 1969, S. 103

[169] vgl. zum Folgenden auch Griffero 2014, S. 36-47

[170] vgl. Schmitz 2010b, S. 83-85

[171] vgl. Julmi/Scherm 2012b, S. 1-2

[172] vgl. Gergen/Thatchenkery 1996, S. 357-358; Miettinen/Samra-Fredericks/Yanow 2009, S. 1312; Abschnitt 2.2

[173] vgl. Butler/Dunne 2012, S. 31

Innenwelt (lat. *res cogitans*) und der seelenlosen materiellen Außenwelt (lat. *res extensa*) von Descartes (2009; 2013) zurück. Eine differenzierte Nachzeichnung dieser Entwicklung von der Antike bis in die Neuzeit, die den Rahmen dieser Untersuchung sprengen würde, findet sich bei Schmitz (2010b, S. 83-97).

Erst am Ende des 19. Jahrhunderts wurden Konzepte der Überwindung der Innen-Außen-Welt-Dichotomie entwickelt, doch dauerte es bis ins 20. Jahrhundert, bis philosophische Anthropologien verstärkt begannen, das ganzheitliche „In-der-Welt-Sein" (Heidegger) zum Fundament menschlicher Erfahrung zu erheben.[174] Zunächst war es insbesondere die von der messbaren Zeit zu unterscheidende Erfahrung der Zeit, die in der Philosophie untersucht wurde, etwa anhand des Begriffs der Dauer (franz. *durée*) von Bergson (1889) oder durch das innere Zeitbewusstsein bei Husserl (1928). Ab den 1930er Jahren rückte dann zunehmend die Beziehung von Mensch und Raum in das Interesse der Philosophie.[175] Zwar war etwa für Heidegger die Zeitlichkeit des Daseins zentrales Anliegen, wie schon der Titel seines 1927 erschienenen Werks *Sein und Zeit* belegt, doch widmete er sich in ihm auch der Räumlichkeit des Daseins und wurde mit seinen Ausführungen zum Stimmungsbegriff zu einem wichtigen Wegbereiter der modernen Atmosphärenforschung.

Heidegger bezeichnet die Wesensstruktur des Daseins als „In-der-Welt-Sein" und schreibt diesem eine „existenziale Räumlichkeit" zu. Durch das In-der-Welt-Sein ist das Dasein immer auch ein „Im-Raum-Sein",[176] wobei hier weder ein psychologischer, nur im Subjekt vorhandener, noch ein mathematisch abstrakter Raum der Außenwelt gemeint ist, sondern vielmehr der ursprüngliche Raum, in dem wir leben und den wir uns „zuhanden" machen.[177] Dieser Lebensraum ist

---

[174] vgl. Schultheis 2005, S. 118

[175] vgl. Bollnow 1984, S. 13; Intelmann 2004, S. 42-43

[176] Heidegger 2006, S. 56

[177] vgl. ebd., S. 111

vorgängig erschlossen durch ein vertrautes Sich-darin-Halten. Der Mensch ist mit der Welt als Ganzes durch eine Bedeutsamkeit vertraut, die den Raum wesentlich mit erschließt. Durch sie ist es ihm erst eigentlich möglich, in dieser etwas zu entdecken oder sich „zuhanden" zu machen.[178] Die räumliche Vertrautheit verläuft im Alltag unauffällig und meist wird eine Umgebung erst auffällig, wenn etwas in dieser Umgebung nicht an seinem gewohnten Platz ist.[179] Die Räumlichkeit des In-der-Welt-Seins besitzt nach Heidegger zwei Grundeigenschaften: „Ent-fernung" und „Ausrichtung". Heidegger spielt hier mit dem Entfernungs-Begriff, denn es ist eher das Gegenteil von einem Sichentfernen gemeint, nämlich das Hinweg-Nehmen – also das Entfernen – von Ferne, um Nähe herzustellen. Dadurch zeigt sich eine Tendenz, sich etwas zu beschaffen, zur Hand zu haben oder Distanz zu überwinden. Ferne und Nähe bezeichnen hier keine objektiven Abstandsbeziehungen, sondern sind als Weisen des In-der-Welt-Seins zu verstehen. Ein objektiv kurzer Weg kann länger sein als ein objektiv langer Weg, etwa, wenn er mit schwerem, langsamem Gang vollzogen wird. Mit Ausrichtung ist die Hinwendung zu einer Gegend gemeint, wobei aus ihr die festen Richtungen nach rechts und links entspringen, die mit der Leiblichkeit des Menschen verbunden sind und die er wie seine Ent-fernungen ständig mitnimmt. Durch Ent-fernung und Ausrichtung ist das Dasein räumlich.[180]

Mit der Räumlichkeit des In-der-Welt-Seins untrennbar verbunden ist die Befindlichkeit des Menschen (seine Stimmung und sein Gestimmtsein), die Heidegger als Grundmodus des Daseins versteht. Durch die eigene Befindlichkeit wird der Mensch mit der Tatsache seiner Existenz sowie der Unausweichlichkeit dieser konfrontiert, weshalb Heidegger die Befindlichkeit auch als „Geworfenheit" bezeichnet. Die Stimmung gehört zum Dasein des Menschen; das Dasein ist immer

---

[178] vgl. ebd., S. 87, 110
[179] vgl. ebd., S. 104
[180] vgl. ebd., S. 105-108; Gent 1930, S. 355-356

schon gestimmt. Sie kommt weder von außen noch von innen, sondern erschließt das In-der-Welt-Sein als Ganzes. Sie legt sich über alles und bildet den tragenden Grund für den Welt- und Selbstbezug des Menschen. Heidegger veranschaulicht dies in Bezug auf die Furcht: Wer sich fürchtet, der erschließt mit seiner Befindlichkeit die Welt dahingehend, dass aus ihr etwas Furchtbares hervorgehen kann. Darüber hinaus zeichnen sich Stimmungen durch eine gewisse Eigenständigkeit und Dynamik aus. Sie werden nicht herbeigerufen oder eingenommen, sondern sind immer schon da, werden geweckt und können einen Menschen überfallen. Der Mensch ist seinen Stimmungen mehr oder weniger ausgeliefert.[181] In seinen Vorlesungen beschreibt Heidegger Stimmung explizit als Atmosphäre: „Es scheint so, als sei gleichsam je eine Stimmung schon da, wie eine Atmosphäre, in die wir je erst eintauchten und von der wir dann durchstimmt würden. Es sieht nicht nur so aus, als ob es so sei, sondern es ist so, und es gilt, angesichts dieses Tatbestandes die Psychologie der Gefühle und der Erlebnisse und des Bewusstseins zu verabschieden".[182] Stimmung und Räumlichkeit – und damit auch die Atmosphäre – gehören bei Heidegger zu den konstitutiven Merkmalen des In-der-Welt-Seins.

3.2.2 Gelebter Raum bei Dürckheim

Heidegger widmet sich zwar der Räumlichkeit des menschlichen Daseins, geht aber kaum auf die konkrete Raumerfahrung ein, also darauf, wie Räume auf eine bestimmte Art und Weise erlebt und gelebt werden.[183] Diese konkrete Raumerfahrung rückt dann bei Dürckheim mit seinen erstmals 1932 erschienen *Untersuchungen zum gelebten Raum* in den Mittelpunkt. Dürckheim war mit diesen Untersuchungen nach Schmitz der „erste Europäer, der [...] den Menschen den Raum als gelebten, und nicht bloß [...] als Sammelbecken der Gegenstände

---

[181] vgl. Heidegger 2006, S. 136-141; Henckmann 2008, S. 64-65
[182] Heidegger 1983, S. 100
[183] vgl. Kruse 1974, S. 34

außer uns durch den äußeren Sinn [...] vorgestellten, zurückgegeben hat".[184]

Mit dem phänomenologischen Ansatz des gelebten Raumes verfolgte Dürckheim das Ziel, dem naturwissenschaftlichen Raumverständnis ein Raumverständnis entgegenzusetzen, das die lebendige Erfahrung des Menschen „in der von ihm gelebten Welt"[185] zum zentralen Thema hat. Ähnlich wie Heidegger unterscheidet Dürckheim seine Raumvorstellung von der Räumlichkeit objektiver Lage- und Abstandsbeziehungen. Während Entfernung in letzterem Fall eine messbare Größe ist, bedeutet sie für den gelebten Raum Trennung oder die Hoffnung auf ein baldiges Wiedersehen.[186] Die Raumvorstellung von Dürckheim lässt sich weder auf die Objekte im Raum reduzieren noch auf die Subjekte, die diese wahrnehmen. Stattdessen geht diese von der Leiblichkeit des Menschen aus.[187] Der gelebte Raum stellt für den Menschen das „Medium seiner leibhaftigen Verwirklichung" „in der ganzen Fülle der in ihm erlebten Bedeutsamkeiten" dar.[188] Der Mensch verwirklicht sich in der Mannigfaltigkeit seines Raumes, der im Menschen genauso ist wie umgekehrt der Mensch im Raum. Der gelebte Raum ist untrennbar mit der Lebenswirklichkeit eines Menschen (dem In-der-Welt-Sein) verbunden und verändert sich mit diesem.[189] Indem sich ein besonderes Leben in einem Raum erfüllt, gewinnt der Raum eine mit diesem verbundene spezifische Bedeutsamkeit.[190] Je mehr ein Mensch mit einem Raum verwächst, desto reicher, ausgeprägter und konstanter erlebt er dessen Bedeutsamkeit, etwa wenn sich ein Ort als

---

[184] Schmitz 2005a, S. 111
[185] Dürckheim 2005, S. 14, Hervorhebung im Original
[186] vgl. ebd., S. 43
[187] vgl. Hasse 2003, S. 174
[188] Dürckheim 2005, S. 16
[189] vgl. ebd., S. 17
[190] vgl. ebd., S. 44

Arbeitsstätte herausbildet, der für ihn ein Ganzes von ganz persönlichem Gehalt darstellt.[191]

Als Ort von bestimmter Bedeutung ist der Raum als „Sinneinheit" gegenwärtig.[192] Diese Sinneinheit verkörpert den Ort als Ganzes (z. B. als Kirche oder Wald) und gehört zugleich zum erlebenden Subjekt.[193] Sie lässt bestimmte Dinge im Raum als angemessen erscheinen, während andere als störend empfunden werden, da sie für das erlebende Subjekt nicht zu dieser Sinneinheit gehören (z. B. Pflanzen in einer Kirche). Das Erleben des Raumes als Ganzes wird demnach durch Stimmigkeits- und Unstimmigkeitserlebnisse geprägt. Die Sinneinheit eines Ortes ist mit einem spezifischen Befinden und einer spezifischen Haltung (z. B. feierlich in einer Kirche) verbunden. Orte besitzen eine gewisse spürbare Autorität, sich gemäß ihrer Sinneinheit zu verhalten.[194] Auf diese Weise bestimmt ein Ort den Spielraum, innerhalb dessen sich das erlebende Subjekt bewegen kann.[195]

Die Art und Weise, wie ein Raum dem erlebenden Subjekt begegnet, nennt Dürckheim „Anmutungsqualität". Diese unterscheidet er weiter in „Artungsqualitäten", „Stimmungsqualitäten" und „Stellungsqualitäten". Artungsqualitäten beschreiben den Eigencharakter eines Raumes, der z. B. weich, lieblich, hart, streng, schwer oder ruhig sein kann. Aufgrund solcher Artungsqualitäten empfindet jemand einen Raum als angenehm oder nicht. Stimmungsqualitäten beschreiben die Stimmung, die von einem Raum ausgeht, z. B. die Heiterkeit, das Düstere oder das Ernste eines Raumes. Stellungsqualitäten beschreiben die Art und Weise, wie sich ein Raum zum erlebenden Subjekt stellt, also ob er etwa verschlossen, abweisend, offen oder einladend ist.[196] Durch

---

[191] vgl. ebd., S. 96-97

[192] vgl. ebd., S. 33

[193] vgl. ebd., S. 22-23

[194] vgl. ebd., S. 33-34

[195] vgl. ebd., S. 47

[196] vgl. ebd., S. 68-70

diese Qualitäten fühlt sich der Mensch in seinem Raumerleben auf eigentümliche Weise berührt, angemutet oder angesprochen – je nachdem, wie das Erlebnissubjekt auf die Qualitäten des Raumes antwortet.[197]

Die Arbeiten von Dürckheim zum gelebten Raum machen deutlich, dass Räume mit spezifischen Stimmungen (oder Atmosphären) einhergehen, die sich weder den objektiven Eigenschaften des Raumes noch dem erlebenden Subjekt zuordnen lassen, sondern die das erlebende Subjekt und den erlebten (bzw. gelebten) Raum gleichursprünglich konstituieren. Die Stimmung des erlebenden Subjekts prägt die Wahrnehmung des Raums ebenso wie die Wahrnehmung des Raumes Stimmungen evoziert.[198] Insofern sind Dürckheims Arbeiten ein Pionierwerk, das nach Schmitz „einen Durchbruch in der Geschichte des menschlichen Raumverständnisses darstellt", auch wenn er „noch keine Systematik zu liefern vermag, die eine sachgemäße Anordnung aller Raumtypen [...] leistet".[199]

3.2.3 Stimmung bei Bollnow

Ein weiterer Pionier, der sich mit Stimmungen und erlebter Räumlichkeit auseinandergesetzt hat, ist Bollnow. In seinem 1941 erschienenen Werk *Das Wesen der Stimmungen* beschreibt er (an Heidegger anschließend) die Stimmungen als eine den Menschen in allen Bereichen durchziehende Grundverfassung, in der sich das menschliche Leben in seiner ursprünglichsten Form offenbart. In diesem Zusammenhang spricht Bollnow von den Stimmungen als Grundbefindlichkeiten des menschlichen Daseins.[200]

---

[197] vgl. ebd., S. 72
[198] vgl. Bronfen 1986, S. 57
[199] Schmitz 2005a, S. 115
[200] vgl. Bollnow 1974, S. 33-34

Bollnow grenzt die Stimmungen von den Gefühlen durch eine Reihe von Merkmalen ab. Erstens sind Gefühle im Gegensatz zu den ungerichteten Stimmungen auf einen Gegenstand gerichtet. Das Gefühl der Furcht ist etwa im Gegensatz zur Stimmung der Angst auf etwas gerichtet, wovor sich jemand fürchtet. Zweitens stehen Stimmungen und Gefühle nicht gleichberechtigt nebeneinander, sondern die Gefühle gehen als „höhere" Leistung aus den Grundbefindlichkeiten hervor, können jedoch auch auf diese zurückwirken. Drittens sind die Übergänge zwischen Stimmungen und Gefühle nicht immer trennscharf und können in manchen Fällen fließend verlaufen, etwa bei Gram, Kummer, Glück oder Zufriedenheit.[201]

Mit Bezug auf Heidegger betont Bollnow die stimmungshafte Einheit von Selbst und Welt. Stimmungen beziehen sich gleichermaßen auf das Selbst und die Welt, die durch eine gemeinsame Stimmungsfärbung ausgezeichnet sind. Bollnow weist damit ebenso ausdrücklich die Auffassung zurück, wonach die Stimmung im Subjekt zu lokalisieren sei, von wo sie dann auf die Welt abfärben soll.[202] Stattdessen lässt nicht nur die stimmungshafte Veränderung des Menschen auch die Welt in dieser Stimmung erscheinen, sondern es wirkt umgekehrt auch die stimmungshafte Veränderung in der Welt auf die Stimmung des Menschen.[203]

Ein System der Stimmungen lehnt Bollnow aufgrund deren jeweiliger Einzigartigkeit zwar ab, unterscheidet jedoch die beiden Gruppen bzw. Pole der gehobenen (fröhlichen) und gedrückten (traurigen) Stimmungen. Beispiele von gehobenen Stimmungen sind Albernheit, Ausgelassenheit, Lustigkeit, Ausgelassenheit und Glück, gedrückte Stimmungen sind etwa Niedergeschlagenheit, Mutlosigkeit, Traurigkeit, Melancholie und Wehmut.[204] Besonders eindringlich sind für Bollnow die

---

[201] vgl. ebd., S. 34-38
[202] vgl. ebd., S. 39-40
[203] vgl. ebd., S. 41-42
[204] vgl. ebd., S. 43-46

gedrückten Stimmungen der Angst und der Verzweiflung, da diese kein eigentliches Gegenstück in den gehobenen Stimmungen haben, sondern eher als Störung der ansonsten gleichmäßig verlaufenden Stimmungen zu begreifen sind:[205] Die Angst „löst den Menschen von allen seinen vertrauten Bezügen, bringt die ihn sonst sicher tragende Welt gleichsam zum Schwinden, so dass um ihn das Nichts entsteht, in der Erfahrung eines unheimlich bedrückenden Verlassenseins".[206] Diese Störung des Gleichgewichts verdeutliche, dass mit der Gruppe der gedrückten Stimmungen im Vergleich zur Gruppe der gehobenen Stimmungen sehr viel tiefergreifende Unterschiede zusammengenommen werden. Zwischen diesen beiden Gruppen gibt es noch eine Gruppe der mittleren Stimmungen, zu denen die Stimmungen der ausgeglichenen Ruhe oder der Gelassenheit gegenüber den Geschehnissen gehören. Außerhalb eines solchen Schemas stehen z. B. die Andacht, die Feierlichkeit und die Festlichkeit.[207] Wie Heidegger betont auch Bollnow, dass der Mensch seine Stimmungen nicht willentlich hervorbringen kann, sondern dass die Stimmungen über den Menschen kommen und ihn überfallen. Der Mensch kann höchstens zu seinen Stimmungen nachträglich Stellung nehmen und diesen gegenüber eine gewisse Selbstständigkeit behaupten.[208]

Die Auseinandersetzung Bollnows mit der Räumlichkeit des menschlichen Daseins in seinem 1963 erschienenen Werk *Mensch und Raum* erfolgt zunächst unabhängig von seinen Arbeiten zum Stimmungsbegriff. Vielmehr geht es ihm bei diesem Werk darum, die wachsende Zahl existierender Ansätze zum erlebten Raum erstmals systematisch aufzuarbeiten. Hierzu greift er insbesondere auf die skizzierten Arbeiten von Heidegger und Dürckheim zurück. Von Heidegger übernimmt er die Räumlichkeit des menschlichen Daseins, die nach Bollnow

---

[205] vgl. ebd., S. 48-49
[206] ebd., S. 72-73
[207] vgl. ebd., S. 50-51
[208] vgl. ebd., S. 132

besagt, „dass der Mensch in seinem Leben immer und notwendig durch sein Verhalten zu einem umgebenden Raum bestimmt ist".[209] Diesen konkreten Raum bezeichnet Bollnow als den erlebten Raum, der dem gelebten Raum von Dürckheim entspricht.[210] Jeder erlebte Raum hat seinen eigenen Stimmungscharakter, der wiederum nicht unabhängig vom Subjekt gedacht werden kann, da der Stimmungscharakter des erlebten Raums ebenso auf die Stimmung des Menschen wirkt wie die Stimmung des Menschen den Charakter des umgebenden Raumes bestimmt.[211] Bollnow spricht in diesem Zusammenhang von gestimmten Räumen, ein Begriff, den er von Binswanger (1994, S. 157) übernommen hat, der den gestimmten Raum als den Raum bezeichnet, „in dem sich das menschliche Dasein als ein gestimmtes aufhält, einfacher ausgedrückt, insofern er der Raum unserer jeweiligen Stimmung oder Gestimmtheit ist".

Zu erwähnen ist noch die erstmals 1964 erschienene Schrift *Die pädagogische Atmosphäre*, da sich diese als erste größere Untersuchung der Atmosphäre gewidmet hat,[212] wobei die Atmosphäre in dieser nur als pädagogische Atmosphäre im Verbund präzisiert wird. Mit pädagogischer Atmosphäre meint Bollnow (1970, S. 11) „das Ganze der gefühlsmäßigen Bedingungen und menschlichen Haltungen, die zwischen dem Erzieher und dem Kind bestehen und die den Hintergrund für jedes einzelne erzieherische Verhalten abgeben". Statt von einer pädagogischen Atmosphäre könne man auch „von einer für die Erziehung günstigen oder vielmehr erforderlichen Gestimmtheit des Menschen"[213] sprechen. Inwiefern Atmosphäre und Stimmung für Bollnow verschiedene Ausdrücke sind, bleibt jedoch unklar.

---

[209] Bollnow 1984, S. 23
[210] vgl. ebd., S. 18-20
[211] vgl. ebd., S. 230
[212] vgl. Henckmann 2008, S. 83, En. 24
[213] Bollnow 1970, S. 13

3.2.4 Atmosphäre bei Tellenbach

Die erste wissenschaftlich-systematische Auseinandersetzung mit Atmosphären stellt die Untersuchung *Geschmack und Atmosphäre* von Tellenbach aus dem Jahr 1968 dar. Diese konzentriert sich auf die zwischenmenschliche Wirklichkeit von Atmosphären.[214] Tellenbach zielt in erster Linie darauf ab, bestimmte psychopathologische Phänomene zu verstehen, die mit einem Verlust oder einer Wandlung des Geruchs- und Geschmackempfindens zusammenhängen,[215] denn für ihn ist der Mensch nirgends so ursprünglich in die Welt eingelassen wie in der oralen Sphäre des Schmeckens und der olfaktorischen Sphäre des Riechens,[216] die den Menschen durchstimmen und auf diese Weise über ihn verfügen.[217] Dies wird dadurch möglich, dass Geruchs- und Geschmackssinn keine Distanz zwischen Mensch und Umwelt kennen: „Im Tätigsein des Geruchssinns wie des Geschmacksinns verschmilzt das Subjekt mit der in Duft und Geschmack sich präsentierenden Welt".[218] Durch das – im Gegensatz zur übrigen Sinneswahrnehmung distanzlose – Riechen und Schmecken ist der Mensch unmittelbar mit der Welt verbunden. Während ein Wohlgeruch den Menschen mit der Welt eint, stößt ihn ein übler Geruch von dieser weg.[219] Dadurch zeigt sich nach Tellenbach eine ursprüngliche Erfahrung von Räumlichkeit, die durch den Begriff der Nähe charakterisiert werden kann.[220]

Weil die Wahrnehmung des Geruchs untrennbar mit der Situation und ihrer Stimmung verbunden ist, sind es auch vor allem Duft und Geschmack, die Erinnerungen an vergangene Situationen auslösen.[221]

---

[214] vgl. Böhme 2013a, S. 102

[215] vgl. Hauskeller 1995, S. 8; Böhme 2006, S. 37

[216] vgl. Tellenbach 1968, S. 14, ähnlich auch schon Simmel 1923, S. 490

[217] vgl. Tellenbach 1968, S. 26

[218] ebd., S. 27, Hervorhebung im Original

[219] vgl. ebd., S. 26

[220] vgl. ebd., S. 28

[221] vgl. ebd., S. 30

Riechendes und Schmeckendes ist „unablöslich an das Ganze einer Stimmung gebunden"[222] und vermag, den atmosphärischen Gehalt vergangener Situationen zu wecken. Aus diesem Grund bezeichnet Tellenbach den Geschmackssinn als „Sinn der gestimmten Gegenwart, aber so, dass zugleich auch Vergangenes mitgegeben sein kann".[223] Tellenbach versteht mit dem Begriff des Atmosphärischen das, was über das rein Faktische hinausgeht und als anwesend erlebt wird:[224] „In nahezu jeder Erfahrung unserer Sinne findet sich ein Mehr, das unausgedrückt bleibt. Dieses Mehr, das über das Reale Faktische hinaus liegt, das wir aber ineins damit spüren, können wir das Atmosphärische nennen".[225]

Besonders prägnant offenbart sich das Atmosphärische am Mitmenschen, der eine Atmosphäre hat und diese als eine Art Wesensausstrahlung verbreitet. Dieses Spüren von Mitmenschen fasst Tellenbach als ein „Gespür für Atmosphärisches" auf.[226] Das atmosphärisch Erspürte wirkt auf die eigene Gestimmtheit und erzeugt dadurch Resonanzen, so dass seine Wirkung wieder atmosphärisch auf den anderen zurückstrahlt. In diesem Sinne finden zwischen Menschen atmosphärische Austauschbeziehungen statt, die sich zwar auf einen einmaligen Vorgang beschränken, jedoch auch eine gemeinsame Atmosphäre dauerhaft konstituieren können. Eine solche dauerhafte Tönung einer zwischenmenschlichen Beziehung ist dann auch für Außenstehende erfahrbar. Entsprechendes gilt für Gruppierungen verschiedenster Größen, angefangen von der Familie bis zu ganzen Kulturen und Völkern, sodass der Mensch in mehrere, sich teilweise überlagernde Sphären eingebunden ist. Tellenbach hebt in diesem Zusammenhang ähnlich wie Dürckheim die Mächtigkeit von Atmosphären

---

[222] ebd., S. 29
[223] ebd., S. 30
[224] vgl. ebd., S. 61
[225] ebd., S. 47, Hervorhebung im Original
[226] vgl. ebd., S. 48-49

hervor, die sich insbesondere für einen Außenstehenden aufdrängt, der zunächst nur das Mächtige spürt, das von einer Sphäre (z. B. einer fremden Kultur) ausgeht. Die Ausführungen Tellenbachs zeigen, dass die Atmosphäre keineswegs nur Begleiterscheinung, sondern konstitutiv für die Bildung einer gemeinsamen Welt ist, die das Vertraute vom Unvertrauten trennt und in diesem Sinne eine Schutzfunktion für den Menschen einnimmt, aus der schließlich gemeinsame Denk- und Redeweisen hervorgehen.[227] Insgesamt zeigt sich eine starke Beeinflussung Tellenbachs durch Heidegger, dessen Begriffe der Stimmung und der Befindlichkeit in dem des Atmosphärischen von Tellenbach durchscheinen.

3.2.5 Atmosphäre bei Schmitz

Direkt im Anschluss an Tellenbach wurde der Atmosphärenbegriff durch Schmitz in seinem *System der Philosophie* zwischen 1964 und 1980 „phänomenologisch breit ausgearbeitet und präzisiert".[228] Dadurch gelangen entscheidende Durchbrüche „zu einer neuen Sichtweise der Gefühle"[229] sowie damit verbunden ein erweitertes Raumverständnis.[230] Denn während die Verhältnisse von Affekten, Gefühlen, Stimmungen und Atmosphären bei Heidegger, Dürckheim, Bollnow und Tellenbach entweder unklar bleiben oder nicht thematisiert werden, verbindet Schmitz diese Begriffe systematisch und arbeitet sowohl sie als auch die menschliche Räumlichkeit schärfer heraus.

Affekte zeichnen sich nach Schmitz dadurch aus, dass sie den Menschen unmittelbar betreffen. Nur durch dieses „affektive Betroffensein" kann dem Menschen etwas nahe gehen und zu seiner Sache werden. Ohne affektives Betroffensein wäre alles in gleichmäßige und neutrale Objektivität getaucht, die Rede von der ersten Person würde

---

[227] vgl. ebd., S. 54-58
[228] Schmitz 2009a, S. 48
[229] Rappe 2012, S. 198
[230] vgl. Schmitz 2005a, S. 115

keinen Sinn mehr ergeben, da die entscheidende Perspektive fehlte, welche die Rede in der ersten von der Rede in der dritten Person unterscheidet. Affektives Betroffensein ist daher Voraussetzung für Subjektivität.[231] Affekte (als Quelle des Betroffenseins) gibt es in zwei Formen. Sie sind entweder leibliche Regungen oder Gefühle.[232] In beiden Fällen handelt es sich um räumliche Phänomene,[233] die sich jedoch in ihrer Örtlichkeit unterscheiden: Während leibliche Regungen örtlich umschrieben sind und vom Menschen primär an sich selbst gespürt werden (z. B. Hunger, Schmerz), ergießen sich Gefühle ohne örtliche Umschreibung ganzheitlich in die Weite des Raumes (z. B. Heiterkeit, Angst). In der Heiterkeit wirkt der gesamte Raum selbst heiter.[234] Für Schmitz sind Gefühle damit prinzipiell das, was für Heidegger, Dürckheim und Bollnow die Stimmungen und für Tellenbach die Atmosphären darstellen.

Aufgrund dieser raumfüllenden Eigenschaft von Gefühlen ordnet Schmitz die Gefühle dann auch entsprechend den Atmosphären zu, die er allgemein als „die Besetzung eines flächenlosen Raumes oder Gebietes im Bereich erlebter Anwesenheit" beschreibt.[235] Gefühle sind nach Schmitz nicht „als subjektiv-private Seelen- oder Bewusstseinszustände" zu verstehen, sondern als „objektiv vorhandene Atmosphären nach Art des phänomenalen Wetters".[236] Ein Gefühl liegt ebenso in der Luft wie das Wetter.[237] Gefühle sind „gleichsam atmosphärische Beleuchtungen, randlos um den Betroffenen ergossen wie Mondlicht und Dämmerung".[238] Für Schmitz ist nicht das Gefühl subjektiv,

---

[231] vgl. Schmitz 1974, S. 325-326

[232] vgl. Schmitz 1969, S. 97

[233] vgl. Schmitz 1974, S. 327

[234] vgl. Schmitz 1969, S. 97-98

[235] Schmitz 2012a, S. 39

[236] Schmitz 1969, S. 127

[237] vgl. Schmitz 1965, S. 50

[238] Schmitz 1969, S. 268

sondern das Betroffensein von diesem. Dies ist ein bedeutender Unterschied, der erklärt, warum ein Gefühl auch von anderen im Raum gefühlt werden kann, denn das „Fühlen als Ergriffenheit von ihm" ist „eine für den Betroffenen subjektive Tatsache",[239] aber von einer objektiv im Raum befindlichen Gefühlsatmosphäre können mehrere Menschen subjektiv betroffen werden; hier beginnt sich auch schon abzuzeichnen, dass mit der subjektiven Betroffenheit oder Ergriffenheit von einem Gefühl kein innerseelischer Zustand gemeint ist. Denn obwohl in diesem Sinne bei Schmitz zwischen dem objektiven Gefühl und dem subjektiven Fühlen eines Gefühls unterschieden werden kann, heißt dies nicht, dass das objektive Gefühl der Außenwelt und das subjektive Fühlen eines Gefühls der Innenwelt zuzuschreiben ist. Das Gefühl durchdringt das menschliche Fühlen; im grundlegenden Verständnis des Gefühlsprozesses schließt Schmitz mit seiner Betonung der Räumlichkeit von Gefühlen an seine phänomenologischen Vorgänger an. Ein objektives Gefühl wird in diesem Sinne als (lebensweltlich-)objektive Tatsache subjektiv gefühlt, wenn es darüber hinaus eine subjektive Tatsache ist. Die sich in der Räumlichkeit offenbarende Objektivität von Gefühlen zeigt sich im Betroffensein von diesen als subjektive Tatsache.[240]

Aufbauend auf der Räumlichkeit von Gefühlen unterteilt Schmitz diese in drei Schichten, die jeweils anhand bestimmter Grundstimmungen charakterisiert werden können und die zusammengenommen den „Gefühlsraum" bilden. Die erste Schicht ist die alle Gefühle durchziehende und färbende Grundschicht, die sich über die „Weite des Raumes" erstreckt und durch dichte Fülle oder Leere besetzt ist. Auf dieser ersten Schicht finden sich die „reinen Stimmungen" der Zufriedenheit (Fülle) und der Verzweiflung (Leere). Das Gefühl der dichten Fülle ist die Zufriedenheit als Gefühl einer tragenden und dicht erfüllten Weite; das Gefühl der Leere ist die Verzweiflung, in der durch

---

[239] Schmitz 2009b, S. 86
[240] vgl. Rappe 2012, S. 298

die Halt- und Richtungslosigkeit der Leere auf paradoxe Art Unruhe und Trägheit zusammenkommen. Aufbauend auf den reinen Stimmungen finden sich auf der zweiten Schicht die „Erregungen", die durch eine „Richtung" gekennzeichnet sind. Dies sind die „reinen Erregungen" ohne Zentrierung auf ein Thema, welche z. B. hebende (z. B. Freude) oder drückende (z. B. Trauer) Richtung haben können. Die dritte Schicht besteht aus den „zentrierten Gefühlen", die um ein Thema gerichtet sind. Diese können sich von allen Seiten zentriert um den Betroffenen zusammenziehen (z. B. in der Bangnis) oder im Gegensatz dazu sich in einer diffusen, ziellosen, nach allen Seiten vom Zentrum weg gerichteten Sehnsucht manifestieren. Schmitz unterscheidet die zentrierten Gefühle weiter nach ihrem „Verdichtungsbereich" und ihrem „Verankerungspunkt". Der Verdichtungsbereich ist dort, wo sich das Gefühl konkret offenbart (z. B. die Furcht vor dem Vorgesetzen); der Verankerungspunkt ist dort, von woher das Gefühl eigentlich rührt (z. B. die Furcht vor einer Entlassung).

Alle Gefühle sind Stimmungen. Als reine Stimmungen werden diejenigen Stimmungen bezeichnet, die keine Erregungen sind. Die einzigen reinen Stimmungen sind Zufriedenheit und Verzweiflung. Alle Gefühle, die keine reinen Stimmungen sind, sind Erregungen. Als reine Erregungen werden diejenigen Erregungen bezeichnet, die keine zentrierten Gefühle sind. Stimmungen sind durch Weite, Erregungen durch Richtung und zentrierte Gefühle durch Zentrierung auf ein Thema gekennzeichnet.[241]

Schmitz nennt noch eine Reihe weiterer Eigenschaften, durch die sich Gefühle in ihrer Räumlichkeit differenzieren lassen. Hierzu gehören z. B. die Flachheit oder Tiefe von Gefühlen sowie ihre einseitige (z. B. nach oben, unten, vorne) oder allseitige Gerichtetheit (zentripetal, zentrifugal).[242] Es würde jedoch den Rahmen der Untersuchung

---

[241] vgl. Schmitz 1969, S. 264-268; 2009b, S. 88-91
[242] vgl. Schmitz 1969, S. 349-357; Abb. 1

sprengen, sich diesen im Einzelnen zu widmen. Insgesamt lässt sich aber mit Gugutzer feststellen, dass das „von Schmitz entwickelte Klassifikationssystem von Gefühlen" „in seiner phänomenologischen Differenziertheit und Genauigkeit seinesgleichen" sucht.[243]

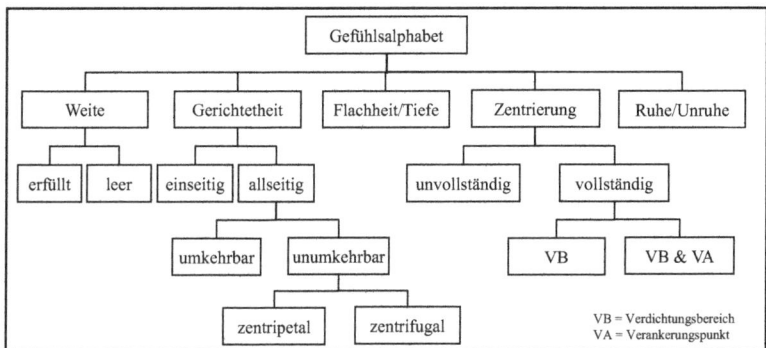

Abb. 1   Gefühlsalphabet nach Schmitz (Eigene Darstellung)

Durch das Verständnis von Gefühlen als Atmosphären lenkt Schmitz mit seiner Unterscheidung von (objektiver) Atmosphäre und (subjektivem) Betroffensein die Aufmerksamkeit auf das Zusammenspiel der objektiven Umgebungsqualität und der subjektiven Befindlichkeit einer Person in dieser Umgebung.[244] Ein solches Zusammenspiel beruht nach Schmitz auf sogenannten „Brückenqualitäten", die in gewisser Weise den Anmutungsqualitäten bei Dürckheim entsprechen. Diese Brückenqualitäten können einerseits in der Umgebung an den vorhandenen Gestalten wahrgenommen werden und wirken andererseits auf das subjektive, leibliche Empfinden. Es können zwei Arten von Brückenqualitäten unterschieden werden: „Bewegungssuggestionen" und „synästhetische Charaktere".[245] Bewegungssuggestionen sind Vorzeichnungen von Bewegungen, die ebenso von ruhenden wie

---

[243] Gugutzer 2013, S. 308
[244] vgl. Kazig 2008, S. 148-149
[245] vgl. Schmitz 2011a, S. 33

von ausgeführten Bewegungen ausgehen können. Sie stellen die Suggestion einer Bewegung dar, die am eigenen Leib gespürt werden kann. Synästhetische Charaktere sind Qualitäten der Wahrnehmung, die über die Zuordnung zu einzelnen Gattungen der Wahrnehmung (z. B. Farben, Temperaturen, Schall, Licht) hinausgehen. In Bezug auf Dürckheim lässt sich eine gewisse Parallelität feststellen zwischen Bewegungssuggestionen und Stellungsqualitäten bzw. zwischen synästhetischen Charakteren und Artungsqualitäten, auch wenn Schmitz in seinen Arbeiten nicht auf die „Vorarbeiten" von Dürckheim eingeht.

Atmosphären gehen jedoch nicht nur von der Umgebung aus, sondern sind wie bei Tellenbach untrennbar mit den Situationen und deren Bedeutsamkeit verbunden, in denen ein Mensch lebt und sich bewegt. Neben der „persönlichen Situation" eines Menschen sind dies zahlreiche „gemeinsame Situationen" (z. B. am Arbeitsplatz, in der Familie oder an der Kasse im Supermarkt), die der persönlichen Situation einen sozialen Hintergrund verleihen.[246] Situationen sind in der Regel von Atmosphären durchzogen, die ihr einen prägenden Charakter verleihen.[247] Dies verdeutlicht einmal mehr, dass mit dem Raum, von dem Atmosphären ausgehen, kein mathematisch bestimmbarer Raum gemeint ist, sondern ein Raum, der mit der Lebenswelt und den Situationen eines Menschen untrennbar verbunden ist. Wer morgens sein Büro betritt, der tritt damit auch und ebenso räumlich in die gemeinsame Situation der Arbeit ein.[248] Dies ändert an der Räumlichkeit der Gefühle als Atmosphären ebenso wenig wie der Umstand, dass „Gefühle oft nicht geteilt werden können", denn dies „spricht so wenig gegen ihre Räumlichkeit, wie die Unhörbarkeit von Melodien, die jemandem nur „durch den Kopf gehen" oder „im Kopf herum" gehen,

---

[246] vgl. Schmitz 2007, S. 272-277
[247] vgl. Schmitz 2005c, S. 30
[248] vgl. Schmitz 1994a, S. 43

gegen deren Lautlichkeit".[249] Atmosphären können sich ebenso gut in Vorstellungsbildern der Erinnerung oder in der Fantasie abzeichnen.[250] Die Evokation von Atmosphären beim Lesen von Poesie kann hier als prägnantes Beispiel genannt werden.[251]

3.2.6 Atmosphäre bei Böhme

Im Anschluss an Schmitz hat sich Böhme intensiv mit Atmosphären auseinandergesetzt. In seinen Arbeiten folgt er grundsätzlich den Auffassungen, dass Atmosphären gestimmte Räume (Bollnow) oder räumlich ergossene Gefühle sind (Schmitz), auch wenn Böhme diese bevorzugt „als die Sphären gespürter leiblicher Anwesenheit" bezeichnet.[252] Die Atmosphäre vermittelt für Böhme ähnlich wie für Schmitz zwischen den objektiven Qualitäten einer Umgebung und dem menschlichen Befinden in dieser.[253] Nach Böhme werden bei ihm im „Unterschied zum Ansatz von Schmitz [...] Atmosphären nicht freischwebend gedacht, sondern gerade umgekehrt als etwas, das von den Dingen, von Menschen oder deren Konstellationen ausgeht und geschaffen wird".[254] Hier lässt sich mit Schmitz erwidern, dass es zwar in gewissem Sinne richtig sei, davon zu sprechen, dass „Atmosphären von etwas ausgehen", es jedoch darauf ankomme, „diesen Sinn und dieses Maß so zu präzisieren, dass die Ganzheit der Atmosphäre vor kurzentschlossener Verteilung auf Subjekt und Objekt geschützt werden kann".[255] Diese Anmerkung dürfte eigentlich auch im Sinne Böhmes sein, da dieser die Atmosphäre explizit als „die gemeinsame Wirklichkeit des Wahrnehmenden und des Wahrgenommenen"

---

[249] Schmitz 2007, S. 272

[250] vgl. Schmitz 2012b, S. 27

[251] vgl. z. B. Meyer-Sickendiek 2011; Rappe 2013, S. 70-71

[252] Böhme 2006, S. 49

[253] vgl. Böhme 2006, S. 16; 2013a, S. 15-16

[254] Böhme 2013a, S. 33

[255] Schmitz 2005c, S. 27

bezeichnet[256] und ebenso betont, dass es unklar sei, ob sie von der Umgebung ausgeht oder der Person zugeschrieben werden soll.[257]

In Bezug auf die Historie der Atmosphärenforschung würdigt Böhme explizit die Pionierleistung Heideggers, der für ihn mit seinem Begriff der Stimmung prinzipiell dasselbe im Blick hat, durch seinen Fokus auf das Befinden lediglich aus einer anderen Perspektive an die Sache herangeht.[258] Dieses Befinden wird nach Böhme durch die Atmosphäre bestimmt, die als Tendenz gespürt wird, in eine bestimmte Stimmung zu geraten.[259] In Atmosphären spürt der Mensch durch sein Befinden, wo er sich befindet, sodass Atmosphären das menschliche In-der-Welt-Sein im Ganzen bestimmen.[260] Die Erfahrungen von Atmosphären sind für Böhme daher von vornherein Charaktere der Befindlichkeit und besitzen Stimmungsqualität.[261]

Böhme schlägt drei Gruppen von Charakteren vor, die von Atmosphären vermittelt werden: „Bewegungsanmutungen", „synästhetische Charaktere" (oder „Synästhesien") und „gesellschaftliche Charaktere". Bewegungsanmutungen beziehen sich in erster Linie auf Gestaltverläufe und entsprechen weitgehend den Bewegungssuggestionen bei Schmitz; dies gilt analog für synästhetische Charaktere. Gesellschaftliche Charaktere sind Charaktere, die sich auf Konventionen beziehen (z. B. die Atmosphäre der zwanziger Jahre). Gesellschaftliche Charaktere implizieren einerseits Bewegungsanmutungen und synästhetische Charaktere, andererseits kommen auch rein konventionelle Charaktere hinzu. Konventionelle Charaktere hängen mit Bedeutungen zusammen und ergeben sich aus kulturspezifischen Konventionen.[262]

---

[256] Böhme 2013a, S. 34
[257] vgl. ebd., S. 21-22, 33-34
[258] vgl. Böhme 2006, S. 30-31
[259] vgl. Böhme 2006, S. 49; 2008, S. 38
[260] vgl. Böhme 2006, S. 105
[261] vgl. Böhme 2006, S. 123; 2013a, S. 95
[262] vgl. Böhme 2006, S. 123-125

Konventionen finden sich auch bei den gemeinsamen Situationen bei Schmitz,[263] sodass die gesellschaftlichen Charaktere in gewisser Weise der Bedeutsamkeit situationsgebundener Atmosphären bei Schmitz entsprechen, die allerdings gegenüber den gesellschaftlichen Charakteren von Böhme als phänomenologisch wesentlich fundierter und prägnanter erscheinen.[264] Dies ist auch dem Umstand geschuldet, dass Böhme über keinen Situationsbegriff verfügt.[265]

3.2.7 Atmosphäre bei Rappe

Mit Schmitz und in Ansätzen Böhme eröffnet sich eigentlich erst die systematische Erforschung von Atmosphären in ihrer Räumlichkeit und Situativität. Daran anschließend hat Rappe die Erforschung von Atmosphären und Gefühlen einerseits interkulturell vorangebracht,[266] andererseits die Ansätze des späten 20. Jahrhunderts kritisch gewürdigt.[267] Zwar bezieht er sich in seinen Arbeiten explizit auf Heidegger, Bollnow und Tellenbach, übernimmt aber im Wesentlichen die Auffassung von Atmosphären sowie deren Räumlichkeit und situativen Einbettung von Schmitz,[268] wobei er sich in einzelnen Punkten kritisch von diesem abgrenzt.[269] Durch seine erweiterte erkenntnistheoretische Perspektive, die insbesondere auf die Reflexivität innerhalb menschlicher Wahrnehmungsvorgänge abzielt, suchte er die für ihn erkenntnistheoretisch naive Auffassung der Gefühle bei Schmitz zu korrigieren.[270]

---

[263] vgl. Schmitz 1980b, S. 46-47

[264] vgl. auch Henckmann 2008, S. 54-55

[265] vgl. Schmitz 1998b, S. 176, 181

[266] vgl. insbesondere Rappe 2006

[267] vgl. Rappe 2006, S. 37-44; 2012, S. 278-279

[268] vgl. Rappe 2009, S. 83-93

[269] vgl. hierzu z. B. Rappe 2006, S. 56-57, 75, 110; 2012, S. 273, 316

[270] vgl. Rappe 2006, S. 99-111; 2012, S. 215; hierzu und zum Folgenden Abschnitt 2.4

Nach Rappe vernachlässigt Schmitz in seiner Konzeption das Prinzip der gleichursprünglichen Konstitution von erfahrenem Objekt und erfahrendem Subjekt, nach der es keine „„unmittelbare' oder ‚ungefilterte' Erfahrung" gibt.[271] In diesem Zusammenhang betont Rappe insbesondere und in kritischer Abgrenzung zu Schmitz die Lust als leiblich fundierte Regung, die über das Gedächtnis bei der Wahrnehmung von Atmosphären eine große Rolle spielt. Denn über das Gedächtnis wird die Wahrnehmung von Atmosphären auf eine Art reflexiv, die sich zwar dem Subjekt meist entzieht, insgesamt aber berücksichtigt werden muss, da sie den wesentlichen individuellen Anteil an der Atmosphärenwahrnehmung erklärt.[272]

Für Rappe gelten in Bezug auf die Zeit vergleichbare Eigenschaften wie für den Raum. Erlebte und messbare Zeit stehen sich ebenso gegenüber wie erlebter und messbarer Raum.[273] Während der erlebte Raum wie bei Schmitz durch die Weite aufgespannt wird, eröffnet sich im Unterschied zu Schmitz die Dimension der erlebten Zeit durch die Lust, die als eine Art intentionaler Motiv-Geber fungiert und den Menschen auf die Befriedigung der Lust und Vermeidung von Unlust zeitlich ausrichtet. Diese Ausrichtung basiert auf dem Rhythmus von Mangel und Fülle, wobei Mangel Unlust erzeugt und Fülle (als Aufhebung des Mangels) Lust.[274] Die Lusterfahrung animiert zur Wiederholung bestimmter Vorgänge oder Bewegungen, die Unlusterfahrung führt dagegen zur Entwicklung von Vermeidungsstrategien. Auf diese Weise bestimmen lustvolle und unlustvolle Erfahrungen nicht nur, welche Verhaltensweisen sich bei einem Menschen ausbilden, sondern über ihre Gedächtnisprägung auch, wie er Atmosphären wahrnimmt,[275]

---

[271] Rappe 2005, S. 653
[272] vgl. Rappe 2012, S. 172-175
[273] vgl. ebd., S. 161
[274] vgl. ebd., S. 164
[275] vgl. Rappe 2005, S. 596

also ob er auf diese etwa positiv oder negativ reagiert.[276] Außerdem zeigt sich so das Erleben von Atmosphären als eng an den Sozialisationsprozess eines Menschen gebunden.[277] Dieser bestimmt über die Formung des Gedächtnisses und der Wahrnehmung, wann und mit welcher Intensität jemand von einer Atmosphäre ergriffen wird. Die Sozialisation bestimmt die Sensibilität gegenüber Atmosphären und prägt damit die gesamte Wahrnehmung von Situationen und deren Bedeutsamkeit.[278] Gemeinsame Situationen – die für Rappe ähnlich wichtig sind wie für Schmitz – provozieren durch ihre atmosphärische Wirkung die (meist absichtslosen und unbemerkt vonstattengehenden) Reaktionen auf das Verhalten der anderen. Die Verhaltensweisen beruhen auf habituell eingeschliffenen Dispositionen der Sensibilität für bestimmte Aspekte der Situation sowie deren atmosphärische Wirkung. Sie prägen als Grundhaltungen den Charakter, d. h. das Handeln und die Haltung (wie z. B. Aufrichtigkeit, Stolz oder Bedächtigkeit).[279] und bilden gleichsam „Filter" der Atmosphärenwahrnehmung. Diese findet immer nur durch bereits geprägte, vom Gedächtnis mitgeformte Perspektiven statt, sodass es keine reine (von der Sozialisation losgelöste) Wahrnehmung einer Atmosphäre oder eines Gefühls gibt.[280]

Durch die Berücksichtigung der Sozialisation bei der Wahrnehmung von Situationen und Atmosphären leistet Rappe einen wesentlichen Beitrag zur Überwindung der „soziokulturellen Defizienz"[281] bei Schmitz. Nicht zuletzt über die zeitliche Dimension der Lust bzw. Unlust bezweifelt Rappe, dass die reinen Stimmungen der Zufriedenheit und der Verzweiflung bei Schmitz keinerlei Gerichtetheit aufweisen,

---

[276] vgl. Rappe 2006, S. 73
[277] vgl. ebd., S. 99-100
[278] vgl. Rappe 2012, S. 307-308
[279] vgl. Rappe 2006, S. 101-102
[280] vgl. Rappe 2010b, S. 14
[281] Preusker 2014, S. 132

da diese zumindest über Lust (Zufriedenheit) und Unlust (Verzweiflung) zeitlich gerichtet sind.[282] Von Schmitz übernimmt er aber die Erkenntnis, dass die Innenwelt-Außenwelt-Dichotomie zu einer problematischen Verzerrung der Perspektive führt, wobei er wie Schmitz den historischen Ansatz zu dieser Aufteilung in der griechischen Philosophie bei Platon sieht.[283] Die leibphänomenologische Atmosphärenforschung hat damit insgesamt den platonischen Dualismus von Körper und Seele ebenso wie den auf ihr beruhenden cartesischen Dualismus überwunden.

Die skizzierten Arbeiten von Rappe ermöglichen durch ihren erkenntnistheoretischen Schwerpunkt und die Berücksichtigung psychologischer, soziologischer und ethnologischer Aspekte[284] insgesamt eine verbreiterte Diskussion und Vernetzung der Atmosphären-Forschung. Trotz der vielversprechenden Anschlussmöglichkeiten haben, soviel sei vorweggenommen, die Ansätze Rappes in der modernen Atmosphärenforschung bisher keinen Eingang gefunden.

3.2.8 Aktuelle Ansätze und ihre historischen Bezüge

Mit der aufgezeigten Entwicklung bis in die Jetztzeit hat die moderne Atmosphärenforschung ein komplexes phänomenologisches Fundament erlangt, das es erlaubt, die Ausprägungen und die Bedeutung von Atmosphären auch in weiteren Disziplinen zu analysieren und für diese fruchtbar zu machen. Da sich das Dasein des Menschen nicht ohne seine auf die Umgebung bezogene Befindlichkeit denken lässt, die nicht einfach zwischen Innen und Außen, Seele und Körper aufgeteilt werden kann, verwundert es nicht, dass die aufgezeigte

---

[282] vgl. Rappe 2006, S. 75-76

[283] vgl. Rappe 2005, S. 62-66

[284] etwa durch die Integration des Habitus-Konzeptes von Bourdieu (1993), des Dispositiv-Konzeptes von Foucault (1978) oder des Mechanismus des Dispositionserwerbs mit verschleierter Genese von Butler (1991)

Entwicklungslinie in der Erforschung von Atmosphären in einer ganzen Reihe weiterer Disziplinen aufgegriffen und diskutiert wurde. Da die Behandlung dieser Werke den Rahmen der Arbeit sprengen würde, sollen im Folgenden kurz die historischen Bezüge einiger aktueller Ansätze aufgezeigt werden, um die Tragweite der bisher vorgestellten Ansätze anzudeuten.

In der Philosophie setzt sich Hauskeller (1995) in seiner Monographie *Atmosphären erleben* mit der sinnlichen Wahrnehmung von Atmosphären auseinander. Er folgt in erster Linie den Arbeiten von Tellenbach und Böhme. Gegenüber dem Atmosphärenbegriff von Schmitz nimmt Hauskeller eine eher kritische Position ein, bezieht sich in seiner Kritik jedoch nur einseitig auf Schmitz (1969) und nicht auf dessen Gesamtwerk,[285] sodass etwa die Begriffe der Situation und der Bedeutsamkeit außen vor bleiben, die für ein umfassendes Verständnis des Atmosphärenbegriffs bei Schmitz wesentlich sind (und bei der angeführten Kritik entsprechend nicht berücksichtigt werden bzw. werden können). Neben Hauskeller hat sich Rauh (2012b) ausführlich in seiner Monographie *Die besondere Atmosphäre* der Erforschung von Atmosphären gewidmet, in der er insbesondere die Vagheit von Atmosphären herausarbeitet und mit der „Aisthetischen Feldforschung" eine Methode zur qualitativ-empirischen Untersuchung von Atmosphären vorstellt. Wie Hauskeller bezieht sich auch Rauh in erster Linie auf Böhme, während sich Verweise auf die Arbeiten von Schmitz eher am Rande finden. Allgemeine Kritik am Fehlen einer phänomenalen Analyse der Zeitlichkeit von Atmosphären wurde von Henckmann geübt,[286] der auf die Arbeiten Rappes jedoch nicht eingeht. Weitere aufschlussreiche Auseinandersetzungen mit dem Atmosphärenbegriff in der Philosophie finden sich – mit unterschiedlichen Bezügen – bei Bautz (2008), Anderson (2009), Slaby (2011) oder Griffero (2014).

---

[285] vgl. Hauskeller 1995, S. 12-21
[286] vgl. Henckmann 2008, S. 75

Über die Philosophie hinaus fanden die vorgestellten Ansätze insbesondere in der Pädagogik[287] und in der Architektur[288] Anklang. Weitere Disziplinen, in denen der Atmosphärenbegriff aufgegriffen wurde, sind die Kunstwissenschaften[289], die Medizin,[290] die Theaterwissenschaften[291], die Wirtschaftswissenschaften[292], die Archäologie[293] und die Kreativitätsforschung[294]. Auf die Ansätze in den Wirtschaftswissenschaften von Schöll und Pfister wird in Abschnitt 3.3.4 noch gesondert eingegangen.

Die Analyse der (ohne Anspruch auf Repräsentativität angeführten bzw. ausgewählten) Beiträge in Abb. 2 zeigt, dass diese im Wesentlichen – entweder in direkter Auseinandersetzung oder indirekt über Böhme – auf den Arbeiten von Schmitz beruhen, so dass sich hier gut der skizzierte „Durchbruch" in der Atmosphärenforschung durch Schmitz nachzeichnen lässt.

---

[287] z. B. Ortmann 1997; Lüdtke 1998; Düttmann 2000, Hövel/Schüßler 2005; Giseke 2010; Uzarewicz 2013; Wolf 2015

[288] z. B. Hasse 2003; 2008; 2012; 2014; Meisenheimer 2004; Bischoff 2007; Kazig 2008; Grant 2013; Hofmann 2013

[289] z. B. Mahayni 2002

[290] z. B. Langewitz 2007; Sonntag 2013

[291] z. B. Schouten 2007; Rodatz 2010

[292] z. B. Schöll 2007; Pfister 2011

[293] z. B. Sørensen 2015

[294] z. B. Julmi/Scherm 2015

Philosophie

	Heidegger	Dürckheim	Bollnow	Tellenbach	Schmitz	Böhme
*Hauskeller (1995)	(X)		X	X	X	X
Bautz (2008)						X
Henckmann (2008)	X		X		X	X
Anderson (2009)						X
Slaby (2011)	(X)		X		X	
*Rauh (2012b)			(X)	(X)	(X)	X
*Griffero (2014)	X	X	X	X	X	X

Architektur

	Heidegger	Dürckheim	Bollnow	Tellenbach	Schmitz	Böhme
*Meisenheimer (2004)					X	X
*Bischoff (2007)	(X)	X	(X)	X	X	X
Kazig (2008)					X	X
*Hasse (2012)		X		X	X	X
Grant (2013)	(X)	(X)			X	X
*Hofmann (2013)	(X)			X	X	X

Kunstwissenschaften

	Heidegger	Dürckheim	Bollnow	Tellenbach	Schmitz	Böhme
Mahayni (2002)					(X)	X

Archäologie

	Heidegger	Dürckheim	Bollnow	Tellenbach	Schmitz	Böhme
Sørensen (2015)	X				X	X

Pädagogik

	Heidegger	Dürckheim	Bollnow	Tellenbach	Schmitz	Böhme
Ortmann (1997)	X		X		X	
*Lüdtke (1998)	X	(X)	X		X	
*Düttmann (2000)					X	X
Hövel/Schüßler (2005)			(X)		X	X
Giseke (2010)			X		X	X
Uzarewicz (2013)			(X)		X	X
Wolf (2015)			X		X	X

Medizin

	Heidegger	Dürckheim	Bollnow	Tellenbach	Schmitz	Böhme
Langewitz (2007)					X	
*Sonntag (2013)					X	X

Theaterwissenschaften

	Heidegger	Dürckheim	Bollnow	Tellenbach	Schmitz	Böhme
*Schouten (2007)	(X)		(X)	(X)	X	X
*Rodatz (2010)					(X)	X

Wirtschaftswissenschaften

	Heidegger	Dürckheim	Bollnow	Tellenbach	Schmitz	Böhme
Schöll (2007)	X				X	X
*Pfister (2011)				X	X	X

*: Monographie; X: Auseinandersetzung mit dem Werk; (X): Verweise

Abb. 2 Wissenschaftliche Auseinandersetzungen mit Atmosphäre und ihre historischen Bezüge (Eigene Darstellung)

3.3 Atmosphären in der Wirtschaftswissenschaft

3.3.1 Atmosphärische Ladengestaltung im Marketing

3.3.1.1 Relevanz und Wahrnehmung von Ladenatmosphären

Der größte Teil marketingorientierter Forschung über Atmosphären kann im Bereich der Konsumentenverhaltensforschung mit Bezug auf die Atmosphäre in Einkaufsstätten (Ladenatmosphäre) angesiedelt werden. Der Begriff der Ladenatmosphäre verweist in der Marketingforschung weniger auf ein klar definiertes Konzept oder Konstrukt (oder Phänomen), als vielmehr auf ein Rahmenthema oder einen Bereich innerhalb der Verkaufsraumgestaltung, in dem der Einfluss bestimmter Merkmale der Ladenumwelt auf die emotionale Reaktion der Kunden und damit verbunden deren Kaufverhalten untersucht wird.[295] Diese Vorgehensweise beruht auf den Annahmen der Umweltpsychologie, die sich allgemein mit der Fragestellung auseinandersetzt, ob die physische Umwelt das Verhalten der Menschen in dieser Umwelt beeinflusst und wie die Umwelt vor diesem Hintergrund gestaltet werden soll.[296] Durch die Gestaltung von einzelnen Ladenelementen wie Beleuchtung, Farbgebung, Hintergrundmusik oder Düften sollen Gefühle beim Kunden aktiviert werden, die ihn länger im Verkaufsraum verweilen lassen und zum Kauf animieren.[297] Über diese kurzfristige Zielsetzung hinaus soll die Ladenatmosphäre langfristig zur Profilierung einer Einkaufsstätte gegenüber der Konkurrenz beitragen.[298]

---

[295] vgl. Uhrich 2008, S. 38

[296] vgl. Bell/Greene/Fisher/Baum 2001, S. 4; Kroeber-Riel/Gröppel-Klein 2013, S. 505

[297] vgl. Homburg 2012, S. 1014

[298] vgl. Bost 1987, S. 7

Der Atmosphärenbegriff wurde erstmals von Kotler in die Marketing-literatur eingeführt. Kotler versteht unter Atmosphäre die spezifische Zusammenstellung der Umwelt, die über die Sinne wahrgenommen wird und beim Wahrnehmenden bestimmte Gefühle evoziert, z. B. die angenehme Atmosphäre eines Restaurants. Da Atmosphären durch die Sinnesorgane wahrgenommen werden, beschreibt (und zerlegt) Kotler Atmosphären über die einzelnen Wahrnehmungskanäle Sehen, Hören, Riechen und Tasten, für die er jeweils die wesentlichen Dimen-sionen zur Fundierung einer Atmosphäre angibt (z. B. Farbe, Hellig-keit, Größe, Form für den Wahrnehmungskanal Sehen). Der Ge-schmackssinn besitzt nach Kotler keine Relevanz für die Wahrneh-mung von Atmosphären, da eine Atmosphäre für Kotler nicht ge-schmeckt werden kann[299] – eine Ansicht, die unter Berücksichtigung der Ausführungen von Tellenbach,[300] aber auch etwa von Schmitz,[301] zurückgewiesen werden kann.

Das Atmosphärenverständnis von Kotler besitzt bis heute großen Ein-fluss auf die empirische Erforschung von Ladenatmosphären.[302] Zu-dem wird bei Untersuchungen der Ladenatmosphäre häufig auf die (an Kotler anschließenden) Typologien von Baker sowie Bitner zurück-gegriffen. Baker unterscheidet die Ladenatmosphäre in Hintergrund-faktoren (engl. *ambient factors*), Designfaktoren (engl. *design factors*) und soziale Faktoren (engl. *social factors*). Hintergrundfaktoren sind diejenigen Wahrnehmungsfaktoren, die tendenziell unbewusst wir-ken (z. B. Beleuchtung, Geräuschkulisse, Luftqualität). Designfaktoren sind dagegen bewusst; sie lassen den Menschen verbal denken, was er sieht (z. B. Architektur, Farbe, Form, Stil). Soziale Faktoren beziehen sich auf die Menschen in der wahrgenommenen Umgebung.[303] Auf die problematische Unterscheidung von bewussten und unbewussten

---

[299] vgl. Kotler 1973, S. 50-51

[300] vgl. Tellenbach 1968; Abschnitt 3.2.4

[301] vgl. Schmitz 2013, S. 41

[302] vgl. Müller 2012, S. 5

[303] vgl. Baker 1987, S. 79-80

Faktoren hat in diesem Zusammenhang unter anderem Salzmann hingewiesen.[304]

Bitner unterscheidet zwischen Hintergrundfaktoren (engl. *ambient conditions*), räumlicher Anordnung und Funktionalität (engl. *spatial layout and functionality*) sowie Zeichen, Symbolen und Artefakten (engl. *signs, symbols, and artifacts*). Hintergrundfaktoren zeichnen sich dadurch aus, dass sie sich einem Sinn zuordnen lassen (z. B. Temperatur, Akustik, Helligkeit). Die räumliche Anordnung und Funktionalität bezieht sich auf die Arrangements der Objekte in einer Umgebung, deren Größe und Form sowie auf die räumlichen Beziehungen der Objekte untereinander. Zeichen, Symbole und Artefakte beziehen sich auf explizite oder implizite Signale, die etwas über die Umgebung aussagen. Explizite Signale sind etwa Hinweisschilder; implizite Signale sind etwa die Qualität der Ausstattung oder die Wahl der Kleidung.[305] Weitere Typologien in Bezug auf die Ladenatmosphäre finden sich zudem bei Turley/Milliman (2000), Vilnai-Yavetz/Rafaeli/Schneider-Yaacov (2005), Grayson/McNeill (2009), Berman/Evans (2013) und Rayburn/Voss (2013).

3.3.1.2 Umweltpsychologische Grundlagen

Für die Erforschung von Atmosphären sind insbesondere emotionale Ansätze der Umweltpsychologie von Relevanz, da sich diese mit der Fragestellung beschäftigen, „welche Gefühle und Reaktionen durch Umweltreize ausgelöst werden".[306] Als theoretische Basis für empirische Untersuchungen wird innerhalb dieser Forschungsrichtung meist das Verhaltensmodell von Mehrabian/Russell (1974) herangezogen,[307] das einen „umfassenden theoretischen Ansatz zur Feststellung und Beschreibung emotionaler Stimmungswirkungen der Umwelt".[308]

---

[304] vgl. Salzmann 2007, S. 27
[305] vgl. Bitner 1992, S. 65-67
[306] Kroeber-Riel/Gröppel-Klein 2013, S. 513
[307] vgl. Eroglu/Machleit/Davis 2001, S. 180
[308] Bost 1987, S. 20

darstellt und die theoretische Grundlage nahezu aller Untersuchungen der Ladenatmosphäre bildet.[309]

Nach Mehrabian/Russell nehmen die physischen Stimuli einer Umgebung direkten Einfluss auf den emotionalen Zustand einer Person und damit auch auf ihr Verhalten.[310] Die Umweltstimuli werden operationalisiert in Variablen einzelner Sinnesmodalitäten (z. B. Farbe, Temperatur, Licht, Akustik, Geruch, Geschmack)[311] und die Informationsrate. Mit der Informationsrate soll die Komplexität der zeitlichen und räumlichen Arrangements der Umgebungsstimuli in einer Dimension abgebildet werden.[312] Die Informationsrate steigt etwa mit der Neuheit oder der Geschwindigkeit eines Ereignisses, während sie mit der Bekanntheit oder der Symmetrie eines Ereignisses sinkt.[313] Neben den Stimuli der Umgebung wird die emotionale Reaktion auf diese durch den emotionalen Zustand beeinflusst, den eine Person beim Eintritt in eine Umgebung mit sich bringt.[314] Die emotionale Reaktion einer Person auf die Stimuli der Umgebung operationalisieren Mehrabian/Russell über die drei unabhängigen Variablen Lust, Erregung und Dominanz. Diese Operationalisierung wird auch als Pleasure-Arousal-Dominance- oder kurz PAD-Modell bezeichnet. Lust, Erregung und Dominanz dienen zusätzlich als Mediatorvariablen für das Zu- oder Abwendungsverhalten der Person.[315] Das Modell folgt dem sogenannten S-O-R-Paradigma, wonach ein äußerer Stimulus (S) bestimmte Vorgänge im Organismus (O) auslöst, was diesen zu einer Reaktion (R) veranlasst.[316] Abb. 3 zeigt das Modell im Überblick.

---

[309] vgl. Uhrich 2008, S. 39
[310] vgl. Mehrabian/Russell 1974, S. 8
[311] vgl. ebd., S. 56-76
[312] vgl. ebd., S. 77
[313] vgl. ebd., S. 82
[314] vgl. ebd., S. 29
[315] vgl. ebd., S. 8
[316] vgl. Woodworth/Marquis 1947, S. 204-210;
Spangenberg/Crowley/Henderson 1996, S. 68

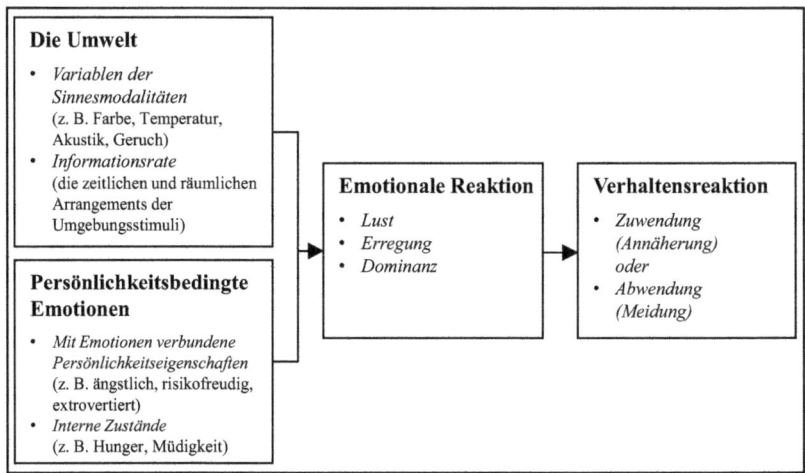

Die Umwelt

- *Variablen der Sinnesmodalitäten*
  (z. B. Farbe, Temperatur, Akustik, Geruch)
- *Informationsrate*
  (die zeitlichen und räumlichen Arrangements der Umgebungsstimuli)

Persönlichkeitsbedingte Emotionen

- *Mit Emotionen verbundene Persönlichkeitseigenschaften*
  (z. B. ängstlich, risikofreudig, extrovertiert)
- *Interne Zustände*
  (z. B. Hunger, Müdigkeit)

Emotionale Reaktion

- *Lust*
- *Erregung*
- *Dominanz*

Verhaltensreaktion

- *Zuwendung (Annäherung)*
  oder
- *Abwendung (Meidung)*

Abb. 3   Das Verhaltensmodell von Mehrabian/Russell (vgl. 1974, S. 8)

Im Anschluss an das Modell von Mehrabian/Russell konnte bei der emotionalen Reaktion die Unabhängigkeit der Dimensionen Lust und Erregung weitgehend bestätigt werden.[317] Russell entwickelt aus der Unabhängigkeit das sogenannte Circumplex-Modell affektiver Zustände, welches anhand von Selbsteinschätzungen das Feld der Gefühle (bzw. der emotionalen Reaktionen) über die beiden Dimensionen Lust und Erregung aufspannt.[318] Bei der Dominanz-Dimension sind die empirischen Befunde weniger eindeutig. Während manche Studien nahelegen, dass es sich tatsächlich um eine dritte, unabhängige Dimension handelt,[319] sprechen andere gegen eine

---

[317] z. B. Russell 1979; 1980; Donovan/Rossiter 1982; Watson/Tellegen 1985, S. 219

[318] vgl. 1980; Küpers/Weibler 2005, S. 46

[319] z. B. Russell/Mehrabian 1977; Yalch/Spangenberg 2000; Yani-de-Soriano/Foxall 2006

Unabhängigkeit.[320] Trotz dieser Ambivalenz der Dominanz-Dimension wird bei der Untersuchung der Ladenatmosphäre häufig auf das PAD-Modell zurückgegriffen.[321]

Während in dem Verhaltensmodell von Mehrabian/Russell die Umwelt anhand spezifischer Umweltmerkmale operationalisiert wird, haben Russell/ Pratt ein Modell entwickelt, mit dem Umwelten hinsichtlich ihrer emotionalen Wirkung über „affektive Qualitäten" beschrieben werden. Die affektive Qualität (oder die affektive Bedeutung) einer Umwelt wird definiert als diejenige gefühlshervorrufende Qualität, die Menschen einer Umgebung verbal zuschreiben. Die Autoren zeigen, dass sich die affektive Qualität einer Umgebung über die beiden unabhängigen Dimensionen Lust und Erregung abbilden lässt. Insgesamt können 40 Adjektive wie z. B. festlich oder hektisch einer spezifischen Position innerhalb des Modells zugewiesen werden. Russell/Pratt bezeichnen ihr Modell auch als „Circumplex-Modell affektiver Qualitäten",[322] das über die gleichen zwei Dimensionen aufgespannt wird wie das „Circumplex-Modell affektiver Zustände" von Russell (1980), mit dem die emotionale Reaktion einer Person in einer Umwelt abgebildet werden kann.[323] Abb. 4 veranschaulicht diesen Zusammenhang.

---

[320] z. B. Russell 1979; Donovan/Rossiter 1982; Donovan/Rossiter/Marcoolyn/Nesdale 1994

[321] z. B. Gröppel 1991; Yalch/Spangenberg 2000; Hoffman/Turley 2002

[322] vgl. Russell/Pratt 1980, S. 311-314

[323] vgl. auch Russell/Pratt 1980, S. 321

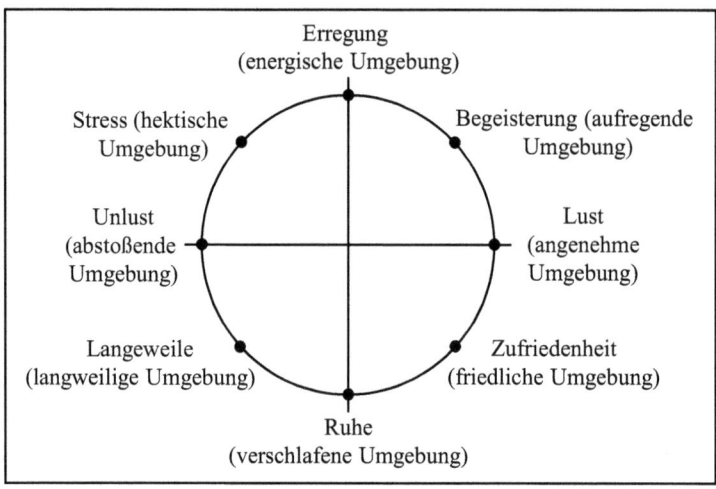

Abb. 4   Die Circumplex-Modelle affektiver Qualitäten und
         Zustände (Eigene Darstellung in Anlehnung an Russell
         1980, S. 1164, 1167 und Russell/Pratt 1980, S. 312,
         313)

Diesem „Gleichklang" affektiver Qualitäten der Umwelt und affektiven
Zuständen einer Person folgend unterscheidet Russell zwischen „Basisaffekten" und „affektiven Qualitäten der Umwelt". Als Basisaffekte
beschreibt er diejenigen grundlegendsten Gefühle, die in Stimmungen
und Emotionen evident sind. Basisaffekte sind auf subjektiver Ebene
evident, ohne dass sie genannt, interpretiert oder zugeschrieben werden müssten, analog etwa der gefühlten Körpertemperatur. Affektive
Qualitäten sind dagegen Eigenschaften von Stimuli, die von der Umgebung ausgehen und wahrgenommen werden können. Die Wahrnehmung affektiver Qualitäten ist zunächst ein „kalter" Prozess, der
dadurch „heiß" wird, dass eine Veränderung bei den Basisaffekten
stattfindet. Die Wahrnehmung affektiver Qualitäten beeinflusst jedoch nicht zwingend die Basisaffekte, die sich ihrerseits auch ohne

Einfluss eines Stimulus verändern können.[324] Das Circumplex-Modell affektiver Qualitäten wurde erstmals von Darden/Babin auf die Untersuchung der Ladenatmosphäre angewandt. Im Ergebnis konnte eine hohe Übereinstimmung zwischen den Konstrukten der affektiven Qualitäten und der Ladenatmosphäre festgestellt werden.[325]

3.3.1.3 Problematik der Atmosphärenverortung

Die empirische Erforschung von Ladenatmosphären findet meist indirekt über eine Operationalisierung der ganzheitlichen Ladenatmosphäre in einzelne Elemente statt. Häufig wird dabei auf die in Abschnitt 3.3.1.1 vorgestellten Typologien von Baker und Bitner zurückgegriffen. In der von Turley/ Milliman (2000) durchgeführten Metaanalyse zur atmosphärischen Ladengestaltung findet sich mit der Arbeit von Obermiller/Bitner (1989) lediglich eine von insgesamt 60 berücksichtigten Studien, in der die „Atmosphäre" direkt als Variable operationalisiert wird. Es zeigt sich jedoch, dass auch die indirekte Operationalisierung von Atmosphäre weder einheitlich noch widerspruchsfrei ist. Dies liegt in erster Linie daran, dass sich Atmosphäre einerseits (wie bereits mehrfach ausgeführt) kaum in eine Dichotomie von subjektiver Innenwelt und objektiver Außenwelt überführen lässt, dies andererseits jedoch durch das in der Erforschung der atmosphärischen Ladengestaltung zugrunde gelegte S-O-R-Paradigma zwingend notwendig ist.

Letztlich lässt sich die Ambivalenz des Atmosphärenbegriffs bereits auf Kotler zurückführen, der die Atmosphäre als Umgebungsqualität beschreibt, die über die Sinne wahrgenommen wird und bestimmte Gefühle hervorruft, die ihrerseits letztlich die Kaufwahrscheinlichkeit beeinflussen.[326] Einerseits folgt Kotler damit klar dem S-O-R-

---

[324] vgl. Russell 2003, S. 148-149
[325] vgl. Darden/Babin 1994, S. 102
[326] vgl. Kotler 1973, S. 50

Paradigma, andererseits versteht er die Stimuli einer Umgebung nur dann als Atmosphäre, wenn sie bestimmte Gefühle evozieren. Damit sind Atmosphären weder eindeutig unabhängig in den Stimuli noch eindeutig abhängig in der Reaktion des Organismus zu finden, sondern gleichsam über oder zwischen diesen. Dies bedeutet jedoch, dass sich ein solches Verständnis von Atmosphären nicht in ein S-O-R-Paradigma pressen lässt,[327] weshalb Untersuchungsgegenstand und zugrunde gelegtes Paradigma letztlich nicht zusammenpassen. Noch deutlicher wird diese Problematik in der vielbeachteten empirischen Untersuchung von Donovan/Rossiter (1982), die explizit dem S-O-R-Paradigma folgt. Zum einen werden hier die physischen Variablen der Ladenumgebung als antezedente Variablen der Ladenatmosphäre aufgefasst, zum anderen wird Atmosphäre als Einflussfaktor der emotionalen Zustände der Kunden beschrieben.[328] Die Atmosphäre wird also irgendwo zwischen Stimulus und Reaktion im Organismus verortet, was eigentlich ausgeschlossen sein sollte. Ähnlich verhält es sich etwa bei Parsons (2011), bei dem Atmosphäre durch die Stimuli entsteht, jedoch nicht als psychische Variable verstanden wird.[329]

Darüber hinaus finden sich sowohl Ansätze, die die Atmosphäre dem Stimulus bzw. der Ladenumgebung zuordnen, als auch Ansätze, nach denen die Atmosphäre mit der (psychischen) Reaktion auf diese gleichzusetzen ist. Zu den Autoren, die Atmosphäre als Stimulus verstehen, gehören z. B. Grossbart/Hampton/Rammohan/Lapidus (1990, S. 226), Turley/Milliman (2000, S. 193), Levy/Weitz (2005, S. 609), Yani-de-Soriano/Foxall (2006, S. 403) und Rayburn/Voss (2013, S. 401). Babin/Attaway (2000, S. 91) sprechen sogar von physischer Atmosphäre. Ebenfalls der Umgebung zugeordnet wird die Ladenatmosphäre in denjenigen Studien, die die Ladenatmosphäre als

---

[327] vgl. auch Jang/Namkung 2009, S. 452
[328] vgl. Donovan/Rossiter 1982, S. 35
[329] vgl. Parsons 2011, S. 430

Ursache von Stimmungsänderungen ansehen. Spies/Hesse/ Loesch (1997, S. 5-6) operationalisieren die Atmosphäre (anhand der Merkmale Ladenzustand, Ladenlayout und Informationsrate) als unabhängige Variable in den zwei Ausprägungen „gut" (Laden 1) und „weniger gut" (Laden 2). Hier offenbaren sich die methodischen Probleme darin, dass die Atmosphäre einerseits der Umgebung zugerechnet, andererseits mit wertenden und qualitativen Attributen („gut", „weniger gut") versehen wird, die sich nicht ohne wertendes Subjekt denken lassen, dessen ungeachtet aber einfach vorausgesetzt (bzw. argumentativ gewonnen) werden.[330] Ähnliches gilt für die Untersuchung von Bost (1987). Bei einer Differenzierung von Atmosphäre und Stimmung gilt allgemein: Wenn die Qualität der Stimmung in Abhängigkeit von der Qualität der Atmosphäre erhoben wird, muss die Qualität der Atmosphäre vorausgesetzt werden – zumindest, wenn Letztere objektiv verstanden wird. Dann kann jedoch nichts über die Atmosphäre ausgesagt werden, das nicht bereits angenommen wurde. Wird sie dagegen subjektiv verstanden, ergibt sich das Problem, wie zwischen Atmosphäre und Stimmung unterschieden werden soll. In beiden Fällen kommt erschwerend hinzu, dass die Atmosphäre nicht nur die Stimmung beeinflusst, sondern (je nach Operationalisierung) die Stimmung auch Einfluss auf die Wahrnehmung der Atmosphäre besitzt, wie etwa Chebat/Michon (2003, S. 537) zeigen.

Darüber hinaus finden sich Ansätze, die unter Atmosphäre die (emotionale) Reaktion im Organismus verstehen. So interpretieren Foxall/Goldsmith/Brown (1998, S. 201) den Ansatz von Kotler dahingehend, dass die Atmosphäre nicht der objektiven Umgebung zuzurechnen ist, sondern den subjektiven Gefühlen, die beim Kunden hervorgerufen werden. Salzmann (2007, S. 26) definiert die Ladenatmosphäre analog als „emotionale Reaktion des Kunden auf die durch den Anbieter vorgenommene physische Ladengestaltung" und auch

---

[330] vgl. auch Gardner 1985, S. 293

Müller (2012, S. 75, Fn. 516) beschreibt die Ladenatmosphäre als „die innere, psychische Reaktion auf die Ladengestaltung". Weitere Ansätze, in denen die Atmosphäre als emotionale Reaktion in der Psyche verortet wird, finden sich bei Buckley (1987, S. 568), Ghosh (1990, S. 464-465), Berekoven (1995, S. 277-278) und Berman/Evans (2013, S. 461).

Die Uneinigkeit bezüglich der Verortung der Atmosphäre wird in den Arbeiten selbst kaum thematisiert[331] und lässt sich entsprechend nur durch einen Vergleich der Arbeiten feststellen, wie er hier zumindest ansatzweise durchgeführt wurde. Des Weiteren bleibt in vielen Arbeiten unklar, was mit dem Ausdruck Atmosphäre überhaupt gemeint ist. Symptomatisch bezeichnen Kotler u. a. (2009, S. 679) in ihrem Marketing-Lehrbuch unter der Überschrift Serviceatmosphäre (engl. *service atmosphere*) die Atmosphäre im ersten Satz zunächst als wesentliches Marketingelement (engl. *major marketing element*), um daran anschließend den Ausdruck der Atmosphäre nicht weiter zu verwenden.

Die Uneinigkeit einerseits und das fehlende Bewusstsein andererseits können als weiterer Beleg dafür angesehen werden, dass sich die Atmosphäre einer eindeutigen objekt- oder subjektseitigen Zuordenbarkeit entzieht und das dualistische S-O-R-Paradigma für eine theoretische Fundierung von Atmosphären nicht geeignet ist. Vor diesem Hintergrund überrascht es nicht, dass bislang keine (übergeordnete) Theorie der Ladenatmosphäre existiert, die erklärt oder beschreibt, wie Kunden die Atmosphäre ganzheitlich wahrnehmen. Stattdessen untersucht ein Großteil der Forschungsarbeiten zu Ladenatmosphären den Einfluss einer einzelnen Stimulus-Variablen oder des Zusammenspiels zweier Stimulus-Variablen auf die Wahrnehmung und das Verhalten der Kunden.[332] Die Ladenatmosphäre wird damit aber nicht in

---

[331] vgl. Uhrich 2008, S. 39
[332] vgl. Bonnin/Goudey 2012, S. 638

der ganzheitlichen Weise untersucht, wie sie auf die Kunden wirkt[333] – und dies, obwohl bereits Turley/Milliman (2000, S. 208) die Frage aufwarfen, ob es nicht Theorien geben kann, die das Konsumentenverhalten in einer bestimmten Umgebung ganzheitlich beschreiben bzw. vorhersagen und über das S-O-R-Paradigma hinausgehen.

In Bezug auf das (ganzheitliche) Verstehen und Erklären von Ladenatmosphären bieten sich die vorgestellten Ansätze von Schmitz, Böhme und Rappe für eine theoretische Fundierung an. Hier könnte ein erster Schritt in der systematischen Berücksichtigung der von Schmitz eingeführten Brückenqualitäten, namentlich der Bewegungssuggestionen und der synästhetischen Charaktere, liegen. Die Arbeit von Bonnin/Goudey (2012) über die kinetische Qualität von Ladenatmosphären kann diesbezüglich als erster Versuch zur Untersuchung von Bewegungssuggestionen gewertet werden. Die Untersuchung von synästhetischen Charakteren findet sich zumindest ansatzweise bei der Untersuchung des Designs von Marken[334] und Produkten[335], deren Erkenntnisse prinzipiell auch für „sinnlich wahrnehmbare Verkaufsräume" gelten.[336] Darüber hinaus finden sich vereinzelt ästhetisch fundierte Arbeiten zur Erforschung von Ladenatmosphären, die einen ganzheitlichen Ansatz zugrunde legen.[337]

3.3.2 Emotionales Klima und Gruppenatmosphäre

Versteht man Atmosphären als räumlich ergossene Gefühle, rücken in Bezug auf die Organisation diejenigen Forschungsarbeiten in den Vordergrund, die sich mit Gefühlen auf einer interpersonellen oder organisationalen Ebene auseinandersetzen. Im Zentrum dieser

---

[333] vgl. Rayburn/Voss 2013, S. 400
[334] z. B. Kilian 2007
[335] z. B. Haverkamp 2009
[336] Kilian 2007, S. 325
[337] vgl. Abschnitt 3.3.3

Forschungsarbeiten steht das Konzept des emotionalen Klimas von De Rivera.[338] De Rivera definiert das emotionale Klima als objektives Gruppenphänomen, das konkret spürbar bzw. wahrnehmbar ist. Demgegenüber bezieht sich die emotionale Atmosphäre nach De Rivera auf das kollektive Verhalten einer Gruppe, wenn diese ihren Fokus auf ein gemeinsames Ereignis richtet. Das emotionale Klima unterscheidet sich von der emotionalen Atmosphäre in erster Linie durch seine längere Dauer: Ein emotionales Klima bezieht sich nicht nur auf kollektive Gefühle und kollektives Verhalten, sondern auch darauf, wie die Menschen einer Gesellschaft emotional zueinander in Bezug stehen, beispielsweise ob sich die Menschen umeinander kümmern oder nicht. Damit wird ein weiterer Unterschied deutlich: Während die Atmosphäre im konkreten Erleben fundiert ist, geht das Klima über dieses hinaus. Als weiteren Begriff führt De Rivera die emotionale Kultur als die in einer Kultur sozialisierten emotionalen Beziehungen ein, die sich gegenüber dem Klima über eine noch längere Dauer auszeichnen. Emotionale Atmosphäre, emotionales Klima und emotionale Kultur beeinflussen sich wechselseitig.[339]

Obwohl sich De Rivera in seinen Untersuchungen auf die Gesellschaft bezieht, lassen sich seine Erkenntnisse ohne Weiteres auf die Organisation übertragen,[340] wobei in manchen Arbeiten emotionale Atmosphäre und emotionales Klima gleichgesetzt werden.[341] Insbesondere Müller-Seitz hat aufbauend auf De Rivera versucht, die Dynamiken zwischen emotionaler Atmosphäre, emotionalem Klima und emotionaler Kultur in Organisationen herauszuarbeiten. Den Begriff der

---

[338] vgl. De Rivera 1992; Ashkanasy 2003, S. 38; Ashkanasy/Humphrey 2011, S. 220

[339] vgl. De Rivera 1992, S. 197-199; Bar-Tal/Halperin/De Rivera 2007, S. 443-445; Rimé 2007, S. 312-313

[340] vgl. z. B. Kiefer 2002, S. 44; Ozcelik/Langton/Aldrich 2008, S. 189; Nolan/Küpers 2009, S. 69; Scheve 2009, S. 55

[341] vgl. z. B. Schneider/Gunnarson/Niles-Jolly 1994, S. 18; Brown/Brooks 2002, S. 330

emotionalen Atmosphäre verwendet Müller-Seitz synonym zu kollektiver Emotionalität.[342] Das emotionale Klima versteht er als „Resultat aufeinander folgender gleichgerichteter Atmosphären"[343] und spricht von einer „Verfestigung einzelner Atmosphären zu einem Klima".[344] Die emotionale Kultur wiederum entsteht „durch die Akkumulation gleichgerichteter Klimate"[345] und wird letztlich „aus gleichgerichteten Atmosphären als relativ stabiles Phänomen hervorgerufen".[346] Damit fundiert die Atmosphäre nicht nur das Klima und das Klima die Kultur, sondern die Atmosphären sind als relativ stabiles Phänomen selbst Ausdruck der Kultur, weshalb Müller-Seitz hier von einer Art Kreislauf spricht, „der sich langfristig aus den mit Ereignissen verbundenen emotionalitätsbasierten Zuständen entwickelt".[347]

Im Gegensatz zur emotionalen Kultur sind emotionale Atmosphäre und emotionales Klima in erster Linie Gruppenphänomene, weshalb diesem Ansatz folgend alle Arbeiten für die Untersuchung von emotionalen Atmosphären relevant sind, die sich mit der kollektiven Emotionalität in Gruppen auseinandersetzen.[348] Hierzu gehören Arbeiten zur Gruppenatmosphäre genauso wie Arbeiten zur affektiven Tönung einer Gruppe. Letztere wird von George definiert als die Konsistenz affektiver Reaktionen innerhalb einer Gruppe; bei nicht vorhandener Konsistenz der affektiven Reaktionen in einer Gruppe kann entsprechend auch nicht von einer affektiven Tönung gesprochen werden.[349] Nach Müller/Bierhoff können affektive Tönung und

---

[342] vgl. Müller-Seitz 2008, S. 72

[343] ebd., S. 88

[344] ebd., S. 89

[345] ebd., S. 90

[346] ebd., S. 91

[347] ebd., S. 90

[348] vgl. Brown/Brooks 2002, S. 332; Tse/Dasborough/Ashkanasy 2008, S. 199

[349] vgl. George 1990, S. 108; 1996, S. 78

Gruppenatmosphäre gleichgesetzt werden.[350] Bei der Operationalisierung der Gruppenatmosphäre erweist sich jedoch einmal mehr die Abgrenzung zur Stimmung der Gruppenmitglieder als problematisch: Während etwa in dem Modell von George/Brief angenommen wird, dass die affektive Tönung der Gruppe als Einflussfaktor der Stimmung vorausgeht,[351] gehen Bierhoff/Müller in ihrem Modell davon aus, dass die Stimmung der Gruppenmitglieder gegenüber der Gruppenatmosphäre vorgängig ist.[352] Diese Problematik ist der in Abschnitt 3.3.1.3 behandelten Schwierigkeit ähnlich, die Atmosphäre (bzw. deren Ursprung) in der Umgebung als Stimulus (hier: Gruppe) oder in der Psyche des Individuums (hier: Stimmung) zu verorten. Ebenfalls von Bedeutung für die Untersuchung emotionaler Atmosphären bzw. Klimata in Gruppen ist das Konzept der Gefühlsansteckung von Hatfield/Cioppo/Rapson, das auf das Phänomen der automatischen, unbeabsichtigten und unbewussten Tendenz verweist, Gesichtsausdrücke, Körperbewegungen und Intonation bei Begegnungen mit anderen zu imitieren und untereinander zu synchronisieren.[353] Hier zeigt sich (restrealistisch) ein enger Zusammenhang zwischen der Gefühlsansteckung und der Konsistenz der affektiven Reaktionen innerhalb einer Gruppe.

Darüber hinaus ist in diesem Kontext noch der im Deutschen geläufige Begriff des Betriebsklimas zu erwähnen. Das Betriebsklima bezieht sich wie das emotionale Klima auf die sozialen Beziehungen innerhalb einer Organisation, fokussiert sich jedoch ausschließlich auf die Organisation als Ganzes und nicht auf einzelne Gruppen.[354] Eine Differenzierung von Klima und Atmosphäre ist in diesem Kontext jedoch schwierig, da Betriebsklima und Atmosphäre teilweise in dem

---

[350] vgl. Müller/Bierhoff 1994, S. 371

[351] vgl. George/Brief 1992, S. 315, 321

[352] vgl. Bierhoff/Müller 1999, S. 181

[353] vgl. Hatfield/Cioppo/Rapson 1994, S. 5

[354] vgl. Rosenstiel 1983, S. 5; Giesler 2003, S. 156

Sinne synonym verwendet werden, dass das Betriebsklima als (Betriebs-)Atmosphäre definiert wird.[355]

Die Erforschung von emotionalem Klima und verwandten Phänomenen und Konzepten weist darauf hin, dass (soziale) Gefühle als kritisches Element des Zusammenlebens in Organisationen anzusehen sind – als eine Art Klebstoff, der die Mitglieder einer Organisation atmosphärisch, klimatisch und letztlich kulturell zusammenhält.[356] Gefühle entstehen durch die Handlungen anderer und beeinflussen auf diese Weise die sozialen Beziehungen in Organisationen genauso wie sie durch diese beeinflusst werden.[357] Darüber hinaus soll jedoch nicht bestritten werden, dass auch Umgebungsfaktoren wie Architektur, Raumgestaltung oder Musik die Atmosphären und emotionalen Klimata in Gruppen und Organisationen beeinflussen. Ein solches weitergehendes Verständnis des emotionalen Klimas vertreten etwa Küpers/Weibler,[358] die damit eine Brücke zur organisationalen Ästhetik schlagen.

3.3.3 Organisationale Ästhetik

Die organisationale Ästhetik beschäftigt sich allgemein mit der leiblich-sinnlichen Wahrnehmung und deren ästhetischer Beurteilung in organisationalen Kontexten.[359] Die ästhetische Beurteilung basiert neben der Wahrnehmung auf einem ästhetischen Wissen darüber, wie das Aussehen, Fühlen, Riechen, Schmecken und Hören von Dingen des organisationalen Lebens konkret verstanden wird.[360] Dieses Wissen ist kein rational-analytisches, sondern ein sinnliches, leibliches,

---

[355] vgl. z. B. Götte 1962, S. 129; Bornemann 1967, S. 128; Nerdinger 2014b, S. 144
[356] vgl. Brown/Brooks 2002, S. 329
[357] vgl. Küpers/Weibler 2008, S. 259
[358] vgl. Küpers/Weibler 2005, S. 89
[359] vgl. Strati 1999, S. 2; Biehl-Missal 2011, S. 17
[360] vgl. Ewenstein/Whyte 2007, S. 689

ganzheitliches und implizites Wissen,[361] das eng mit der Wahrnehmung verbunden ist.[362] Durch ästhetisches Wissen selektiert und organisiert das Wahrnehmungsvermögen die Flut an Signalen derart, dass ein einheitlicher Eindruck entsteht,[363] der danach beurteilt wird, ob er ästhetisch ist oder nicht.[364] Mit dem Ausdruck „ästhetisch" ist hier jedoch nicht nur das Schöne gemeint ist, sondern auch das Hässliche, das Sublime, das Anmutige, das Tragische, das Pittoreske, das Komische und das Heilige, die zusammen die ästhetischen Kategorien bilden.[365] Darüber hinaus bezieht sich der in der organisationalen Ästhetik verwendete Ästhetik-Begriff nicht nur (aber auch) auf die Kunst, sondern darüber hinaus auf die sinnliche Wahrnehmung im Allgemeinen.[366]

Das Ästhetik-Verständnis der organisationalen Ästhetik geht auf Baumgarten (1961) zurück, der „als Begründer der modernen Ästhetik von einer generellen Wissenschaft der sinnlichen Wahrnehmung spricht und die Ästhetik als Theorie der sinnlichen Erkenntnis im Gegensatz zur rationalen begründet".[367] Die Verbindung dieser Art von Ästhetik und der Atmosphäre wird dann insbesondere in der „Neuen Ästhetik" von Böhme herausgestellt, die er auch als „Theorie der Atmosphäre" bezeichnet, da die „Ästhetik als Wahrnehmungstheorie in uneingeschränktem Sinne [...] eben damit zu tun" hat, „dass man sich durch Umgebungen und Gegenstände affektiv betroffen fühlt bzw. sich jeweils in Umgebungen oder in Anwesenheit bestimmter Gegenstände in charakteristischer Weise befindet".[368] Da die organisationale

---

[361] vgl. Strati/De Montoux 2002, S. 764

[362] vgl. Taylor/Hansen 2005, S. 1212

[363] vgl. King 2008, S. 43

[364] vgl. Taylor/Hansen 2005, S. 1212

[365] vgl. Strati 1999, S. 115; Taylor/Hansen 2005, S. 1214

[366] vgl. Strati 1999, S. 79-80; Gagliardi 2006, S. 702

[367] Biehl-Missal 2011, S. 17; vgl. Strati 1996, S. 216; 2000, S. 14-16

[368] Böhme 1989, S. 11

Ästhetik und die Neue Ästhetik von Böhme grundsätzlich mit demselben (auf Baumgarten zurückgehenden) Ästhetik-Begriff arbeiten und Böhme in seinem Verständnis von Atmosphären der Auffassung von Schmitz folgt,[369] lässt sich eine hohe „Kompatibilität" der phänomenologischen Erforschung von Atmosphären mit der organisationalen Ästhetik feststellen. Die Verbindung von Ästhetik und Atmosphäre findet sich auch schon bei Schmitz, der betont, dass ein ästhetisches Objekt notwendig – aber nicht hinreichend – von Atmosphären „durchzogen oder umhüllt sein" muss.[370]

Aufgrund des ganzheitlichen Ansatzes der organisationalen Ästhetik und der Nähe zum Atmosphärenbegriff wurde diese inzwischen vereinzelt als theoretische Fundierung der Erforschung von Ladenatmosphären herangezogen. So widmen sich etwa Joy/Sherry (2003) der ästhetischen Erfahrung von Museumsläden. Biehl-Missal/Saren (2012) grenzen sich kritisch von der Fokussierung auf einzelne Stimulus-Variablen in der Erforschung von Ladenatmosphären ab und untersuchen die ästhetische, leibliche und ganzheitliche Erfahrung von Ladenatmosphären, indem sie ihrer Arbeit – mit Verweisen auf Schmitz – die Neue Ästhetik von Böhme zugrunde legen.[371]

In der organisationalen Ästhetik selbst hat der Begriff der Atmosphäre bislang keine systematische Berücksichtigung als eigenständiges Konzept gefunden. Immerhin finden sich einige weiterführende Überlegungen bei Strati, nach dem Organisationen eine eigene Materialität besitzen, die neben der Leiblichkeit von Personen und Artefakten auch etwas umfasst, das ungreifbar und unsichtbar ist. Dieses Etwas bezeichnet er als die Atmosphäre der Organisation und beschreibt diese anhand einiger Merkmale: Atmosphären durchdringen das organisationale Leben; sie werden durch die Erfahrung fühlbar und beurteilt; man hat das Gefühl, in sie durch die Luft, die man atmet,

---

[369] vgl. Abschnitt 3.2.6
[370] Schmitz 1977, S. 623
[371] vgl. auch Biehl-Missal 2011, S. 61-66; 2013

eingetaucht zu sein; sie sind leiblich; sie sind einzigartig, auf den Augenblick bezogen und beständig im Wandel.[372] Diese Merkmale lassen sich gut in Einklang mit dem skizzierten Atmosphärenverständnis von Schmitz, Böhme und Rappe bringen. Problematisch ist allerdings die von Strati vorgenommene Trennung von Personen, Artefakten und Atmosphären, da Atmosphären nicht unabhängig von Personen und Artefakten gedacht werden können, sondern sich oft gerade an diesen oder durch diese abzeichnen.[373]

Trotz der Parallelen von Atmosphäre und Ästhetik geht die Erforschung von Atmosphären in Organisationen insgesamt über das hinaus, was in der organisationalen Ästhetik untersucht wird – denn obwohl mit Ästhetik auf die sinnliche Wahrnehmung im allgemeinen rekurriert wird, ist die organisationale Ästhetik mit ihren ästhetischen Kategorien historisch in der Wissenschaft der Kunst verwurzelt.[374] Dementsprechend wird häufig ein Zusammenhang zwischen (organisationaler) Ästhetik und Kunst hergestellt.[375] Der Ausdruck der Atmosphäre verweist eher auf etwas Allgemeineres; auf etwas, das nicht nur mit ästhetischen Kategorien wie dem Schönen oder dem Grotesken belegt werden kann, sondern auch mit Adjektiven wie fröhlich, gedrückt, ängstlich, zart, langweilig, alltäglich oder friedlich. Während die Ästhetik letztlich auf die Kunst verweist, verweist die Atmosphäre auf das Gefühl. Die Kunst bringt zwar eine Atmosphäre im Sinne eines Gefühls zum Ausdruck, jedoch ist nicht jede Atmosphäre als Gefühl ein Kunstwerk oder etwas, das man mit einem ästhetischen Urteil belegen kann oder das einen auf eine ästhetische Weise ergreift.[376] Dieses Verhältnis von Ästhetik und Atmosphäre zeigt sich etwa bei Kazig, der

---

[372] vgl. Strati 2009, S. 240-241
[373] vgl. z. B. Schmitz 2012a, S. 44
[374] vgl. Strati 1999, S. 119
[375] vgl. z. B. Strati 1999, S. 162-178; De Montoux 2000; Carr/Hancock 2003; Chytry 2008; Biehl-Missal 2011, S. 68-170; Becker 2013, S. 164-186
[376] vgl. auch Schmitz 1977, S. 622-628

in Bezug auf öffentliche Räume die Atmosphäre der ästhetischen Anregung nur als einen Atmosphärentyp neben anderen beschreibt.[377] Dennoch kann die organisationale Ästhetik als wichtiger Wegbereiter für die Erforschung organisationaler Atmosphären angesehen werden. Dieses Verdienst liegt nicht zuletzt in der Betonung der Leiblichkeit,[378] da die Mehrzahl der Organisationstheorien davon ausgeht, dass die Mitglieder einer Organisation körperlos sind oder der Körper durch den Geist kontrolliert wird.[379]

3.3.4 Atmosphäre bei Schöll und Pfister

Die einzigen Arbeiten in den Wirtschaftswissenschaften, die sich explizit mit Atmosphären in Organisationen auseinandersetzen und dabei auf die Ansätze von Schmitz und Böhme verweisen, sind die Arbeiten von Schöll (2007; 2009) und Pfister (2008).[380] Für Schöll stellt Atmosphäre „einen eigenen Phänomenbereich in Organisationen" dar.[381] Ausgangspunkt seiner Überlegungen sind die Arbeiten Heideggers und dessen Feststellung, dass der Mensch in jeder Situation von einer Stimmung erfasst bzw. begleitet wird.[382] Einzelne Bemerkungen von Schmitz und Böhme aufgreifend bildet Schöll spezifische Typen von Atmosphären in Organisationen, die er anhand verschiedener Merkmale voneinander abgrenzt. Diese Merkmale sind der Habitus (z. B. expressive oder ausweichende Körpersprache, Mimik, Gestik), der Sprachstil (z. B. ruhig oder eindringlich), die Art der Beziehungsgestaltung (z. B. lässig oder sachlich) sowie das Klima (z. B. aufgedreht oder fokussiert) in einer Organisation. Bei dieser Kategorisierung von

---

[377] vgl. Kazig 2008, S. 153-159

[378] vgl. z. B. Strati 1999, S. 110-111; Küpers 2002, S. 21

[379] vgl. Hassard/Holliday/Willmott 2000, S. 2; Dale 2001, S. 8; Wolkowitz 2006, S. 1; Heaphy/Dutton 2008, S. 138

[380] vgl. auch Pfister 2010; 2011; 2013

[381] vgl. Schöll 2007, S. 329

[382] vgl. ebd., S. 324-325

Merkmalen ist allerdings fraglich, inwieweit das Klima eine Kategorie neben den anderen bildet oder als ganzheitliche Wahrnehmung von Habitus, Sprachstil und Beziehungsgestaltung nicht über diesen stehen müsste und letztlich der Atmosphäre entspricht. Über die genannten Merkmale grenzt Schöll fünf verschiedene Atmosphären voneinander ab: Die „aufgekratzt-hektische", die „kämpferisch-hitzige", die „niedergeschlagen-ohnmächtige", die „freundlich-gelassene" und die „kühl-distanzierte" Atmosphäre.[383] Später fügt Schöll mit der „abwertend-dämonisierenden" Atmosphäre noch eine weitere hinzu.[384]

Pfister untersucht die atmosphärische Wirkung des Raumes im Rahmen von Change-Management-Prozessen. Auf Unternehmensebene spricht Pfister von einer Betriebsatmosphäre, die er definiert als das „Produkt aller firmenweit vorhandenen Ortsatmosphären".[385] Bei der Ortsatmosphäre differenziert Pfister zwischen Situations- und Raumatmosphäre. Die Raumatmosphäre beschreibt die Atmosphäre eines Raumes mit seinen Objekten, die Situationsatmosphäre die Atmosphäre, die durch die Belebung eines Raumes durch Menschen entsteht.[386] Die Raumatmosphäre beschreibt das „dinghaft Stabile", die Situationsatmosphäre das „situativ Einmalige".[387] Bei der Beschreibung von Ortsatmosphären greift Pfister auf die Merkmale und Typen von Schöll zurück.[388] Darüber hinaus nennt er als Dimensionen von Atmosphäre-Verhältnissen Temperatur (Wärme/Kälte), Luftbewegung (Bewegtheit/Ruhe), Lichtverhältnisse (heiter/düster), Druck (Fülle/Leere) und Dichte (Komplexität/Einfachheit), die er den atmosphärischen Verhältnissen der Meteorologie entnimmt,[389] derer sich

---

[383] vgl. ebd., S. 327
[384] vgl. Schöll 2009, S. 38
[385] Pfister 2008, S. 60
[386] vgl. ebd., S. 60
[387] Pfister 2013, S. 84
[388] vgl. Pfister 2008, S. 60
[389] vgl. ebd., S. 61

auch Schöll bedient.[390] Die Analogie bzw. phänomenologische Verwandtschaft von Atmosphären des Gefühls und des Wetters, die bereits in Abschnitt 3.2.5 thematisiert wurde, ist in der Literatur häufig zu finden.[391] Schmitz nennt die Atmosphäre gar das „Übereinstimmende von Gefühl und Wetter".[392] Darüber hinaus setzt sich Pfister an anderer Stelle explizit mit dem Verhältnis seiner Ansätze zu den Ansätzen von Schmitz und Böhme auseinander.[393]

Wie schon zuvor beim emotionalen Klima findet sich bei Pfister eine Verbindung von Atmosphäre, Klima und Kultur, die sich durch eine zunehmende Verfestigung und Dauerhaftigkeit auszeichnet. Diese Verbindung ist für Pfister insbesondere im Rahmen des Change Managements im Sinne eines Kulturwandels von Bedeutung. Kulturwandel versteht er als „Wandlungsprozess von atmosphärischen Verhältnissen"; Klimawandel als „Wandel des Zustands der Atmosphäre".[394] In Bezug auf die verwendeten Begriffe legen die Ausführungen nahe, dass mit der Betriebsatmosphäre, dem Zustand der Atmosphäre und dem Klima jeweils dasselbe gemeint ist. Mit Pfister kann dann eine Brücke zwischen den Ansätzen zum emotionalen Klima und der Phänomenologie von Schmitz, Böhme und Rappe geschlagen werden, die allerdings noch einer weiteren Ausarbeitung bedarf.

3.4 Implikationen für die Erforschung von Atmosphären in Organisationen

Mit dem Atmosphärenverständnis von Schöll und Pfister soll der Überblick über das Atmosphärenverständnis in den

---

[390] vgl. Schöll 2007, S. 326-327; 2009, S. 37, 39

[391] vgl. z. B. Scheler 1923, S. 13; Bollnow 1974, S. 43; Bautz 2008, S. 113; Rappe 2012, S. 300-301; Böhme 2013a, S. 66-84; Griffero 2014, S. 55-60

[392] Schmitz 2007, S. 268

[393] vgl. Pfister 2010, S. 32-36; 2011, S. 52-56

[394] Pfister 2008, S. 57

Wirtschaftswissenschaften abgeschlossen werden. Das bedeutet jedoch nicht, dass der Ausdruck der Atmosphäre nicht auch an anderer Stelle in der wirtschaftswissenschaftlichen Forschung Gebrauch findet. Da es sich bei der Atmosphäre – ähnlich wie bei der Situation – um einen im Alltag häufig gebrauchten Ausdruck handelt, wird er an vielen Stellen in der Forschung unreflektiert verwendet, ohne dass sich dahinter ein klar umrissenes Konzept oder Phänomen verbergen würde. An anderer Stelle wird der Begriff der Atmosphäre zwar systematisch verwendet, ein klar umrissenes Konzept oder Phänomen lässt sich dennoch nicht erkennen. Vor diesem Hintergrund wurde etwa der Begriff der Transaktionskostenatmosphäre von Williamson ausgespart, der sich damit relativ diffus auf die Effekte von einstellungsbezogenen Interaktionen (engl. *attitudinal interaction effects*) bei Transaktionen bezieht.[395]

Der historische Überblick über die Atmosphärenforschung in dieser Arbeit orientiert sich an einem Verständnis von Atmosphären als Subjekt und Objekt umgreifende Gefühlsqualität, die das leiblich verstandene In-der-Welt-Sein immer schon (atmosphärisch) stimmt. Von diesem Verständnis ausgehend ist der Ursprung der (modernen) Atmosphärenforschung bei Heidegger bzw. im Stimmungsbegriff zu suchen. Demgegenüber wäre auch denkbar gewesen, eine eher ästhetisch orientierte Entwicklungslinie der Atmosphärenforschung aufzuzeigen, wie sie etwa bei Böhme durchscheint, bei dem die Begriffe Ästhetik und Atmosphäre in engem Zusammenhang stehen. Eine solche Entwicklungslinie hätte ihren Ursprung weniger beim Begriff der Stimmung von Heidegger als vielmehr beim Begriff der „Aura" von Benjamin (2011) gefunden. Rauh, der eine solche Entwicklungslinie aufzeigt,[396] wundert sich in diesem Zusammenhang gar, „wie

---

[395] vgl. Williamson 1975, S. 37, 253
[396] vgl. Rauh 2012b

unterrepräsentiert der Aurabegriff in der Forschung zu Atmosphäre ist".[397] An dieser Stelle ist jedoch nochmals zu betonen, dass eine solche Entwicklungslinie historisch in der Wissenschaft der Kunst verwurzelt ist.[398] Dies zeigt sich dann auch bei Böhme, für den das Paradigma der Erzeugung von Atmosphären die Kunst des Bühnenbilds ist.[399] Ein solches, ausschließlich ästhetisches Verständnis von Atmosphären liegt dieser Arbeit jedoch nicht zugrunde, obwohl eine derartige Erforschung organisationaler Atmosphären mit Verweis auf die organisationale Ästhetik sicher möglich gewesen wäre. Stattdessen wird hier ästhetische Wahrnehmung zwar als atmosphärische Wahrnehmung verstanden, atmosphärische Wahrnehmung jedoch nicht zwingend auch als ästhetische, auch wenn sich der Begriff der Ästhetik etymologisch auf gr. *aísthēsis* (αἴσθησις) zurückführen lässt, der allgemein Wahrnehmung, Empfindung bedeutet.

Von dieser Einschränkung abgesehen können die Erkenntnisse der organisationalen Ästhetik für die vorliegende Arbeit berücksichtigt werden – ebenso wie auch die Erkenntnisse dieser Arbeit für die Erforschung organisationaler Ästhetik von Bedeutung sind,[400] die trotz der hohen Relevanz ihrerseits noch nicht über ein fundiertes Verständnis von Atmosphären verfügt. Darüber hinaus wurde in der historischen Entwicklung der Atmosphärenforschung die Sphärentheorie von Sloterdijk (1998; 1999; 2004) nicht berücksichtigt, da die Abgrenzung der in erster Linie sozial und sozialisierend verstandenen Sphäre vom

---

[397] ebd., S. 74

[398] vgl. Kutschera 1998, S. 3

[399] vgl. Böhme 2008, S. 39; 2013a, S. 101

[400] vgl. hierzu die Aussage von Strati: „The emotions aroused by the sensory and perceptive faculties provide the aesthetic approach with important materials for empirical and theoretical analysis. In other words, they constitute a set of organizational phenomena that the aesthetic approach finds congenial but which do not distinguish it from other approaches to the organization" (2000, S. 18).

Ausdruck der Atmosphäre ebenso schwierig ist wie eine historische Verortung der Ansätze, weshalb sich mit Sloterdijk kein klarer Atmosphärenbegriff gewinnen lässt – auch wenn hier mit Borch (2009) ein durchaus interessanter Zugang in Bezug auf die Erforschung organisationaler Atmosphären eröffnet wird.

Dass die Unterscheidung von (sich gegenseitig ausschließender) Subjektivität und Objektivität gerade in Bezug auf Atmosphären problematisch ist, hat nicht nur der historische Überblick über die Atmosphärenforschung gezeigt, sondern wird auch in der Erforschung von Ladenatmosphären im Marketing und in der Erforschung von Gruppenatmosphären deutlich. Dennoch bietet vor allem das Modell affektiver Qualitäten und Zustände interessante Anknüpfungspunkte, die es noch weiter auszuarbeiten gilt, da sich eine Parallele zur Auffassung von Schmitz herstellen lässt, der zwischen Gefühlen als Atmosphären (affektive Qualitäten der Umwelt) und dem affektiven Betroffensein von diesen (Basisaffekte bzw. affektive Zustände) unterscheidet. Darüber hinaus finden sich die Dimensionen Erregung und Lust bei Schmitz (Erregung) und Rappe (Lust) wieder. Das zugrunde gelegte S-O-R-Paradigma[401] ist jedoch mit der Phänomenologie von Schmitz und Rappe nicht vereinbar, da dieses „Subjektivität und Objektivität in ein Verhältnis gegenseitiger Ausschließlichkeit" setzt, wodurch gerade das irrealisiert wird, „was für den Menschen das Wichtigste und der primäre Zugang zur Realität ist, nämlich sein Erleben".[402] Gibt man das zugrunde gelegte Paradigma einer strikten Trennung von Subjektivität und Objektivität sowie einer eindeutigen Wirkungsrichtung von der Umgebung auf den Menschen auf, lässt sich das Modell jedoch gut in einen phänomenologischen Kontext integrieren.[403]

---

[401] vgl. Russell 2003, S. 148
[402] Rappe 2005, S. 449
[403] vgl. Abschnitt 4.6

Die behandelte Erforschung von emotionalem Klima und verwandten Phänomenen weist – insbesondere mit den Arbeiten von De Rivera, Müller-Seitz und Pfister – auf die zeitliche Entwicklung bzw. Verfestigung von Atmosphären hin und schlägt damit eine Brücke von der im Hier und Jetzt erlebten Atmosphäre zu längerfristigen Phänomenen wie dem Klima oder der Kultur in Organisationen. Über die zeitliche Dimension eröffnet sich ein vielversprechender Zugang mit den Arbeiten von Rappe, der die zeitliche und in diesem Sinne sozialisationsgeschichtliche Struktur der Atmosphärenwahrnehmung aufzeigt. Mit der Dimension von Lust und Unlust kommt ein motivationaler Aspekt bei der Ausbildung charakteristischer Atmosphären in Organisationen ins Spiel, der ebenfalls einer weiteren Ausarbeitung bedarf.

Insgesamt lässt sich der aktuelle Forschungsstand zum Atmosphärenbegriff mit der Erkenntnis abschließen, dass es bislang an einer umfassenden und adäquaten Erforschung organisationaler Atmosphären fehlt. Erste, vielversprechende Versuche finden sich bei den skizzierten Arbeiten von Schöll und Pfister, denen es jedoch noch an einer entsprechenden phänomenologischen Fundierung, wie sie die Ansätze von Schmitz, Böhme oder Rappe bieten, fehlt. Dass eine solche notwendig – oder zumindest sinnhaft – ist, haben die Ausführungen in diesem Kapitel ebenso wie die Ausführungen zur Wissenschaftstheorie in Kapitel 0 bereits angedeutet. Dies soll nachfolgend präzisiert werden.

4 PHÄNOMENOLOGISCHE GRUNDLAGEN EINES ERWEITERTEN ATMOSPHÄRENVERSTÄNDNISSES

4.1 Begründung der leibphänomenologischen Vorgehensweise

In der aufgezeigten historischen Entwicklung der Atmosphärenforschung scheint die Bedeutung der Phänomenologie als Forschungsmethode bereits durch, da sich die Beiträge allesamt der Phänomenologie zuordnen lassen. Darüber hinaus haben nicht zuletzt die Ausführungen zur Erforschung von Ladenatmosphären deutlich gemacht, dass sich Atmosphären innerhalb eines dualistischen Weltbildes nicht adäquat erfassen lassen. Die Problematik einer (in allen Lebensbereichen institutionalisierten) dualistischen Vorstellung einer Außenwelt und einer von dieser abgegrenzten Innenwelt trifft in besonderem Maße auf die Erforschung von Atmosphären zu, die – ganz im Sinne Heideggers – weder von außen noch von innen kommen, sondern das In-der-Welt-Sein als Ganzes erschließen.

Nach Holt/Sandberg ist es dieses Prinzip der Verflechtung von Dasein und Welt, das innerhalb der Phänomenologie das größte Potenzial zur Erforschung von Organisationen darstellt, da mit ihm der Dualismus von Subjekt und Objekt überwunden werden kann,[404] der in der MOF nach wie vor die wissenschaftstheoretische Grundlage bildet.[405] Moran bezeichnet dieses Prinzip gar als den wahrscheinlich größten Beitrag der Phänomenologie zur zeitgenössischen Philosophie.[406] Obwohl die phänomenologische Methode in der MOF bereits 1982 von Sanders eingeführt und als neuer Stern am Forschungshorizont angepriesen wurde,[407] werden phänomenologische Methoden in der MOF – trotz häufiger Betonung ihrer diesbezüglichen Potenz – kaum

---

[404] vgl. Holt/Sandberg 2011, S. 239

[405] vgl. Kapitel 0

[406] vgl. Moran 2000, S. 16

[407] vgl. Sanders 1982, S. 353

angewendet.[408] Vereinzelte Ausnahmen finden sich etwa bei White (1990), Sköldberg (1998), Holt/Sandberg (2011), Tomkins/Eatough (2013) oder Gill (2014), die ihren Arbeiten jedoch keine leibzentrierte Perspektive zugrunde legen.

Darüber hinaus beruhen einige der einflussreichsten Theorien innerhalb der MOF auf phänomenologischen Arbeiten – ein Tatbestand, der kaum explizit thematisiert wird. Hierzu gehören etwa die Strukturationstheorie von Giddens (1984), der wesentliche Ideen von Heidegger[409] übernimmt, und der Sensemaking-Ansatz von Weick (1979; 1995), der einige zentrale Konzepte der phänomenologischen Arbeiten von Husserl (1928), Heidegger und Schütz (1932) übernimmt.[410]

Dass die Überwindung der Dichotomie von Subjekt und Objekt zur Erforschung von Atmosphären in Organisationen im Allgemeinen notwendig ist, haben die bisherigen Ausführungen hinreichend deutlich gemacht. Zudem ist die phänomenologische Methode bei der Erforschung von Atmosphären einer quantitativen Methode vorzuziehen, da schon eine quantitativ kaum zu erfassende Nuance den Charakter einer Atmosphäre grundlegend verändern kann. Bereits „eine offene, zugewandte Kommunikationshaltung, ein Lachen, eine anerkennende Berührung, ein wohlwollender Zuruf oder eine anteilnehmende Geste kann Situationen entkrampfen und positive Energien zum Fließen bringen"[411] und so die Atmosphäre grundlegend verändern. Bautz spricht in diesem Zusammenhang von der internen Kontrastschwäche von Atmosphären, die eine quantitativ ausgerichtete, systematische Analyse unmöglich macht.[412] Während die Nuance quantitativ

---

[408] vgl. Holt/Sandberg 2011, S. 216; Gill 2014, S. 118
[409] vgl. z. B. Heidegger 2006; Abschnitt 3.2.1
[410] vgl. Styhre 2004, S. 105-106; Holt/Sandberg 2011, S. 229-232
[411] Müller/Bierhoff 1994, S. 377
[412] vgl. Bautz 2008, S. 118

betrachtet lediglich untergeordnete Bedeutung besitzt, ist sie für die Phänomenologie ein „Phänomen erster Ordnung".[413]

Da Atmosphären durch ihren räumlichen Charakter leiblich spürbar sind, bedarf es zur Untersuchung von Atmosphären darüber hinaus einer phänomenologischen Methode, die den Leib zum Fundament menschlicher Erfahrung erhebt. Atmosphären sind etwas, in das man „leibräumlich" hineingerät und über das man sich intersubjektiv verständigen kann,[414] so dass es sich bei der Wahrnehmung von Atmosphären (auch) um lebensweltlich-objektive Tatsachen handelt, die nicht in eine formale Objektivität überführt werden können. Atmosphären können von ihrem lebensweltlichen Fundament des leibräumlichen Spürens nicht losgelöst werden. Dem Begriffsverständnis dieser Arbeit folgend kann es entsprechend kein Konstrukt der Atmosphäre geben.[415] Allenfalls ließe sich von einem Konzept der Atmosphäre sprechen. Um den Anteil der Subjektivität bei der Wahrnehmung von Atmosphären jedoch nicht zu nivellieren, wird Atmosphäre im Rahmen dieser Arbeit als Phänomen verstanden.

Zwar ist es allgemein die Leistung der Phänomenologie, den Leib als eigenständigen Gegenstandsbereich wiederentdeckt zu haben, der „zwischen Körper und Seele in Vergessenheit zu geraten drohte";[416] eine systematische Auseinandersetzung mit dem Leib und seinem Verhältnis zu Atmosphären findet sich jedoch erst in der „Neuen Phänomenologie" von Schmitz, der den Leib ins Zentrum seiner Philosophie stellt.[417] Die Arbeiten von Schmitz markieren (wie gezeigt) den Durchbruch in der Atmosphärenforschung und bilden – zusammen

---

[413] Bachelard 1975, S. 36
[414] vgl. Latka 2013, S. 10
[415] vgl. Abschnitt 2.3.2
[416] Großheim 2012, S. 3
[417] vgl. Gugutzer 2006, S. 23, Fn. 12; demgegenüber hat sich etwa Merleau-Ponty nie explizit und systematisch mit Atmosphären auseinandergesetzt (vgl. Schouten 2007, S. 41).

mit den Arbeiten von Rappe – die Grundlage der leibphänomenologischen Vorgehensweise dieser Arbeit, die nachfolgend entwickelt werden soll.

4.2 Subjektiv gespürter Leib

4.2.1 Körper und Leib

Der Körper ist das, was wir in der Außenwelt sehen, tasten und objektiv untersuchen können. Er kann mit physikalischen oder physiologischen Methoden erfasst und gemessen werden und stellt für den Messenden eine formal-objektive Tatsache dar. Als objektiver Untersuchungsgegenstand wird der Körper – dem cartesischen Dualismus folgend – nicht subjektiv gespürt. Das subjektive Spüren ist alleine Sache der (körperlosen) Seele oder Psyche, wobei Körper und Psyche in einem Verhältnis der gegenseitigen Ausschließlichkeit stehen.[418] Das Problem eines solchen Weltbilds ist, dass sich (über die Atmosphäre hinaus) bestimmte Phänomene nicht in dieses einordnen lassen. Zu diesen Phänomenen gehört etwa der gespürte Schmerz. Der gespürte Schmerz lässt sich nicht objektiv am Körper messen oder in diesem lokalisieren; dies gilt höchstens für Korrelate. Er lässt sich aber auch nicht einer körperlosen Psyche zuschreiben, da er konkret an einem bestimmten Ort gespürt wird, der auch benannt werden kann. Die Unterscheidung von seelischem und körperlichem Schmerz ist aus Sicht des Betroffenen irrelevant, da es ihm letztlich egal ist, ob der Schmerz seelisch oder körperlich ist – er tut in beiden Fällen weh und ist gleichermaßen real.[419] Vergleichbares gilt für die Phänomene Hunger, Durst, Frische oder Mattigkeit. Der Hunger kann z. B. in der Magengegend lokalisiert werden, ist dort aber als solcher physiologisch nicht vorhanden. Derartige Phänomene besitzen in einem dualistischen Weltbild sowohl eine physische wie auch eine psychische Komponente, ohne

---

[418] vgl. Merleau-Ponty 1966, S. 79; Rappe 2012, S. 18
[419] vgl. Julmi/Scherm 2012b, S. 4; Rappe 2012, S. 61

jeweils körperliche oder psychische Phänomene im Vollsinn zu sein. Dieser Konflikt wird von Schmitz dadurch gelöst, dass der Leib bzw. das leibliche Spüren als eigenständiger Gegenstandsbereich konstituiert wird.[420] Demgegenüber dient etwa der Leib-Begriff bei Husserl, dem „Urvater" der Phänomenologie, „nicht dazu, den Körper-Seele-Dualismus zu überwinden, sondern vielmehr den Reduktionismus in seiner materialistischen und in seiner idealistischen Spielart".[421]

Im Gegensatz zum Körper ist der Leib das, was der Mensch in der Gegend seines Körpers, jedoch nicht immer in dessen Grenzen, von sich selbst als zu sich selbst gehörig spürt, ohne sich seiner fünf Sinne (Sehen, Hören, Riechen, Schmecken, Tasten) zu bedienen. Der eigene Leib kann im Gegensatz zum eigenen Körper weder gesehen noch ertastet werden.[422] Der Unterschied zwischen Leib und Körper kann gut am Beispiel eines Fieberkranken veranschaulicht werden, der am eigenen Leib spürt, dass seine Stirn heiß ist („Mir ist heiß"), diese sich jedoch beim Betasten des eigenen Körpers kühl anfühlt („Das ist kalt").[423]

Während der Körper objektiv gemessen und erfasst werden kann, wird der Leib immer subjektiv gespürt und verleiht dem Menschen die Gewissheit seiner Existenz.[424] Dem Körper fehlt diese Dimension des subjektiven Spürens – auch wenn man umgangssprachlich gelegentlich sagt, dass einem der Magen wehtut oder man eine sensible Haut hat. Es sind jedoch nicht die anatomischen Bestandteile oder die Organe, die man spürt, da dem leiblichen Spüren dessen fest umrissene und klare Struktur fehlt. Das leibliche Spüren ist vielmehr durch einen vagen Charakter und sich verschiebende Grenzen gekennzeichnet.[425]

---

[420] vgl. Schmitz 1992, S. 39; zum Folgenden Julmi/Scherm 2012a, S. 6-15
[421] Alloa/Depraz 2012, S. 7
[422] vgl. Schmitz 1965, S. 24; 2009b, S. 35
[423] vgl. Schmitz 1965, S. 12-13
[424] vgl. Rappe 2005, S. 13
[425] vgl. Rappe 2010b, S. 28

Schmitz spricht in diesem Zusammenhang von Leibesinseln, die zwar räumlich auf eine gewisse Art und Weise verbunden sind (z. B. übereinander oder nebeneinander), jedoch in keinem stetigen räumlichen Zusammenhang stehen und eine labile Struktur besitzen. Leibesinseln zerfallen, bilden sich neu und verschwinden wieder. Sie verschmelzen ineinander und sondern sich voneinander ab. Ihre Grenzen und Schwerpunkte verschieben sich. Einige Leibesinseln sind beständiger als andere. Der zum Schlund erweiterte Mund etwa ist leiblich beinahe immer präsent.[426] Leibliche Phänomene, die sich weder dem Körper noch der Psyche. zuordnen lassen, die jedoch örtlich umschrieben gespürt werden, nennt Schmitz leibliche Regungen. Zu diesen gehören die benannten Phänomene des Schmerzes, Hungers, Dursts, der Frische und der Mattigkeit. Leibliche Regungen spürt der Mensch nur an sich selbst.[427]

Phänomenologisch ist der Leib das Fundament des In-der-Welt-Seins; erst durch den Leib ist der Mensch in seiner Erfahrung an die Umgebung gekoppelt.[428] Mit dem Begriff des Leibes wird das in der Wissenschaft (und im Alltag) fest verankerte Paradigma des cartesischen Dualismus von Körper und Seele (oder Psyche, Geist, Bewusstsein) nicht nur radikal infrage gestellt, sondern die „Überwindung dualistischer Denkmuster" kann überhaupt nicht vollends erreicht werden, „solange kein adäquates Konzept des Leibes vorliegt".[429] Rappe spricht hier explizit von einem in der Geisteswissenschaft notwendigen „Paradigmenwechsel zur Leib-Perspektive",[430] der in der Soziologie etwa auch von Schmidt gefordert wird[431] – ein Bereich, in dem der Leib als

---

[426] vgl. Schmitz 1965, S. 25-28
[427] vgl. ebd., S. 8-9
[428] vgl. Lyon/Barbalet 1994, S. 60
[429] Gärtner 2007, S. 233
[430] Rappe 2012, S. 54
[431] vgl. Schmidt 2012, S. 217

eigenständiger Forschungsgegenstand bislang kaum anerkannt ist.[432] In der MOF ist der Leib von einer Anerkennung als eigenständiger Forschungsbereich noch weiter entfernt; hier ist man gerade erst dabei, den Körper als eigenen Forschungsgegenstand zu entdecken.[433] Gärtner spricht diesbezüglich von einer Wende der Körperlichkeit (engl. *corporeal turn*) in der MOF.[434] Insofern liegt dieser Arbeit mit dem Leib ein Fundament zugrunde, das (mindestens) mit einem Paradigmenwechsel innerhalb der MOF einhergeht, wie ihn etwa auch Gärtner mit seiner „leibphänomenologisch inspirierte[n] Theorie sozialer Praxis" in Organisationen vollzieht.[435] Gärtner bezieht sich mit seinem Leibbegriff hauptsächlich auf Merleau-Ponty (1966) und Waldenfels (2000). Demgegenüber beruht das dieser Arbeit zugrunde gelegte Leibverständnis wesentlich auf den Arbeiten von Schmitz und Rappe und folgt als erste Arbeit in der MOF dem Paradigma des Restrealismus.

4.2.2 Enge und Weite als Dimension des Raumes

Die Vielfalt und die Dynamik der Leibesinseln werden durch die „Enge" des Leibes zu einer Einheit zusammengehalten, die sich in unterschiedlichen Graden der Aufdringlichkeit manifestiert. Die Enge des Leibes zeigt sich aufdringlich etwa in der Angst oder beim Schmerz und weniger aufdringlich als gewöhnlicher, dumpfer Druck, der das Sich-Befinden in einer Umgebung tönt. Der Gegenspieler der Enge ist die „Weite", die den Hintergrund bildet, vor dem sich die durch die Enge zusammengehaltene Einheit des Leibes abhebt. Erst durch diesen Hintergrund erhält die Enge des Leibes eine absolute Örtlichkeit, die als „Hier" gespürt wird, als räumliche Präsenz – ganz unabhängig davon, wo man sich aufhält, weshalb dieses „Hier" von der räumlichen Orientierung unabhängig ist. Als Hintergrund hat die Weite selbst

---

[432] vgl. Schroer 2005, S. 10; Gugutzer 2006; 2012, S. 41
[433] vgl. Strati 1999, S. 3; Heaphy/Dutton 2008, S. 138
[434] vgl. Gärtner 2013, S. 338
[435] Gärtner 2007, S. 219

keine Örtlichkeit. Enge und Weite sind aneinander gekoppelt und bedingen sich gegenseitig. Wenn die Enge des Leibes an Schärfe verliert, wird der Zusammenhalt der Leibesinseln gelockert.[436]

Während die Enge der absolute Ort des räumlich gespürten „Hier" ist, löst man sich in der Weite von diesem „Hier", beispielsweise im Rausch, aber auch beim Heraustreten aus einem engen Raum ins Freie.[437] Diese Dynamik von Enge und Weite basiert auf den gegeneinander strebenden Tendenzen von „Engung" und „Weitung".[438] Engung und Weitung sind als Tendenzen aneinander gebunden; die Tendenz der Engung wird als „Spannung" bezeichnet, die Tendenz der Weitung als „Entspannung". Der Begriff der Entspannung ist den Arbeiten Rappes entnommen und findet sich bei Schmitz nicht. Schmitz verwendet stattdessen den Begriff der „Schwellung", mit dem das Konkurrenzverhältnis zur Spannung betont werden soll.[439] Der Begriff der Entspannung scheint jedoch geeigneter, da er die Verbindung zur Spannung bereits begrifflich zum Ausdruck bringt und ein Konkurrenzverhältnis nicht ausschließt.

Spannung und Entspannung stehen einerseits in einem Konkurrenzverhältnis und behindern sich gegenseitig, indem sie jeweils auf ein Übergewicht gegenüber dem Konkurrenten drängen. Andererseits fördern sie einander, indem sie aneinander wachsen und ein Übergewicht der einen Seite die andere nicht schwächt, sondern sie erst weckt und anstachelt. Die Bewegungstendenzen der Spannung und Entspannung gehen in einem leiblichen Fließgleichgewicht beständig ineinander über, wobei das leibliche Fließgleichgewicht eine Tendenz zum Spannungsausgleich besitzt.[440] Beispiele für das Überwiegen der

---

[436] vgl. Schmitz 1965, S. 73-74

[437] vgl. Soentgen 1998, S. 21

[438] vgl. Schmitz 1992, S. 45

[439] vgl. Schmitz 1965, S. 89-94; zur Kritik am Begriff der Schwellung vgl. Rappe 2005, S. 482, Fn. 774

[440] vgl. Schmitz 1965, S. 89-90; Rappe 2005, S. 485-486

Entspannung gegenüber der Spannung sind die Wollust oder der Stolz. Beispiele eines Überwiegens der Spannung sind Angst und Schmerz.[441]

Gewöhnlich befindet sich der Mensch irgendwo in der Mitte von Enge und Weite. Solange er bei Bewusstsein ist, können sich Enge und Weite nur teilweise voneinander lösen. Löst sich die Enge ganz von der Weite, fällt er (z. B. vor Schreck) in Ohnmacht (Erstarrung); löst sich die Weite ganz von der Enge, schläft er ein oder befindet sich in Trance (Erschlaffung). In beiden Fällen verliert er das Bewusstsein.[442] Die Verschränkung von Engung und Weitung wird als vitaler Antrieb bezeichnet. Bei einem Lösen der Verschränkung in Erstarrung oder Erschlaffung verschwindet auch der vitale Antrieb. Die als Entspannung gespürte Weitung wird nur solange als Entspannung gespürt, wie sie als Lösen von Enge empfunden wird. Verschwindet allmählich die Verbindung zur Enge, löst sich auch der vitale Antrieb, was zu Gleichgültigkeit und Selbstverlust führt.[443] Engung und Weitung können sowohl simultan als auch sukzessiv aneinander gebunden sein. In ersterem Fall spricht man von leiblicher Intensität, in letzterem von leiblichem Rhythmus.[444] Zwischen Enge und Weite vermittelt die leiblich spürbare Richtung, die aus der Enge in die Weite hineinführt. Die Engung ist daher nicht als Richtung zu verstehen, sondern als Hemmung der in die Weite führenden Richtung. Diese Hemmung äußert sich bei Angst und Schmerz als gehinderter Impuls des „Weg!", der sich auf eine Weitung im Sinne eines Fluchtdrangs richtet.[445]

Die Richtung von der Enge in die Weite spannt die Räumlichkeit des Daseins auf, indem sie – z. B. beim Fingerzeig oder beim Blick – den Hintergrund „perspektivisch vorstrukturiert und die Aufmerksamkeit

---

[441] vgl. Schmitz 1965, S. 225

[442] vgl. Schmitz 1992, S. 45-49

[443] vgl. Schmitz 2009b, S. 34-35

[444] vgl. Schmitz 1965, S. 111-112

[445] vgl. ebd., S. 98-99

an der so vorgezeichneten Richtung entlang auf den angezielten Raumpunkt hin laufen lässt".[446] Auf diese Weise entsteht der (erlebte) „Richtungsraum", in dem etwa zwischen oben und unten oder links und rechts unterschieden werden kann.[447] Erst aus diesem kann dann der (messbare) „Ortsraum" gewonnen werden, in dem die Beschreibung mathematischer Abstands- und Lagebestimmungen möglich ist.[448] Der Ortsraum ergibt sich aus dem Richtungsraum, „indem Richtungen des Richtungsraums, die aus der Enge in die Weite führen, partiell terminiert und die so entstandenen Richtungsterme untereinander verbunden werden".[449] Das Entscheidende in diesem Zusammenhang ist, dass es sich bei der Enge und der Weite des Leibes um die räumliche Dimension der leiblichen Dynamik handelt, die für die Wahrnehmung von Atmosphären – die ihrerseits einen räumlichen Charakter aufweisen – eine wichtige Rolle spielt. Dieser Zusammenhang lässt sich aus den Ausführungen bereits erahnen, etwa wenn man sagt, man fühlt sich in einer Atmosphäre beengt oder frei[450] oder man reagiert auf eine Atmosphäre angespannt, gespannt oder entspannt.[451] Dies ist zunächst räumlich zu verstehen, jedoch kommt insbesondere bei den letzten Beispielen auch ein zeitlicher Aspekt mit hinein, der sich durch die Dimension von Lust und Unlust ausdrückt: Man ist lustvoll auf etwas gespannt, das Unangenehme erwartend angespannt oder das Unangenehme nicht erwartend entspannt.

4.2.3 Lust und Unlust als Dimension der Zeit

Während Enge und Weite auf die leibliche Verbundenheit mit dem Raum verweisen, erschließt sich die Dimension der Zeit über die

---

446 Rappe 2005, S. 469
447 vgl. Schmitz 1967, S. 54-64
448 vgl. ebd., S. 74
449 ebd., S. 72
450 vgl. Schöll 2007, S. 326
451 vgl. Hövel/Schüßler 2005, S. 62

polaren Kategorien von „Lust" und „Unlust".[452] Die Lust (Unlust) richtet den Menschen leiblich darauf aus, was er erstrebt (zu vermeiden sucht) und erzeugt so eine Spannung in Bezug auf die Erfüllung des Erstrebten (Vermeidung des nicht Erstrebten) in der Zukunft.[453] So wie Enge und Weite die Bewegungstendenzen von Engung und Weitung mit sich bringen, besitzen Lust und Unlust die Bewegungstendenzen der „Attraktion" (Anziehung) als lustvolle Erfahrung und der „Repulsion" (Abstoßung) als unlustvolle Erfahrung, die die Motivationsstruktur des Menschen bilden. Attraktion ist „ein Streben mit Sogwirkung ‚auf etwas hin'", Repulsion entsprechend ein Streben mit Druckwirkung „‚von etwas weg'".[454] Auf diese Weise fungiert die Lust als Motivator, der den Leib auf ihre Befriedigung hin ausrichtet. Diese Ausrichtung vollzieht sich in einem Rhythmus von Mangel und Fülle, der etwa bei Hunger oder Durst spürbar ist. Mangel erzeugt Unlust und motiviert den Leib zur Aufhebung des Mangels, der als Fülle lustvoll erfahren wird. Damit sind Lust als Attraktion und Unlust als Repulsion primär Richtungen der Zeit, die erst durch den Rhythmus von Lust und Unlust eröffnet wird.[455] Beim Verhältnis von Lust und Unlust zeigt sich analog zu Enge und Weite eine Unumkehrbarkeit der Richtungen, die von der Unlust als Mangel zur sich selbst genügenden Lust verläuft. Ein Zustand der Unlust drängt auf Veränderung zu einem Zustand der Lust hin, die Umkehrung gilt jedoch nicht.[456] Somit kann auch bei Lust und Unlust von einer Spannung gesprochen werden, die von der Unlust ausgeht und in Richtung Lust abfällt.[457] Das leibliche Erleben ist –

---

[452] vgl. zum Folgenden Abschnitt 3.2.7
[453] vgl. Rappe 2009, S. 70
[454] Rappe 2005, S. 594
[455] vgl. 2012, S. 164
[456] vgl. Rappe 2005, S. 694
[457] vgl. ebd., S. 664

wie bei Engung und Weitung – für gewöhnlich durch ein Gemisch von lustvollen und unlustvollen Erfahrungen getönt.[458]

Die zeitliche Dimension von Lust und Unlust bzw. deren Rhythmus manifestiert sich in der Wiederholung – denn ob ein Vorgang oder eine Bewegung wiederholt wird, hängt mit dem verbundenen Lustempfinden zusammen.[459] Ähnlich führt eine Wiederholung von unlustvollen Situationen dazu, dass diese mit einem unlustvollen Druck besetzt werden, so dass eine zunehmende Vermeidungshaltung gegenüber diesen Situationen leiblich eingeschliffen wird.[460] Die Lusterfahrung motiviert die Wiederholung; die Unlust dagegen motiviert die Vermeidung der Wiederholung. Auf diese Weise bilden sich im Laufe der Zeit durch lustvolle und unlustvolle Erfahrungen bestimmte Verhaltens- und Wahrnehmungsmuster (und damit Gewohnheiten) aus.[461] In diesem Sinne ist die auf der leiblichen Motivationsstruktur basierende Wiederholung Grundlage aller menschlichen Fähigkeiten und Fertigkeiten.[462]

Die Ausrichtung des Leibes auf die Zukunft basiert auf den Erfahrungen aus der Vergangenheit, weshalb das leibliche Erleben und Handeln immer auch einer Interpretation des Vergangenen unterliegt.[463] In Bezug auf die Zeit kann – analog zur Unterscheidung von Richtungsraum und Ortsraum – zwischen erlebter und gemessener Zeit differenziert werden. Die gemessene Zeit wird erst durch die Terminierung von sich wiederholenden Zyklen der erlebten Zeit ermöglicht. Die erlebten Zyklen von Tag und Nacht lassen sich etwa (aber nicht nur) am Wechsel der leiblichen Regungen von Frische und Müdigkeit

---

[458] vgl. ebd., S. 595
[459] vgl. ebd., S. 596
[460] vgl. ebd., S. 830
[461] vgl. ebd., S. 596
[462] vgl. auch Parikh 1994, S. 28
[463] vgl. Rappe 2009, S. 70

festmachen.[464] Schmitz unterscheidet ähnlich zwischen Modalzeit (erlebte Zeit) und Lagezeit (gemessene Zeit).[465] Da die Philosophie von Schmitz in Bezug auf die biografische Dimension des Leibes jedoch nicht über eine ausreichend fundierte zeitliche Dimension verfügt, wird die Terminologie von Schmitz hier nicht weiter verfolgt.

Vergleicht man die leiblichen Tendenzen von Enge und Weite mit denen von und Lust und Unlust, so kann – auch in Bezug auf eine von der Unlust in Richtung der Lust abfallende Spannung – zwar eine gewisse Nähe zwischen Weite und Lust sowie Enge und Unlust festgestellt werden. Enge und Weite sind an sich jedoch nicht positiv oder negativ besetzt. Enge kann ebenso lustvoll (z. B. die lustvolle Spannung vor einem Wettkampf) besetzt sein wie Weite unlustvoll (z. B. die unlustvolle Entspannung in der Langeweile), so dass es sich bei Enge und Weite auf der einen und Lust und Unlust auf der anderen Seite um polare Kategorien zweier verschiedener Dimensionen handelt.[466] Während der Rhythmus von Enge und Weite räumlich ist, ist der Rhythmus von Lust und Unlust zeitlich.[467] Die räumliche Dimension von Enge und Weite besitzt keine Motivationsstruktur.[468]

4.2.4 Spontaneität, Responsivität und die Reflexivität des Leibes

Dem Körper – als das, was gesehen, ertastet und objektiv untersucht werden kann – fehlt die subjektiv spürbare Lebendigkeit des Leibes.[469] Diese spürbare Lebendigkeit basiert auf einer leiblichen Kraft oder Vitalität als „eine nicht weiter zu erklärende Basis des leiblichen

---

[464] vgl. Rappe 2012, S. 162
[465] vgl. Schmitz 2014c, S. 97-167
[466] vgl. Rappe 2005, S. 590; 2012, S. 134
[467] vgl. Rappe 2012, S. 164
[468] vgl. ebd., S. 139
[469] vgl. Julmi/Scherm 2012b, S. 1; Rappe 2012, S. 18

Erleben",[470] der man sich nicht entziehen kann und ohne die der (dann tote) Leib nur noch Körper ist. Die leibliche Vitalität ist die Wurzel aller leiblichen Dynamik.[471] Als Kraftentfaltung kann sich die Vitalität auf zwei Weisen äußern: als spontane Bewegung oder als Antwort auf einen Anstoß. In diesem Sinne lässt sich die Vitalität in die beiden Aspekte der „Spontaneität" und „Responsivität" unterteilen. Spontaneität äußert sich beispielsweise in spontanen leiblichen Regungen wie Hunger oder Durst, Responsivität im direkten Reagieren ohne Reaktionszeit im Kampf oder beim Sport. Spontaneität und Responsivität bilden wie Enge und Weite, Lust und Unlust ein kategoriales Paar leiblichen Erlebens, befinden sich jedoch auf einer anderen Ebene, da Spontaneität und Responsivität diesen vorausgehen. In den beiden Ausprägungen der Spontaneität und Responsivität bestimmt die Vitalität das Zusammenspiel von Enge und Weite sowie von Lust und Unlust und regelt ihren „Spannungshaushalt". Lust und Unlust können sich einmal als spontanes Streben ohne klares Ziel äußern, zum anderen als ein an einem Motiv ausgerichtetes, responsives Streben. In letzterem Fall löst das Motiv einen Impuls aus, der die Richtung des leiblichen Strebens bestimmt.[472]

Die Spontaneität stellt eine exzentrische Spannungsquelle der leiblich in die Umgebung wirkenden Impulse dar. Die Responsivität ermöglicht als konzentrische Sensibilität den Anschluss des Leibes an die Umgebung[473] und ist Ausdruck der Anpassungsfähigkeit des Menschen.[474] Das leibliche Streben lässt sich dahingehend differenzieren, ob es primär spontan aus sich selbst heraus erfolgt oder als Antwortverhalten auf eine bestimmte Anregung in der Umgebung zu verstehen ist. Spontaneität und Responsivität treten jedoch niemals isoliert

---

[470] Rappe 2005, S. 481

[471] vgl. ebd., S. 480-481

[472] vgl. ebd., S. 661-664

[473] vgl. ebd., S. 529

[474] vgl. ebd., S. 789

voneinander in Reinform auf. Sie bilden einen Zirkel gegenseitiger Verursachung und sind im Zusammenspiel Ausdruck der reflexiven Struktur des Leibes.[475] Die Responsivität ist Voraussetzung dafür, dass der Mensch sich in einer Umgebung – über die Wiederholung von lustvollen und unlustvollen Erfahrungen – sozialisieren und anpassen kann; die Gewohnheit wurzelt in diesem Sinne in der leiblichen Responsivität. Die Spontaneität erlaubt es dagegen, eigene Impulse einzubringen und gegenüber neuen Möglichkeiten und Veränderungen offen zu sein.[476] Dass Spontaneität und Responsivität zusammengebunden sind und sich über lustvolle und unlustvolle Erfahrungen reflexiv entfalten, zeigt sich schon bei der einfachen Nahrungsaufnahme, wenn der spontane, unlustvolle Hunger seine Befriedigung in einer responsiven, lustvollen Nahrungsaufnahme findet und im Laufe der Zeit der Hunger durch Wiederholungen insbesondere dann spontan auftritt, wenn responsiv mit seiner Befriedigung gerechnet wird – ein Effekt, der sich etwa bei der Konditionierung zeigt und von Pawlow in seinen berühmten Experimenten zum Pawlowschen Hund erforscht wurde.[477]

Über die Reflexivität des Leibes vermischen sich letztlich auch die Gegenstandsbereiche von Leib und Körper, indem sich der sichtbare Körper als Impuls der Umgebung und der spürbare leibliche Impuls reflexiv aufeinander beziehen: Einerseits ist das leibliche Spüren Basis der Sozialisation eines Menschen, andererseits wirkt die Vorstellung des Körpers oder Körperschemas durch Selbstzuschreibung auf das leibliche Spüren zurück. Rappe spricht in diesem Zusammenhang davon, dass das Körperschema (insbesondere während der Kindheit) dispositional eingeschliffen wird, wobei eigenleibliches Spüren und sinnliche Wahrnehmung verschmelzen und den „Leibkörper" oder „körperlichen Leib" als Zwischenbereiche von Leib und Körper mit

---

[475] vgl. ebd., S. 668-669
[476] vgl. auch Waldenfels 2000, S. 207
[477] vgl. Pavlov 1927

konstituieren.[478] Schmitz verfügt in seinem Begriffssystem über kein Äquivalent für die Reflexivität des Leibes, weshalb er zwischen Leib und Körper auch keine Brücke zu bauen vermag. Preusker bezeichnet es als „Grundproblem der Materie im gesamten Werk von Schmitz", dass der Materie „kein Raum zur Entfaltung" geboten wird.[479]

4.3 Gefühle als Atmosphären

4.3.1 Betroffensein und Wahrnehmung von Atmosphären

Gefühle werden in dieser Arbeit nicht als private Seelenzustände verstanden, sondern als Atmosphären, die im Raum ähnlich objektiv vorhanden sind wie das (phänomenale) Wetter.[480] „Objektivität" bezieht sich hier nicht auf (messbare) Objekte, sondern auf (lebensweltlich-)objektive Tatsachen, die grundsätzlich jeder benennen kann. Analog bezieht sich „Raum" nicht auf den (messbaren) mathematischen Raum, sondern auf den (leiblich) erlebten.[481] Atmosphären sind im Verständnis dieser Arbeit insofern räumlich-objektiv vorhanden, als sie grundsätzlich von jedem wahrgenommen und als Tatsachen benannt werden können. Hierzu gehören etwa die Atmosphäre der Traurigkeit während einer Trauerfeier oder die Atmosphäre der Fröhlichkeit einer Karnevalsgesellschaft.[482] Sekundär bezieht sich der Atmosphärenbegriff auf das (phänomenale) Wetter, etwa wenn man von einer schwülen oder eisigen Atmosphäre spricht,[483] wobei sich insbesondere bei der eisigen Atmosphäre wieder die Verwandtschaft von

---

478 vgl. Rappe 2005, S. 431; 2008a, S. 12
479 Preusker 2014, S. 126; vgl. Abschnitt 2.4
480 vgl. Schmitz 1969, S. 127
481 vgl. Schmitz 2011a, S. 10-11; Abschnitte 2.2.3 und 3.2.5
482 vgl. Schmitz 1969, S. 134-135
483 vgl. Schmitz 1969, S. 127; 2014a, S. 51-52; Schöll 2007, S. 326

Atmosphären des Wetters und des Gefühls zeigt, da diese auch auf eine Art „Gefühlskälte" verweisen kann.

Der Atmosphäre (bzw. dem Gefühl) als (lebensweltlich-)objektive Tatsache steht das affektive Betroffensein durch die Atmosphäre als subjektive Tatsache gegenüber. Jemand ist von einer Atmosphäre affektiv betroffen, wenn sie ihn ergreift und ihm nahegeht, etwa wenn er in einer Atmosphäre der Traurigkeit selbst traurig ist.[484] Man kann in Atmosphären wie in einen Sturm hineingeraten, dem man sich nicht entziehen kann und der einen zur Auseinandersetzung zwingt.[485] Das affektive Betroffensein von einer Atmosphäre beginnt mit einer Überwältigung. Auf diese Weise zwingt es den Betroffenen, sich der Atmosphäre (zumindest kurzfristig) preiszugeben. Dadurch wird der Betroffene zu einer Auseinandersetzung herausgefordert. Nach der anfänglichen Überwältigung eröffnet sich dem Betroffenen ein Spielraum, sich der Atmosphäre preiszugeben oder ihr gegenüber Widerstand zu leisten. Weder Überwältigung noch Preisgabe oder Widerstand müssen dem Betroffenen als subjektive Tatsachen klar bewusst sein. Das affektive Betroffensein von einer Atmosphäre wird auch als Ergriffenheit bezeichnet.[486] Da die Ergriffenheit von einer Atmosphäre unterschwellig wirken kann, ist mitunter schwer zu sagen, wann und wo die Ergriffenheit von einem Gefühl eingesetzt hat.[487] Eine Atmosphäre kann jedoch auch ohne Ergriffenheit nur wahrgenommen werden. In diesem Fall kann man sich über die Atmosphäre als (lebensweltlich-)objektive Tatsache zwar verständigen, sie wird jedoch nicht zur subjektiven Tatsache. Wenn die Trauer jemanden nicht ergreift, so kann er nicht als traurig bezeichnet werden.[488] Eine Atmosphäre kann jemanden auch erst nach einer bestimmten Zeit ergreifen,

---

484 vgl. Schmitz 1969, S. 93
485 vgl. ebd., S. 97
486 vgl. ebd., S. 141-148
487 vgl. Rappe 2006, S. 106
488 vgl. Schmitz 2011b, S. 35; Hasse 2014, S. 229-230

beispielsweise wenn ein gereizter Mensch von der feierlichen Atmosphäre einer Kirche allmählich besänftigt und dadurch „umgestimmt" wird.[489]

Durch die Unterscheidung von Atmosphären und affektivem Betroffensein kann zwischen einem Gefühl und dem Fühlen eines Gefühls unterschieden werden. Eine Atmosphäre ist (als Gefühl) für die anwesenden Personen (lebensweltlich-)objektiv dieselbe. Das Fühlen des Gefühls ist für den Betroffenen dagegen eine subjektive Tatsache, die nur für ihn Gültigkeit besitzt.[490] Der (lebensweltlich-)objektive Charakter von Gefühlen zeigt sich beispielsweise, wenn die Ergriffenheit einer Person von einem Gefühl für andere sichtbar ist oder wenn Menschen gemeinsam von Gefühlen ergriffen werden.[491] Ob ein Mensch heiter oder traurig ist, ist für Außenstehende meist leicht zu bestimmen. Ein gemeinsames Ergriffensein durch Gefühle findet sich etwa bei der besagten Trauerfeier oder der Karnevalsgesellschaft.[492] Eine solche Objektivität von Gefühlen wird auch durch die empirische Forschung außerhalb der Phänomenologie belegt, die zeigt, dass, wenn Gefühle erfahren werden, diese auch für andere wahrnehmbar geteilt werden.[493] Darüber hinaus wird die Objektivität von Gefühlen allgemein von denjenigen Wissenschaftlern (stillschweigend) vorausgesetzt, „die die Erforschung von Gefühlen auf beobachtbares Verhalten beschränken und an Laborsituationen annähern".[494]

4.3.2 Atmosphäre, Raum und Autorität

Atmosphären sind als räumliches Phänomen in die Weite des Raumes ergossen, die „als gemeinsames Kennzeichen aller Weisen der

---

[489] vgl. Schmitz 2009b, S. 83-84
[490] vgl. ebd., S. 86
[491] vgl. Rappe 2006, S. 230
[492] vgl. Rappe 2012, S. 273
[493] vgl. Rimé 2007, S. 309
[494] Böhme 1997, S. 536, Hervorhebungen im Original

Raumgegebenheit" zu verstehen ist.[495] Dort, wo keine Weite – und mit ihr die Ausdehnung – vorhanden ist, existiert auch nichts Räumliches. Die Räumlichkeit von Atmosphären äußert sich etwa daran, dass man sagt, dass eine bestimmte Atmosphäre in der Luft liegt. Eine solche Ausdrucksweise ist dabei keinesfalls nur als Metapher zu verstehen, da von einer Metapher nur gesprochen werden kann, wenn es auch eine alternative, „direkte" Ausdrucksweise gibt.[496] Eine direktere Ausdrucksweise dafür, dass eine Atmosphäre in der Luft liegt, ist jedoch nur schwer vorstellbar. Ähnlich spricht man „von Höhe und Tiefe, Dichte, bewusstseinserfüllender Breite, Erfülltheit und Leere, von tragenden, erhebenden und lastenden" Atmosphären.[497] Solche räumlichen Eigenschaften von Atmosphären beziehen sich – wie bereits betont – auf den erlebten Raum, auch wenn es durchaus möglich ist, dass Atmosphären in einem bestimmten Ort „eingelagert" sind.[498] Dies zeigt sich etwa bei einem unmittelbaren und abrupten Übergang von einer Atmosphäre in eine andere, sehr gegensätzliche Atmosphäre, z. B. beim Eintritt in eine Kirche von einer belebten Straße oder wenn man unvermittelt das Meer erblickt.[499]

In einem Raum können mehrere, objektive Atmosphären vorhanden sein und wahrgenommen werden. Atmosphären können untereinander verbunden sein, sich überlagern und kreuzen. Mehrere Atmosphären können sich zu einer übergeordneten Atmosphäre verdichten und umgekehrt.[500] Wie viele und welche Atmosphären wahrgenommen werden, hängt auch von der Aufmerksamkeit eines Menschen ab.[501] Im Gegensatz dazu kann jemand aber immer nur von

---

[495] Schmitz 1969, S. 268
[496] vgl. ebd., S. 186-187
[497] ebd., S. 263
[498] vgl. Schmitz 2012a, S. 46
[499] vgl. Böhme 2013a, S. 95
[500] vgl. Goetz 2008, S. 241; Rappe 2013, S. 71
[501] vgl. Schöll 2009, S. 39

einer Atmosphäre affektiv betroffen sein bzw. ergriffen werden – unabhängig davon, wie viele Atmosphären (lebensweltlich-)objektiv tatsächlich vorhanden sind. Von welcher Atmosphäre jemand ergriffen wird, hängt ebenfalls von der Aufmerksamkeit ab. Ein anwesender Gast auf einer Trauerfeier, der durchs Fenster Kinder bei schönem Wetter fröhlich im Freien spielen sieht, ist unter Umständen von einer anderen Atmosphäre ergriffen als die engen Verwandten, denen die Trauerfeier so nahegeht, dass sie sich ihrer Atmosphäre nicht entziehen können. Hier zeichnet sich mit der Autorität von Atmosphären eine weitere Eigenschaft von Atmosphären ab, die darüber bestimmt, von welcher Atmosphäre jemand affektiv betroffen ist. Die Autorität der Atmosphäre ist bei der beschriebenen Trauerfeier für den nahen Verwandten eine dringlichere als für den wenig berührten „Randgast" oder „Höflichkeitsbesucher".

Die Autorität von Atmosphären ist eng mit deren Räumlichkeit verbunden und verdeutlicht den Konkurrenzcharakter von Atmosphären: Stoßen in einem Raum zwei Atmosphären aufeinander (z. B. Trauer und Fröhlichkeit), setzt sich – vorausgesetzt es besteht für beide Atmosphären eine über die Sozialisation entsprechend sensibilisierte Wahrnehmung[502] – im affektiven Betroffensein diejenige Atmosphäre durch, die für jemanden eine höhere Autorität aufweist. Schmitz spricht hier auch von anspruchsvollen Atmosphären, die in ihrer Umgebung einen totalen Anspruch erheben.[503] Das affektive Betroffensein von einer Atmosphäre kann die Form eines Mitgerissen-Werdens annehmen, es ist jedoch auch eine Art Herausgerissen-Werden denkbar, etwa wenn jemand durch eine lustige Karnevalsgesellschaft nur umso stärker von einer Atmosphäre der Trostlosigkeit ergriffen wird[504] oder wenn jemandem – das schamlose Verhalten anderer gewahr werdend – ein Gefühl der Scham (im Sinne eines

---

[502] vgl. Abschnitt 4.3.3
[503] vgl. Schmitz 1998a, S. 25; 2009b, S. 81
[504] vgl. Schmitz 1969, S. 134

Fremdschämens) überkommt.[505] Das Atmosphärische, das Autoritäre und das leiblich-affektive Betroffensein in Bezug auf die Scham lassen sich anschaulich mit Sartre als „unvermittelter Schauder, der mich von Kopf bis Fuß durchläuft, ohne jede begriffliche Vorbereitung" beschreiben.[506]

Böhme unterscheidet ähnlich zwischen Ingressionserfahrung und Diskrepanzerfahrung: Während man bei einer Ingressionserfahrung mit einer Atmosphäre mitgeht, ist die Diskrepanzerfahrung von einem Kontrastgefühl geprägt.[507] Ebenso lässt sich das von Scheler (1923) und Hatfield/Cioppo/Rapson (1994) beschriebene Phänomen der Gefühlsansteckung als ein Mitgerissen-Werden im affektiven Betroffensein verstehen, während das Herausgerissen-Werden eine Gefühlsansteckung unterbindet (oder bildlicher: „abwürgt"). Darüber hinaus ist jedoch auch möglich, dass die Autorität einer Atmosphäre einen Menschen hemmt, der diese ohne affektives Betroffensein nur wahrnimmt. Der Fröhliche kann etwa durch die Atmosphäre, die ein trauernder Mensch ausstrahlt, in seinem Tun gehemmt werden, ohne dass er (wie bei einem affektiven Betroffensein) von der Atmosphäre mitgerissen oder aus dieser herausgerissen würde.[508]

4.3.3 Atmosphäre, Zeit und Sozialisation

Die Wahrnehmung von Atmosphären ist nicht nur räumlich zu verstehen, sondern auch zeitlich; denn wie und wo man Atmosphären wahrnimmt, hängt untrennbar mit der Gedächtnisleistung und Sozialisation eines Menschen zusammen und beruht auf der reflexiven Struktur des Leibes. Durch die Responsivität vermag der Mensch in der Wahrnehmung etwas zu erkennen, indem er es wiedererkennt, d. h. sich erinnert. Auf diese Weise sind in der Wahrnehmung Eindruck und

---

[505] vgl. Schmitz 1973a, S. 38-43; 2009b, S. 80

[506] Sartre 1952, S. 150

[507] vgl. Böhme 2001, S. 46-49; Rauh 2012b, S. 117-119

[508] vgl. Schmitz 2007, S. 271

Erinnerung (und damit Raum und Zeit) untrennbar zueinander in Bezug gesetzt.[509] Die Wahrnehmung kann so nicht nur vorgängig entschlüsselt, sondern auch entsprechend angepasst und ausgerichtet werden. Mittels Responsivität sind Identifikation, Erinnerung und Nachahmung und damit Handlung bereits in der Wahrnehmung selbst angelegt (d. h., ohne gedankliche Reflexion möglich), so dass sich Wahrnehmung und Handlung – wie beispielsweise auch in der organisationalen Ästhetik angenommen wird[510] – voneinander nicht trennen lassen.

Das Antwortverhalten des Menschen beschränkt sich jedoch nicht nur auf Nachahmung, sondern bedarf auch der Spontaneität, die in das Antwortverhalten eingreifen und dieses verändern kann. Dadurch wird nicht nur eine gewisse Offenheit im Handeln gewährleistet, sondern es wird auch das Ausprobieren von Handlungen ermöglicht, wodurch Lerneffekte erzielt werden und Sozialisation entsteht. Erfolgreiches Antwortverhalten wird als lustvolle (zu erstrebende) Erfahrung genauso in die Erinnerung „eingeschrieben" wie nicht erfolgreiches Antwortverhalten als unlustvolle (zu vermeidende) Erfahrung.[511] Die Fundierung der Wahrnehmung in der Erinnerung ist zudem Voraussetzung dafür, dass etwas in der Umgebung erwartet werden kann – denn erwartet werden kann nur das, von dem eine aus der Erinnerung abgeleitete Vorstellung existiert, dass es eintrifft. Über die Erinnerung suggeriert die Wahrnehmung mögliche Lust- oder Unlusterfahrungen und richtet so das Handeln des Menschen (bzw. seine Handlungsabsicht) aus. Selbst das Neue bedarf in der Wahrnehmung der Erinnerung, da es sich ansonsten nicht als Neues abheben könnte.[512]

Die Entschlüsselung der Wahrnehmung durch die Erinnerung ist für die Wahrnehmung bzw. Identifikation von Atmosphären von

---

[509] vgl. Rappe 2005, S. 789
[510] vgl. Abschnitt 3.3.3
[511] vgl. Rappe 2005, S. 791-793
[512] vgl. ebd., S. 798

entscheidender Bedeutung.[513] Um eine Atmosphäre der Traurigkeit zu erkennen, reicht es nicht aus, traurig zu sein, sondern die Traurigkeit muss als solche auch erkannt werden: „Scham oder Trauer als solche zu identifizieren, bedeutet, zu lernen, dass das, was man fühlt, das ist, was die anderen Scham und Trauer nennen".[514] Ein Säugling wird etwa beim Tod der Mutter kaum Trauer empfinden. Stattdessen dominieren bei ihm die leiblichen Tendenzen von Lust und Unlust, über die er sich letztlich sozialisiert, so dass sich ihm im Laufe seiner Entwicklung etwa die Möglichkeit eröffnet, von der Atmosphäre der Liebe (und damit über deren Verlust potenziell der Trauer) ergriffen zu werden. Das Ergriffensein von spezifischen Atmosphären wie der Liebe, der Trauer oder der Scham setzt eine Gedächtnisleistung voraus, ohne die das eigene Fühlen nur ein chaotischer Zustand bzw. Gemisch leiblicher Regungen wäre. Die Gefühle verblieben letztlich auf der Ebene der leiblichen Regungen mit seinen Dimensionen der Enge und Weite, Lust und Unlust.[515] Mit der Ausbildung der Ergreifbarkeit von Atmosphären bilden sich zudem Strategien aus, das Ergriffen-Werden von diesen zu wiederholen bzw. zu vermeiden. Als lustvoll erfahrene Atmosphären führen zur Ausbildung von Wiederholungsstrategien; als unlustvoll erfahrene Atmosphären zu Vermeidungsstrategien. Durch diese Strategien kann die Intensität in der Erfahrung von Atmosphären zusätzlich gesteigert werden, beispielsweise, wenn jemand von einer Atmosphäre der Traurigkeit ergriffen wird, die er um jeden Preis vermeiden wollte und die ihn deshalb umso mehr „schmerzt".[516]

Im Laufe der Sozialisation entwickelt der Mensch eine personale Identität, die ihn als Individuum auszeichnet, so dass der Sozialisationsprozess auch ein Individuationsprozess ist. Durch diesen lernt der Mensch, zwischen sich als Subjekt und anderen Dingen oder Personen

---

[513] vgl. Rappe 2010a, S. 24
[514] Rappe 2012, S. 285
[515] vgl. ebd., S. 284
[516] vgl. Rappe 2009, S. 125

als Objekten zu unterscheiden; eine Kompetenz, über die der Säugling noch nicht verfügt, der zwischen sich und seiner Umgebung oder zwischen Fühlen und Gefühl (noch) nicht zu unterscheiden vermag.[517] Diese Zusammenhänge unterstreichen die Wichtigkeit, objekt-seitige Atmosphären (Gefühl) und subjekt-seitige Ergriffenheit (Fühlen) voneinander abzugrenzen: In dem Maße, wie der Mensch zwischen sich und seiner Umgebung zu unterscheiden imstande ist, eröffnet sich ihm der Zugang zu den Atmosphären, da diese nicht an die leiblichen Regungen des Subjekts gebunden sind, sondern das Subjekt (und mit ihm seine leiblichen Regungen) aus einer Umgebung heraus ergreifen.[518] Aus einem ähnlichen Verständnis heraus bemerkte Illouz: „Durch Gefühle setzen wir kulturelle Definitionen des Personseins in Kraft, wie sie sich in konkreten und unmittelbaren, dabei jedoch immer kulturell und sozial definierten Beziehungen ausdrücken".[519]

Der Sozialisationsprozess eines Menschen findet immer in einer Umgebung statt, die diesen Prozess maßgeblich prägt. Die Entwicklung der personalen Identität ist notwendig mit der Zugehörigkeit zu einer Gemeinschaft (oder Kultur) verbunden, in der die personale Identität ihre Gültigkeit hat. Damit ist auch der Zugang zu Atmosphären an die Gemeinschaft gebunden, in der über so etwas wie Gefühlsnormen oder -regeln bestimmt wird, wie in einer spezifischen Situation zu fühlen ist, z. B. dass man auf einer Trauerfeier traurig, bei einer Feier fröhlich oder bei einer Kündigung betroffen ist.[520] Von welchen Atmosphären man betroffen ist, wie man mit ihnen umgeht, wie man das Betroffensein ausdrückt, andeutet oder zurückhält – dies alles lernt der Mensch durch seine Sozialisation.[521] Unterschiedliche Sozialisationsprozesse führen zu unterschiedlichen Wahrnehmungen und

---

[517] vgl. Rappe 2012, S. 284

[518] vgl. Landweer 2008, S. 382

[519] Illouz 2009, S. 26-27

[520] vgl. Küpers/Weibler 2005, S. 138; Scheve 2009, S. 289-290

[521] vgl. Waldenfels 2000, S. 310

Sensibilitäten, wobei allgemein mit zunehmender Sozialisation die Spezifizität einer Atmosphäre (z. B. als traurige oder fröhliche) zunimmt.[522] Atmosphären überwältigen einen Menschen in der Regel also nicht völlig grundlos, sondern sind eng an seinen Sozialisationsprozessen gebunden.[523] Der Sozialisationsprozess – verstanden als die biografische Dimension des Leibes – ist das primäre Merkmal der Zeitlichkeit von Atmosphären.

4.3.4 Atmosphäre und leibliche Regung

Atmosphären ergreifen den Menschen leiblich, d. h., der eigene Leib stellt den Resonanzboden für die Ergriffenheit von Atmosphären dar.[524] Im affektiven Betroffensein greifen Atmosphären in die leibliche Dynamik (von Enge und Weite, Lust und Unlust) eines Menschen ein.[525] Demgegenüber sind leibliche Regungen wie Schmerz, Hunger, Durst, Frische oder Müdigkeit selbst Ausdruck der leiblichen Dynamik. Leibliche Regungen spürt der Mensch nur an sich selbst, sie ergreifen ihn nicht. Entsprechend sind leibliche Regungen auch nicht einer Gefühlsansteckung zugänglich. Jemand, der für sich einen Schmerz spürt, kann andere nicht mit diesem anstecken – zumindest nicht derart, dass dieser Schmerz für jemand anderen gleichermaßen zu einer subjektiven Tatsache wird. Atmosphären können von leiblichen Regungen sprachlich dadurch abgegrenzt werden, dass man leibliche Regungen (z. B. Stress) spürt und Atmosphären (z. B. Angst) fühlt.[526] Atmosphären sind keine leiblichen Regungen, sondern greifen vielmehr erst durch das Fühlen als affektives Betroffensein in das leibliche Befinden ein.[527] Sie greifen grundsätzlich nur über leibliche Regungen in das

---

[522] vgl. Rappe 2006, S. 94-95
[523] vgl. ebd., S. 99-100
[524] vgl. Schmitz 1969, S. 160
[525] vgl. auch Schmitz 1974, S. 337
[526] vgl. Rappe 2012, S. 98, 135
[527] vgl. Schmitz 1974, S. 337

affektive Betroffensein eines Menschen ein. Die Atmosphäre der Traurigkeit wird zur eigenen, gefühlten Traurigkeit, wenn sie etwa (als leibliche Regung) die Kehle zuschnürt oder zentnerschwer auf der Brust
liegt. Die Ergriffenheit durch eine Atmosphäre ist immer leiblich.[528]

Im Zusammenspiel von Enge und Weite, Lust und Unlust besitzt das
affektive Betroffensein von Atmosphären für den Fühlenden einen dynamischen Charakter. Die Atmosphäre der Freude kann sich in einer
weitenden, schwebenden Leichtigkeit ebenso ausdrücken wie in einer
engenden, unruhigen Erwartung.[529] Es überrascht daher nicht, dass
manche Atmosphären gegenüber bestimmten leiblichen Regungen
eine gewisse Nähe aufweisen. Die Atmosphäre der Heiterkeit geht
z. B. oft mit der leiblichen Regung der Frische einher. Die Heiterkeit
und die Frische unterscheiden sich jedoch dadurch, dass die Heiterkeit als ganzheitliche Atmosphäre keinen Ort besitzt und den ganzen
Raum erfüllt (ein gedeckter Tisch wirkt in der Heiterkeit selbst heiter).
Dagegen spürt der Mensch die Frische nur hier, bei sich, wo er sich
befindet (sie betrifft nur ihn und nicht etwa den gedeckten Tisch).[530]
Atmosphären und leibliche Regungen teilen daher das Merkmal der
Räumlichkeit, weisen jedoch eine unterschiedliche Örtlichkeit auf:
Während Atmosphären ortlos im Raum ergossen sind, sind leibliche
Regungen durch ihre örtliche Umschriebenheit gekennzeichnet.[531] Atmosphären besetzen den gesamten Raum, was auch ihren Herr-
schaftsanspruch bzw. ihre Autorität begründet. Stoßen (wie beschrieben) in einem Raum zwei konträre Atmosphären aufeinander, so setzt
sich im affektiven Betroffensein diejenige mit der höheren Autorität
durch. Demgegenüber besitzen leibliche Regungen wie Hunger,
Stress, Müdigkeit oder Frische keine räumliche Autorität. Dadurch
stellt sich bei Atmosphären ein schärferer Kontrast ein als zwischen

---

[528] vgl. Schmitz 1969, S. 153, 159; auch Adloff 2013, S. 105-106
[529] vgl. Schmitz 1969, S. 115-116
[530] vgl. Schmitz 1966, S. 9-10
[531] vgl. Schmitz 1974, S. 334

gegensätzlichen leiblichen Regungen. Während sich ein fröhlicher Mensch in einer Atmosphäre der Traurigkeit fehl am Platz vorkommen dürfte, wird sich ein Frischer inmitten von Müden eher nicht gehemmt, betreten oder verlegen vorkommen. Der Kontrast leiblicher Regungen innerhalb einer Umgebung ist weit weniger anstößig, regelwidrig und unnatürlich als der Kontrast zwischen Gefühlen.[532]

Ähnliches wie für die Räumlichkeit gilt bei der Unterscheidung zwischen Atmosphären und leiblichen Regungen auch für die Zeitlichkeit: Beide teilen das Merkmal der Zeitlichkeit, weisen jedoch eine unterschiedliche (zeitlich verstandene) „Örtlichkeit" auf. Atmosphären sind (über die Biografie eines Menschen) auch in zeitlicher Hinsicht ganzheitlich ergossen; der gesamte Sozialisationsprozess spielt bei der Wahrnehmung von Atmosphären eine Rolle. Demgegenüber spürt der Mensch leibliche Regungen wie Hunger, Durst oder Schmerz (mehr oder weniger) unabhängig von seiner Sozialisation nur jetzt, bei sich, wo er sich befindet. Die spezifische Qualität von Atmosphären ist eng an den Sozialisationsprozess gebunden, so dass diese Qualität verloren geht, wenn man sie auf die leiblichen Tendenzen von Enge und Weite, Lust und Unlust zu reduzieren sucht.[533]

4.3.5 Bewegungssuggestionen und synästhetische Charaktere

Das Zusammenspiel von objektiver Atmosphäre und subjektiver Ergriffenheit beruht auf sogenannten Brückenqualitäten, also Qualitäten, die sowohl in der Umgebung zu finden als auch leiblich erfahrbar sind, sodass sie eine Art „Brücke" zwischen Umgebung und leiblichem Befinden schlagen. Brückenqualitäten liegen genau dann vor, wenn sie einerseits in der Umgebung an den vorhandenen Gestalten wahrgenommen werden können und andererseits auf das subjektive Empfinden wirken. Mit Schmitz lassen sich zwei Arten von

---

[532] vgl. Schmitz 1969, S. 151-152; 2009b, S. 80-82
[533] vgl. Rappe 2012, S. 139

Brückenqualitäten unterscheiden: „Bewegungssuggestionen" und „synästhetische Charaktere".[534]

Bewegungssuggestionen sind Vorzeichnungen von Bewegungen. Sie können entweder von ruhenden Gestalten oder von tatsächlich ausgeführten Bewegungen ausgehen. In beiden Fällen stellen sie die Suggestion einer Bewegung dar, die – auch wenn sie nicht tatsächlich ausgeführt wird – am eigenen Leib erfahren wird. Beispiele für Bewegungssuggestionen, die von ruhenden Gestalten ausgehen, sind das Niederhängende einer Trauerweide oder einer gebückten Körperhaltung, der stechende Blick, der jemanden wie einen Dolch aufspießt, oder der stechende Geruch.[535] Das dynamische Design eines Sportwagens stellt ebenfalls eine solche Art von Bewegungssuggestionen dar – die Bewegung des Sportwagens ist für die Wahrnehmung seiner Dynamik nicht notwendig. Haverkamp spricht in diesem Zusammenhang vom „Konzept des kinetic design".[536] Bewegungssuggestionen, die von tatsächlich ausgeführten Bewegungen ausgehen, sind etwa der schleppende Gang, der Rhythmus eines Musikstücks oder das Heranfliegen eines Gegenstandes. Die Komplexität von Bewegungssuggestionen kann an den Gebärden verdeutlicht werden, die ebenfalls Bewegungssuggestionen darstellen: Bereits ein einzelner Augenaufschlag kann eine Gebärde des Bittens, der Verführung, der Ergebenheit oder der Ironie sein.[537] Die Bewegungssuggestion kann auch mit der eigenen Bewegung zusammenwirken, z. B. wenn jemand aus einem engen Raum ins Freie tritt.[538] Ebenso können Räume selbst erhebend oder bedrückend sein, eine anziehende oder abweisende Atmosphäre ausstrahlen.[539] Auch die in der Gestaltpsychologie

---

[534] vgl. Abschnitt 3.2.5
[535] vgl. Schmitz 2011a, S. 33-34
[536] Haverkamp 2009, S. 9
[537] vgl. Schmitz 2011a, S. 33-34
[538] vgl. Hasse 2013, S. 49
[539] vgl. Böhme 2013a, S. 97

beschriebenen „Aufforderungscharaktere" von Gegenständen (z. B. derjenige eines Türgriffs, die Tür zu öffnen, oder der eines Stuhls, sich hinzusetzen) stellen Bewegungssuggestionen dar.[540]

Synästhetische Charaktere sind Wahrnehmungsqualitäten, die nicht einzelnen Gattungen der Wahrnehmungen wie Farbe, Temperatur, Schall oder Licht zugeordnet werden können, sondern über diese hinausgehen. Eine Farbe wird als hell oder dunkel (Licht), als kalt oder warm (Temperatur) empfunden. Töne können schwer, dicht oder hart (Masse) sein.[541] Höhere Töne werden z. B. meist als hell und klein empfunden, tiefe Töne dagegen als dunkel und groß.[542] Allgemein zeichnen sich synästhetische Charaktere durch Plus- und Minusqualitäten sowie zwischen ihnen durch eine neutrale Zone aus. Plusqualitäten sind beispielsweise hell, warm, schnell, laut. Minusqualitäten sind dann entsprechend dunkel, kalt, ruhig, still. Ein Beispiel für eine neutrale Qualität ist das Fahle.[543] Synästhetische Charaktere lassen sich nicht immer eindeutig bestimmten Sinnesqualitäten zuordnen (z. B. das Dumpfe, Sanfte, Scharfe). Als Weite, Gewicht oder Dichte kommen synästhetische Charaktere auch ganz ohne Sinnesqualitäten vor.[544] Die Stille ist ebenfalls ein Beispiel für einen synästhetischen Charakter, der zudem verdeutlicht, dass synästhetische Charaktere nicht (einer Subjekt-Objekt-Dichotomie folgend) an äußeren Reizen festgemacht werden können, da Stille gerade durch die Abwesenheit äußerer Reize gekennzeichnet ist, jedoch sehr über eine spezifische Qualität verfügt.[545] Dies gilt analog für Bewegungssuggestionen, die von ruhenden

---

[540] vgl. Lewin 1969, S. 226; Gibson 1982, S. 334

[541] vgl. Schmitz 1977, S. 633; 1978, S. 62

[542] vgl. Baudson 2011, S. 143-144

[543] vgl. Schmitz 1978, S. 16; 1994a, S. 39-40

[544] vgl. Schmitz 2005c, S. 36-37

[545] vgl. Schmitz 1978, S. 63

Gestalten ausgehen. Synästhetische Charaktere spielen etwa bei der Gestaltung von Büroräumen eine große Rolle.[546]

4.4 Leibliche Kommunikation und Ausdruck

Der Leib des Menschen ist nicht nur die Basis für die Wahrnehmung und Ergriffenheit von Atmosphären, sondern stellt auch ein wesentliches Kommunikationsmedium zwischen einem Menschen und seiner Umgebung dar. Leibliche Kommunikation liegt immer dann vor, wenn die Begegnung mit Menschen, Tieren oder Gegenständen jemanden leiblich spürbar betroffen macht oder ihn heimsucht.[547] Leibliche Kommunikation beruht auf dem vitalen Antrieb des Menschen. Die Verschränkung von Engung und Weitung durchzieht nicht nur den eigenen Leib, sondern ist auch Grundlage leiblicher Kommunikation. Zwischen den Kommunizierenden entsteht ein gemeinsamer vitaler Antrieb im Sinne eines übergreifenden Leibes, der ebenso wie der eigene Leib durch die konkurrierenden, ineinander verschränkten Tendenzen von Engung und Weitung gekennzeichnet ist und mit Schmitz als „Einleibung" bezeichnet werden kann.[548] Dies kann am Blickwechsel veranschaulicht werden: Der Blick eines anderen Menschen besitzt für jemanden eine engende Wirkung, worauf dieser in der Engung sich weitend den Blick zurückwirft und den Anderen engt. Auf diese Weise entsteht ein gemeinsamer vitaler Antrieb, der auf Bewegungssuggestionen und synästhetischen Charakteren als Brückenqualitäten leiblicher Kommunikation beruht. Da sich Brückenqualitäten an Gestalten aller Art finden, ist leibliche Kommunikation auch mit leblosen Gegenständen möglich, die selbst leiblich nicht an der Kommunikation teilhaben.[549]

---

[546] vgl. Böhme 2013a, S. 87
[547] vgl. Schmitz 1978, S. 31-32
[548] vgl. Schmitz 2009b, S. 38-39; Gugutzer 2012, S. 58
[549] vgl. Schmitz 2010a, S. 27

Es existieren zwei Formen der Einleibung: „Antagonistische" und „solidarische" Einleibung. Antagonistische Einleibung ist die wechselseitige oder einseitige Kommunikation mit einem Partner als Widerpart. Solidarische Einleibung bezeichnet die Verbindung Mehrerer zu einem gemeinsamen vitalen Antrieb ohne einen Widerpart. Beispiele solidarischer Einleibung sind das gemeinsame Schauen eines Fußballspiels sowie das gemeinsame Musizieren.[550] Im Gegensatz zur symmetrischen Beziehung der Kommunizierenden in der solidarischen Einleibung ist die antagonistische Einleibung immer asymmetrisch. Es gibt immer eine dominierende und eine dominierte Seite. Da die leiblich spürbare Richtung aus der Enge in die Weite hineinführt, liegt die Dominanz immer auf der Seite des Enge-Pols.[551] Bei der wechselseitigen Einleibung spielen sich die Partner die Dominanz-Rolle – also die Enge des übergreifenden Leibes – abwechselnd oder oszillierend zu. Die Partner sind simultan aufeinander abgestimmt und gehen ohne Reaktionszeit aufeinander ein. Beispiele wechselseitiger Einleibung sind das Tennis-Spiel, das Flirten, das Gespräch oder die reibungslose Koordination zwischen Passanten auf einem Gehsteig.[552] Bei der einseitigen Einleibung ist die Dominanz-Rolle dagegen starr auf eine Seite verteilt. Dies ist etwa bei einem geschickten Ausweichen von einem heranfliegenden Stein der Fall, der über Bewegungssuggestionen seine Bewegung vorzeichnet und die Aufmerksamkeit des Ausweichenden fesselt. In diesem Fall ist der dominante Partner selbst leblos.[553] Faszination, Hypnose oder Suggestion sind weitere Beispiele einseitiger Einleibung, bei dem der Mensch die Enge seines Leibes auf einen übergreifenden Leib überträgt.[554] Ein böser Blick kann sowohl in wechselseitiger Einleibung (z. B. durch einen gleichermaßen bösen Blick)

---

[550] vgl. Schmitz 2009b, S. 39-41

[551] vgl. Schmitz 1980b, S. 39-43

[552] vgl. Schmitz 1980b, S. 23-30; 1992, S. 55

[553] vgl. Schmitz 2011a, S. 38

[554] vgl. Schmitz 1965, S. 343

zurückgeworfen werden, als auch in einseitiger Einleibung die Seite der Dominanz festigen.[555] Antagonistische Einleibung kann weiter unterschieden werden in motorische und sensible Einleibung. Das angeführte Ausweichen vor einem Stein ist ein Beispiel für motorische Einleibung. Sensible Einleibung kommt etwa beim unwillkürlichen Verständnis von Bewegungssuggestionen menschlicher Gebärden oder von synästhetischen Charakteren des Stimmklangs zum Tragen.[556]

Versteht man Kommunikation allgemein als die Übermittlung einer Mitteilung zwischen einem Sender und einem Empfänger, so beruht diese Übermittlung bei der leiblichen Kommunikation auf der Wahrnehmung eines Ausdrucks, der sinnlich und ganzheitlich wahrgenommen wird und nicht (exakt) von einem Medium in ein anderes übersetzt werden kann. Beispiele für Ausdrücke sind die einschüchternde Gegenwart eines Menschen mit finsterem Gesicht und geballten Fäusten oder ein vielsagendes Lächeln. Der Ausdruck der Freude manifestiert sich etwa in strahlenden Augen, zufriedenem Lächeln, beschwingtem Gang und heller Stimme. Die Übermittlung eines Ausdrucks ist zeichenlos; einem Menschen seine Gereiztheit oder seine Verstimmung anzusehen, heißt nicht, dieses Ausdrucksverständnis auf einzelne Zeichen zurückführen zu können.[557] Die Mitteilung eines Ausdrucks kann zwar annäherungsweise erlernt, nicht jedoch über die Anwendung von Regeln exakt reproduziert werden. Ausdrucksverständnisse beruhen auf einer Art Fingerspitzengefühl und können nicht durch Regelsysteme rationalisiert werden.[558]

Mit Schmitz können zwei Formen des Ausdrucks unterschieden werden: „Erlebnisausdruck" und „Gefühlsausdruck". Während ein Erlebnisausdruck Einleibung ist, ist ein Gefühlsausdruck Atmosphäre.[559]

---

[555] vgl. Kluck 2014, S. 199
[556] vgl. Schmitz 2010a, S. 28
[557] vgl. Schmitz 2010a, S. 18-20; 2012a, S. 44
[558] vgl. Schmitz 1992, S. 181; 2010a, S. 26
[559] vgl. Schmitz 1992, S. 197; zum Folgenden S. 184-197

Erlebnisausdrücke manifestieren sich etwa in der starren Spannung des Blicks oder im Zucken des Gesichts, die auf eine (krampfhaft) gesteigerte leibliche Intensität und das Ringen der Person mit etwas hindeuten. Das Zusammenspiel von Erlebnisausdruck und (wechselseitiger) Einleibung über Bewegungssuggestionen lässt sich mit Berger/Luckmann gut an der „Vis-à-vis-Situation" des Alltags veranschaulichen: „Ein ständiger Austausch von Ausdruck findet statt. Ich sehe ihn lächeln, ziehe die Stirn kraus, er lächelt nicht mehr, ich lächele ihn an, er lächelt wieder und so fort. Mein Ausdruck orientiert sich an ihm und umgekehrt, und diese ständige Reziprozität [...] öffnet uns beiden gleichermaßen Zugang zueinander".[560] Erlebnisausdrücke können jedoch auch an einer Fotografie oder einer auf Schallplatte aufgenommenen Stimme wahrgenommen werden.

Ein Gefühlsausdruck zeigt sich z. B. im fröhlichen Klang einer Geige oder im Klagen des Windes. Der Kummer eines Menschen ist Gefühlsausdruck, wenn man dem Menschen an seinem gesenkten Blick (als Bewegungssuggestion) seinen Kummer ansieht. Sieht man diesem Menschen darüber hinaus nicht nur den Kummer, sondern auch sein leibliches Betroffensein sowie seine persönliche Stellungnahme an (z. B. an einem flehenden Hochreißen der Arme), ist der Kummer auch Erlebnisausdruck: „Ob er ihn verbeißt oder hemmungslos strömen lässt, ob er sich in ihm verbohrt oder vor ihm flüchtet, ob er ihn zerstreut oder gesammelt erträgt".[561] Der wesentliche Unterschied zwischen leiblicher Kommunikation (bzw. Erlebnisausdruck) und Atmosphäre (bzw. Gefühlsausdruck) besteht darin, dass der Mensch in der leiblichen Kommunikation im Gegensatz zu Atmosphären nicht nur ausgeliefert, sondern darüber hinaus – durch die Tendenzen von Enge und Weite – in den Partner leiblich verstrickt ist. Der Blick eines anderen Menschen kann ebenso wie eine Atmosphäre Autorität besitzen –

---

[560] Berger/Luckmann 2012, S. 31
[561] Schmitz 1992, S. 185

im Gegensatz zur Atmosphäre kann der Blick jedoch zurückgeworfen werden.[562]

4.5 Situation, Atmosphäre und leibliche Kommunikation

Der Mensch ist immer in Situationen eingebettet. Dies gilt zuallererst für seine persönliche Situation, mit der hier im Sinne von Schmitz das gemeint ist, was gemeinhin als Persönlichkeit, Eigentümlichkeit, Individualität[563] oder auch als Seele[564] des Menschen bezeichnet wird. Neben der persönlichen Situation eines Menschen sind dies viele gemeinsame Situationen (z. B. die gemeinsame Situation am Arbeitsplatz, beim Einkauf oder auf einer Party), durch welche die persönliche Situation einen sozialen Hintergrund gewinnt.[565] Situationen können allgemein mit Schmitz anhand dreier Merkmale definiert werden. Erstens sind Situationen ganzheitlich, d. h., sie sind durch einen Zusammenhalt in sich und eine Abgehobenheit nach außen charakterisiert. Zweitens werden sie zusammengehalten aus einer „Bedeutsamkeit". Diese Bedeutsamkeit besteht aus „Sachverhalten", „Programmen" oder „Problemen". Ein Sachverhalt bezeichnet, dass etwas ist (Tatbestände); ein Programm bedeutet, dass etwas sein soll oder erwünscht ist (Richtlinien des Verhaltens); ein Problem bezieht sich auf die Frage, ob etwas ist (Hoffnungen, Sorgen, Gefahren). Drittens ist die Bedeutsamkeit einer Situation binnendiffus. Dies bedeutet, dass die einzelnen Bedeutungen nicht einzeln zählbar vorhanden oder voneinander getrennt sein müssen; sehr oft ist in Situationen nichts einzeln.[566] Im Gegensatz zu einzelnen Sachverhalten unterliegen Situationen nicht dem Widerspruchsprinzip. In einer Situation können sich

---

[562] vgl. Gzyl 2010, S. 71
[563] vgl. Schmitz 1980a, S. 287
[564] vgl. Schmitz 2005c, S. 31
[565] vgl. Schmitz 1980b, S. 45-46; Abschnitt 3.2.5
[566] vgl. Schmitz 2005b, S. 22; 2009b, S. 45; 2010a, S. 22; 2010c, S. 39; Kluck 2008, S. 23

widerspruchsfreie Sachverhalte durchaus widersprechen.[567] Zu einer Situation gehören auch die Mitmenschen, die sich als Sachverhalte präsentieren, auf die man in einer Situation unmittelbar gefasst ist, ohne sie im Einzelnen vorauszusehen. Situationen sind gleichsam Eindrücke, die man von seiner Umgebung gewinnt.[568] Über diese ganzheitlichen (oder mit Schmitz „vielsagenden") Eindrücke sind Situationen in der Regel von Atmosphären durchzogen, die ihr einen prägenden Charakter verleihen. Adloff spricht in diesem Zusammenhang von der „emotionale[n] Qualität von Situationen".[569] Trotz des prägenden Charakters der Atmosphäre können Situationen jedoch nicht über ihre Atmosphäre identifiziert werden,[570] d. h., von einer Atmosphäre allein kann nicht auf deren situative Einbettung geschlossen werden.[571]

Die Bedeutsamkeit einer Situation kann sich „impressiv" – auf einen Schlag – präsentieren oder sich „segmentiert" nach und nach zeigen. Bei einer segmentierten Situation zeigt sich die Bedeutsamkeit immer nur in Ausschnitten. Neben dieser auf die augenblickliche Gegebenheit bezogenen Unterscheidung können Situationen nach ihrem zeitlichen Verlauf in „aktuelle" und „zuständliche" Situationen unterteilt werden. Aktuelle Situationen sind eher durch den aktuellen Moment charakterisiert und lassen sich von Augenblick zu Augenblick verfolgen (z. B. Gefahren, Gespräche). Bei zuständlichen Situationen lassen sich Veränderungen dagegen erst nach einem längeren Zeitraum erfassen. Aus dem Eindruck, den jemand in einer aktuellen Situation gewinnt, kann sich nach längerer Zeit eine zuständliche Situation bilden.[572]

---

[567] vgl. Schmitz 1977, S. 419
[568] vgl. Schmitz 1994a, S. 35-36
[569] Adloff 2013, S. 107
[570] vgl. Schmitz 2005c, S. 30
[571] vgl. Schmitz 2013, S. 26-28
[572] vgl. Schmitz 2005c, S. 30-31; 2009b, S. 47-48; 2010c, S. 39; 2014a, S. 53-54

Als sozialer Hintergrund sind gemeinsame Situationen zuständlich und gleiten für gewöhnlich mit segmentierter Bedeutsamkeit über die Gegenwart hinweg, ohne sich aktuell in dieser zu ereignen. Wesentliches Konstitutionsmerkmal solcher segmentierten, gemeinsamen Situationen sind (als Programme) die Konventionen. Mit Schmitz lassen sich drei Typen von Konventionen unterscheiden: „Normen", „Wunschprogramme" und „Erlaubnisse". Normen bestimmen, was man tut oder lässt; Wunschprogramme bestimmen, was man zu wünschen pflegt; Erlaubnisse bestimmen, was man sich nicht verbieten zu lassen braucht. Zu den Konventionen in gemeinsamen Situationen auch Erwartungen in Bezug auf sozial adäquates Verhalten sowie etwaige Probleme. Da sich in der binnendiffusen Bedeutsamkeit gemeinsamer Situationen das meiste nicht als Einzelnes abhebt, verlässt man sich unbefangen (z. B. am Arbeitsplatz oder beim Einkauf) auf diese und bewegt sich in ihnen selbstverständlich, ohne dass sich Einzelnes abhebt, das man bemerken würde (z. B. eine situationsadäquate Begrüßung am Arbeitsplatz oder beim Einkauf) – zumindest solange, bis eine Zuwiderhandlung in Bezug auf die Konventionen dazu Anstoß gibt (z. B. durch eine ungewohnte Begrüßung) und sich die bis dato segmentierte Bedeutsamkeit der Situation als impressive präsentiert.[573] Die Konventionen sind Ausdruck des Zusammenhalts in sich und der Abgehobenheit nach außen und damit der Grenzen einer gemeinsamen Situation; überschreitet man diese Grenzen und verletzt damit die Konventionen, droht man Gefahr, von den Mitgliedern der gemeinsamen Situation ausgeschlossen zu werden,[574] was häufig eine unlustvolle und daher zu vermeidende Erfahrung darstellt. Konventionen stellen kein auf einzelne Elemente reduzierbares Regelwerk dar, sondern werden ganzheitlich erfahren und angewendet.[575]

---

573 vgl. Schmitz 1980b, S. 46-47
574 vgl. Kluck 2008, S. 28
575 vgl. auch Hatch 1993, S. 663

Neben gemeinsamen Situationen konventioneller Art existieren gemeinsame Situationen, die sich durch ihren impressiven und aktuellen Charakter auszeichnen und gerade nicht über die Gegenwart hinweggleiten, sondern – im Hier und Jetzt – auf diese bezogen sind. In diesen Fällen bildet die gemeinsame Situation keinen Hintergrund der Ereignisse, sondern ist als aktuelle Situation direkt mit deren Neu- und Umgestaltung verbunden. Dies wird durch die atmosphärische Wirkung der gemeinsamen Situation möglich, die sich in einem affektiven Betroffensein der Beteiligten niederschlägt. Eine solche gemeinsame Situation ist etwa die Gruppenatmosphäre, in der etwas knistert oder etwas Bedeutendes bevorsteht, aber auch die intime Atmosphäre des Zusammenlebens z. B. in der Ehe oder der Familie oder die Atmosphäre auf einer Trauerfeier. In allen diesen Beispielen sind durch das (gemeinsame) affektive Betroffensein Veränderungen der Situation möglich.[576] Bei Situationen konventioneller Art wird deren Atmosphäre in der Regel ohne Ergriffenheit nur wahrgenommen, weshalb sich Veränderung in der Situation nur nach längerer Zeit ergeben. Durch Atmosphären werden aktuelle Situationen zu zuständlichen, die ihrerseits atmosphärisch auf die aktuelle Situation zurückwirken und ihr einen Hintergrund verleihen.[577]

Eine wesentliche Rolle bei der Ausbildung gemeinsamer Situationen spielt die leibliche Kommunikation in Form antagonistischer und solidarischer Einleibung: Während die gemeinsame Situation den Hintergrund bildet, in dem Menschen miteinander verbunden sind und bleiben, ist die Einleibung die Grundform der Zuwendung, des Eingehens aufeinander und der Auseinandersetzung.[578] Hierbei stehen leibliche Kommunikation und (gemeinsame) Atmosphären in einem innigen Verhältnis zueinander, da sich in der leiblichen Kommunikation der gemeinsame Antrieb des übergreifenden Leibes „mit diffuser

---

[576] vgl. Schmitz 1980b, S. 49-50
[577] vgl. Schmitz 2010c, S. 40
[578] vgl. Schmitz 1980b, S. 74

Bedeutsamkeit voll[saugt], mit dem, was die Partner einander gleichsam zu sagen haben, und die Atmosphäre wird zur Situation".[579]

Antagonistische Einleibung findet sich etwa bei Auseinandersetzungen, Ausweichungen oder Bewältigungen. Aus den vielen Verhältnissen von Dominanz und Unterwerfung gehen unzählige Bedeutungen hervor, die als Bedeutsamkeit der gemeinsamen Situation ganzheitlich wahrgenommen werden. Aus diesem dynamischen Zusammenspiel bilden sich im Laufe der Zeit bestimmte Konventionen (bzw. eine segmentierte, zuständliche Situation) heraus. Diese Konventionen können sich etwa in starren Beziehungen, Dominanzverhältnissen und Verhaltensweisen äußern und sich an bestimmten Menschen ebenso verdichten wie an bestimmten Rollen (z. B. des Vorgesetzten oder des Mitarbeiters). Neben diesen Beispielen wechselseitiger Einleibung besitzt auch die solidarische Einleibung eine wichtige Funktion zur Stiftung gemeinsamer Situationen (z. B. als Team), wobei antagonistische und solidarische Einleibung auch zusammen auftreten können (z. B. als Team gegenüber dem Vorgesetzten).[580] Konventionen bilden sich gleichursprünglich mit der gemeinsamen Situation aus und festigen diese, indem sie Erwartungen sozial adäquaten Verhaltens bilden und so die Verhaltensweisen situationsadäquat ausrichten. Indem die Konventionen mit der gemeinsamen Situation ausgebildet werden, wirken gemeinsame Situationen selbstverstärkend und besitzen eine Tendenz zur Verfestigung, die entsprechend für situationsgebundene Atmosphären gilt. Die gefestigten Konventionen sind dann auch für diejenigen bindend, die nicht an deren Ausbildung beteiligt waren (z. B. der neue Mitarbeiter in der gemeinsamen Situation des Büros). Als zunächst Außenstehender wächst man dann in die gemeinsame Situation und deren Konventionen hinein, wobei dieses Hineinwachsen als Teil des Sozialisationsprozesses wiederum die Wahrnehmung und die Ergreifbarkeit von Atmosphären

---

[579] Schmitz 2014a, S. 60
[580] vgl. Schmitz 2010c, S. 40

mitbestimmt.[581] In dem Maße, wie man sich gemeinsame Situationen und deren Bedeutsamkeit erschließt und sich mit ihnen identifiziert, ist man auch atmosphärisch an diese gebunden.[582]

4.6 Integration umweltpsychologischer und phänomenologischer Erkenntnisse

Im Lichte der dargelegten phänomenologischen Grundlagen lässt sich eine hohe Übereinstimmung dieser mit den in der Erforschung von Ladenatmosphären herangezogenen umweltpsychologischen Erkenntnissen – namentlich zum PAD-Modell sowie zu den Circumplex-Modellen – aufzeigen.[583] Insbesondere das auf Selbsteinschätzung beruhende Circumplex-Modell bietet sich für eine Integration an, da es diejenigen Eigenschaften von Gefühlen hervorhebt, die in der subjektiven Erfahrung am meisten hervorstechen.[584] Mit einer solchen Integration lassen sich nicht nur im weiteren Verlauf der Arbeit Erkenntnisse der Umweltpsychologie für die Untersuchung von Atmosphären in Organisationen heranziehen, sondern die auffälligen Parallelen lassen sich auch als (erstmalige) Bestätigung der jeweils anderen Forschungsrichtung auffassen. Für eine phänomenologische Fundierung der umweltpsychologischen Ansätze ist jedoch – wie hinreichend gezeigt – das S-O-R-Paradigma zwingend zugunsten eines restrealistischen Paradigmas aufzugeben, in dem Subjektivität und Objektivität nicht in einem Verhältnis gegenseitiger Ausschließlichkeit stehen.

Löst man das klassische PAD-Modell aus dem S-O-R-Paradigma und setzt es in Beziehung zu den in diesem Kapitel erarbeiteten phänomenologischen Grundlagen, zeigt sich, dass die in der

---

[581] vgl. Rappe 2009, S. 133

[582] vgl. Müller-Pelzer 2014, S. 249

[583] vgl. zum Folgenden die Erkenntnisse aus Abschnitt 3.3.1.2

[584] vgl. Larsen/Diener 1992, S. 27

atmosphärischen Wahrnehmung[585] zu berücksichtigenden Dimensionen denjenigen des PAD-Modells entsprechen: Die Dimension von Lust (engl. *pleasure*) verweist auf die zeitliche Dimension der atmosphärischen Wahrnehmung, die Dimension der Enge (engl. *arousal*) auf deren räumliche Dimension und die Dimension der Dominanz (engl. *dominance*) auf die leibliche Kommunikation in Form von Einleibung, die für die atmosphärische Wahrnehmung ebenfalls eine hohe Bedeutung aufweist. Die phänomenologischen Ausführungen bestätigen zudem den ambivalenten Charakter der Dominanz hinsichtlich ihrer Unabhängigkeit als eigene Dimension: Einerseits bringt die Dominanz mit der Einleibung eine eigenständige Qualität mit sich, andererseits ist die Einleibung keine Voraussetzung für die Wahrnehmung von Atmosphären. Verhältnisse von Lust und Unlust bzw. Enge und Weite sind dagegen in der Wahrnehmung von Atmosphären als basale oder konstitutive Dimensionen des leiblichen Erlebens immer gegenwärtig. Zudem ist Dominanz insofern nicht unabhängig, als sie fest mit dem Enge-Pol (bzw. Unterwerfung mit dem Weite-Pol) verbunden ist und sich in Bezug auf die Lust zumindest eine Nähe der Dominanz zur Lust (bzw. der Unterwerfung zur Unlust) feststellen lässt, wobei dieser Zusammenhang keinesfalls zwingend ist, da prinzipiell auch die Dominanz unlustvoll (und die Unterwerfung lustvoll) erlebt werden kann.[586]

Einleibung bzw. die Dominanz-Dimension spielen für die Wahrnehmung von Atmosphären (sowie deren situative Ausbildung) insgesamt eine wichtige Rolle, weshalb aus einer phänomenologischen Perspektive alle drei Dimensionen berücksichtigt werden müssen. Die Dominanz-Dimension ist jedoch gesondert zu betrachten, da sie für die zeitliche und räumliche Wahrnehmung von Atmosphären nicht

---

[585] Mit atmosphärischer Wahrnehmung bzw. Wahrnehmung von Atmosphären ist hier und im Folgenden zum Zwecke einer sprachlichen Vereinfachung das Spektrum aus bloßer Wahrnehmung von und affektivem Betroffensein durch Atmosphären gemeint.

[586] vgl. auch Rappe, 2005 S. 590

unmittelbar konstitutiv ist. Die atmosphärische Wahrnehmung ist über die Dimensionen der Lust und der Enge abzubilden, so dass sich in Bezug auf das Circumplex-Modell affektiver Qualitäten von Russell/Pratt (1980) sowie auf das Circumplex-Modell affektiver Zustände von Russell (1980) mit den beiden Dimensionen Lust und Erregung eine hohe Konsistenz feststellen lässt. Während hier die Lust-Dimension für eine phänomenologische Fundierung direkt übernommen werden kann, ist bei der Enge-Dimension zu klären, inwieweit Erregung und Enge sowie Ruhe und Weite übereinstimmen.

Der Begriff der Erregung im Modell von Russell/Pratt wurde in dieser Arbeit als Übersetzung des englischen Begriffs *arousal* gewählt, der allgemein so etwas wie ein Zustand der Aktivierung oder Erweckung bezeichnet. Ein solcher Erregungs-Begriff verweist auf die leibliche Spannung als Tendenz der Engung und ist nicht zu verwechseln mit dem Begriff der Erregung, den Schmitz in seinem System verwendet. Schmitz versteht unter Erregungen gerichtete Gefühle, die als Atmosphären nicht Enge, sondern Weite präsentieren.[587] Der Begriff der Ruhe wurde als Übersetzung des englischen Begriffs *sleepiness* gewählt, mit dem ein Zustand der Schläfrigkeit oder der Erschlaffung gemeint ist, der auf die leibliche Entspannung als Tendenz der Weitung verweist.[588] Dies wird auch dadurch deutlich, dass der Ursprung der Dimension mit den polaren Ausprägungen von *arousal* und *sleepiness* unter anderem auf die von Wundt (1924) vorgeschlagene Dimension mit den polaren Ausprägungen von *tension* und *relaxation* zurückgeht.[589] Es lässt sich daher auch für die Enge-Dimension eine hohe Übereinstimmung aufweisen, wobei phänomenologisch die Begriffe Spannung und Entspannung gegenüber Erregung und Ruhe zu bevorzugen sind, da sie sowohl die Polarität als auch die Dynamik der Dimension besser zum Ausdruck bringen und dadurch eine höhere

---

[587] vgl. Schmitz 1969, S. 264
[588] vgl. auch Schmitz 2009b, S. 35
[589] vgl. Russell/Weiss/Mendelsohn 1989, S. 494

Anschlussfähigkeit an die erarbeiteten phänomenologischen Grundlagen gegeben ist.

Die beiden Dimensionen Lust (mit den Polaritäten Lust und Unlust) und Enge (mit den Polaritäten Spannung und Entspannung) beschreiben das leibliche Erleben von Atmosphären auf der Ebene der leiblichen Regungen. Will man nun zudem die Atmosphären selbst integrieren, erweist sich die Unterscheidung zwischen Basisaffekten und affektiven Qualitäten der Umwelt von Russell (2003) als hilfreiche Brücke zwischen umweltpsychologischen und phänomenologischen Erkenntnissen. Die Basisaffekte entsprechen den leiblichen Regungen in den Dimensionen Lust und Enge. Dies gilt analog für die affektiven Zustände im Circumplex-Modell affektiver Zustände. Die affektiven Qualitäten der Umwelt entsprechen den Atmosphären. Atmosphären können entweder bloß wahrgenommen werden oder jemanden affektiv betroffen machen. Diese Unterscheidung findet sich auch bei Russell, der zwischen „kalter" und „heißer" Wahrnehmung differenziert: Während bei der „kalten" Wahrnehmung die Basisaffekte (d. h. die leiblichen Regungen) nicht verändert werden, ist die „heiße" Wahrnehmung durch eine Veränderung der Basisaffekte gekennzeichnet. Die „kalte" Wahrnehmung entspricht daher der bloßen Wahrnehmung, die „heiße" Wahrnehmung dem affektiven Betroffensein von Atmosphären.

5 Entwicklungsdynamiken gemeinsamer Situationen und Atmosphären in Organisationen

5.1 Organisation und Kommunikation

Nachdem in Kapitel 4 die phänomenologischen Grundlagen der Untersuchung erarbeitet wurden, sollen diese nun in den organisationalen Kontext integriert werden. In den Kapiteln 5 und 6 liegt der Fokus zunächst auf der Prozessperspektive von Atmosphären in Organisationen, d. h., es geht nicht darum, auf welche Weise sich Atmosphären zeigen können, sondern es geht um die Frage, warum Atmosphären in Organisationen von verschiedenen Personen gleich oder unterschiedlich wahrgenommen werden können. Bevor in Kapitel 6 Atmosphären (und gemeinsame Situationen) auf organisationaler Ebene betrachtet werden, widmet sich Kapitel 5 den Entwicklungsdynamiken von Atmosphären (und gemeinsamen Situationen) in Organisationen. Hierfür ist zunächst zu klären, was Organisationen sind.

Organisationen lassen sich – in einem institutionellen Sinne – als „regelhaft strukturierte soziale Ganzheit[en]" definieren.[590] Als solche sind Organisationen „komplex, interaktiv und dynamisch" und bestehen aus „komplexen und multiplen Interaktionen und zirkulären Kausalitäten".[591] Die Mitglieder einer Organisation sind entsprechend ebenso wie ihr Zusammenwirken für die Organisation konstitutiv. Eine Organisation stellt jedoch nicht die Summe ihrer einzelnen Mitglieder dar, da sie als Ganzheit grundsätzlich einen eigenständigen Charakter besitzt. Organisationen sind nicht nur das Ergebnis sozialer Beziehungen, sondern sie legen als regelhaft strukturierte soziale Ganzheit ebenso deren Grenzen fest. Darüber hinaus besitzt eine Organisation

---

[590] Scherm/Pietsch 2007, S. 5
[591] Townley 2003, S. 51

einen für sie leitenden Zweck, den sie verfolgt und um den herum sie sich gleichsam bildet,[592] auch wenn damit nicht ausgeschlossen werden soll, dass die Frage nach dem konkreten Zweck einer Organisation im Einzelfall „nur mühsam und nicht ohne Willkür zu ermitteln" ist.[593]

Da Organisationen soziale Ganzheiten darstellen, reicht es für die Erforschung von Atmosphären in Organisationen nicht aus, lediglich die in einer Organisation anzutreffenden Räumlichkeiten in ihrer atmosphärischen Wirkung zu untersuchen, wie dies beispielsweise bei der Erforschung von Atmosphären in der Natur[594] oder in Bezug auf die Architektur möglich ist.[595] Organisationen müssen überhaupt nicht an bestimmte Räumlichkeiten gebunden sein und lassen sich entsprechend auch nicht an diesen festmachen. Die Erforschung von Atmosphären in Organisationen kann nur gelingen, wenn ein besonderes Augenmerk auf die gemeinsamen Situationen der Organisationsmitglieder bzw. auf die durch diese geprägte Wahrnehmung von Atmosphären gelegt wird. Da die Entstehung von gemeinsamen Situationen – und damit von „gemeinsamen" Atmosphären – wesentlich auf (leiblicher) Kommunikation in Form der Einleibung beruht,[596] ist zunächst zu klären, auf welche Weise Kommunikation in Organisationen stattfindet und auf welche Weise sich aus dieser gemeinsame Situationen herausbilden.

Zunächst verweist Kommunikation auf einen sozialen Interaktionsprozess,[597] der eine kritische Komponente für das erfolgreiche Funktionieren jeder (arbeitsteiligen) Organisation darstellt.[598] Trotz einer

---

[592] vgl. Aldrich 1979, S. 4-5; Schulte-Zurhausen 2014, S. 1-2

[593] Schmitz 1973a, S. 252

[594] vgl. z. B. Böhme 1989; 2013a

[595] vgl. auch die Abschnitte 3.2.6 und 3.2.8

[596] vgl. Schmitz 2014a, S. 58

[597] vgl. Merten 1977, S. 163; Scherm/Pietsch 2007, S. 213

[598] vgl. Pettinger 1996, S. 168; Stitzel/Zeichhardt 2012, S. 104

„Phalanx unterschiedlicher Theorien, die Kommunikation sehr unterschiedlich konzeptualisieren",[599] lässt sich allgemein sagen, dass im sozialen Interaktionsprozess der Kommunikation eine Mitteilung zwischen einem Sender und einem Empfänger übermittelt bzw. ausgetauscht wird.

Mit Schmitz lassen sich drei Formen von Mitteilungen unterscheiden: Nachricht, Symptom und Ausdruck. Eine Nachricht ist eine Darstellung von Sachverhalten als Tatsachen über mündliche oder schriftliche Rede oder Symbole, die für diese eintreten. Eine Nachricht beruht auf Zeichen und kann von einem Medium in ein anderes übersetzt werden (z. B. von einer Sprache in eine andere). Ein Symptom ist eine Konstellation von Zuständen oder Ereignissen, die auf eine bestimmte kausale Ursache verweisen. Das Sprudeln ist etwa ein kausales Symptom dafür, dass das Wasser kocht.[600] In Organisationen kann die Sitzordnung bei Besprechungen ein Symptom für die „Hackordnung" der Anwesenden sein. Die Handlung von Kriminalgeschichten basiert wesentlich auf Symptomen. Ein anschauliches Beispiel für ein Symptom des Zorns liefern Berger/Luckmann: „Nehmen wir an, ich hatte Streit mit einem Mann, der mir recht ‚ausdrücklich' Augenschein von seinem Zorn gab. In der folgenden Nacht erwache ich und entdecke ein Messer in der Wand über meinem Bett. Das Messer als Objekt drückt den Zorn meines Feindes aus".[601]

Nachricht und Symptom sind grundsätzlich übertragbar. Im Falle der Symptome kann die Temperaturanzeige von 100 Grad Celsius auf einem Quecksilberthermometer auf kochendes Wasser übertragen werden. Demgegenüber ist ein Ausdruck zeichenlos und nicht exakt übersetzbar. Das klassische Sender-Empfänger-Modell von Shannon/Weaver (1949) ist demnach nur für die Übermittlung einer

---

[599] Schützeichel 2004, S. 19
[600] vgl. Schmitz 2010a, S. 18
[601] Berger/Luckmann 2012, S. 37

Nachricht und eines Symptoms gültig, nicht aber eines Ausdrucks. Da sich die weiteren Ausführungen auf die Mitteilung qua Ausdruck beziehen, besitzt das Sender-Empfänger-Modell für diese keine Gültigkeit. Der Austausch von Ausdrücken beruht auf leiblicher Kommunikation.[602] In diesem Sinne bezieht sich leibliche Kommunikation auf die Form der Kommunikation, die gemeinhin als nonverbale Kommunikation bezeichnet wird. Mit dieser ist analog der Eindruck gemeint, den eine Person vermittelt, ohne sich der Sprache zu bedienen. Hierzu gehören etwa Gesichtsausdruck, Körperhaltung, Gestik und Augenkontakt,[603] aber auch Aspekte des Sprechens wie die Stimmlage oder das Sprech-Pausen-Verhalten.[604] In der Forschung wird angenommen, dass über nonverbale Kommunikation wesentlich mehr Mitteilungen ausgetauscht werden als über verbale Kommunikation,[605] sodass auch vor diesem Hintergrund die Relevanz der Erforschung leiblicher Kommunikation in Organisationen gegeben ist, die insofern über nonverbale Kommunikation noch hinausgeht, als sie sich nicht nur auf Personen, sondern auch auf leblose Gegenstände bezieht. Die systematische Berücksichtigung leiblicher Kommunikation in Organisationen kann insofern auch als Lösungsvorschlag auf das von Seyfert angesprochene Problem verstanden werden, dass „nach wie vor ein Modell [fehlt], das die Beziehungen und Interaktionen aller [menschlichen und nicht-menschlichen] Akteure und Körper untereinander adäquat beschreiben könnte".[606]

In der leiblichen Kommunikation gehen die Partner eine leibliche Beziehung zueinander ein. Eine leibliche Beziehung kann in antagonistischer Einleibung asymmetrisch oder in solidarischer Einleibung symmetrisch verlaufen. Diese Unterscheidung ist nicht unähnlich

---

[602] vgl. Schmitz 2010b, S. 18-20; Abschnitt 4.4
[603] vgl. Schermerhorn/Hunt/Osborn 1991, S. 400; Pettinger 1996, S. 179
[604] vgl. Ellgring 1986, S. 37; Weibler 2012, S. 398
[605] vgl. Puccinelli 2008, S. 257
[606] Seyfert 2011, S. 94

derjenigen zwischen komplementärer und symmetrischer Interaktion nach Watzlawick/Beavin/Jackson: Während in der komplementären Beziehung immer ein Partner die dominante und sein Widerpart die dominierte Rolle einnehmen, gleichen sich die Partner in der symmetrischen Beziehung einander an.[607] Die weiteren Ausführungen zeigen jedoch, dass das Angleichen dem hier zugrunde gelegten Verständnis der lustvollen wechselseitigen Einleibung zuzuordnen wäre, da solidarische Einleibung (im Sinne einer reibungslosen leiblichen Kommunikation) erst dann vorliegt, wenn ein solcher Angleichungsprozess abgeschlossen (oder nicht notwendig) ist. Allgemein lassen sich in Organisationen durch antagonistische Einleibung Aspekte des Führens und des Geführtwerdens abbilden. Solidarische Einleibung liegt dagegen immer dann vor, wenn von einem echten „Miteinander" ohne asymmetrisches Dominanzverhältnis gesprochen werden kann. Der erste Fall wird im Folgenden als Führungskommunikation bezeichnet, der zweite als Teamkommunikation. Hierbei steht weniger der Inhalt der Kommunikation im Vordergrund (deren Bedeutung damit nicht geschmälert werden soll), als vielmehr die zugrunde liegende leibliche Dimension der Kommunikation. Abb. 5 zeigt die verschiedenen Ausprägungsformen leiblicher Kommunikation in Organisationen, die nachfolgend erarbeitet werden, im Überblick.

---

[607] vgl. Watzlawick/Beavin/Jackson 1974, S. 68-70

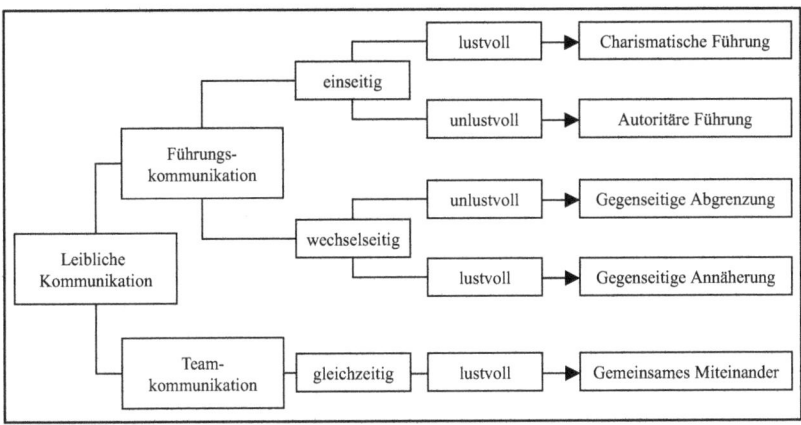

Abb. 5 Ausprägungsformen leiblicher Kommunikation in
Organisationen
(Eigene Darstellung)

5.2 Formen leiblicher Kommunikation

5.2.1 Führungskommunikation als antagonistische Einleibung

Das wesentliche Merkmal (einseitiger und wechselseitiger) antagonistischer Einleibung ist – über das asymmetrische Dominanzverhältnis zwischen den kommunizierenden Partnern – das Führen (durch den dominanten Part) und das Geführtwerden (des dominierten Parts) bzw. die (subjektive) Macht des Führenden über den Geführten. Führung wird hier mit der Ausübung der Dominanzrolle in antagonistischer Einleibung gleichgesetzt. Die eigentliche Aktivität der Führung ist damit leibliche Kommunikation, die darauf zielt, den Geführten (bzw. die Führungssituation) in den Griff zu bekommen.[608] Diese Aktivität wird als Führungskommunikation bezeichnet und derjenige, der die Dominanzrolle übernimmt, als Enge-Pol der Führungs-

---

[608] vgl. auch Paschen/Dihsmaier 2011, S. 176-179

kommunikation. Der mit der Führungskommunikation verknüpfte Aspekt der Macht kann verstanden werden als das Vermögen des Führenden, den Geführten in leiblicher Kommunikation zu einem Verhalten zu bewegen, das dieser ansonsten nicht an den Tag gelegt hätte.[609]

In der Dominanz sind Führung und Macht normalerweise nicht voneinander zu trennen, weshalb im Kontext dieser Arbeit die Auffassung von Fairholm geteilt wird, dass Macht – sofern vom Führungsbegriff überhaupt zu trennen – der Wesenskern aller Führung ist.[610] In diesem Verständnis besitzt Macht in erster Linie, wer dominant ist – und nicht, wer formell und organisatorisch über Weisungsbefugnisse (im Sinne einer formalen Macht) verfügt. Diese können zwar durchaus – wie unten bei der autoritären Führung deutlich wird – unterstützend oder verstärkend wirken,[611] es ist jedoch ebenso möglich, dass dominantes Verhalten durch eine formale Machtposition in seiner Wirkung geschwächt wird.[612]

Mit der Gleichsetzung der Macht- mit der Dominanzrolle ließe sich der hier verwendete Machtbegriff mit Schmitz präzisierend als „antagonistische Macht" bezeichnen, verstanden „als Durchsetzungsfähigkeit eines Machthabers gegen Machtunterworfene".[613] Der antagonistischen Macht stellt Schmitz die „anonyme Macht" gegenüber, in der zwar Steuerungsfähigkeit als allgemeines Merkmal von Macht vorhanden ist, jedoch entweder Machthaber oder Machtunterworfener (oder beide) nicht direkt fassbar sind, sodass kein direktes Dominanzverhältnis zwischen beiden in leiblicher Kommunikation besteht. Eine anonyme Macht ist beispielsweise die Macht des Marktes.[614] Der Begriff der Macht bezieht sich im Folgenden ausschließlich auf

---

[609] vgl. auch House 1991, S. 29
[610] vgl. Fairholm 1991, S. 9
[611] vgl. auch Schmitz 1965, S. 360; Ortmann 2012, S. 122
[612] vgl. z. B. Tost/Gino/Larrick 2013
[613] Schmitz 2008, S. 5
[614] vgl. ebd., S. 5-6

antagonistische Macht und damit auf die direkte Führungsbeziehung zwischen Führendem und Geführtem.

Der Führende kann nur dann Macht ausüben, wenn der Geführte in leiblicher Kommunikation so mit dem Führenden in den übergreifenden Leib verstrickt ist, dass er sich dessen Dominanz nicht nach Belieben entziehen kann. Dazu gehört auch eine gewisse Anerkennung oder Wahrnehmung des Führenden,[615] da ansonsten keine leibliche Verbindung zwischen den Partnern zustande kommen kann. Die Macht des Führenden wird nicht in einem rationalen Abwägungsprozess zugesprochen,[616] sondern verweist auf eine leibliche Verbundenheit, in der Ausdruck und Bewegungssuggestionen in Form von Überhebung und Unterwerfung eine wesentliche Rolle spielen. Wer etwa mit hängenden Schultern einen Raum betritt, wird sich – unabhängig von seinem formalen Rang – schwertun, den Respekt der anwesenden Personen zu gewinnen.[617] Eine aufrechte oder herablassende Körperhaltung, große Büros, mächtige Schreibtische, suggestive Power-Point-Präsentationen,[618] eine weit ausgedehnte Verteilung der Hände auf dem Schreibtisch[619] oder eine tiefe Stimme[620] sind dagegen Beispiele von Bewegungssuggestionen der Überhebung und damit der (Führungs-)Macht. Diese ist weiter dahingehend zu differenzieren, ob sie als lustvoll oder unlustvoll erlebt wird.

Die lustvolle einseitige Führungskommunikation wird im Folgenden als charismatische Führung bezeichnet, die unlustvolle einseitige Führungskommunikation als autoritäre Führung. Hierbei handelt es sich in erster Linie um eine – im Wesentlichen mit der Führungsliteratur konsistente – begriffliche und analytische Abgrenzung der beiden

---

[615] vgl. auch Scherm/Süß 2010, S. 156
[616] vgl. auch Weibler 2013, S. 26
[617] vgl. Morris 1982, S. 188
[618] vgl. Ortmann 2012, S. 129
[619] vgl. Park/Streamer/Huang/Galinsky 2013, S. 965
[620] vgl. Sendlmeier 2012, S. 17

Formen einseitiger Führungskommunikation und weniger um eine phänomenologische Abgrenzung von Charisma und Autorität, da phänomenologisch Charisma auch unlustvoll und Autorität auch lustvoll erfahren werden kann. Phänomenologisch ist mit autoritärer Führung im Folgenden ausschließlich unlustvolle autoritäre Führung, mit charismatischer Führung ausschließlich lustvolle charismatische Führung gemeint.[621]

Bei der einseitigen Führungskommunikation bedeutet einseitige Kommunikation keineswegs, dass nur einer der kommunizierenden Partner Mitteilungen an den anderen übermittelt. Einseitig bedeutet vielmehr, dass der Enge-Pol des übergreifenden Leibes dauerhaft von einem der kommunizierenden Partner übernommen wird. Wechselseitige Führungskommunikation kann ebenfalls lustvoll und unlustvoll sein. Grundsätzlich findet bei unlustvoller Führungskommunikation eine gegenseitige Abgrenzung der kommunizierenden Partner statt und bei lustvoller Führungskommunikation eine gegenseitige Annäherung. Die skizzierten Formen der Führungskommunikation sollen nachfolgend präzisiert werden.

Lustvolle einseitige Führungskommunikation liegt vor, wenn von der Führungsperson eine faszinierende, suggestive Macht ausgeht. Dieser Fall wird durch die sogenannte charismatische Führung beschrieben.[622] Charisma verweist auf eine als „außeralltäglich [...] geltende

---

[621] Damit soll keineswegs die Sicht verkürzt, sondern vielmehr begrifflich klar abgegrenzt werden. Dass es Zwischenformen gibt und es sich hier um Idealtypen handelt, soll nicht bestritten und am Ende des Abschnitts abschließend diskutiert werden.

[622] Ähnliches wie für die charismatische Führung gilt für die sogenannte „transformationale Führung" sowie die „visionäre Führung". Auch hier spielt die einseitige antagonistische Einleibung eine wesentliche Rolle. Da charismatische, transformationale und visionäre Führung insgesamt eine hohe Überschneidung aufweisen oder sogar als synonym betrachtet werden (vgl. House/Shamir 1993, S. 82; Neuberger 2002, S. 201-212; Felfe 2006), sollen Letztere hier jedoch nicht gesondert betrachtet und in Bezug auf den

Qualität einer Persönlichkeit",[623] von der eine solche Suggestions- oder Faszinationskraft ausgeht, dass die Aufmerksamkeit des Geführten an den Führenden gefesselt wird.[624] In Bezug auf Ausdruck und Bewegungssuggestionen wird hierbei häufig der Stimme des charismatischen Führenden besondere Relevanz zugeschrieben.[625] Der charismatisch Führende bildet den Enge-Pol des gemeinsamen, übergreifenden Leibes, der als etwas erlebt wird, das über die Grenzen des eigenen Leibes hinausgeht und durch den charismatisch Führenden gleichsam zusammengehalten wird.[626] Das Lustvolle charismatischer Führung lässt sich an der Sogwirkung festmachen, die vom charismatisch Führenden ausgeht.[627] Dieser Aspekt der Attraktion wird besonders bei Harding/Lee/Ford/Learmonth deutlich, nach denen der Führende den Geführten durch sein Charisma verführt, worauf dieser seine Widerstandskraft verliert.[628] Doch auch wenn Charisma als Kraft verstanden wird, der man sich nicht nach Belieben entziehen kann, so basiert diese Kraft doch wesentlich auf Vertrauen. Der Geführte vertraut dem charismatisch Führenden; ein Vertrauen, das häufig ein außergewöhnlich hohes, wenn nicht gar blindes Maß annimmt.[629] Da ein Vertrauensverhältnis zerstört oder zumindest stark beeinträchtigt wird, wenn es enttäuscht wird,[630] kann auch ein Führender sein Charisma bei einer solchen Enttäuschung verlieren.[631]

Aspekt der einseitigen Einleibung ebenfalls als charismatische Führung verstanden werden.

[623] Weber 1980, S. 140

[624] vgl. Neuberger 2002, S. 143; Harding/Lee/Ford/Learmonth 2011, S. 937

[625] vgl. z. B. Bryman 1992, S. 58-62

[626] vgl. auch Kets de Vries/Miller 1985, S. 62; Lütjen 2012, S. 24

[627] vgl. auch Werner 2013, S. 103

[628] vgl. Harding/Lee/Ford/Learmonth 2011, S. 938

[629] vgl. House 1977, S. 191; House/Singh 1987, S. 685

[630] vgl. Julmi/Scherm 2013c, S. 104

[631] vgl. Weber 1980, S. 655-656; Bryman 1992, S. 51-52

Unlustvolle einseitige Führungskommunikation wird im Kontext dieser Arbeit als autoritäre Führung bezeichnet. Hierbei wird der Geführte weniger verführt als vielmehr unterworfen, wobei der Unterworfene wie bei der charismatischen Führung an der Enge des Führenden hängt[632] – nur wird dieses Gefesseltsein nicht lustvoll, sondern, der sprichwörtlichen Fessel näherkommend, unlustvoll wahrgenommen. Autoritäre Führung basiert nicht auf Vertrauen, sondern auf einem Zwang, der in Form leiblicher Spannung beständig aufrechterhalten bzw. erneuert werden muss.[633] Hierfür bedarf es geeigneter Machtmittel. Diese können in leiblicher Kommunikation bestehen, etwa durch die Bewegungssuggestionen einer barschen, schneidenden oder brüllenden Stimme,[634] eines bannenden, dämonischen oder bösen Blicks[635] oder des genannten mächtigen Schreibtischs. Einschüchterung und Schockierung sind allgemein effektive Machtmittel autoritärer Führung.[636] Etzioni hebt in diesem Zusammenhang die körperliche Komponente einer auf Zwang basierenden Macht (engl. *coercive power*) hervor, deren Drohpotenzial auf der Möglichkeit einer physischen Beeinträchtigung beruht. Als Machtmittel nennt er beispielhaft eine Pistole, eine Peitsche oder eine Verriegelung.[637] Im Verständnis dieser Arbeit ließe sich dieser Aspekt des Körperlichen als leiblicher Aspekt verstehen, sodass beispielsweise auch die Bedrohung durch einen „psychischen" Schmerz mit berücksichtigt werden kann.

Durch den Aspekt des Zwangs spielt für die autoritäre Führung (im Gegensatz zur charismatischen Führung) auch die formelle Macht des autoritär Führenden eine wichtige Rolle, da diese mit zusätzlichen

---

[632] vgl. Schmitz 1992, S. 215
[633] vgl. auch Schmitz 1965, S. 363
[634] vgl. Schmitz 1978, S. 80
[635] vgl. Schmitz 1992, S. 215
[636] vgl. Schmitz 1965, S. 363; 1978, S. 80-81
[637] vgl. Etzioni 1964, S. 59

Möglichkeiten des Machtmitteleinsatzes einhergehen.[638] Hierzu zählen im Wesentlichen die Möglichkeiten der Bestrafung und der Belohnung,[639] die sich allgemein nur schwer trennen lassen, da eine nicht erhaltene Belohnung ebenso als Bestrafung empfunden werden kann wie eine nicht erhaltene Bestrafung als Belohnung.[640] Derartige Machtmittel müssen jedoch in einem glaubhaften Drohszenario in Form leiblich spürbarer Spannung präsent gehalten werden – im Idealfall, ohne diese tatsächlich einzusetzen, um Verschleißeffekte zu verhindern.[641] Ein Drohszenario kann etwa dadurch aufgebaut werden, dass durch den gezielten Einsatz von Symptomen stetig an eine noch ausstehende Entscheidung, vor der die Geführten zittern, erinnert wird, beispielsweise indem wahrnehmbar Vorkehrungen für eine Entlassung getroffen werden oder – nicht sehr alltäglich, aber sehr anschaulich – durch einen Galgen vor der Eingangstür. Die persönliche Situation der Geführten spielt hierbei ebenfalls eine Rolle. Wenn etwa die Chancen für jemanden gering sind, eine alternative Arbeitsstelle zu finden, lässt sich ein Drohszenario leichter aufbauen.[642]

Über den Aspekt des Zwangs besteht ein enge Verwandtschaft zwischen Schmerz und Angst auf der einen und autoritärer Führung (aus Sicht des Geführten) auf der anderen Seite, die sich neben der sie vereinenden Unlust daraus ergibt, dass Angst und Schmerz gehemmte Fluchtimpulse sind;[643] bei beiden hat man den Drang, aus der Enge zu fliehen, besitzt aber keine Möglichkeit, diesem Drang nachzugeben. Bei Angst und Schmerz fallen Unlust und Enge ohne Möglichkeit der

---

[638] vgl. auch Kets de Vries 1995, S. 64, 66-67

[639] vgl. auch French/Raven 1959, S. 155-156: Graen 1976, S. 1209; Foucault 2005, S. 253

[640] vgl. French/Raven 1959, S. 158

[641] vgl. Pongratz 2002, S. 259; Weibler 2012, S. 154

[642] vgl. Barbalet 1998, S. 160

[643] vgl. Schmitz 1964, S. 175-177, 184-188

Weitung genauso zusammen[644] wie beim Erleben autoritärer Führung durch den Geführten. Es ist daher nicht verwunderlich, dass das Schüren von Angst und das Androhen von Gewalt effektive Machtmittel autoritärer Führung sind.[645] Durch anhaltenden Drill kann autoritäre Führung jedoch auch zu einer Hörigkeit des Geführten führen. Der herrschende Zwang wird dann in herrschendes Vertrauen umgewandelt. Dem Führenden wird dauerhaft der Enge-Pol des übergreifenden Leibes übertragen. Dies ist insbesondere im militärischen Bereich denkbar.[646] Mit French/Raven ließe sich hier von einer Art Legitimationsprozess der Macht sprechen.[647] In einem solchen Fall lassen sich der charismatisch und der autoritär Führende nicht mehr klar voneinander trennen. Ähnliches gilt für Zwang und Vertrauen, die in einem solchen Fall untrennbar ineinander verschränkt sein können.

Neben den einseitigen Formen der charismatischen und der autoritären Führung sind Führungsbeziehungen in Organisationen durch wechselseitige antagonistische Einleibung gekennzeichnet. Diese liegt den meisten zwischenmenschlichen Begegnungen in Organisationen zugrunde, in denen sich die Beteiligten in leiblicher Kommunikation qua Ausdruck wechselseitig aufeinander abstimmen. Bereits beim ersten Blickkontakt entsteht ein Hin und Her der Gewichtsverteilung im Blickverhalten, wenn die Partner erprobend und empfangend aufeinander eingehen.[648] Ebenfalls auf wechselseitiger Einleibung beruht – als nächstliegender zwischenmenschlicher Kontakt – das Gespräch,[649] für das Ausdruck von Blick und Stimme wesentliche Bestandteile sind. Der Blickwechsel ist für die Eröffnung eines Gesprächs meist notwendig, damit die Gesprächspartner miteinander (leiblich) in

---

[644] vgl. Rappe 2005, S. 687-688

[645] vgl. Canetti 1973, S. 7-9

[646] vgl. auch Schmitz 1978, S. 83

[647] vgl. French/Raven 1959, S. 165

[648] vgl. Schmitz 1980b, S. 27-28

[649] vgl. ebd., S. 97

Kontakt kommen.[650] Durch die gemeinsame Anpassung in wechselseitiger Einleibung wird die jeweilige Erwartungshaltung eines Gesprächs ausgefochten, die nicht nur den Handlungsspielraums eines Gesprächs bestimmt, sondern ohne die Verstehen überhaupt nicht möglich wäre, da der (leibliche) Anschluss zwischen den Gesprächspartnern fehlen würde.[651] Paschen/Dihsmaier vergleichen in diesem Zusammenhang das Gespräch mit einem Tanz: Zunächst wird nach der ersten Kontaktaufnahme durch den Blick ein unverfänglicher Smalltalk eingeleitet, über den sich die Gesprächspartner aufeinander einschwingen können. Dadurch wird der Boden bereitet, um die eigentlich relevanten Themen zu besprechen und eine Verständigungsbereitschaft zu erreichen.[652] Vor diesem Hintergrund kann etwa der informelle Austausch vor einem Meeting die Kommunikation von Ideen und Gedanken während des Meetings erleichtern.[653] Dabei liegen die Dominanz- und damit die Führungsrolle keineswegs automatisch bei demjenigen, der gerade das Wort erhebt. Ein ausgeglichenes Dominanzverhältnis wird im Gespräch etwa dadurch erreicht, dass der Sprechende den Blick abwendet, während der Zuhörende den Blick seinem Gesprächspartner zuwendet. Dies ist bei Gesprächen tatsächlich sehr häufig der Fall.[654] Morris liefert hierfür eine anschauliche Beschreibung: „Der Sprecher beginnt seine Ausführungen mit einem Blick auf seinen Partner. Dann wendet er mit zunehmendem Gewicht seiner Gedanken und Worte seinen Blick ab. Gegen Ende seiner Äußerungen schaut er wieder kurz seinen Partner an, um festzustellen, welchen Eindruck seine Worte hinterlassen haben. Während dieser Zeit hat der Zuhörer den Sprecher genau beobachtet, aber jetzt, da der Zuhörer selbst zum Sprecher wird, blickt er seinerseits weg und wirft

---

[650] vgl. ebd., S. 99
[651] vgl. Berger/Luckmann 2012, S. 31; Wilms 2013, S. 54
[652] vgl. Paschen/Dihsmaier 2011, S. 186
[653] vgl. Allen/Lehmann-Willenbrock 2013, S. 23
[654] vgl. Tischer 1994, S. 114

gelegentlich Blicke, um die Wirkung seiner Worte zu prüfen".[655] Aufgrund der hohen Dynamik eines Gesprächs ist eine gekonnte Gesprächsführung eng mit einem Fingerspitzengefühl für die aktuellen Kräfteverhältnisse bzw. Dominanzverhältnisse zwischen den Gesprächspartnern verbunden und kann daher in den seltensten Fällen vorher durchgeplant werden.[656]

Zwischenmenschliche Begegnungen sind allgemein voll von Nuancen der Dominanz und Unterwerfung. Diese entstehen (z. B. beim Händedruck) häufig durch leibliche Automatismen und bedürfen keinesfalls einer spezifischen Intention.[657] In diesem Sinne lassen sich selbst die profansten menschlichen Begegnungen nicht ohne Führung denken, wobei die Rolle des Führenden beständig wechselt und die Intention keine Rolle zu spielen braucht. Dies gilt auch für die (leibliche) Kommunikation zwischen (formell) Vorgesetzten und Untergebenen. Aufgabe oder Merkmal einer Führungskraft wäre demnach, sich in den alltäglichen Begegnungen als Führender behaupten und durchsetzen zu können, indem das Gewicht der Dominanzverteilung sozusagen auf die eigene Seite gezogen wird. Insofern ist Führung in wechselseitiger Einleibung als wechselseitiger Verhandlungsprozess zu verstehen.[658]

An dieser Stelle gilt es (nochmals) zu betonen, dass der Führende im Kontext dieser Arbeit immer als derjenige verstanden wird, der (aktuell oder dauerhaft) die Dominanzrolle in leiblicher Kommunikation innehat. Dies entspricht – insbesondere durch den Aspekt der wechselseitigen Einleibung – nicht dem Verständnis von Führung, wie es in der Mehrzahl der Führungsliteratur zugrunde gelegt wird. Hier ist der Führer in der Regel derjenige, der formell die Führungsposition innehat, auch wenn er nicht immer der leiblich Führende ist. Entsprechend

---

[655] Morris 1982, S. 75

[656] vgl. Knape/Überall 2012, S. 45

[657] vgl. Schmitz 2009b, S. 49

[658] vgl. auch Graen 1976, S. 1205-1207

wird in der Führungsliteratur mitunter davon gesprochen wird, dass der Geführte die Führungsrolle in der gemeinsamen Beziehung innehat und den dominierenden Part einnimmt.[659]

Letztlich sind die hier skizzierten Ausprägungsformen von Führung nur als Idealformen zu sehen, die in Reinform (wenn überhaupt) eher selten vorkommen dürften. Reine charismatische Führung wäre die völlige Unterwerfung des Geführten bei gleichzeitiger Selbstaufgabe (wie zum Beispiel bei der Hypnose). Eine reine autoritäre Führung wäre mit der Besessenheit von einem Dämon oder einem bösen Geist vergleichbar, von dem sich jemand nicht mehr lösen kann. In beiden Fällen bildet die Selbstaufgabe des Geführten die Extrempunkte, da jeweils keinerlei Impulse der Dominanz von ihm ausgehen. Damit soll aber nicht gesagt werden, dass sich derartige Extremformen charismatischer und autoritärer Führung nicht phänomenologisch aufweisen ließen.

Wechselseitige und einseitige antagonistische Einleibung unterscheiden sich nicht in ihrem Wesen, sondern in der Weise, wie die Dominanz verteilt wird. Sie bilden gleichsam das Kontinuum, innerhalb dessen Führung stattfindet. Derjenige, der in wechselseitiger Einleibung die dominante Rolle innehat, übt auch eine fesselnde Wirkung auf seinen Partner aus, die wiederum stärker oder schwächer sein kann. In wechselseitiger Einleibung findet zwar ein stetiger Wechsel der Dominanzrolle statt, dies heißt jedoch nicht, dass die Verteilung der Dominanz ausgeglichen sein muss. Auf der anderen Seite kann das Gespräch mit einem charismatisch oder autoritär Führenden nicht ohne Anteile wechselseitiger Einleibung auskommen. Die Dominanzverteilung eines Gesprächs ist immer (auch) wechselseitig.[660]

---

[659] vgl. auch Graen/Uhl-Bien 1995, S. 223-225; Scherm/Süß 2010, S. 156-160
[660] vgl. auch Knape/Überall 2012, S. 45

5.2.2 Teamkommunikation als solidarische Einleibung

Während sich antagonistische Einleibung als Führungskommunikation beschreiben lässt, kann solidarische Einleibung wie nachfolgend dargelegt als Teamkommunikation verstanden werden. Solidarische Einleibung liegt in Organisationen immer dann vor, wenn bei der Kommunikation zwischen Organisationsmitgliedern von einer reibungslosen Abstimmung gesprochen werden kann. Solidarische Einleibung ist wesentliches Merkmal einer funktionierenden Teamarbeit. In solidarischer Einleibung taucht man gemeinsam in einen übergreifenden Leib ein,[661] so dass es den Beteiligten auch ohne explizite Absprachen möglich ist, das arbeitsteilige Handeln aufeinander abzustimmen und den jeweiligen situativen Gegebenheiten und Unregelmäßigkeiten anzupassen, z. B. bei einem schwankenden Krafteinsatz des Partners einer gemeinsamen Arbeitsstation[662] oder bei Teameinsätzen in der Akutmedizin.[663] Findet die solidarische Einleibung in lustvollen Situationen statt, spricht man etwa davon, gemeinsam in ein Problem einzutauchen oder sich auf einer Wellenlänge zu befinden.[664] In einer unlustvollen Situation würde man eher sagen, dass alle im gleichen Boot sitzen. Die solidarische Einleibung im Sinne einer Leidensgenossenschaft kann jedoch auch in unlustvollen Situationen als lustvoll erlebt werden, etwa wenn sprichwörtlich alle trotz der schwierigen Situation am gleichen Strang ziehen (z. B. um eine kritische Deadline einzuhalten). Demgegenüber ist es nur schwer vorstellbar, dass (echte) solidarische Einleibung auch unlustvoll erlebt werden kann, da Unlust mit der Bewegungstendenz der Repulsion (bzw. dem Streben mit Druckwirkung von etwas weg) einhergeht und solidarische Einleibung auf die Zuwendung zu einem Partner angewiesen ist. Dies soll an dieser Stelle zwar nicht ausgeschlossen werden, das Spektrum zwischen

---

661 vgl. Schmitz 1978, S. 96
662 vgl. Böhle/Fross 2009, S. 122
663 vgl. Manser 2010
664 vgl. Böhle 2010, S. 132-135

einem eher neutralen Gemisch aus Lust und Unlust auf der einen und einem als lustvoll erlebten „Wir"-Gefühl[665] auf der anderen Seite scheint jedoch phänomenologisch von höherer Relevanz zu sein, so dass im weiteren Verlauf der Arbeit ausschließlich auf dieses Spektrum abgehoben wird.

Solidarische Einleibung kommt normalerweise nicht in Reinform vor. In aller Regel (und umso mehr in Organisationen) treten solidarische und antagonistische Einleibung gemeinsam im Verbund auf, wofür mindestens drei Teilnehmer notwendig sind, „von denen sich zwei, die miteinander solidarisch verbunden sein können, zum dritten, der die dominante Rolle des fesselnden Zentrums übernimmt, in der Weise antagonistischer Einleibung verhalten".[666] Die Enge des gebildeten übergreifenden Leibes kann auch eine Sache sein, beispielsweise, wenn die Händler einer Börse gebannt auf den Bildschirm oder Börsenticker starren und gemeinsam die aktuellsten Marktentwicklungen verfolgen.[667] Die leiblich kommunizierenden Partner tauchen in „den durch die Einleibung spontan sich bildenden übergreifenden Leib" ein,[668] in dem sie sich zumindest hinsichtlich ihres geteilten Benehmens nicht mehr einzeln voneinander abheben.

Wenn solidarische Einleibung in aller Regel nicht ohne antagonistische Einleibung auftritt, tritt Teamkommunikation entsprechend normalerweise nicht ohne Führungskommunikation auf. Teamkommunikation kann in Verbindung mit charismatischer, autoritärer und wechselseitiger Führungskommunikation auftreten. Bei charismatischer Führung folgt man als gemeinsame Anhänger- oder Gefolgschaft dem charismatisch Führenden und solidarisiert sich gerade dadurch, dass man zu dieser gehört. Bei der autoritären Führung sitzt man im beschriebenen gleichen Boot und bildet auf diese Weise eine

---

[665] vgl. Bruch/Vogel 2009, S. 259
[666] Schmitz 1980b, S. 41
[667] vgl. Julmi/Scherm 2012a, S. 25
[668] Schmitz 1980b, S. 42

solidarische Einheit. Die Redewendung „Geteiltes Leid ist halbes Leid" mag hiervon rühren. Sowohl bei der charismatischen als auch bei der autoritären Führung bildet der (charismatische oder autoritäre) Anführer den gemeinsamen Enge-Pol der solidarisch verbundenen Gruppe.[669] Wechselseitige Führung tritt in diesem Zusammenhang auf, wenn die Abstimmung innerhalb eines Teams nicht reibungslos ist, sondern die Fronten erst geklärt oder ausgefochten werden müssen oder dauerhaft verhärtet sind. Ersteres ist insbesondere bei der Neubildung von Teams häufig der Fall, so dass Teamarbeit nicht nur auf solidarischer Einleibung (als Teamkommunikation), sondern auch auf antagonistischer Einleibung (als Führungskommunikation) basiert. Der Teamleiter muss in einem Team aber nicht notwendigerweise der Führende sein, der den dominanten Enge-Pol des übergreifenden Leibes übernimmt. Stattdessen kann der Teamleiter ebenso Teil der solidarischen Einheit des Teams sein, so dass die Abstimmung nicht nur zwischen den Mitgliedern des Teams, sondern auch mit dem Teamleiter (als Teil des Teams) reibungslos funktioniert. Der dominierende Part ist in einem solchen Fall nicht durch den Teamleiter besetzt und kann dadurch – sofern er nicht durch eine andere Person wie den Vorgesetzten des Teamleiters als nächsthöheren Vorgesetzten[670] oder den Chef einer Organisation besetzt ist – an eine Sache ausgeliehen werden. Dies kann beispielsweise die gemeinsame Vision oder die beschriebene Deadline eines Teams sein, der man sich als Team solidarisch verschreibt. Eine geteilte Vision hält durch seine engend-ausrichtende Wirkung das Team zusammen und kann ein hohes Maß an Energie in Richtung des gemeinsamen Zieles kanalisieren und freisetzen.[671] Eine Deadline strukturiert nicht nur die Arbeit eines Teams, sie

---

[669] vgl. auch Rappe 2005, S. 756-757
[670] vgl. Weibler 2014
[671] vgl. auch Parikh 1994, S. 22

154

hält es auch zusammen. Das Fehlen einer Deadline (als Enge) kann einer Gruppe dagegen Struktur und Fokus nehmen.[672]

5.3 Die Ausbildung und Verfestigung gemeinsamer Situationen

5.3.1 Wechselseitige Führungskommunikation als Fundament leiblicher Beziehungen

Die Art und Weise, wie Menschen in Organisationen über Führungskommunikation und Teamkommunikation zueinander und miteinander in Kontakt treten, beschreibt und bestimmt wesentlich, in welcher Beziehung sie zueinander stehen (werden). Insbesondere von wechselseitiger Führungskommunikation geprägte Begegnungen sind für die Ausbildung leiblicher Beziehungen von entscheidender Bedeutung, denn ohne wechselseitige Führungskommunikation kann man mit dem Anderen (als Mit- und Gegenspieler) weder in Kontakt treten noch eine Beziehung zu ihm aufbauen.[673] Vor jeder Beziehung steht das gegenseitige Abtasten in wechselseitiger Führungskommunikation: Man lernt sich kennen, indem man sich aneinander erprobt, aufeinander eingeht oder sich voneinander abgrenzt. Will man also verstehen, wie sich Beziehungen in Organisationen entwickeln und ausbilden, ist ein Verständnis dafür notwendig, welche Möglichkeiten es gibt, in wechselseitiger Führungskommunikation miteinander in Beziehung zu treten. Abb. 6 zeigt diese Möglichkeiten sowie ihre gestaltkreishafte Ausbildung im Überblick. Beides soll nachfolgend erarbeitet werden.

---

[672] vgl. Hackman 1990, S. 480
[673] vgl. Schmitz 1980b, S. 29

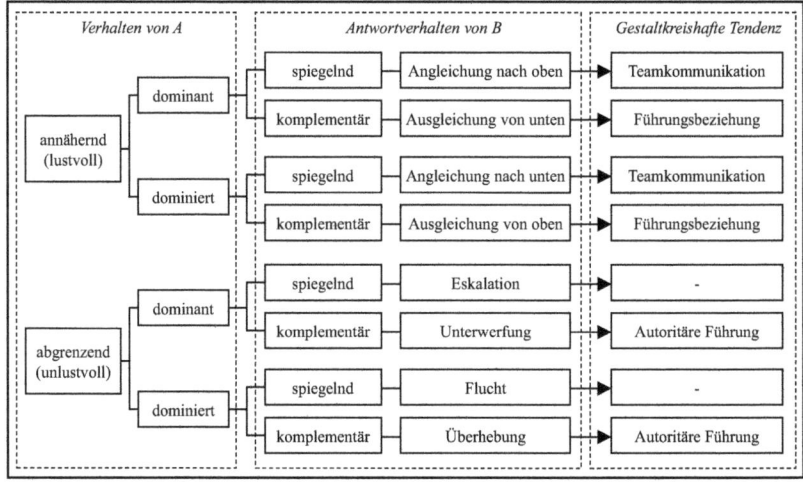

Verhalten von A	Antwortverhalten von B	Gestaltkreishafte Tendenz

Abb. 6   Verhalten und Antwortverhalten in wechselseitiger
Führungskommunikation
(Eigene Darstellung)

Zunächst lässt sich das Verhalten in wechselseitiger Führungskommunikation – also insbesondere in Hinblick auf die Mitteilung des Ausdrucks in Form von Gestik, Mimik oder Körperhaltung – in zwei Dimensionen differenzieren. In der Dimension von Lust und Unlust kann zwischen annäherndem (attraktivem) und abgrenzendem (repulsivem)
Verhalten unterschieden werden; in der Dimension von Enge und
Weite zwischen dominantem und dominiertem Verhalten. Darüber
hinaus ist das Antwortverhalten des Widerparts von Bedeutung, das
in Bezug auf die Dominanz spiegelnd und komplementär sein kann.[674]
In Bezug auf Lust und Unlust kann Reziprozität als „unbedingte, gleich-
gerichtete Reaktion auf ein erfahrenes Verhalten"[675] unterstellt werden, wobei zwei Formen von Reziprozität möglich sind: positive und
negative Reziprozität. Bei der positiven Reziprozität wird ein

---

[674] vgl. auch Tiedens/Fragale 2003, S. 558; Fuchs/Koch 2014, S. 6
[675] Berger 2013, S. 34, Hervorhebungen im Original

annäherndes, bei der negativen Reziprozität ein abgrenzendes Verhalten jeweils erwidert.[676]

Neben reziprokem Verhalten ist es zwar ebenso möglich, dass ein annäherndes Verhalten zu einer abgrenzenden Antwort führt und umgekehrt. Dies ist etwa der Fall, wenn ein einladender Blickkontakt mit einem bösen Blick gewürdigt (Unterbindung) oder ein böser Blick mit einem einladenden Blick abzufedern versucht wird (Deeskalation). Auch gezeigte Langeweile und Desinteresse sind Beispiele einer abgrenzenden Antwort, bei denen man das annähernde Verhalten des anderen gewissermaßen ins Leere laufen lässt. Langeweile kann durch ein gespieltes Gähnen oder ein glasiges In-die-Ferne-Schauen signalisiert werden. Desinteresse kann beispielsweise signalisiert werden, „indem man den Intensitätsgrad der erwarteten freundlichen Reaktion leicht reduziert, während der Unterhaltung seltener zustimmend nickt und lächelt, die Augen häufiger als üblich abschweifen lässt oder den Kopf bewusst und deutlich erkennbar abwendet".[677] In diesen Fällen ist jedoch fraglich, ob tatsächlich von leiblicher Kommunikation in einem Vollsinn gesprochen werden kann oder ob diese nicht vielmehr unterbunden oder erst noch hergestellt werden soll bzw. – falls weder das eine noch das andere gelingt – als gestört bezeichnet werden muss.

Treffen annäherndes und abgrenzendes Verhalten aufeinander, setzt sich im Normalfall eines von beiden durch (z. B. durch eine erfolgreiche Besänftigung). Kann sich keines von beiden durchsetzen, verbleibt die Situation in einem widersprüchlichen bzw. gestörten Zustand, der nicht aufgelöst werden kann. Dies ist etwa der Fall, wenn ein Organisationsmitglied beständig die Nähe zu einem anderen sucht, obwohl dieses andere Organisationsmitglied ebenso beständig versucht, Ersteres loszuwerden. Weder Annäherung noch Abgrenzung können sich

---

[676] vgl. Gouldner 1960, S. 172; Berger 2013, S. 34-36; auch Ashkanasy/Daus 2002, S. 79
[677] Morris 1982, S. 186

durchsetzen, so dass beide Seiten gleichermaßen in ihrem Versuch der leiblichen Kommunikation scheitern. Die Situation verlangt und verhindert gleichermaßen ihre Auflösung. Neben einer solchen „unechten" leiblichen Kommunikation ist dies auch bei einer „zwanghaften" Kommunikation gegeben, wenn ein annäherndes Verhalten auf ein abgrenzendes trifft und der annähernde Partner den anderen gegen dessen Tendenz zu einer Auseinandersetzung zwingt. Dies ist beispielsweise bei einer Folter gegeben, wenn der Folternde im Gegensatz zum Gefolterten seiner Aufgabe lustvoll nachgeht, wobei das „Zwanghafte" ebenso wie das „Gestörte" hier durchaus für das Verhalten beider Partner Gültigkeit besitzen können, wenn auch auf sehr unterschiedliche Weise.

Annäherndes Verhalten liegt dann vor, wenn die Kommunizierenden bestrebt sind, eine gemeinsame Basis zu finden. Die Annäherung zwischen den Kommunizierenden kann sich durch ein Angleichen oder ein Ausgleichen der Dominanzverhältnisse vollziehen. Eine angleichende Annäherung liegt vor, wenn die Antwort des Partners in einem spiegelnden Verhalten besteht. Angleichende Annäherung kann auf zwei Weisen stattfinden. Eine „Angleichung nach oben" liegt vor, wenn die Kommunizierenden die Dominanz des Widerparts spiegeln und aktiv miteinander in Kontakt treten bzw. leibliche Nähe zueinander suchen (z. B. gegenseitiger Blickkontakt). Eine „Angleichung nach unten" ist gegeben, wenn sich die Kommunizierenden jeweils mit einem dominierten Verhalten begegnen und untereinander eine respektvolle Distanz zu wahren suchen (z. B. verlegenes Ausweichen der Blicke oder gegenseitiges Verbeugen). Im Gegensatz zu angleichender Annäherung führt die ausgleichende Annäherung dazu, Dominanzverhältnisse durch komplementäres Verhalten in einem Gleichgewicht zu halten, d. h., das dominante (bzw. dominierte) Verhalten des einen durch ein dominiertes (bzw. dominantes) Verhalten des anderen auszugleichen und umgekehrt. Ein dominantes Verhalten (z. B. Blickkontakt) wird durch ein dominiertes (z. B. Blickabwendung) abgefedert („Ausgleichung von unten"). Umgekehrt kann ein dominiertes Verhalten den anderen zur Führung veranlassen, um die Kommunikation nicht erschlaffen zu lassen („Ausgleichung von oben"). Auf diese Weise können Distanz und Nähe in einem Gleichgewichtszustand gehalten werden. Ein solches Ausgleichen von Dominanzverhältnissen zeigt sich etwa in oben genanntem Gespräch, wenn der Redende seinen Blick ab- und der Zuhörende seinen Blick zuwendet. Man ringt gewissermaßen nicht gegeneinander, sondern miteinander, um die Spannungsverhältnisse der leiblichen Kommunikation in der Waage zu halten. Hierbei gilt es, sich weder aufzudrängen und die Dominanzrolle auf die eigene Seite zu ziehen noch sich zu sehr zurückzuziehen und die vom anderen zugeschobene Dominanzrolle ins Leere laufen zu lassen.[678] Ähnliches lässt sich für die (gespürte) Entfernung der Kommunizierenden sagen: Eine zu große Nähe erstickt die leibliche Kommunikation, eine zu geringe lässt sie erlahmen.[679] Bei einer charismatischen Führung sind die „Rollen" dagegen einseitig verteilt. Der charismatisch Führende gleicht von oben aus, der charismatische Geführte von unten. Die hier beschriebene „Ausgleichung von unten" entspricht teilweise der von Goffman (1986, S. 25-26) eingeführten „Ausgleichshandlung", die – ebenso wie die „Ausgleichung von oben" – nicht nur durch einen Partner, sondern auch von einem selbst vollzogen werden kann. Das voreilige Vorpreschen beim Durchgehen durch eine Tür kann beispielsweise durch eine folgende „Entschuldigung" abgefedert werden. Ein Partner muss jedoch auch in diesen Fällen notwendig präsent sein.[680]

---

[678] vgl. auch Wilms 2013, S. 55

[679] vgl. Schmitz 1980b, S. 100

[680] Wie wesentlich, sensibel und einem rational-analytischen Denken vorgängig das Ausgleichen von Dominanzverhältnissen in einer leiblichen Beziehung sein kann, veranschaulicht ein bekannter Witz: Ein Ehepaar teilt sich ein Essen. Als nur noch zwei Stücke geblieben sind, nimmt sich einer der Partner das größere der beiden Stücke. Der andere empört sich über dieses Verhalten, woraufhin der Erste überrascht fragt, weshalb er denn das kleinere Stück hätte nehmen sollen. Der Zweite nennt als Begründung, dass er es genauso gemacht hätte. Der Erste wundert sich und fragt, weshalb er sich denn dann beschwere, er bekäme doch in jedem Fall das, was er wolle.

Abgrenzendes Verhalten ist gegeben, wenn sich die Kommunizieren-den voneinander wegbewegen und sich vom jeweils anderen auf ir-gendeine Art abzugrenzen suchen. Analog zu annäherndem Verhalten kann abgrenzendes Verhalten danach unterschieden werden, ob das Antwortverhalten des Widerparts hinsichtlich der Dominanz spie-gelnd oder komplementär ist. Spiegeln sich die kommunizierenden Partner in ihrem Verhalten, führt dies bei dominantem Verhalten zu einer Eskalation und bei dominiertem Verhalten zur Flucht. Bei einer Eskalation führt der „Angriff" des einen zu einem „Gegenangriff" des anderen (während bei einer Deeskalation versucht wird, Ersteren mit annähernd-dominiertem Verhalten „umzustimmen"), beispielsweise beim Austauschen von bösen Blicken oder beim gegenseitigen Zunge-Rausstrecken. Die (z. B. zornigen) Kommunizierenden gehen zwar auf-einander zu,[681] jedoch nicht im Sinne einer Attraktion, sondern einer Repulsion, so dass sich hier eher von einem „Gegeneinanderzubewe-gen" sprechen ließe,[682] das darauf zielt, den anderen zu „beseitigen". Die kommunizierenden Partner sind auf gegenseitige Konfrontation aus; die Kommunikation steuert auf eine Eskalation zu. Das Gegenteil ist gewissermaßen bei einem Fluchtverhalten der Fall: Man ist nicht auf Konfrontation aus, sondern versucht sich aus dem Weg zu gehen, beispielsweise wenn bei einer Begegnung beide Seiten einem Blick-kontakt aus dem Weg geht. Dies ist beispielsweise bei Scham der Fall. Wenn zwei Menschen einem Blickkontakt peinlich berührt aus dem Wege gehen, liegt zweifelsfrei ein Fluchtverhalten vor – am liebsten wären beide unsichtbar. Durch gegenseitige Scham wird die leibliche Kommunikation verhindert oder zumindest stark ausgebremst; man kommuniziert „zueinander wie durch eine Milchglasscheibe".[683] Blickt man sich dagegen nicht an, weil man aus Zorn den anderen „keines Blickes würdigt", so liegt ein Eskalationsverhalten vor, das

---

[681] vgl. Bloch/Orthous/Santibañez-H 1987, S. 4
[682] vgl. Frijda/Kuipers/Ter Schure 1989, S. 220
[683] Risch 2013, S. 122

grundsätzlich die Tendenz auf eine „gewaltsame" Entladung hin mit sich bringt.[684] Das Abwenden eines Blicks ist daher keinesfalls mit einem Fluchtverhalten (oder allgemein einem dominierten Verhalten) gleichzusetzen. Dies gilt umgekehrt für die Zuwendung eines Blickes, der als suchender oder schuldbewusster Blick dominiertes Verhalten darstellt. Führt ein abgrenzendes Verhalten zu einem komplementären Antwortverhalten, kann dies im Falle einer dominierten Antwort (auf ein dominantes Verhalten) als Unterwerfung und im Falle einer dominanten Antwort (auf ein dominiertes Verhalten) als Überhebung bezeichnet werden. Eine Unterwerfung liegt etwa vor, wenn ein böser Blick den anderen dazu veranlasst, seinen Kopf zu senken oder wenn die erhobene Faust den anderen zusammenzucken lässt. Ein aggressiv vorgehender Geldeintreiber versucht, mit seinem dominanten Verhalten den Widerpart zu einem dominierten Verhalten zu bewegen (und ihn zu unterwerfen), um eine Eskalation zu verhindern: „In Auseinandersetzungen mit Rechnungseintreibern sind derartige Herabsetzungen an der Tagesordnung und führen häufig zu Feindseligkeiten".[685] Eine Überhebung liegt etwa vor, wenn die gebückte Haltung des einen den anderen zu einer abfälligen Geste der Verachtung veranlasst[686] oder wenn der zaghafte Blick eine zornige Antwort findet.

5.3.2 Die gestaltkreishafte Ausbildung und Verfestigung leiblicher Beziehungen

Zwischenmenschliche Beziehungen entwickeln sich in Organisationen auf Basis wechselseitiger Führungskommunikation, die in den genannten Formen möglich ist. Aufbauend auf der ersten Begegnung bildet sich in einem gemeinsamen Sozialisationsprozess aus der Vielzahl von Eindrücken, die man voneinander gewinnt, eine Erwartungshaltung heraus, die bestimmt, welches Verhalten vom jeweils anderen

---

[684] vgl. auch Schmitz 2012c, S. 68

[685] Hochschild 1990, S. 113

[686] vgl. auch Hatfield/Cioppo/Rapson 1994, S. 5; Döring-Seipel 1996, S. 12-13

erwartet werden kann und welches Verhalten gegenüber dem anderen angemessen ist. Diese Erwartungshaltung ist in der Bedeutsamkeit der gemeinsamen Situation fundiert. Uzarewicz spricht in diesem Zusammenhang von der „Situationserwartung".[687] Aus einer gewissen Regelmäßigkeit der Eindrücke bildet sich zwischen den Kommunizierenden eine gemeinsame Situation konventionellen Charakters heraus, die das Verhalten in zukünftigen Begegnungen stabilisiert und ausrichtet[688] und aus der sich spezifische Rollen ergeben.[689]

Bereits aus der gemeinsamen Situation eines Gesprächs werden über kurz oder lang Richtlinien, Spielregeln und Dominanzverhältnisse vorgezeichnet.[690] Derjenige, der im Gespräch als Erstes das Wort erhebt, durchbricht gleichsam die Spannung des gemeinsamen, übergreifenden Leibes und bringt damit die gemeinsame leibliche Dynamik in Schwung.[691] Auf diese Weise kann das lockere Gespräch vor einem Meeting die Kommunikation von Ideen und Gedanken während des Meetings erleichtern, da die Kommunizierenden bereits eine gemeinsame leibliche Basis besitzen.[692] Gleichzeitig differenzieren sich zwischen den Gesprächspartnern bestimmte Dominanzverhältnisse – und damit von Führungskommunikation – aus, die für den weiteren Verlauf des Gesprächs (oder des Meetings) sowie für zukünftige Gespräche bereits eine erste Erwartungshaltung vorzeichnen.

Aus dieser Fundierung der Gegenwart in vergangenen Begegnungen folgt, dass eine einmal ausgebildete Beziehung nicht einfach wieder rückgängig gemacht werden kann. Sobald sich zwischen den Partnern Konventionen herausbilden, wird erwartet, dass sich der Andere an

---

[687] Uzarewicz 2013, S. 151

[688] vgl. Schmitz 1980b, S. 104; Frijda/Mesquita/Sonnemans/Van Goozen 1991, S. 207; Adloff 2013, S. 113; Klaußner 2013, S. 198

[689] vgl. Graen 1976, S. 1201-1202

[690] vgl. Schmitz 1980b, S. 105

[691] vgl. auch Schein 2010, S. 201

[692] vgl. Allen/Lehmann-Willenbrock 2013, S. 23

diese hält bzw. sich diesen gemäß verhält. Auf diese Weise werden die Beziehungen zwischen Menschen insbesondere zu Beginn beeinflusst. Dies gilt für die Beziehung zweier Personen ebenso wie für Gruppen, die aus mehr als zwei Teilnehmern bestehen. Wer etwa in einer neu formierten Gruppe früh das Wort ergreift oder seltener mit seinen Blicken ausweicht, kann sich eher als dominantes Gruppenmitglied etablieren.[693] Kommt die Gruppe in derselben Konstellation mehrmals zusammen, kann auf den ausgefochtenen Dominanzverhältnissen der vorherigen Begegnungen aufgebaut werden,[694] wobei die Rolle der Dominanz nicht zwingend von einer Person ausgehen muss, sondern ebenso auf mehrere Personen verteilt sein kann.[695] Die Metaanalyse von Georgesen/Harris (1998) zeigt, dass Dominanz (bzw. Macht) in der Regel dazu führt, dass die Perspektiven, Meinungen und Beiträge anderer – im Gegenzug zu den eigenen – geringgeschätzt oder weniger wahrgenommen werden.[696] Der Geführte hat es umso schwerer, an den Dominanzverhältnissen zu rütteln, je stärker diese ausgeprägt sind; und je weniger der Geführte an den Dominanzverhältnissen rüttelt, umso stärker prägen diese sich aus. Dominanz besitzt daher in der gemeinsamen Situation zwischenmenschlicher Beziehungen einen sich selbst verstärkenden Effekt bzw. eine Tendenz der Verfestigung.

Die Verfestigungstendenzen gegenseitiger Erwartungen gelten nicht nur für Dominanzverhältnisse, sondern allgemein für die sich bildende gemeinsame Situation der kommunizierenden Partner,[697] beispielsweise in Bezug auf das gegenseitige Vertrauensverhältnis – das

---

[693] vgl. Hackman 1990, S. 485; Puccinelli 2008, S. 259

[694] vgl. Ortmann 2012, S. 130

[695] vgl. Becker 2008, S. 142

[696] vgl. auch Kestel 2011, S. 95

[697] vgl. Hackman 1990, S. 481-484; Skilton/Dooley 2010, S. 121

Laufer als „Regelkreis" konzipiert[698] – oder Misstrauensverhältnis.[699] In ähnlicher Weise beschreiben Robert/Wilbanks (2012) mit ihrem Rad-Modell des Humors, wie sich Humor und Akzeptanz von Humor in Organisationen gegenseitig verstärken. Ortmann spricht in diesem Zusammenhang von „rekursiven Schleifen", die sich beinahe beliebig auf Sachverhalte anwenden lassen (z. B. „Weil Frauen schlechter verdienen, gilt ihre Arbeit als weniger wert, aber weil sie als weniger wert gilt, werden sie schlechter entlohnt").[700] In der Terminologie von Giddens Strukturationstheorie würde man sagen, dass die gegenseitigen Erwartungen – also z. B. die Dominanzverhältnisse – sowohl Medium als auch Resultat des Handelns sind und sich in diesem Sinne reproduzieren.[701] Die organisationale Pfadabhängigkeit lässt sich ebenfalls in diesen Kontext einordnen,[702] der sich allgemein durch eine rekursive Sichtweise auszeichnet.[703]

Mit Weizsäcker lassen sich die rekursiven Schleifen, die Reproduktion der gegenseitigen Erwartungen oder die organisationale Pfadabhängigkeit als „Gestaltkreis" verstehen. Mit diesem Begriff bezieht sich Weizsäcker – das S-O-R-Paradigma implizit ablehnend – auf die „kreisartige Verbundenheit" von Organismus und Umwelt: „Denn offenbar entstehen die wirklichen Leistungen in einer fortgesetzten kreisartigen Verbundenheit von Organismus und Umwelt, Umwelt und Organismus, doch nicht so, dass man beide zusammensetzen könnte wie die zwei Teile eines Ganzen. Denn immer bestimmt auch der Organismus, was von der Umwelt auf ihn einwirkt, immer die Umwelt, was vom Organismus erregt wird. [...] Wir können diese kreisartige

---

[698] vgl. Laufer 2007, S. 49-53

[699] vgl. Omer/Alon/Schlippe 2007, S. 25-26

[700] Ortmann 2012, S. 131

[701] vgl. Walgenbach 2006, S. 406

[702] vgl. z. B. Sydow/Schreyögg/Koch 2009

[703] vgl. Hernes/Bakken/Olsen 2006, S. 44

Verbundenheit als Gestaltkreis bezeichnen".[704] Dieser biologisch geprägte Begriff des Gestaltkreises lässt sich mit Rappe auf die Phänomenologie bzw. die gestaltkreishafte Verbundenheit von Leib und Situation übertragen.[705] Diese Verbundenheit wiederum beruht wesentlich auf der Reflexivität des Leibes,[706] über die sich in leiblicher Kommunikation gegenseitige Erwartungen als Gestaltkreis bzw. gestaltkreishaft ausbilden. Diese gegenseitigen Erwartungen sind die Konventionen, die zwischen Menschen oder in einer Gruppe mit der gemeinsamen Situation entstehen und die wesentlich mitbestimmen, was wahrgenommen wird und was nicht und auf welche Weise das Wahrgenommene zu verstehen ist.[707] Diese Tendenz des Menschen, nur das wahrzunehmen, was die eigene Erwartungshaltung bestätigt und entsprechend in der Wahrnehmung dasjenige auszusparen, das mit dieser nicht in Einklang steht, wird in der Kognitionspsychologie als „Bestätigungsfehler" (engl. *confirmation bias*) bezeichnet.[708] Die Erwartungshaltung einer Gruppe bestimmt gleichsam die Perspektive ihrer situativen Wahrnehmung, die für die Gruppenmitglieder umso schwerer zu erkennen bzw. dann aufzubrechen ist, je tiefer sie gestaltkreishaft eingeschliffen wurde.[709]

Das Prinzip des Gestaltkreises lässt sich auf die aufgezeigten Möglichkeiten wechselseitiger Führungskommunikation anwenden, so dass sich von diesen ausgehend spezifische Entwicklungsmuster leiblicher Beziehungen ableiten lassen. Angleichende Annäherung kann als Nährboden von Teamkommunikation bezeichnet werden, da diese zum einen lustvoll ist und zum anderen die Angleichung Voraussetzung „gleichzeitiger" Teamkommunikation ist. Die „Angleichung nach

---

[704] Weizsäcker 1990, S. 520, Hervorhebungen im Original
[705] vgl. Rappe 2006, S. 315; 2012, S. 44-45
[706] vgl. Abschnitt 4.2.4
[707] vgl. auch Weick/Sutcliffe 2010, S. 27-28
[708] vgl. Nickerson 1998; Julmi/Scherm 2013b, S. 425
[709] vgl. auch Julmi/Lindner/Scherm 2013, S. 20, 22

oben" verweist gestaltkreishaft auf eine Nähe, die „Angleichung nach unten" auf eine respektvolle Distanz in der Teamkommunikation. Hierbei kann das Vorhandensein eines dritten Teilnehmers als Widerpart die Herausbildung von Teamkommunikation begünstigen. Aufgrund der Tendenz zu dominantem Verhalten neigt die auf einer „Angleichung nach oben" beruhende Teamkommunikation in wechselseitiger Führungskommunikation zu einem dritten Teilnehmer eher dazu, den führenden Part (bzw. den Enge-Pol) zu übernehmen. Umgekehrt neigt die auf einer „Angleichung nach unten" beruhende Teamkommunikation eher dazu, in wechselseitiger Führungskommunikation zu einem dritten Teilnehmer den Part der Geführten (bzw. den Weite-Pol) zu übernehmen.

Bei der ausgleichenden Annäherung werden gestaltkreishaft Dominanzverhältnisse zwischen den Kommunizierenden austariert, die allerdings keineswegs ausgeglichen sein müssen. Sobald eine Seite mehr oder weniger „ausgleicht" als die andere, kann sich der Schwerpunkt der Dominanz gestaltkreishaft auf eine Seite verlagern. Ausgleichende Annäherung bringt somit die Tendenz zur Ausbildung von Führungsbeziehungen mit sich, wobei die perfekt ausgeglichene und die charismatische Führungsbeziehung jeweils die Extreme bilden. Eine ausgleichend-annähernde Führungsbeziehung wirkt sich (als Attraktion) ebenfalls positiv auf die Bindung und die Sympathie der Kommunizierenden aus.[710] Überhebung und Unterwerfung treten häufig im Verbund auf und bergen die Tendenz einer gestaltkreishaften Entwicklung, in der sich Überhebung und Unterwerfung gegenseitig verstärken und sich in einer autoritären Führungsbeziehung festigen. Eskalation und Flucht sind dagegen weder im Verbund noch einzeln auf eine Verfestigung angelegt. Sie sind vielmehr auf eine Abwendung der unlustvollen Begegnung ausgerichtet, die entweder in einer

---

[710] vgl. auch Tiedens/Fragale 2003, S. 564

„gewaltsamen" Entladung (Angriff) oder einem Fluchtverhalten besteht.

5.3.3 Verbundenheit und Abgrenzung durch gemeinsame Situationen

Es gibt verschiedene Möglichkeiten, miteinander in wechselseitige Führungskommunikation zu treten – und je nachdem, welche Möglichkeiten (überwiegend) wahrgenommen werden, bildet sich zwischen den Kommunizierenden gestaltkreishaft eine bestimmte gemeinsame Situation konventionellen Charakters heraus, die die Erwartungshaltung und das Verhalten in zukünftigen Begegnungen ausrichtet und die jeweilige Identität der Kommunizierenden in Bezug auf die Situation ausbildet. In den vorangegangenen Abschnitten wurde diesbezüglich insbesondere die Kommunikation zwischen zwei Partnern behandelt. Eine gemeinsame Situation entwickelt sich jedoch nicht nur über die Kommunikation zweier Personen (auch wenn es diesen Fall gibt), sondern auch über das, was mehrere Personen teilen und was sie von anderen abgrenzt. Hier kommt eine überpersönliche Dynamik ins Spiel, die einerseits gegenüber der Kommunikation zweier Personen auf Gruppenebene anzusiedeln ist, andererseits jedoch letztlich auf denselben Prinzipien beruht.

Da Situationen allgemein durch einen Zusammenhalt in sich und eine Abgehobenheit nach außen charakterisiert sind, verweisen gemeinsame Situationen gleichermaßen auf eine Verbundenheit zwischen denen, die sie teilen, und auf eine Abgrenzung zu denen, die nicht Teil der gemeinsamen Situation sind. Die Verbundenheit (nach innen) basiert auf einer Attraktion, die Abgrenzung (nach außen) auf einer Repulsion. Entsprechend bilden sich gemeinsame Situationen sowohl „von innen" durch annäherndes Verhalten als auch „von außen" durch abgrenzendes Verhalten aus. Die Verbundenheit der „Mitglieder" einer gemeinsamen Situation beruht auf annäherndem Verhalten untereinander und abgrenzendem Verhalten gegenüber Außenstehenden. Als prägnantes Beispiel hierfür lassen sich Soldaten zweier sich gegenüberstehenden Armeen nennen,[711] denn nichts „schweißt so stark zusammen wie eine gemeinsamer Gegner".[712] Mit Voigt lässt sich zusammenfassend festhalten: „Durch Abgrenzung nach außen und Stabilisierung nach innen gewinnen menschliche Gruppen erst ihre eigene, unverwechselbare Identität".[713] Diejenigen gemeinsamen Situationen mit der stärksten Bindung der Mitglieder untereinander sind zudem häufig auch diejenigen, zu denen Außenstehende am schwersten Zugang haben.[714]

In diesem Sinne kann bei einer autoritären Führung nicht von einer gemeinsamen Situation zwischen dem Führenden und dem Geführten gesprochen werden; vielmehr befinden sich beide in zwei sehr unterschiedlichen Situationen, die an Schärfe gerade durch diese Unterschiedlichkeit noch gewinnen. Wenn die Verbundenheit der Geführten durch die autoritäre Führung erhöht wird, kann autoritäre Führung die Bildung einer gemeinsamen Situation unter den autoritär Geführten fördern. Alle sitzen dann im erwähnten gleichen Boot. Der autoritär Führende ist an der Ausformung der gemeinsamen Situation und deren Konventionen wesentlich beteiligt, gehört selbst aber nur in der dritten Person zu dieser Situation. Wenn zwischen den autoritär Geführten selbst abgrenzendes Verhalten herrscht (z. B. in Form von Misstrauen und Missgunst), kann von einer gemeinsamen Situation überhaupt nicht gesprochen werden. Dann gilt: Jeder für sich und alle allein. Umgekehrt gilt, dass dem abgrenzenden Verhalten innerhalb eines nicht „funktionierenden" Teams durch autoritäre Führung entgegen gewirkt werden kann, etwa wenn sich der Vorgesetze bewusst als „Zielscheibe" oder „Feindbild" anbietet, um das Team enger zusammenrücken zu lassen. Das Team kann natürlich auch seinerseits versuchen, sich trotz der abstoßenden Kräfte zusammenzuraufen, was

---

[711] vgl. Tajfel/Turner 1986, S. 8
[712] Van Dick 2012, S. 16
[713] Voigt 1989, S. 14
[714] vgl. Battegay 1973, S. 45-46

168

jedoch nur bis zu einem gewissen Grad möglich ist, da so etwas wie Selbstabstimmung letztlich auf einem annäherndem Verhalten in Form „gute[r] soziale[r] Beziehungen, Offenheit und ein[es] gegenseitige[n] Vertrauen[s]" „zwischen den Gruppenmitgliedern" beruht.[715]

5.3.4 Nachahmung und Angleichung in gemeinsamen Situationen

Gemeinsame Situationen werden wesentlich über die Verbundenheit der Teilhaber gemeinsamer Situationen untereinander sowie deren Abgrenzung gegenüber anderen Situationen bestimmt. Voraussetzung dafür ist die Angleichung ihrer Teilhaber, weil erst durch diese Angleichung Atmosphären in gemeinsamen Situationen gleich oder ähnlich wahrgenommen werden (können).

Innerhalb einer gemeinsamen Situation basiert das Zugehörigkeitsgefühl auf einem Gestaltkreis aus vorgängiger Verbundenheit (z. B. Sympathie) und gegenseitiger Anpassung durch annäherndes Verhalten, der zur Ausbildung gemeinsamer Konventionen sowie einer gemeinsamen Identität führt und die Bindungskraft der Kommunizierenden erhöht.[716] Wesentliches Element der gegenseitigen Anpassung ist die Nachahmung,[717] der allgemein zugeschrieben wird, dass sie zwischenmenschliche Begegnungen erleichtert, die Verbindung und die Sympathie zwischen den Kommunizierenden erhöht, einen respektvollen Umgang untereinander fördert[718] sowie gemeinsames Wahrnehmen und Handeln begünstigt.[719]

Als leibliche Bewegung ist Nachahmung keineswegs eine mechanische. Sie ist zwar primär Ausdruck der leiblichen Responsivität, es

---

[715] Schulte-Zurhausen 2014, S. 237

[716] vgl. Rappe 2005, S. 756; Dehner 2013, S. 115-116

[717] vgl. auch Waldenfels 2000, S. 183

[718] vgl. Ciompi 1997, S. 102; Rappe 2008a, S. 88; Chartrand/Van Baaren 2009, S. 227; Iacoboni 2009, S. 658

[719] vgl. Hatfield/Cacioppo/Rapson 1993, S. 96; Sieweke 2012, S. 343

fließen jedoch ebenso eigene, leibliche Impulse in die Nachahmung mit ein, so dass die leibliche Spontaneität bei der Nachahmung ihren Anteil hat. Durch Spontaneität fließen Elemente der Variation in die Nachahmung mit ein.[720] Die Kommunizierenden nehmen an den Haltungen und Verhaltensweisen ihrer Partner Maß, indem sie diese wiederholen, einüben und spielerisch variieren.[721] Auf diese Weise passen sich die Ausdrücke wechselseitig aneinander an – ein Effekt, der als „Chamäleon-Effekt" bezeichnet wird.[722] Hier zeigt sich wieder der Gestaltkreis: Man ahmt denjenigen nach, mit dem man sich (leiblich) verbunden fühlt und man fühlt sich mit demjenigen (leiblich) verbunden, der das eigene Verhalten nachahmt.[723]

Durch die gegenseitige Anpassung des Verhaltens gleichen sich die Kommunizierenden mit der Zeit in ihrem Verhalten zunehmend an. Man spricht hier auch vom Phänomen der „emotionalen Konvergenz", demzufolge häufige Interaktionen dazu führen, dass gemeinsame Bedeutsamkeiten und Werte geschaffen werden, weshalb Menschen mit gemeinsamen, geteilten Konventionen mit der Zeit ähnliche Gefühle empfinden[724] oder diese durch „Emotionsarbeit" zumindest zum Ausdruck bringen, um als Teil der gemeinsamen Situation wahrgenommen zu werden,[725] wobei es grundsätzlich sehr schwierig ist, einen gespielten Ausdruck (z. B. bei der Beileids- oder Mitleidsbekundung) als authentischen vorzugeben.[726] Dies gilt umso mehr, wenn es die Aufgabe verlangt, in Bezug auf annäherndes bzw. abgrenzendes Verhalten nicht reziprok antworten zu dürfen, beispielsweise wenn ein Flugbegleiter einem feindseligen Verhalten freundlich begegnen muss

---

[720] vgl. auch Tarde 2009, S. 31

[721] vgl. Uzarewicz 2011, S. 166

[722] vgl. Chartrand/Bargh 1999, S. 893; Sieweke 2012, S. 343

[723] vgl. Hatfield/Cioppo/Rapson 1994, S. 44

[724] vgl. Boiger/Mesquita 2012, S. 224

[725] vgl. Morris/Feldman 1996, S. 987

[726] vgl. Ambady/Rosenthal 1992, S. 259; Schmitz 2009b, S. 87-88

oder wenn sich ein Geldeintreiber von einem freundlichen Verhalten nicht „erweichen" lassen darf.[727]

Nachahmung mag zwar auf längere Sicht Teamkommunikation begünstigen, weil sich die Kommunizierenden in ihrem Verhalten zunehmend angleichen. Zunächst ist Nachahmung jedoch eng mit Führungskommunikation verbunden. Man ahmt das Verhalten desjenigen nach, dessen Führung man anerkennt. Führung zeigt sich in einem nachahmenden Verhalten des Geführten.[728] Nachahmung bezieht sich daher gerade nicht auf das Spiegeln von Dominanzverhältnissen, sondern entspricht vielmehr einer komplementären Antwort auf ein dominantes Verhalten, also einer „Ausgleichung von unten". Im Kontext leiblicher Kommunikation beschreibt Nachahmung das Phänomen, dass die Gestik, Mimik und Körperhaltung des dominierenden Partners durch den dominierten Partner wiederholt wird. Dies entspricht einem dominierten Verhalten. Die Führungsrolle des „Taktgebers" kann hierbei beständig zwischen den Kommunizierenden wechseln, sie kann jedoch ebenso hauptsächlich – oder bei der charismatischen Führung ganz[729] – von einer Seite ausgehen. Zu Teamkommunikation führt Nachahmung nur dann, wenn die Führungsrolle in einem ausgeglichenen Verhältnis solange beständig wechselt, bis aus einem nachahmenden Verhalten ein synchrones werden kann.[730] Dies ist etwa der Fall, wenn man so aufeinander eingespielt ist, dass in der gemeinsamen Situation die Gedanken sprichwörtlich parallel laufen.

Ein solches „Parallellaufen" der Gedanken kann den reibungslosen Ablauf bzw. die Abstimmung in einem Team fördern und besitzt damit (auch) positive Aspekte. Demgegenüber werden in der MOF fast ausschließlich negative Effekte eines solchen „Gruppendenkens" (engl.

---

[727] vgl. Hochschild 1990, S. 119

[728] vgl. Müller-Seitz 2008, S. 85

[729] vgl. House 1977, S. 191; Cherulnik/Donley/Wiewel/Miller 2001

[730] vgl. auch Dehner 2013, S. 115

groupthink) untersucht.[731] Diese negative Wertung ist bereits in der ursprünglichen und häufig herangezogenen Definition von Janis angelegt.[732] Positive Effekte werden dagegen eher über Begriffe wie "habituelle Routine" diskutiert.[733]

Die Abgrenzung nach außen offenbart sich in gemeinsamen Situationen auch in der Begegnung mit dem Fremden, insbesondere wenn ein Team ein neues Mitglied aufnimmt bzw. ein neues Mitglied den Anschluss an ein neues Team sucht. Hier spielt die Nachahmung ebenfalls eine wesentliche Rolle, da sich das neue Mitglied durch die nachahmende „Ausgleichung von unten" sowohl unterordnet als auch seine Sympathie oder Verbundenheit gegenüber der Gruppe zum Ausdruck bringt. Dies gilt selbst für die Art und Weise des Sprechens: Wer sich längere Zeit in einer fremden Gegend mit einer anderen Art zu sprechen bewegt, ändert mit der Zeit seinen Tonfall, „weil er beim Sprechen Andere mithört und sein Sprechen anderen angleicht".[734] Ordnet sich ein neues Mitglied der gemeinsamen Situation des Teams nicht unter und legt ein abgrenzendes Verhalten an den Tag, wird sein Auftauchen eher als störend empfunden.[735] Dies gilt selbst für einen neuen Vorgesetzten, der die (zunächst formelle) Leitung eines eingespielten Teams übernimmt. Zum Führenden wird er erst dann, wenn er sich durch annäherndes Verhalten auf die bestehenden Konventionen (nachahmend) einspielt und so selbst Teil der gemeinsamen Situation wird. Aus dieser heraus kann er dann die Führung

---

[731] vgl. z. B. Janis 1971, 1972; Whyte 1989; Esser 1998; Bénabou 2013; auch Schreyögg 1989, S. 102

[732] "I use the term groupthink as a quick and easy way to refer to the mode of thinking that persons engage in when concurrence-seeking becomes so dominant in a cohesive ingroup that it tends to override realistic appraisal of alternative courses of action" (Janis 1971, S. 43, Hervorhebung im Original).

[733] vgl. z. B. Gersick/Hackman 1990, S. 71-72

[734] Waldenfels 2000, S. 310

[735] vgl. Böhme 2007, S. 290

übernehmen.[736] Diese Idee liegt etwa der Idiosynkrasie-Kredit-Theorie zugrunde.[737]

Verletzt ein Organisationsmitglied die Konventionen der gemeinsamen Situation, ist dies nicht nur ein abgrenzendes Verhalten, sondern führt in der Regel auch zu einem abgrenzenden Verhalten der anderen, das bis zum Ausschluss aus einer Gemeinschaft gehen kann.[738] Hier spielen Scham und Zorn eine wesentliche Rolle. Wenn jemand im Zorn eine Norm verletzt, kann er diesen Zorn aufrechterhalten oder sich – wenn der Zorn gleichsam „verraucht" ist – für diese Normverletzung schämen. Ähnliches gilt für die übrigen Mitglieder der gemeinsamen Situation. Sie können dem „Abtrünnigen" zürnen oder sich für sein Verhalten schämen.[739] Da ein abgrenzendes Verhalten nach außen die Annäherung innerhalb der gemeinsamen Situation fördern kann,[740] ist auch der Fall möglich, dass das annähernde Verhalten einer Person einen Teilhaber der gemeinsamen Situation zu einem abgrenzenden Verhalten nach außen veranlasst, das lustvoll besetzt ist, weil es primär ein annäherndes Verhalten innerhalb der gemeinsamen Situation darstellt. Dies kann (muss aber nicht) beim Mobbing der Fall sein.[741] Durch Mobbing wird das Opfer gezielt isoliert, wobei auf das Opfer „sehr viel Negatives projiziert wird",[742] während das Positive gleichsam bei den Tätern verbleibt. Durch die Abgrenzung wird der Verbund der gemeinsamen Situation lustvoll gestärkt.

Je mehr sich die Teilhaber einer gemeinsamen Situation einander angleichen, desto mehr verwachsen ihre Verhaltensweisen miteinander. Es entsteht eine gemeinsame Identität, die zwar einerseits über die

---

[736] vgl. auch Goleman/Boyatzis/McKee 2002, S. 176
[737] vgl. Hollander 1958; Weibler 2012, S. 155-157
[738] vgl. auch Berger 2013, S. 34
[739] vgl. auch Schmitz 2007, S. 276
[740] vgl. auch Clegg/Kornberger/Pitsis 2011, S. 92
[741] vgl. auch Litzcke/Schuh/Pletke 2013, S. 113
[742] Hauser 2014, S. 358

einzelnen Teilhaber hinaus auf die gemeinsame Situation als Ganzes verweist, andererseits jedoch ebenso die personalen Identitäten der Teilhaber (mit)fundiert. Der Verlust einer gemeinsamen Situation (z. B. durch einen Ausschluss), in die jemand leiblich verstrickt ist, ist daher für den Betroffenen immer auch ein teilweiser Verlust an personaler Identität. Dies kann so weit führen, dass jemand eine gemeinsame Situation nicht mehr verlassen kann, weil sich seine personale Identität aus ihr nicht mehr herauslösen lässt. Als prägnantes Beispiel lässt sich ein altes, chronisch streitendes Ehepaar nennen: Einerseits ist die Kommunikation der beiden Partner durch abgrenzendes Verhalten gekennzeichnet, andererseits ist ihre Identität derart miteinander verwachsen, dass die auf Ablösung strebende Repulsion nicht mehr gelingen kann, weil sich die jeweiligen Identitäten der Partner nicht mehr aus der gemeinsamen Situation herauslösen lassen. Entsprechend sind unlustvoll besetzte gemeinsame Situationen grundsätzlich möglich, obwohl dies eigentlich einem Widerspruch gleichkommt. Hierbei handelt es sich jedoch nicht um einen Widerspruch in der Theorie, sondern um einen Widerspruch, mit dem die Betroffenen als subjektive Tatsache ganz konkret leben müssen, da dieser mit einer „gelungenen" personalen Identität im Prinzip nicht vereinbar ist, was für die Betroffenen eine gewisse Tragik besitzt. Ähnlich wie bei nicht reziprokem Antwortverhalten stellt sich hier wegen der repulsiven Tendenzen jedoch die Frage, ob von einer gemeinsamen Situation in einem Vollsinn überhaupt gesprochen werden kann.

5.4 Die Atmosphäre der Gemeinschaft

5.4.1 Die gestaltkreishafte Ausbildung und Verfestigung der Wahrnehmung von Atmosphären

Aus der Vielzahl an leiblichen Verstrickungen geht eine gemeinsame Situation konventionellen Charakters hervor, die mit einer bestimmten Erwartungshaltung verbunden ist. An dieser Erwartungshaltung lässt sich schließlich der atmosphärische Gehalt der gemeinsamen

Situation festmachen, denn die Wahrnehmung der Umgebung (und damit der Atmosphäre) wird wesentlich durch die Erwartungshaltung bestimmt, die ihrerseits in der Vergangenheit leiblicher Verstrickungen bzw. in der Erfahrung fundiert ist.[743] Erwartet werden kann nur das, von dem eine aus der Erfahrung abgeleitete Vorstellung existiert, dass es eintrifft. In der Wahrnehmung sind Erwartung und Erfahrung über die reflexive Struktur des Leibes untrennbar aufeinander bezogen.[744] Man ist in der Wahrnehmung auf das gefasst, was man erwartet und diese Erwartungshaltung beruht auf vergangenen Erfahrungen. Wer permanent in leiblicher Kommunikation mit einem autoritär Führenden verstrickt ist, nimmt die potenzielle Bedrohung auch dann wahr, wenn der Führende nicht präsent ist. Sie lauert dann sprichwörtlich hinter jeder Ecke. Jemand, der auch ohne konkreten Anlass eine Bestrafung erwartet, wird von einer Atmosphäre der Angst eher affektiv betroffen sein als von einer Atmosphäre der Freude – selbst dann, wenn er nur in strahlende Gesichter blickt, die dann umso verdächtiger wirken. Da das affektive Betroffensein eines Organisationsmitglieds als Ausdruck zudem für andere wahrnehmbar ist, sind die „Mitglieder" einer gemeinsamen Situation nicht nur für Atmosphären zugänglicher, die ihrer Erwartungshaltung entsprechen, sondern diese Atmosphäre zeichnet sich auch tendenziell eher im Ausdruck der anderen innerhalb der gemeinsamen Situation ab, da diese entsprechend dieselbe Erwartungshaltung besitzen und sich in ihrem Verhalten angleichen. Die Wahrnehmung ist in diesem Sinne nicht nur Wirkung, sondern auch Ursache der herrschenden Atmosphäre.[745]

Darüber hinaus bildet die gemeinsame Situation (z. B. eines autoritär geführten Teams) nicht nur gestaltkreishaft eine bestimmte Atmosphäre aus, sondern sie erhöht gleichzeitig die Sensibilität in der Wahrnehmung und dem affektiven Betroffensein dieser Atmosphäre,

---

[743] vgl. Boiger/Mesquita 2012, S. 222
[744] vgl. Rappe 2005, S. 678, 761, 798; auch Schmitz 1980a, S. 249
[745] vgl. auch Hareli/Rafaeli 2008, S. 41

während sie die Sensibilität gegenüber anderen Atmosphären eher vermindert. Die gestaltkreishafte Ausbildung gemeinsamer Situationen ist damit sowohl Grundlage für die Wahrnehmung spezifischer Atmosphären als auch Nährboden für die „ansteckende" Wirkung von Atmosphären im Sinne eines Mitgerissen-Werdens innerhalb der gemeinsamen Situation. Demgegenüber manifestiert sich abgrenzendes Verhalten in einem Herausgerissen-Werden aus der gemeinsamen Situation. Wer sich der „ansteckenden" Wirkung von Atmosphären bewusst und nicht ohne Anstrengung widersetzt (diese also gleichsam „abwürgt"), tut dies, um sich aus der gemeinsamen Situation selbst herauszureißen und von dieser abzugrenzen. Eine Führungskraft, die auf ihre autoritäre Führung Wert legt, kann sich damit gezielt von der „Mannschaft" abgrenzen, um die Distanz zu wahren.

Zusammenfassend lässt sich die Wahrnehmung von Atmosphären in Organisationen genauso wenig ohne gemeinsame Situation denken – also nicht ohne Berücksichtigung von Sozialisationsprozessen – wie sich Organisationen nicht ohne gemeinsame Situationen und damit Gemeinschaft denken lassen.[746] Aus den Ausführungen ergeben sich im Wesentlichen zwei Erkenntnisse für die Wahrnehmung von Atmosphären in Organisationen. Die erste Erkenntnis betrifft die Unterschiedlichkeit in der Wahrnehmung von Atmosphären, die zweite die Gemeinsamkeit. In Bezug auf die Unterschiedlichkeit gilt: Die Atmosphäre kann innerhalb einer Organisation (oder eines Raumes) objektiv für alle Anwesenden dieselbe sein und doch von diesen sehr unterschiedlich wahrgenommen werden. In Bezug auf die Gemeinsamkeit gilt: Organisationsmitglieder, die (in der ersten Person) eine gemeinsame Situation teilen, nehmen aus dieser heraus Atmosphären auf dieselbe oder zumindest auf eine ähnliche Weise wahr ([747]). Sowohl die Unterschiedlichkeit als auch die Gemeinsamkeit in der Wahrnehmung von Atmosphären basiert auf den jeweiligen Sozialisationsprozessen

---

[746] vgl. auch Rappe 2005, S. 789
[747] vgl. auch Boiger/Mesquita 2012, S. 224

in leiblicher Kommunikation. Räumlich manifestieren sich diese Sozialisationsprozesse in Dominanzverhältnissen, zeitlich zeigen sie sich in Bindungsverhältnissen, die sowohl (attraktiv-annähernd) nach innen als auch (repulsiv-abgrenzend) nach außen gerichtet sind. Dominanz- und Bindungsverhältnisse bedingen sich gegenseitig und sind in der gemeinsamen Situation sowie in der Wahrnehmung von Atmosphären untrennbar miteinander verschmolzen.

5.4.2 Die Aktualisierung der Atmosphäre der Gemeinschaft durch Rituale

Die gemeinsame Situation wird durch die beständige Reproduktion der konventionell festgelegten Verhaltensweisen zunehmend stabilisiert. Dies gilt gleichermaßen für die Atmosphäre der gemeinsamen Situation, die zur Atmosphäre der Gemeinschaft (bzw. zum Gemeinschaftsgefühl) wird, die Identität stiftet und bindend wirkt, wobei die Gemeinschaft nicht nur durch den Zusammenhalt innerhalb der Gruppe, sondern auch durch die Abgrenzung nach außen (z. B. zu anderen Gruppen) an Identität und Bindungskraft gewinnt.[748] Für die Bildung gemeinsamer Situation ist daher annäherndes Verhalten ebenso von Bedeutung wie abgrenzendes. Die Bindung der Teilhaber gemeinsamer Situationen ist jedoch immer lustvoll, auch dann, wenn die Atmosphäre der gemeinsamen Situation selbst als unlustvoll erlebt wird. Dies lässt sich gut an einer Trauerfeier veranschaulichen, auf der eine unlustvolle Atmosphäre herrscht, die jedoch gleichzeitig die Bindung der affektiv von dieser Atmosphäre betroffenen Gäste erhöht (oder zumindest zum Ausdruck bringt). Diese Bindung ist grundsätzlich lustvoll; man ist in der Trauer nicht allein.

Entsprechend dieser lustvollen Bindung als Gemeinschaft sind die Teilhaber gemeinsamer Situationen darum bemüht, die Atmosphäre der gemeinsamen Situation und damit die als Einheit erlebte Bindung

---

[748] vgl. Tajfel/Turner 1986, S. 16; Hirschauer 2013, S. 174

untereinander aufrechtzuerhalten[749] – zumindest dort, wo dies angemessen ist und sich die gemeinsame Situation üblicherweise abspielt (z. B. die gemeinsame Situation am Arbeitsplatz). Dies geschieht, indem die Konventionen der gemeinsamen Situation nicht nur beachtet, sondern durch die eingeschliffenen Verhaltensweisen regelmäßig vollzogen werden. Diese eingeschliffenen Verhaltensweisen einer gemeinsamen Situation werden im Folgenden als Rituale der gemeinsamen Situation bezeichnet,[750] die Teilhaber der gemeinsamen Situation als Gemeinschaft. Als „Festlegung bestimmter Bahnen des Handelns"[751] sind Rituale Ausdruck der Konventionen einer gemeinsamen Situation und werden als Ausdruck atmosphärisch wahrgenommen; durch ihren Einsatz wird die gemeinschaftliche Atmosphäre aktualisiert.

Rituale entstehen durch die (unter anderem auf Nachahmung basierende) Wiederholung bestimmter Verhaltensweisen und wirken ihrerseits verfestigend auf die gemeinsame Situation zurück. In diesem Sinne können Rituale als Techniken der Aktualisierung der gemeinschaftlichen Atmosphäre bezeichnet werden, die nicht nur unwillkürlich vollzogen werden, sondern ebenso bewusst eingesetzt und instrumentalisiert werden können. Zu den Techniken solcher Aktualisierungen gehören etwa der Small Talk, der Klatsch und Tratsch, das Geplauder sowie die Begrüßung. Besonders deutlich wird eine solche Aktualisierung, wenn sich die Teilhaber einer gemeinsamen Situation lange nicht gesehen haben und die gemeinschaftliche Atmosphäre geradezu heraufbeschwören wird, indem Erinnerungen ausgetauscht, Schlüsselwörter eingesetzt oder gemeinsame Begrüßungsrituale besonders intensiv durchgeführt werden.[752] Mit diesem Beispiel, das aufgrund seiner Intensität Züge einer außeralltäglichen Erfahrung trägt,

---

[749] vgl. Bartel/Wiesenfeld 2013, S. 509
[750] vgl. auch Trice/Beyer 1984, S. 655; Martin 2002, S. 66
[751] Mühlmann 1966, S. 41
[752] vgl. Böhme 2006, S. 38-39; 2007, S. 288

zeichnet sich neben den alltäglichen Ritualen auch die besondere Bedeutsamkeit außeralltäglicher Rituale ab, die nachfolgend als Zeremonien bezeichnet werden sollen. Zeremonien beziehen sich auf außeralltägliche, einzelne Ereignisse und gehen über die reine Ausführung hinaus in die Aufführung.[753] Als Rituale sind Zeremonien ebenfalls Ausdruck der Konventionen einer gemeinsamen Situation, besitzen jedoch im Gegensatz zu alltäglichen Ritualen weniger einen segmentierten und zuständlichen, als vielmehr einen impressiven und aktuellen Charakter. Beispiele von Zeremonien sind die Weihnachtsfeier oder Teambuilding-Events.[754] Der Unterschied zwischen alltäglichen Ritualen und Zeremonien ist ein gradueller; es sind grundsätzlich verschiedene Abstufungen der (Außer-)Alltäglichkeit möglich.

In Organisationen sind Rituale allgegenwärtig. Sie bestimmen, auf welche Weise Organisationsmitglieder worüber miteinander kommunizieren, ob die Kommunikation kurz oder ausführlich ausfällt, ob sie schriftlich oder mündlich vorgenommen wird, ob sie mit Smalltalk eingeleitet wird, auf welche Weise und von wem Entlassungen und Beförderungen kommuniziert (und damit vollzogen) werden oder welche Themen in welchen Räumen zu erörtern sind.[755] Rituale besitzen eine identitäts- und gemeinschaftsstiftende Funktion,[756] stabilisieren die Erwartungshaltung der Organisationsmitglieder[757] und bestimmen, wer Teil einer gemeinsamen Situation ist (und wer nicht).[758] Sie können sogar jemanden als Teilhaber einer gemeinsamen Situation auszeichnen, den man nicht kennt.[759] Auch für Außenstehende können Rituale

---

[753] vgl. auch Deal/Kennedy 1982, S. 62-63; Trice/Beyer 1984, S. 655; May 1997, S. 70

[754] vgl. Sackmann 1983, S. 402; May 1997, S. 74

[755] vgl. Deal/Kennedy 1982, S. 60, 65; Echter 2011, S. 14

[756] vgl. Van Maanen/Kunda 1989, S. 49; Berezin 2001, S. 93-94

[757] vgl. Van Maanen/Kunda 1989, S. 49; Mayer/Schinnenburg 2012, S. 45

[758] vgl. Day 2006, S. 159

[759] vgl. Rappe 2010b, S. 233

die Beziehung zwischen Organisationsmitgliedern sichtbar zum Ausdruck bringen, beispielsweise in der Art und Weise, wie sie sich begrüßen.[760] Rituale dienen gleichermaßen der Annäherung und der Abgrenzung. Klatsch und Tratsch dient beispielshalber dazu, dass sich zwei oder mehr Personen einander annähernd auf eine dritte (meist abwesende) Partei – in der Regel eine Person oder eine Gruppe – beziehen, die dadurch auf eine gewisse Weise von der Gemeinschaft ausgegrenzt wird.[761] Die Missachtung der Rituale einer Gemeinschaft wird sanktioniert und führt im Extremfall zum Ausschluss. Auf diese Weise können und sollen unerwünschte Abweichungen unterdrückt oder beseitigt werden.[762] Das Verweigern von Ritualen ist ein abgrenzendes Verhalten, das dazu führt, dass die anderen abgrenzend antworten, beispielsweise „mit einer hochgezogenen Braue, mit Spott, Kritik, sozialer Ächtung oder gar formal korrekter Entlassung".[763] Die Wirkung von Ritualen besitzt einen digitalen Charakter, der entweder trennt oder integriert.[764] In beiden Fällen stärken Rituale die Bindung gemeinsamer Situationen. Rituale besitzen einen normierenden, verpflichtenden Charakter. Man kann sich ihnen nur durch den Preis entziehen, nicht mehr dazuzugehören.[765] Der Ausschluss aus der Gemeinschaft kann sich durch Verletzung der für die Gemeinschaft grundlegenden (positiven) Reziprozität prinzipiell auch ohne Rituale vollziehen, etwa wenn ein Täuscher oder Lügner, der entlarvt wird, die Gemeinschaft mit ihren Konventionen verrät und deshalb verstoßen wird.[766]

---

[760] vgl. Schmid 2006, S. 54

[761] vgl. Van Iterson/Waddington/Michelson 2011, S. 378

[762] vgl. Laske/Meister-Scheytt/Küpers 2006, S. 89

[763] Echter 2011, S. 19

[764] vgl. Widlok 2009, S. 51

[765] vgl. Van Maanen/Kunda 1989, S. 49; Schmid 2006, S. 54

[766] vgl. Rappe 2008a, S. 98-99

Rituale können von einer Gemeinschaft instrumentalisiert werden, um eine Person auszugrenzen, indem dieser Person die Teilnahme an Ritualen verweigert wird. Dies zeigt sich beispielsweise am verweigerten Gruß. Das gegenseitige Grüßen bestärkt das Gefühl, anerkannt zu werden. Bleibt ein Gruß aus oder wird dieser nicht erwidert, nimmt der Ungegrüßte die Atmosphäre als unbehaglich wahr. Wird jemand überhaupt nicht mehr gegrüßt, geht ihm der Zugang zur gemeinschaftlichen Atmosphäre verloren. Er fühlt sich ausgegrenzt und isoliert.[767] Der Ausschluss aus einer Gruppe kann selbst ritualisiert werden, beispielsweise durch ein bestimmtes Entlassungsritual.[768] Auf der anderen Seite können Rituale zur Aufnahme neuer Mitglieder instrumentalisiert werden. Insofern bieten Rituale für Außenstehende eine Möglichkeit, an eine gemeinsame Situation „anzudocken" und sich so in eine Gemeinschaft zu integrieren.[769] Ein neues Mitglied kann etwa in eine Gruppe aufgenommen werden, indem es eingeladen wird, am Ritual eines außerdienstlichen Barbesuchs teilzunehmen.[770]

Findet innerhalb einer Gemeinschaft ein abgrenzendes (z. B. eifersüchtiges, zorniges, neidvolles oder hasserfülltes) Verhalten statt, wird die Atmosphäre der Gemeinschaft bedroht, weshalb dies gerne heruntergespielt oder im Verborgenen gehalten wird, um die Bindungskraft und die Solidarität der Gemeinschaft nicht zu gefährden.[771] Mit dem Zerfall einer gemeinsamen Situation geht auch ihre Schutzfunktion verloren; der Einzelne wird auf seine persönliche Situation zurückgeworfen.[772] Vor diesem Hintergrund kann es attraktiver sein, sich anderen anzuschließen und Teil der gemeinsamen Situation zu

---

[767] vgl. Wiedemann 2009, S. 60

[768] vgl. Echter 2011, S. 19

[769] vgl. Schmid 2006, S. 53-54

[770] vgl. Ashkanasy/Daus 2002, S. 78

[771] vgl. Rappe 2008a, S. 95; Schein 2010, S. 212; Bartel/Wiesenfeld 2013, S. 516

[772] vgl. Böhme 2006, S. 40

werden, anstatt als Skeptiker oder Zweifler ausgegrenzt und isoliert zu werden. Da mag das, wofür oder wogegen man ist, einen durchaus zweitrangigen Platz einnehmen, solange man Teil der Gemeinschaft ist.[773] Dies gilt umso mehr, wenn sich die Gemeinschaft positiv von anderen vergleichbaren Gemeinschaften abhebt und ihre Attraktion dadurch erhöht.[774] Wer sich dagegen nicht wirklich leiblich-lustvoll mit einer Gemeinschaft verbunden fühlt, dies jedoch vortäuscht, muss hierfür erheblichen Aufwand betreiben, der die Repulsion in Bezug auf die Gemeinschaft sogar erhöhen kann und zudem an den leiblichen Kräften zehrt, da durch diese „Gefühlsarbeit" letztlich die natürlichen spontanen und responsiven Impulse des eigenen Leibes beschnitten werden.[775]

5.5 Die Etablierung und Auflösung der Gemeinschaft

5.5.1 Verwischung der Ursprünge einer Gemeinschaft und Mythenbildung

Je mehr Struktur eine gemeinsame Situation gewinnt, desto mehr Struktur und damit Identität stiftet sie für ihre Teilhaber. Da die Ausbildung gemeinsamer Situationen wesentlich auf Nachahmung und Verbundenheit basiert, basiert die Legitimierung von Konventionen weniger auf bestimmten Gründen, als vielmehr auf Wiederholung und Annäherung. Eine einmal gewonnene Struktur reproduziert – sprich: wiederholt – sich alleine durch ihre Verfestigung. Da es für gemeinsame Situationen nicht konstitutiv ist, dass diejenigen Personen, die eine gemeinsame Situation begründet haben, für deren Fortbestehen notwendig sind, können sich gemeinsame Situationen auch dann noch behaupten, wenn keiner mehr weiß, wie sie eigentlich

---

[773] vgl. Kieser 1996, S. 29

[774] vgl. Tajfel/Turner 1986, S. 16-17

[775] vgl. auch Hochschild 1990, S. 100; Küpers/Weibler 2005, S. 141; Härtel/Ashkanasy 2011, S. 89

entstanden sind. So kann sich etwa eine bestimmte Art der Führungs-kommunikation alleine dadurch etablieren, dass der Vorgesetzte bei einem gemeinsamen Fortbewegen seiner Mitarbeiter vorne weg marschiert. Bereits beim nächsten Mal kann eine Erwartungshaltung der Mitarbeiter entstehen, der Vorgesetzte möge doch vorne weg marschieren. Die Verhaltensweisen werden ritualisiert, eine bestimmte Form der Führungskommunikation schleift sich durch Wiederholung zunehmend in die Verhaltensweisen der Gemeinschaft ein. Kommt nun ein neuer Vorgesetzter in die Abteilung, wird von ihm aus reiner Gewohnheit ebenfalls erwartet, vorne weg zu marschieren. Der Ursprung des Rituals wird verwischt, es entsteht ein Mythos. Ein Mythos verweist allgemein auf Konventionen, deren Ursprung sich nicht (mehr) klar benennen lässt, die sich aber in den Ritualen einer Gemeinschaft etabliert haben. Ein Mythos wird nicht hinterfragt, bringt für die Handelnden jedoch Stabilität und Struktur mit sich[776] und besitzt eine identitätsbildende sowie gemeinschaftsstiftende Funktion.[777] Markante Beispiele solcher Mythen sind Legenden über den Gründer einer Organisation oder Anekdoten über bekannte Organisationsmitglieder, die Identität stiften und die Bindung der Gemeinschaft stärken,[778] aber auch Erwartungshaltungen in Bezug auf zukünftiges Handeln prägen und festigen.[779]

Entsprechendes gilt etwa für die von Meyer/Rowan beschriebenen „Rationalitätsmythen", die weniger auf Rationalität, als vielmehr auf Konventionen verweisen,[780] die nicht mehr hinterfragt[781] und über die Durchführung von Ritualen legitimiert[782] bzw. aus der Umwelt

---

[776] vgl. auch Laske/Meister-Scheytt/Küpers 2006, S. 86; Zhang/Spicer 2014, S. 751-753

[777] vgl. Weibler 2013, S. 13

[778] vgl. Rosenstiel/Nerdinger 2011, S. 376

[779] vgl. Czarniawska 1998, S. 20

[780] vgl. Meyer/Rowan 1977, S. 349

[781] vgl. ebd., S. 344

[782] vgl. ebd., S. 351

adaptiert werden.[783] Mythen müssen daher nicht erst in einer Organisation entstehen, sondern können auch aus der Umwelt in diese hineingetragen werden. Woher Mythen kommen, ist für ihre Wirkkraft zweitrangig, sie stehen häufig „ohne konkreten Ursprungsnachweis einfach im Raum".[784] Sie manifestieren sich in Ritualen und werden durch diese weitergetragen.[785] Das Wesentliche an Mythen und ihrer Verkörperung in Ritualen ist das strukturgebende Element, durch das das Ungewisse beherrschbar wird. Es wird ein Sinn vermittelt, der entscheidet, was gut oder schlecht, richtig oder falsch ist.[786] In diesem Sinne können selbst moralische Maßstäbe als auf eingeschliffenen Verhaltensweisen bzw. auf Gewohnheiten beruhend verstanden werden. Mythen bringen die in der Gemeinschaft gefestigten Dominanzverhältnisse zum Ausdruck und lassen sich entsprechend einsetzen.[787]

Der Ursprung ist für die Entstehung einer gemeinsamen Situation häufig nicht nur schwierig bis unmöglich zu rekonstruieren, er ist für die Entstehung einer gemeinsamen Situation auch nicht zwingend notwendig. Alleine das Wiederholen von Ritualen kann Bindung erzeugen und eine Vertrautheit gegenüber diesen entstehen lassen,[788] selbst wenn die Durchführung der Rituale zunächst ohne Sinn erscheint oder gar unlustvoll erlebt wird. Der Rhythmus der Rituale erzeugt eine stabile Ordnung, durch die Gewohnheiten und Verhaltenssicherheiten aufgebaut werden.[789] Gerade weil Rituale auf der Einschleifung bestimmter Verhaltensweisen beruhen, geht ihr ursprünglicher Sinn leicht verloren.[790] Entsprechend ist es möglich, dass der

---

[783] vgl. ebd., S. 340

[784] Weibler 2013, S. 8

[785] vgl. auch Kieser 1996, S. 29; Widlok 2009, S. 51

[786] vgl. Weibler 2013, S. 9

[787] vgl. Colville/Brown/Pye 2012, S. 8

[788] vgl. McKenna 2006, S. 145

[789] vgl. Schultheis 2013, S. 55

[790] vgl. Soeffner 1992, S. 12; Jäggi 2009, S. 90

„Ursprung" einer gemeinsamen Situation nicht in einer bestimmten Begegnung zu suchen ist, sondern in der Wiederholung selbst liegt. Dies ist insbesondere dann der Fall, wenn das Durchführen bestimmter Rituale zunächst unlustvoll geschieht und sich alleine aufgrund der Wiederholung dieser Rituale eine als lustvoll erlebte Bindungskraft und Struktur ausbildet.[791] Dieses Phänomen lässt sich wie beschrieben beim Drill durch eine autoritäre Führung beobachten, die bis zu einer Hörigkeit der Geführten führen kann, etwa beim Militär oder in einem Internat.[792]

5.5.2   Absinkung der Gemeinschaft in die Alltäglichkeit

In dem Maße, wie die Struktur der Gemeinschaft gleichsam aus sich selbst heraus erzeugt wird, sinkt die Gemeinschaft in die Alltäglichkeit ab, die in ihrer Selbstverständlichkeit nicht hinterfragt wird.[793] Die Bedeutsamkeit der gemeinsamen Situation zeigt sich zunehmend nur in Ausschnitten; aus einer impressiven, aktuell sich manifestierenden Gemeinschaft entwickelt sich eine segmentierte Situation konventioneller Art, die den Alltag der Teilhaber der gemeinsamen Situation bestimmt. In diesem schwimmen sie mit all ihren „routinierten motorischen Verrichtungen und unwillkürlichen emotionalen Reaktionen".[794] Die Bedeutsamkeit der gemeinsamen Situation basiert in der Alltäglichkeit wesentlich auf Konventionen, die sich durch Rituale Ausdruck verschaffen, wobei sich dieser Ausdruck erst durch das Unterlassen von Ritualen impressiv als Atmosphäre der Gemeinschaft zeigt.[795] Aus der besonderen Atmosphäre der Gemeinschaft wird eine Atmosphäre des Alltags, die als tragende Hintergrunderfahrung nicht mehr gesondert wahrgenommen und als selbstverständlich erachtet wird. Der

---

[791] vgl. auch Schmid 2006, S. 52

[792] vgl. Abschnitt 5.2.1

[793] vgl. Håkansson 1982, S. 17

[794] Schmitz 2010c, S. 40

[795] vgl. Domagalski 1999, S. 841

Alltag „erscheint uns [...] als das Gewohnte, Banale, Unwahre",[796] weil
der Wahrnehmung der – untrennbar mit der Erwartungshaltung verschmolzenen – Atmosphäre des Alltags das affektive Betroffensein
fehlt, das für das Erleben einer seinsgewissheitlichen Evidenz Voraussetzung ist.[797] Erst eine nicht-alltägliche Atmosphäre – beispielsweise
evoziert durch das Unterlassen eines Rituals als Enttäuschung der Erwartungshaltung – macht den Menschen affektiv betroffen und hebt
ihn aus der Alltagswahrnehmung heraus,[798] wodurch die Atmosphäre
der Gemeinschaft gleichsam wieder auflebt. In diesem Sinne bedarf
es in einer Gemeinschaft immer wieder außeralltäglicher Erfahrungen, um den Verband der Gemeinschaft zu aktualisieren und zu festigen. Hierfür existieren spezielle Zeremonien wie die gemeinsame
Weihnachtsfeier oder allgemein Teambuilding-Events, aber auch die
gemeinsame Bestrafung einer Person, die die Konventionen der gemeinsamen Situation missachtet. Ein autoritär Führender kann die gemeinsame Situation der autoritär Geführten durch den gezielten,
punktuellen Einsatz einer (affektiv betroffen machenden) Drohkulisse
aufrechterhalten. Da er selbst kein Teilhaber der gemeinsamen Situation ist, ist er letztlich sogar darauf angewiesen, auf diese Weise das
Absinken in die Alltäglichkeit zu verhindern, um seinen Einfluss nicht
zu verlieren.

Während das Erleben der gemeinschaftlichen Atmosphäre mit zunehmender Alltäglichkeit an Intensität verliert, gewinnen die Konventionen der Gemeinschaft gerade durch die Einschleifung mit der Alltäglichkeit an Autorität. Während der Inhalt an Bedeutung (bzw. an Intensität) verliert, nimmt die Bedeutung der Form (bzw. der Struktur) zu.[799]
Der Alltag basiert auf der Erwartungshaltung, dass alles so gemacht
wird, wie es die Konventionen vorschreiben. Eine Abweichung wird

---

[796] Lefebvre 1977, S. 139

[797] vgl. auch Schein 2010, S. 202

[798] vgl. Bautz 2008, S. 114-115; Rauh 2012a, S. 205

[799] vgl. auch Sackmann 1983, S. 402

nicht geduldet. Die verpflichtende Wirkung des Alltags kann in Organisationen sogar so weit gehen, dass Entscheidungen in einer Gemeinschaft lediglich rituell vollzogen werden, um die Konformität mit der Gemeinschaft zu wahren, während hinter den Kulissen vollkommen andere Entscheidungen getroffen werden.[800]

Heidegger spricht in Bezug auf die verpflichtende Wirkung der Alltäglichkeit von der Herrschaft des „Man": „In dieser Unauffälligkeit und Nichtfeststellbarkeit entfaltet das Man seine eigentliche Diktatur. Wir genießen und vergnügen uns, wie man genießt; wir lesen, sehen und urteilen über Literatur und Kunst, wie man sieht und urteilt; [...] Das Man [...] schreibt die Seinsart der Alltäglichkeit vor".[801] Das Man überwacht die Einhaltung der Rituale, durch die sich die Konventionen der gemeinsamen Situation Ausdruck verschaffen. Die „Durchschnittlichkeit in der Vorzeichnung dessen, was gewagt werden kann und darf, wacht über jede sich vordrängende Ausnahme. Jeder Vorrang wird geräuschlos niedergehalten".[802] Wenn Konventionen stark verankert sind, „gibt es wenig Spielraum für Abweichungen; schon kleine Vorstöße werden schnell und hart geahndet".[803] Gerade dadurch, dass der Alltag dem Dasein Struktur verleiht und es dadurch entlastet, verfestigt es seine hartnäckige Herrschaft.[804] Die Wirklichkeit der Alltagswelt kann zwar infrage gestellt werden, hinsichtlich der alltäglich zu vollziehenden Rituale müssen diese Zweifel jedoch abgelegt werden,[805] denn wer sich diesen verweigert, erschüttert die Alltäglichkeit nicht, sondern schließt sich von ihr aus.[806]

---

[800] vgl. Scherm/Pietsch 2008, S. 438
[801] Heidegger 2006, S. 126-127
[802] ebd., S. 127
[803] Weick/Sutcliffe 2010, S. 123
[804] vgl. Heidegger 2006, S. 127-128
[805] vgl. auch Berger/Luckmann 2012, S. 26
[806] vgl. Luhmann 1989, S. 18

Mit seinem herrschenden bis diktatorischen Element offenbart der Alltag eine nahe Verwandtschaft mit der autoritären Führung. Die autoritär Führenden wären dieser Verwandtschaft folgend diejenigen, die den Alltag lustvoll „bejahen" und als unlustvoll empfundene Abweichung niederhalten. In gewisser Weise ließe sich diese Menge als die Angepassten, die Unauffälligen oder die Durchschnittlichen bezeichnen. Demgegenüber stünden dann die Nichtangepassten, die Auffälligen oder die Abweichungen von der Norm als die autoritär Geführten, die nur durch Zwang niedergehalten würden. Die Menge der Angepassten würden eine gemeinsame Situation konventioneller Art mit geringer Intensität der gemeinschaftlichen Atmosphäre bilden. Die Nichtangepassten wären jeder für sich alleine auf ihre persönliche Situation zurückgeworfen, wobei sie die Atmosphäre der Alltäglichkeit als Bedrohung intensiv und unlustvoll wahrnehmen. Hier bestünde für die Nichtangepassten dann höchstens die Möglichkeit, sich untereinander im „Verborgenen" zu solidarisieren und eine Gemeinschaft zu bilden, die sich als nicht-alltägliche Situation eher durch Aktualität und Impressivität auszeichnet.[807]

5.5.3 Transformation und Auflösung der Gemeinschaft

Die alltägliche Wirklichkeit einer Gemeinschaft entsteht durch die zunehmende Verfestigung der gemeinsamen Situation. Diese kann langfristig erhalten bleiben und sich in diesem Sinne behaupten. Auf diese Weise können Rituale das Vergessen verhindern und Traditionen auch über mehrere „Generationen" hinweg erhalten.[808] Es besteht jedoch ebenso die Möglichkeit, dass sich eine gemeinsame Situation auflöst oder zumindest an Bindung verliert. Gerade in der Verfestigung besteht die Gefahr, dass die Durchführung von Ritualen mechanische Züge annimmt und an Bedeutsamkeit verliert. Die Konventionen

---

[807] Sehr prägnant werden diese Zusammenhänge in dem Film *Dead poets society* (dt. *Der Club der toten Dichter*) von Weir (1989) dargestellt.

[808] vgl. Widlok 2009, S. 51; Rappe 2010b, S. 232

schleifen sich durch die Rituale ein, gleichzeitig ist die Atmosphäre der Gemeinschaft aber derart in die Alltäglichkeit abgesunken, dass sie nicht mehr wahrgenommen wird. Die Ausführung des Rituals wird mechanisch und verliert in diesem Sinne die Atmosphären induzierende Kraft, die sie als Ausdruck der gemeinsamen Situation potenziell besitzt.[809] Mechanische Verhaltensweisen sind deterministisch und besitzen keine Spontaneität mehr,[810] weshalb sie die leiblichen Impulse, die neben der Responsivität immer auch spontane Anteile besitzen, zu ersticken drohen. So wichtig das strukturgebende Element für menschliche Handlungen sein mag, muss genug Raum für die jeweils eigenen, spontanen leiblichen Impulse der Teilhaber bestehen bleiben. Wenn Rituale zu starr sind und sich ihr Sinn den Teilhabern nicht (mehr) erschließt, bereitet die Durchführung von Ritualen keine Freude mehr.[811] Wenn die Rituale nur noch mechanisch ausgeführt werden, während sie gleichzeitig leiblich so eingeschliffen sind, dass aus ihnen nicht mehr so einfach herauszukommen ist, ergibt sich für die Betroffenen ein Problem, das eine gewisse phänomenologische Nähe zur Problematik der Sucht als „übermäßige Bindung an bestimmte Erfahrungen" aufweist.[812] Selbst wenn bei den Betroffenen das Bewusstsein einer notwendigen Lösung von alten Ritualen (als Verhaltensmuster) vorhanden ist, ist diese nicht ohne weiteres zu bewerkstelligen.

Durch die zunehmende Mechanisierung und gleichzeitige Verwischung der Ursprünge können Rituale ihre „Magie" verlieren.[813] So kann sich etwa in einer Kaffeeecke das Zusammenfinden und angeregte Austauschen von Smalltalk zu einer bestimmten Uhrzeit als Ritual (mit besonderer Atmosphäre) etablieren, das irgendwann nur

---

[809] vgl. Rappe 2010b, S. 286
[810] vgl. auch ebd., S. 63
[811] vgl. Echter 2011, S. 20
[812] vgl. Degkwitz 2007, S. 60
[813] vgl. auch Jäggi 2009, S. 86

noch aus Gewohnheit durchgeführt und vielleicht eher als lästige Pflichterfüllung empfunden wird. Wenn Rituale nur noch mechanisch durchgeführt werden und keine spürbare Bedeutung mehr besitzen, ist die Wahrscheinlichkeit hoch, dass sie irgendwann verschwinden (vorausgesetzt sie sind nicht wie etwa beim Drill derart leiblich eingeschliffen, dass aus ihnen nur schwer herauszukommen ist). Sie werden entweder durch neue Rituale ersetzt (z. B. durch den Smalltalk beim Mittagessen) oder die gemeinsame Situation verliert selbst mit den Ritualen an Bedeutsamkeit und droht sich mit den Ritualen gestaltkreishaft aufzulösen (z. B. weil sich die Teilhaber „nichts mehr zu sagen" haben).

Gemeinsame Situationen können mit der Zeit verblassen und an Bindungskraft verlieren. Sie können sich jedoch ebenso von einem auf den nächsten Moment auflösen. Dies kann der Fall sein, wenn der Zweck, das Ziel oder die Mission einer Gemeinschaft erfüllt ist und dadurch der gemeinsame Enge-Pol, der die Gemeinschaft zusammenhält, wegfällt.[814] Dieser gemeinsame Enge-Pol kann etwa ein charismatisch Führender sein, durch dessen Wegfall eine Gemeinschaft regelrecht auseinanderbrechen kann.[815] Ebenso ist möglich, dass sich eine gemeinsame Situation auflöst, wenn die alltägliche Wahrnehmung durch eine außeralltägliche überschattet wird. Außeralltägliche Erfahrungen (z. B. durch eine Krise) besitzen eine besondere atmosphärische Wirkung. Wenn ein erwartetes Ereignis ausbleibt, ein als unwahrscheinlich erachtetes Ereignis eintritt oder ein Ereignis eintritt, das man sich nicht vorstellen konnte, wird die Erwartungshaltung der gemeinsamen Situation nicht nur enttäuscht, sondern sie verliert gewissermaßen ihre Gültigkeit und damit auch ihre strukturgebende Wirkung.[816] Die gemeinsame Situation konventioneller Art wird von einer

---

[814] vgl. auch Clegg/Kornberger/Pitsis 2011, S. 103

[815] vgl. auch Kets de Vries/Miller 1985, S. 63; Schein 2010, S. 210

[816] vgl. auch Schmid/Gérard 2008, S. 40; Weick/Sutcliffe 2010, S. 30-31; Adloff/Jörke 2013, S. 29

als intensiv erlebten, aktuellen gemeinsamen Situation überlagert. In der unerwarteten Krise wird nach neuen Orientierungshilfen gesucht, die sich wiederum zu neuen Ritualen verfestigen können. Je höher die Intensität einer Erfahrung ist, desto stärker und nachhaltiger prägt sich die Situation (als aktuelle) sowie die mit ihr verbundene Atmosphäre ein.[817] Mehr oder weniger starke Änderungen der gemeinsamen Situation sind insbesondere dann möglich, wenn Erfolge ausbleiben, sich die gemeinsame Situation durch Veränderungen in der Umwelt stark verändert oder allgemein starke Gefühle geweckt werden.[818]

Rituale besitzen einen konventionellen Druck, die Welt auf eine bestimmte Weise zu sehen.[819] Wenn sich diese Sicht in der Wahrnehmung als falsch herausstellt – beispielsweise durch das Ausbleiben des Erfolgs oder wenn sich die Konventionen als unvereinbar mit einer sich verändernden Umwelt herausstellen – verlieren die mit der gemeinsamen Situation verbundenen Rituale an Bedeutung.[820] Dies kann mit einem Verlust der gemeinsamen Situation einhergehen, die stellvertretend für den Misserfolg steht. In Organisationen gilt dies insbesondere für Gemeinschaften mit stark ausgeprägter Führungskommunikation. Diejenigen Personen (oder Rollen), die überwiegend den dominanten Part einnehmen, verlieren durch die unlustvolle Erfahrung des ausbleibenden Erfolgs an Dominanz. Da diese Dominanz gestaltkreishaft in die gemeinsame Situation eingewachsen ist, wird die gemeinsame Situation in ihrer Gültigkeit und Bindungskraft tendenziell geschwächt. Dies gilt umso mehr, je stärker eine Führungskraft den Misserfolg verkörpert. Ein charismatisch Führender kann in einem solchen Fall gar seine charismatische Wirkung verlieren,[821] während andererseits gerade der charismatischen Wirkung eines neuen

---

[817] vgl. Rimé 2007, S. 312; Elger 2011, S. 918
[818] vgl. Weibler 2013, S. 27; auch Schmitt/Zarantonello 2013, S. 45
[819] vgl. Van Maanen/Kunda 1989, S. 49
[820] vgl. Bar-Tal 1990, S. 90-91
[821] vgl. Weber 1980, S. 655-656

Führenden in Krisenzeiten gerne das Vertrauen geschenkt wird,[822] um den herum sich dann eine neue Gemeinschaft bildet. Ein autoritär Führender braucht einen Verlust seiner autoritären Wirkung dagegen nicht zu fürchten. Solange er über ausreichend Machtmittel verfügt, kann er die gemeinsame Situation der Geführten – zu der er ohnehin nicht (in der ersten Person) gehört – aufrechterhalten (z. B. indem er wegen des Misserfolgs mit Entlassungen droht). Allerdings können einem autoritär Führenden aufgrund des Misserfolgs die Machtmittel entzogen werden, wodurch mittelbar die gemeinsame Situation der Geführten betroffen ist.

Letztlich kann auch die persönliche Situation der Teilhaber für die Auflösung gemeinsamer Situationen eine wesentliche Rolle spielen. Konventionen wirken zwar strukturgebend, schränken jedoch auch die Freiheit des Einzelnen ein.[823] Wenn die gemeinsame Situation zur persönlichen nicht passt oder diese gefährdet (z. B. durch Mobbing), können einzelne Teilhaber bestrebt sein, die Gemeinschaft zu verlassen und sich einer anderen Gemeinschaft anzuschließen, die ihnen eher entspricht.[824] Dies kann – muss aber nicht – die Gemeinschaft als Ganzes gefährden. Dies gilt auch bei einer zu großen Nähe der Gemeinschaft, durch die die persönliche Situation der Teilhaber eingeengt werden kann.[825]

5.6 Atmosphäre, Situation und Raum

5.6.1 Das Verhältnis von Situations- und Raumatmosphäre

Die Tatsache, dass sich die Wahrnehmung von Atmosphären nicht ohne gemeinsame (und persönliche) Situationen denken lässt,

---

[822] vgl. Paschen/Dihsmaier 2011, S. 141

[823] vgl. Battegay 1973, S. 52

[824] vgl. Tajfel/Turner 1986, S. 9; Weinert 2004, S. 409-410

[825] vgl. Battegay 1973, S. 44

bedeutet nicht, dass die konkrete räumliche Umgebung für diese Wahrnehmung keine Rolle spielt, auch wenn die Beziehung zwischen räumlicher Umgebung und sozialen Verhaltensweisen in der MOF im Wesentlichen nicht betrachtet wird.[826] Situationen sind immer in eine Umgebung eingebettet, die ihre eigene Atmosphäre besitzt und der Situation einen (atmosphärischen) Hintergrund verleiht. Diese Atmosphäre soll im Folgenden – der Terminologie von Pfister folgend – als „Raumatmosphäre" bezeichnet werden, die von der „Situationsatmosphäre" zu unterscheiden ist.[827] Jede räumliche Umgebung hat ihre spezifische Raumatmosphäre. Von so etwas wie einer „Ortsatmosphäre" als ganzheitlicher Wahrnehmung oder Aggregat von Situations- und Raumatmosphäre soll jedoch abgesehen werden, da zwischen Situations- und Raumatmosphäre eine spürbare Diskrepanz bestehen kann, die sich nicht ohne weiteres als Einheit konzipieren lässt. Situation und Situationsatmosphäre können mit konkreten Raumatmosphären verwoben sein (z. B. mit dem Firmengelände) oder unabhängig von solchen bestehen (z. B. bei der gemeinsamen Situation von Unternehmensberatern).[828] Ist die Situation mit bestimmten räumlichen Umgebungen verwoben, verlässt man mit dieser in der Regel auch die Situation und fühlt sich an deren Konventionen nicht mehr (oder zumindest weniger) gebunden.[829]

Unabhängig davon, ob Raum- und Situationsatmosphären miteinander verwoben – oder mit Dürckheim „verwachsen"[830] – sind, bestimmt die Erwartungshaltung der (gemeinsamen) Situation wesentlich mit, auf welche Weise und mit welcher Intensität Raumatmosphären wahrgenommen werden. Man ist durch die Erwartungshaltung beim

---

[826] vgl. Clegg/Kornberger 2006, S. 144-145
[827] vgl. Abschnitt 3.3.4
[828] vgl. Schmitz 2014a, S. 61-62; auch Battegay 1973, S. 98-103; Schmitz 2007, S. 275
[829] vgl. Hernes/Bakken/Olsen 2006, S. 46
[830] vgl. Abschnitt 3.2.2

Betreten eines Raumes unwillkürlich auf eine bestimmte Raumatmosphäre gefasst. Diese Situationserwartung verläuft in der Regel unbemerkt; erst wenn sie enttäuscht wird, tritt sie aus dem Hintergrund
in den Vordergrund und offenbart sich in aller Schärfe.[831] Wer ein
Großraumbüro betritt, geschäftiges und angeregtes Treiben erwartet
und stattdessen lethargisches Darben antrifft, wird genauso überrascht sein wie im umgekehrten Fall. Ähnliches gilt, wenn eine regelmäßig stattfindende Besprechung in einen anderen, ungewohnten
Raum verlegt wird. Selbst wenn dies nicht überraschend geschieht,
verliert die mit dem ursprünglichen Raum verbundene Situationserwartung partiell an Gültigkeit und kann die Kommunikation merklich
erlahmen lassen.[832]

Wenn zwischen Erwartungshaltung und Raumatmosphäre eine Diskrepanz besteht, eröffnet sich ein Spielraum, der durch eine Annäherung geschlossen oder durch eine Abgrenzung aufrechterhalten werden kann. Bei einer Annäherung wird die Situationserwartung an die
Raumatmosphäre angepasst. Dies kann an der größeren Autorität der
Raumatmosphäre liegen, beispielsweise wenn man in angeregter Unterhaltung mit einem Kollegen in eine fremde Besprechung oder einen Ruheraum hineinplatzt und infolgedessen das Gespräch einstellt.
Eine solche Annäherung kann sich aber auch allmählich vollziehen,
wenn die Erwartungshaltung immer wieder auf dieselbe Weise enttäuscht und entsprechend angepasst wird. Bei jedem wiederholten
Antreffen eines lethargischen Darbens in einem Großraumbüro wird
die Überraschung tendenziell kleiner werden bzw. bei einer Angleichung der Erwartungshaltung verschwinden. Bei einer Abgrenzung
liegt die größere Autorität bei der Situation bzw. der Erwartungshaltung, so dass die Diskrepanz als Kontrasterfahrung nicht nur aufrechterhalten, sondern betont wird. Dies ist allgemein der Fall, wenn Räumlichkeiten als unstimmig empfunden werden, etwa wenn die (z. B.

---

[831] vgl. Schmitz 1977, S. 424
[832] vgl. Battegay 1973, S. 98

schwerfällige) architektonische Gestaltung einer Organisation im Widerspruch zu deren (z. B. dynamischen) Charakter steht.[833] Bei einer Annäherung wird man (durch annäherndes Verhalten) in die Atmosphäre der Umgebung hineingerissen. Die Situation und entsprechend ihre Atmosphäre werden der Raumatmosphäre angepasst. Bei einer Abgrenzung wird man (durch abgrenzendes Verhalten) aus ihr herausgerissen. Die Wahrnehmung der Situationsatmosphäre gewinnt durch die Abgrenzung zur Raumatmosphäre an Kontur. Letztlich setzt sich in der Wahrnehmung diejenige Atmosphäre mit der höheren Autorität durch. Bei einem Durchsetzen der Raumatmosphäre kann zudem ein „Übertritt" in eine andere Situation mit gegebenenfalls abweichenden Konventionen stattfinden.

Da Situationen selbst mit einer bestimmten Atmosphäre einhergehen und sich in der Wahrnehmung diejenige Atmosphäre mit der höheren Autorität durchsetzt, besteht eine potenzielle Bedrohung der Situation durch die Raumatmosphäre. Auf der anderen Seite wird die Atmosphäre eines Raumes in der Regel so ausgestaltet, dass sie einen angemessenen Rahmen oder Hintergrund für diejenige Situation bietet, für die der Raum ausgelegt ist (z. B. für gemeinsame Besprechungen, konzentriertes Arbeiten oder informellen Austausch). Die räumliche Ausgestaltung soll gewissermaßen auf bestimmte Situationen „einstimmen". Die Beseitigung (Errichtung) physischer Barrieren ermöglicht (verhindert) die Kommunikation der Anwesenden und stimmt diese dadurch auf ein bestimmtes Verhalten ein.[834] Situationen können daher durch eine Raumatmosphäre ebenso bedroht wie bewahrt werden.[835] Ob die Stuhlanordnung in einem Besprechungszimmer beispielsweise gereiht oder kreisförmig ausfällt, entscheidet (mit)

---

[833] vgl. auch Berg/Kreiner 1990, S. 65
[834] vgl. Clegg/Kornberger 2006, S. 154; Gagliardi 2006, S. 708; Gustaffson 2006, S. 226
[835] vgl. auch Neuberger 1989, S. 73-74; Slaby 2011, S. 127-128

darüber, ob eher zugehört oder diskutiert wird.[836] In diesem Sinne kann die gereihte Stuhlanordnung eine von Diskussionen geprägte Situation ebenso bedrohen wie sie eine vom Zuhören geprägte Situation bewahren kann. Dies gilt entsprechend umgekehrt für die kreisförmige Stuhlanordnung. Ähnliches gilt für die Tischform: Während runde Tische Teamkommunikation unterstützen, wird Führungskommunikation eher durch eckige Tische bekräftigt.[837]

Genauso wie die gemeinsame Situation als Ermöglichungsbedingung für die Wahrnehmung einer Raumatmosphäre verstanden werden kann,[838] ist auch die Raumatmosphäre so etwas wie eine Ermöglichungsbedingung für Situationen[839] und besitzt wie die Situation gleichermaßen einen integrierenden und abgrenzenden Charakter. Der integrierende Charakter zeigt sich darin, dass bestimmte Situationen ermöglicht werden; der abgrenzende Charakter zeigt sich entsprechend darin, dass andere Situationen durch die Raumatmosphäre verhindert werden. Dies kommt bei einem Tagungsort in der Natur gut zum Ausdruck: Durch die abgeschiedene Lage wird die Integration in Bezug auf die gemeinsame Situation der Tagung genauso betont wie die Abgrenzung gegenüber anderen Situationen (z. B. der alltäglichen Situation im Büro).[840]

Indem die Raumatmosphäre bestimmte Situationen verhindert und andere ermöglicht, beeinflusst sie die Verhaltensweisen der anwesenden Personen.[841] Dies bedeutet jedoch nicht, dass sich aus einer Raumatmosphäre so etwas wie eine aus Sachverhalten, Programmen oder Problemen bestehende Bedeutsamkeit ableiten ließe. So etwas wie eine „Raumsituation" gibt es nicht. Die mit der Atmosphäre eines

---

[836] vgl. Muetzelfeldt 2006, S. 121
[837] vgl. Deal/Kennedy 1982, S. 70
[838] vgl. Adloff 2013, S. 114
[839] vgl. Slaby 2011, S. 133
[840] vgl. auch Schultheis 2013, S. 54
[841] vgl. auch McElroy/Morrow 2010, S. 630

Raumes verbundene Bedeutsamkeit entsteht erst durch die Wiederholung bestimmter Erfahrungen in Verbindung mit dieser Atmosphäre. Bestimmte Raumatmosphären werden mit bestimmten Situationen verbunden, weil sich diese Situationen erfahrungsgemäß in
bestimmten Räumen mit einer entsprechenden Atmosphäre abspielen. In diesem Sinne beruht bereits die räumliche Ausgestaltung auf
einer Erwartungshaltung in Bezug darauf, wie ein solcher Raum aus-
zugestalten ist oder normalerweise ausgestaltet wird, so dass sich hier
der Gestaltkreis ebenso zeigt wie die Verwischung der Ursprünge in
der Atmosphärenwahrnehmung (und letztlich auch der hermeneutische Zirkel menschlicher Erkenntnis).

5.6.2 Verbundenheit und Abgrenzung durch das Wohnen

Menschen nehmen als Person wie als Gruppe Raum in Anspruch und
richten sich je nach Situation in räumlichen Umgebungen ein. Dies gilt
auch in Organisationen. In dem Maße, wie sich Organisationsmitglieder in Organisationen räumlich einrichten, werden diese Räume zu einem Bestandteil ihrer Lebenswelt; es entsteht eine „Verbundenheit"
von Mensch und Raum, die sich atmosphärisch und situativ „gebunden" zeigt. In diesem Zusammenhang wird auch von „Ortsverbunden-
heit" gesprochen, die sich auf die gefühlsmäßige (sprich atmosphärische) Verbundenheit mit einem Raum bezieht. Der situative Aspekt
der Verbundenheit von Mensch und Raum wird darüber hinaus mit
dem Begriff der „Ortsidentität" zum Ausdruck gebracht.[842]

Menschen „wohnen" diesem Verständnis entsprechend nicht nur in
ihrer häuslichen Umgebung, sondern auch in Organisationen als ihrer
Lebenswelt.[843] Das hier gemeinte Wohnen bezieht sich grundsätzlich
auf jede räumliche Umgebung, in der sich eine Person oder Gruppe
atmosphärisch einrichtet.[844] Der oder die Bewohner züchten und

---

[842] vgl. Flade 1987, S. 44-46; Richter/Goller 2008, S. 176-188
[843] vgl. Nolan/Küpers 2009, S. 72
[844] vgl. Schmitz 2012b, S. 28

dämpfen Bewegungssuggestionen und synästhetische Charaktere derart, dass sich dauerhaft eine Atmosphäre der gewünschten und in Bezug auf eine Situation für angemessen erachteten Weise einstellt.[845] Voraussetzung dafür ist die Abschirmung des „Drinnen" vor dem „Draußen". Erst durch diese kann sich im Drinnen die gewünschte Atmosphäre ohne Störung von Draußen entfalten.[846] Durch das Wohnen wird der nach innen integrierende und nach außen abgrenzende Charakter der mit dem Wohnen verbundenen Situation atmosphärisch präsent. Die Atmosphären bewohnter Räume „sind in zuständlichen Situationen aufgehoben, in denen Menschen tatsächlich leben und ihr Leben führen".[847] Mit dem Bedürfnis des Wohnens geht das Bedürfnis nach einem persönlichen und räumlich fixierten Territorium einher.[848] Hier zeigt sich der Macht- bzw. Dominanzaspekt des Wohnens, denn wer „über Räume verfügen kann, hat Macht, denn er besitzt die Möglichkeit, andere fern zu halten, und er kann entscheiden, was in diesen Räumen stattfindet und was nicht".[849]

In Bezug auf die persönliche Situation eines Organisationsmitglieds ist vor allem das Einzelbüro dazu geeignet, sich atmosphärisch einzurichten. Während ein Großraumbüro die gemeinsame Situation akzentuiert und höchstens durch so etwas wie Trennwände noch Platz für die persönliche Situationen eines Organisationsmitglieds bietet, kann die Raumatmosphäre eines Einzelbüros überwiegend Ausdruck der persönlichen Situation seines „Bewohners" sein. Dadurch wird die räumliche Umgebung gegenüber Außenstehenden abgegrenzt, für die die Atmosphäre wenig einladend wirkt – zumindest solange sie nicht tatsächlich durch den Bewohner der räumlichen Umgebung eingeladen (bzw. zum „Betreten" aufgefordert) werden. Eine solche Atmosphäre

---

[845] vgl. Schmitz 2007, S. 278; 2014a, S. 62-63
[846] vgl. Soentgen 1998, S. 80
[847] Schmitz 2005c, S. 43
[848] vgl. Gerhardt/Walden 2014, S. 32-33
[849] Flade 2008, S. 127

geht etwa von einem Büro aus, das von Pflanzen, Familienbildern und offenen Schubladen durchsetzt ist, in dem der Bürostuhl von der Tür abgewendet steht und dessen Tür grundsätzlich geschlossen ist.[850] Die situative Vertrautheit des Bewohners mit seinem Büro bewirkt in Bezug auf die räumliche Umgebung nicht nur eine Trennung zwischen Drinnen und Draußen, sondern auch zwischen Eigenem und Fremdem.[851] Durch die räumliche Abschirmung gegenüber dem Unbekannten (als das Draußen und das Fremde) ist das Wohnen gleichermaßen Ausdruck und Schutz der Privatsphäre der Bewohner.[852] Die Schutzfunktion des Wohnens vor dem Unbekannten zeigt sich besonders plakativ bei der Trennung zwischen Bankmitarbeiter und Bankkunden mittels Tresen und Glaswand.[853]

Neben der persönlichen Situation eines Organisationsmitglieds können sich in Organisationen auch die Teilhaber einer gemeinsamen Situation in ihren Räumlichkeiten eine eigene Atmosphäre heranzüchten und sich so etwas wie eine gemeinsame „Wohnstätte" errichten. Dadurch können sich die Bewohner (z. B. einer Abteilung oder der Vorstandsetage) gezielt nach außen abschirmen, wobei diese abschirmende Wirkung etwa durch (ab)geschlossene Türen zusätzlich räumlich akzentuiert werden kann. Wer kein Teilhaber der gemeinsamen Situation ist, wird als „Eindringling" wahrgenommen (und nimmt sich in der Regel selbst als solchen wahr).

Die Wohnstätte ist Ausdruck der Privatsphäre ihrer Bewohner. Die Atmosphäre des Wohnens strahlt für die Bewohner eine (lustvoll-)einladende und für Nicht-Bewohner als potenzielle Eindringlinge eine gleichermaßen (unlustvoll-)ausladende Atmosphäre aus. In der einladenden Atmosphäre der Wohnstätte kann sich sein Bewohner ausbreiten und entspannen, so dass es sich für ihn nicht nur um eine

---

850 vgl. Strati 1992, S. 571-574
851 vgl. Belina 2013, S. 146
852 vgl. Chanlat 2006, S. 19-20
853 vgl. Kruse 1974, S. 107

einladende, sondern zudem um eine weitende Atmosphäre handelt.[854] Diese Möglichkeit der Weitung wird durch potenzielle Eindringlinge bedroht, durch die der zur Entspannung verfügbare Raum „eingeengt" oder ganz abgeschnitten wird. Entsprechend kann das Eindringen von außen für den Bewohner als unlustvolle Engung empfunden werden, wobei ebenso eine lustvolle Engung möglich ist, beispielsweise, wenn sich der Bewohner in unlustvoller Weite allzu sehr von seiner Umgebung abgeschnitten fühlt.

Das Wohnen schafft in diesem Sinne eine Barriere, die es in öffentlichen Räumen eher zu vermeiden gilt. Öffentliche Räume wie Durchgangsräume, Besprechungszimmer oder die Kantine sind eher neutral und unpersönlich gehalten, um gewissermaßen für alle Platz zu bieten. Wenn sich Situationen mit einer gewissen Regelmäßigkeit in bestimmten räumlichen Umgebungen abspielen, ist es jedoch grundsätzlich möglich, dass auch gegenüber neutral gehaltenen Räumen mit zunehmender Vertrautheit ein gewisser Territorialanspruch entsteht. Wenn eine Gruppe beispielsweise über einen längeren Zeitraum einen Besprechungsraum nutzt und eines Tages den Besprechungsraum von einer anderen Gruppe besetzt vorfindet, kann dies als Eindringen in die eigene Privatsphäre empfunden werden. Durch einen auf Wiederholung beruhenden Prozess der Gewöhnung entsteht eine situativ gebundene Vertrautheit mit der räumlichen Umgebung, aus der sich so etwas wie ein wahrgenommener Anspruch des Wohnens in Bezug auf diese Umgebung entwickeln kann.[855] Die Räumlichkeiten verschmelzen (als Gestaltkreis) in zunehmendem Maße mit der gemeinsamen Situation und können von dieser nicht ohne weiteres getrennt werden, weshalb das Eindringen in die mit der Situation verschmolzenen Räumlichkeiten auch als Eindringen in die Situation wahrgenommen werden kann. Die Entstehung eines Territorialanspruchs kann grundsätzlich durch so etwas wie Desk-Sharing-Ansätze

---

[854] vgl. Hasse 2014, S. 163
[855] vgl. auch Schmitz 1977, S. 245

eingeschränkt werden,[856] jedoch besteht auch hier die Möglichkeit, dass alleine aus dem wiederholten Besetzen eines bestimmten Platzes eine Anspruchshaltung diesem gegenüber entsteht.

Wohnen und Gewohnheiten hängen allgemein eng zusammen, wobei das „gewohnte Wohnen" die Tendenz oder Gefahr birgt, „durch die habituell verinnerlichte Wiederholung" „unterbrechungslos auf der Stelle" zu treten.[857] In diesem Fall kann das Wohnen als räumliche Manifestation des Absinkens in die Alltäglichkeit verstanden werden. Entsprechend schwierig ist es, aus der alltäglichen Situation herausgerissen zu werden, solange man sich in den gewohnten Räumen befindet, in denen man sich atmosphärisch (sprich: wohnlich) eingerichtet hat.

5.7 Situative Pluralität

Die Ausführungen in diesem Kapitel haben verdeutlicht, dass die Wahrnehmung von Atmosphären in hohem Maße davon abhängt, aus welcher Situation heraus diese wahrgenommen werden. Obwohl hier auch die persönliche Situation der Organisationsmitglieder eine Rolle spielt, sind es in einem organisationalen Kontext insbesondere die gemeinsamen Situationen, die für die Wahrnehmung von Atmosphären in Organisationen eine wesentliche Rolle spielen. Da sich Organisationsmitglieder nicht nur in einer gemeinsamen Situation befinden, in der sie gleichsam wohnen und sich einrichten, sondern mit einer Reihe verschiedener gemeinsamer Situationen konfrontiert sind, gilt es abschließend, diese „situative Pluralität" etwas genauer in den Blick zu nehmen.

Durch die situative Gebundenheit von Atmosphären lassen sich sowohl Implikation für deren Stabilität wie für deren Flüchtigkeit ableiten. Einerseits wird die Atmosphäre durch die Situation aufrechterhalten. Solange sich jemand in einer Situation befindet, kann sich auch

---

[856] vgl. Gerhardt/Walden 2014, S. 32-33
[857] Hasse 2014, S. 153

die (situationsbezogene) Atmosphäre bewähren – wobei wie herausgearbeitet die Intensität der atmosphärischen Wahrnehmung mit zunehmender Verfestigung abnimmt. Andererseits ergibt sich eine gewisse Flüchtigkeit von Atmosphären, weil sich Organisationsmitglieder nicht permanent in einer Situation „aufhalten", sondern beständig in die verschiedensten Situationen verstrickt sind. Für ein Organisationsmitglied kann beispielsweise die gemeinsame Situation in seiner Abteilung eine ganz andere sein als die gemeinsame Situation mit seinem Vorgesetzten oder in einem abteilungsübergreifenden Projekt, an dem es mitarbeitet. In einem breiten Spektrum von Rollenerwartungen sehen sich viele Organisationsmitglieder einem permanenten Wechselspiel des Reagierens und des Agierens ausgesetzt und finden sich je nach Situation (teilweise gleichzeitig) in der Rolle des Vorgesetzten, Kollegen oder Mitarbeiters wieder,[858] wobei zwischen den verschiedenen Rollen und Situationen durchaus eine gewisse Unvereinbarkeit bestehen kann.[859]. Gemeinsame Situationen können sich ebenso überlagern wie sich neue gemeinsame Situationen mit einer kleineren Gemeinschaft aus ihr abspalten und zu ihr in ein Konkurrenzverhältnis treten können.[860] Hinzu kommt vielleicht die ein oder andere als unlustvoll erlebte leibliche Beziehungen zu anderen Organisationsmitgliedern, aus deren Dynamik sich wiederum Koalitionen mit Dritten bilden, so dass auch unlustvoll besetzte leibliche Beziehungen einen Nährboden für die Entwicklung gemeinsamer Situationen bieten können. Nicht zu vergessen sind die zahlreichen gemeinsamen Situationen flüchtiger Begegnungen auf dem Flur, im Fahrstuhl oder in der Kantine mit ihren jeweils eigenen Konventionen. Die jeweiligen Situationen bestehen hierbei keinesfalls als unabhängige Einheiten, sondern sind wechselseitig aufeinander bezogen und bilden sich nicht

---

[858] vgl. Streich 2003, S. 112
[859] vgl. Süß/Sayah 2012, S. 164
[860] vgl. Bartel/Wiesenfeld 2013, S. 511

nur gestaltkreishaft aus sich selbst heraus aus, sondern formen sich auch aneinander.[861]

Obwohl in Organisationen erwartet wird, dass sich die Organisationsmitglieder entsprechend ihrer Rolle in der jeweiligen Situation verhalten und ihre persönliche Situation hinten anstellen,[862] kann es selbstverständlich auch passieren, dass sich die persönliche Situation eines Organisationsmitglieds aus dem Hintergrund der zahlreichen gemeinsamen Situationen über das affektive Betroffensein in den Vordergrund drängt, beispielsweise wenn jemand aufgrund privater Sorgen den Anschluss an die gemeinsame Situation eines Projektteams verliert. Organisationsmitglieder sind permanent sowohl nacheinander wie gleichzeitig in gemeinsame Situationen verstrickt, die sich jeweils mit unterschiedlicher Intensität aufdrängen (können). Dies gilt entsprechend für die Wahrnehmung der Atmosphäre, die sich nicht ohne die Situation des Wahrnehmenden denken lässt. Insgesamt kann daher festgehalten werden, dass sich das organisationale Leben ganz allgemein und in hohem Maße durch eine situative Pluralität auszeichnet, die bei der Frage, ob es in Organisationen so etwas wie eine einheitliche gemeinsame Situation bzw. als einheitlich erlebte gemeinschaftliche Atmosphären gibt, eine wesentliche Rolle spielt. Dieser Frage soll im nachfolgenden Kapitel nachgegangen werden.

---

[861] vgl. auch Weibler 2013, S. 39
[862] vgl. Laske/Meister-Scheytt/Küpers 2006, S. 84

6 Entwicklungsdynamiken der organisationalen Situation und organisationaler Atmosphären

6.1 Die organisationale Situation

6.1.1 Die Ausbildung und Verfestigung der organisationalen Situation

Die bisherigen Ausführungen haben gezeigt, dass Situationen in Organisationen eine wichtige Rolle spielen und sich das organisationale Leben durch eine situative Pluralität auszeichnet. Dass es nicht die eine Situation in einer Organisation gibt, heißt jedoch nicht, dass es nicht auch eine Situation der Organisation gibt. Wenn die Organisation (wie im Kontext dieser Arbeit) als soziale Ganzheit verstanden wird, muss gefragt werden, ob es sich bei dieser Ganzheit um eine Situation handelt. Es muss also geklärt werden, ob es so etwas wie eine (gemeinsame) organisationale Situation – und damit einhergehend organisationale Atmosphären – gibt und in welchem Verhältnis diese zu den zahlreichen Situationen innerhalb einer Organisation steht. Da die bisherigen Ausführungen gemeinsame Situationen als Gemeinschaften verstanden haben, rückt zur Beantwortung der Frage nach einer organisationalen Situation die Gründung einer Organisation in den Mittelpunkt, da eine Organisation (als soziale Ganzheit) ihren Ursprung in einer Gemeinschaft hat bzw. eine Organisation ohne Gemeinschaft nicht denkbar ist.[863] Nach Schein haben alle Organisationen irgendwann als kleine Gruppen angefangen.[864]

Zunächst bedarf es zur Gründung einer Organisation einen lustvoll besetzten Enge-Pol, der die Gemeinschaft in leiblicher Kommunikation bindet und strukturiert. Dies kann etwa der Fall sein, wenn jemand (in der Regel der Gründer) eine Idee oder Vision hat und eine Gruppe von

---

[863] vgl. Rappe 2005, S. 789
[864] vgl. Schein 1984, S. 3; 2010, S. 198

204

Menschen um sich herum versammelt, um diese gemeinsam zu verfolgen. Die Gruppe wird zunächst durch die Idee oder die Vision – eventuell unterstützend durch die charismatische Führung des Gründers – zusammengehalten, da sie als lustvolle Suggestion erlebt wird und auf diese Weise eine bindende Wirkung besitzt.[865] Insbesondere dominante Personen geben als strukturierende Enge-Pole der Gemeinschaft in der Gründungsphase einer Organisation ihre Prägung.[866]

Eine Organisation fängt mit der Gründung und der Bildung einer Gemeinschaft jedoch nicht bei „Null" an, da die Gründungsmitglieder immer auch ihre persönlichen Situationen mit einbringen[867] und etwa auch gesellschaftlich akzeptierte Mythen und Rituale hier eine Rolle spielen.[868] Die Existenz einer Organisation mag einen klar umrissenen Ursprung haben, der Ursprung ihrer Situation bleibt jedoch letztlich gestaltkreishaft (oder hermeneutisch) verschlossen. Dies gilt umso mehr, wenn die bei der Gründung beteiligten Personen bereits vor der Gründung als Gemeinschaft bestanden. Solange eine einheitliche Gründungsgemeinschaft besteht, ist die Situation der Gemeinschaft auch die Situation der Organisation, so dass am „Anfang" einer Organisation eine organisationale Situation existieren kann. Solange die Atmosphäre des „Gründergeists" für die Gemeinschaft spürbar in der Luft liegt, handelt es sich bei der organisationalen Situation zudem um eine aktuelle Situation, durch die die Entwicklung der organisationalen Situation in Bezug auf ihre weitere Entwicklung eine gewisse Offenheit besitzt („Alles ist möglich").

Im Laufe der Zeit bildet sich innerhalb der Gründungsgemeinschaft mit der gemeinsamen Situation eine bestimmte (lustvoll besetzte) Erwartungshaltung heraus, die ihre Teilhaber bindet und auf die Zukunft

---

[865] vgl. Mintzberg 1983, S. 152; Schein 2010, S. 219-220

[866] vgl. auch Sackmann 1983, S. 400

[867] vgl. Bass/Avolio 1993, S. 114; auch Schein 2010, S. 232-233

[868] vgl. Meyer/Rowan 1977

– und damit die weitere Entwicklung der Organisation – ausrichtet. Auf diese Weise entsteht aus einer zunächst aktuellen organisationalen Situation eine zuständliche organisationale Situation konventioneller Art, die für die bestehenden Teilhaber identitätsstiftend wirkt und sich für weitere Teilhaber öffnet. Jeder, der neu in diese zunächst aus einer Kerngruppe bestehende Gemeinschaft eintritt, wird mit ihren Konventionen konfrontiert und gezwungen, sich mit ihnen auseinanderzusetzen.[869] Hierbei ist grundsätzlich eine positive Erwartungshaltung gegenüber der organisationalen Situation mitzubringen, um sich ihre Konventionen „einzuverleiben". Wer ihr gegenüber eine negative Erwartungshaltung besitzt, wird auch ihre Konventionen nicht ohne Schwierigkeiten übernehmen können und kaum Identität aus ihr gewinnen.[870] Er vermag sie höchstens aus taktischen Gründen zu imitieren, wenn für ihn irgendeine Form des Zwanges als subjektive Tatsache besteht. Hier besteht neben der Möglichkeit eines leiblichen Kräfteverschleißes auch die Möglichkeit, durch das beständige „Mitspielen" dieses leiblich so einzuschleifen, dass es sich über die Wiederholung oder Gewöhnung von selbst „einverleibt" und – ähnlich wie beim beschriebenen Drill[871] – gleichsam lustvoll kippt.

Auf die beschriebene Weise entsteht aus der Gründung heraus so etwas wie eine „Leitsituation", deren Konventionen für die Organisation als soziale Ganzheit gültig sind und die gleichsam mit dem für eine Organisation konstitutiven und leitenden Zweck verbunden sind. Diese Leitsituation wird im Folgenden als organisationale Situation bezeichnet. Mit sozialer Ganzheit ist hier weniger die Anzahl der Mitglieder einer Organisation gemeint, sondern vielmehr die Teilhaber der organisationalen Situation. Die ursprüngliche Idee, Vision oder eben der Zweck einer Organisation verbleiben in der organisationalen Situation als Enge-Pole (gestaltkreishaft) erhalten – auch wenn sich mit der

---

[869] vgl. Nerdinger 2014b, S. 151
[870] vgl. auch Allen 1996, S. 372
[871] vgl. Abschnitt 5.2.1

Zeit und der Größe einer Organisation andere gemeinsame Situationen bilden, so dass die verschiedenen gemeinsamen Situationen in einer Organisation von der organisationalen Situation zu unterscheiden sind.[872] Die Verfestigung von Enge-Polen spielt für die Aufrechterhaltung der organisationalen Situation eine wesentliche Rolle, so dass diese wesentlich auf Führungskommunikation beruht, während umgekehrt die Führungskommunikation einer Organisation wesentlich durch die organisationale Situation bestimmt wird.[873] Je dominanter bzw. einseitiger diesbezüglich die Führungskommunikation ist, umso stärker ist ihr Einfluss auf die organisationale Situation.[874] Ansonsten gilt für die organisationale Situation allgemein dasselbe wie für andere gemeinsame Situationen einer Organisation. So besteht etwa die Möglichkeit, dass die organisationale Situation derart in die Alltäglichkeit absinkt, dass eigentlich keiner mehr weiß, wofür die Organisation steht. Ebenso kann sich eine organisationale Situation durch eine Krise abrupt ändern.[875]

Durch die organisationale Situation wird eine Grenze zwischen einem Innen und einem Außen der Organisation gezogen; Gemeinsamkeiten untereinander werden ebenso verstärkt wie die Unterschiede zu Außenstehenden. Diese Grenzziehung ist für Organisationen essentiell; Veränderungen innerhalb der Organisation verändern die organisationale Situation und damit auch die Grenzziehung, so dass die Grenzen Ausdruck der organisationalen Situation sind.[876] Diese Grenzziehung durch die organisationale Situation ist auch eine räumliche. Die Gebäude, Stockwerke oder Zimmer einer Organisation trennen sie räumlich von der Umgebung ab, mit einem klar umrissenen Innen und Außen, zwischen denen meist eine Schwelle des Passierens in Form einer

---

[872] vgl. Allen 1996, S. 374-375

[873] vgl. auch Bass/Avolio 1993, S. 112

[874] vgl. auch Schein 1990, S. 115

[875] vgl. Hieber 2012, S. 282; Abschnitt 6.3.1

[876] vgl. Hernes 2004a, S. 10; 2004b, S. 80

Tür, einer Schranke oder einer Rezeption besteht.[877] Eine Organisation, die sich räumlich klar von anderen abgrenzt, hat es leichter, eine organisationale Situation zu entwickeln oder aufrechtzuerhalten als eine Organisation, die ihre Räumlichkeiten mit anderen teilt oder räumlich stark gestreut ist. Die Bindungskraft der organisationalen Situation kann als Suggestionskraft auch auf Außenstehende wirken. Eine solche Suggestionskraft lässt es für Außenstehende entsprechend erstrebenswert erscheinen, Teilhaber der organisationalen Situation zu sein bzw. zu werden.[878]

6.1.2 Organisationskultur als organisationale Situation

Die organisationale Situation entspricht im Wesentlichen dem Konzept der Organisationskultur.[879] Die Verbindung von Kultur und gemeinsamer Situation wird explizit von Rappe hergestellt, der Kultur definiert als „„gemeinsame segmentierte Situation', die ihre ,Mitglieder' vorgängig ausrichtet, indem sie im Zusammenleben soziale Kompetenz in Umgangsformen und Verhaltensweisen vermittelt, die ermöglichen sollen, sich innerhalb tradierter Formen möglichst konfliktfrei und ,angemessen' zu bewegen und jene Reservoirs an Wissen und Techniken zu nutzen, die in sie eingelagert sind und durch sie zugänglich werden".[880] Die Definition der Kultur als gemeinsame Situation lässt sich nach Rappe auch auf die Organisationskultur anwenden, denn „versteht man Kultur als eine gemeinsame Situation, die sowohl von strukturellen Voraussetzungen als auch von aktuellen Atmosphären her geprägt wird, dann zeigt sich, dass dieses Verständnis auch für die Unternehmenskultur wichtig ist".[881] Die Organisationskultur ist eine gemeinsame Situation, die Atmosphären gleichermaßen

---

[877] vgl. Clegg/Kornberger 2006, S. 146; Gustafsson 2006, S. 221

[878] vgl. Bergler 2008, S. 331; Trappe 2012, S. 32

[879] vgl. Julmi/Scherm 2012a, S. 18-21; Scherm/Julmi 2012, S. 73-74

[880] Rappe 2004, S. 210

[881] Rappe 2008b, S. 3

hervorbringt und stabilisiert,[882] so dass sich hier eine gestaltkreishafte Verbundenheit von Organisationskultur und Atmosphäre andeutet, auf die noch einzugehen sein wird.

Mit Blick auf die Literatur zum Konzept der Organisationskultur zeigt sich die Übereinstimmung von organisationaler Situation und Organisationskultur bereits an der recht allgemeinen Definition von Alvesson, nach dem die Organisationskultur auf eine gemeinsame Orientierung in Bezug auf eine soziale Realität verweist, die in Verhandlungsprozessen über die Bedeutung und die Verwendung von Ausdrucksmitteln in sozialer Interaktion entsteht.[883] Sowohl die Organisationskultur als auch die organisationale Situation wurzeln letztlich in der zwischenmenschlichen Kommunikation und sind historisch zu verstehen, wobei das, was zu Beginn ausgehandelt wurde, sich im Laufe der Zeit über Konventionen verfestigt.

Trotz des teilweise sehr heterogenen Verständnisses hinsichtlich des Organisationskulturkonzepts[884] lässt sich eine Reihe konsensfähiger Eigenschaften der Organisationskultur anführen,[885] die im Rahmen dieser Arbeit bereits für die organisationale Situation (als gemeinsame Situation) als geltend herausgearbeitet wurden: Die Organisationskultur wird durch die Organisationsmitglieder hervorgebracht,[886] sie entsteht in einem gegenseitigen, reflexiven und sich selbst verstärkenden Sozialisationsprozess,[887] sie beruht auf Wiederholung[888] bzw.

---

[882] vgl. Julmi/Scherm 2012a, S. 18-19; auch Van Maanen/Kunda 1989, S. 56

[883] vgl. Alvesson 2011, S. 15

[884] vgl. May 1997, S. 31-40; Alvesson 2011, S. 13

[885] vgl. Scherm/Pietsch 2007, S.139; Steinmann/Schreyögg/Koch 2013, S. 653

[886] vgl. Hofstede/Hofstede 2005, S. 282-282; Schein 2010, S. 18

[887] vgl. Ford 1999, S. 388; Pizer/Härtel 2005, S. 339; Heaphy/Dutton 2008, S. 138; Rosenstiel/Nerdinger 2011, S. 377; Steinmann/Schreyögg/Koch 2013, S. 653-654

[888] vgl. Deal/Kennedy 1982, S. 60; Schein 1984, S. 4

Nachahmung[889], sie steht für etwas Gemeinsames, das die Organisationsmitglieder verbindet und eine gemeinsame Identität stiftet,[890] sie gilt als selbstverständlich und wird nicht infrage gestellt,[891] in ihr werden Dominanzverhältnisse über Rituale und Mythen legitimiert und aufrechterhalten,[892] sie ist dasjenige, das die Organisationsmitglieder von den Mitgliedern anderer Organisationen unterscheidet[893] und sie besitzt allgemein als Kultur einen integrierenden Charakter für ihre Mitglieder und einen abgrenzenden Charakter für Außenstehende.[894] Des Weiteren offenbart sich eine gewisse epistemologische Überschneidung darin, dass die Kultur einer Organisation häufig auf Basis einer phänomenologischen Herangehensweise untersucht wird.[895] Die Konzepte Organisationskultur (engl. *organizational culture*) und Unternehmenskultur (engl. *corporate culture*) können vor dem (restrealistischen) Hintergrund dieser Arbeit weitgehend als synonym betrachtet und entsprechend verwendet werden. Organisationskultur und Unternehmenskultur unterscheiden sich weniger im Konzept als vielmehr in ihrem Objekt bzw. in der Ebene der Objektklassifikation.[896] In der Literatur werden beide Begriffe teilweise synonym verwendet.[897]

Den Ausführungen folgend können also organisationale Situation und Organisationskultur restrealistisch gleichgesetzt bzw. Organisationskultur als gemeinsame segmentierte Situation konventioneller Art

---

[889] vgl. Sieweke 2014, S. 25

[890] vgl. Oelsnitz 2000, S. 160; Deeg/Weibler 2008, S. 103, 107; Steinmann/Schreyögg/Koch 2013, S. 653

[891] vgl. Scherm/Pietsch 2007, S.139; Schein 2010, S. 14; Steinmann/Schreyögg/Koch 2013, S. 654

[892] vgl. Pettigrew 1979, S. 574-575; auch Sackmann 1983, S. 396; Scherm/Pietsch 2007, S.139

[893] vgl. Hofstede/Hofstede 2005, S. 282-283; Cardador/Rupp 2011, S. 158

[894] vgl. Tokarev 1977, S. 167-168

[895] vgl. McLean 2005, S. 228

[896] vgl. auch Dülfer 1988, S. 2-4; Scherm/Pietsch 2007, S. 138-139

[897] vgl. z. B. Sackmann 1991, S. 1-3

verstanden werden. Mit dem Restrealismus sind jedoch wissen-schaftstheoretisch sowohl das „objektivistische" Verständnis von Or-ganisationskultur (Kultur als Variable) als auch das „subjektivistische" Verständnis von Organisationskultur (Kultur als Metapher)[898] abzu-lehnen. Dasselbe gilt für ein „integratives" Verständnis, nach dem „die Kultur sowohl aus verschiedenen materiellen als auch aus ideellen Ebenen besteht",[899] da ein solches integratives Verständnis letztlich den Dualismus von (ideeller) Innen- und (materieller) Außenwelt auf-rechterhält.[900] Stattdessen ist Organisationskultur einerseits als (le-bensweltlich-)objektives Phänomen zu verstehen, das für ihre Teilha-ber zur subjektiven Tatsache wird, während sich andererseits die Or-ganisationskultur als (lebensweltlich-)objektives Phänomen aus den subjektiven Tatsachen beispielsweise der Gründer der Organisation heraus entwickelt.

Von einer solchen restrealistischen Basis aus lassen sich die erarbei-teten Erkenntnisse der organisationalen Situation auf das Konzept der Organisationskultur übertragen und umgekehrt. Ausgangspunkt der weiteren Präzisierung der Organisationskultur als organisationale Si-tuation stellt das Kulturebenen-Modell von Schein dar. Schein unter-scheidet drei Ebenen der Organisationskultur: die Ebene der Arte-fakte, die Ebene der geteilten Werte und die Ebene der Basisannah-men. Die Ebene der Artefakte stellt die sichtbare Ebene der Organisa-tionskultur dar und ist in diesem Sinne Ausdruck der Organisations-kultur. Hierzu gehören räumliche Artefakte wie Architektur, Raumge-staltung und Kleidung ebenso wie situative Artefakte, die sich in den Verhaltensweisen bzw. Ritualen der Organisationsmitglieder manifes-tieren. Die Ebenen der geteilten Werte und der Basisannahmen sind die nicht sichtbaren Ebenen, die für Schein die eigentliche

---

[898] vgl. Smircich 1983a, S. 347-348; Gontard 2002, S. 11; Schneider/Ehrhart/Macey 2013, S. 370
[899] Gontard 2002, S. 16
[900] vgl. Abschnitt 2.2.3

Organisationskultur ausmachen, während sie sich auf der Ebene der Artefakte zeigt. Sowohl bei den geteilten Werten als auch bei den Basisannahmen handelt es sich um Werte, die sich durch die Tiefe ihre Verankerung bzw. den Grad ihrer Einschleifung unterscheiden. Während geteilte Werte diskutabel und offenkundig sind, sind Basisannahmen letztgültig, indiskutabel und selbstverständlich.[901]

In Bezug auf die organisationale Situation kann anstatt von Werten von Konventionen gesprochen werden, die sich allgemein durch verschiedene Grade der Einschleifung auszeichnen. Dies zeigt sich schon darin, dass bei der Gründung einer Organisation die beteiligten Personen jeweils ihre eigene, bereits eingeschliffene Situation mit einbringen. Je tiefer Konventionen verankert sind, desto weniger sind sie für den Betroffenen hintergehbar, wobei mit dem Restrealismus die Möglichkeit einer Letztbegründung ausgeschlossen werden kann.[902] Die Basisannahmen wären dann diejenigen Annahmen, die zwar eine Situation konstituieren, selbst jedoch unhintergehbar verschüttet bleiben, wobei auch hier Grade zu unterscheiden wären. Je „tiefer" man geht, desto schwieriger wird es, diese zu explizieren, und ab einer gewissen Tiefe ist eine Explikation generell nicht (mehr) möglich. Konventionen sind es in jedem Fall; deren Grad der Einschleifung ist jedoch kein digitaler, sondern ein stetiger, so dass hier auch keine zwei Ebenen unterschieden werden brauchen. Damit lässt sich das Drei-Ebenen-Modell von Schein in ein Zwei-Ebenen-Modell überführen, das eine sichtbare Ebene (der Artefakte) und eine nicht sichtbare Ebene (der Konventionen) umfasst und das dem allgemeinen Kulturverständnis von Osgood entspricht, der zwischen einer sichtbaren Percepta- und einer nicht sichtbaren Concepta-Ebene differenziert.[903]

Über die Organisationskultur hinaus zeigt die organisationale Situation zudem Überschneidungen zu weiteren existierenden Konzepten

---

[901] vgl. Schein 1984, S. 3-4; 1990, S. 111-112; 2010, S. 23-33
[902] vgl. Abschnitt 2.4
[903] vgl. Osgood 1951, S. 210-213; Julmi/Scherm 2012a, S. 16-17

der MOF. So verweist die bindende Kraft der organisationalen Situation auf das Konzept der organisationalen Bindung (engl. *organizational commitment*), verstanden als die affektive Verbundenheit eines Organisationsmitglieds mit seiner Organisation, die sich unter anderem durch die geteilten Werte (d. h. Konventionen) charakterisieren lässt.[904] Die identitätsstiftende Wirkung der organisationalen Situation lässt sich mit dem Konzept der organisationalen Identifikation (engl. *organizational identification*) in Verbindung bringen, die nach Pratt gegeben ist, wenn die Annahmen (d. h. Konventionen) in Bezug auf die Organisation Teil der eigenen, individuellen Identität werden.[905] Zudem lässt sich eine Verbindung zur organisationalen Identität (engl. *organizational identity*) herstellen, die sich allgemein auf das gemeinsame Verständnis der Organisationsmitglieder über die Werte (d. h. Konventionen) und Eigenschaften einer Organisation bezieht, durch die sie sich von anderen abgrenzt.[906] Felfe setzt organisationale Identität und Identifikation de facto gleich, indem er – in Anlehnung an die Ausführungen zu organisationaler Identifikation von Pratt (1998) – von organisationaler Identität spricht, „wenn Gedanken und Einstellungen zur Organisation für die eigenen [sic!] Identität bdeutsam [sic!] werden".[907] In Bezug auf die organisationale Situation wären beide Begriffe jedoch dahingehend zu differenzieren, dass die Bedeutsamkeit der organisationalen Situation erst bei der organisationalen Identifikation für den betroffenen Teilhaber zur subjektiven Tatsache wird, während es sich bei der organisationalen Identität um (lebensweltlich-)objektive Tatsachen handelt.

---

[904] vgl. Mowday/Steers/Porter 1979, S. 226; Allen/Meyer 1990, S. 849

[905] vgl. Pratt 1998, S. 172

[906] vgl. Albert/Whetten 1985, S. 265; Gioia/Schultz/Corley 2000, S. 64; Kreiner 2011, S. 465-472

[907] Felfe 2008, S. 53

6.1.3 Einheitlichkeit und Attraktion als Kriterien der Stärke einer Organisationskultur

Organisationskultur, wie sie hier verstanden wird, basiert auf Gemeinschaft und damit auf einer Attraktion in Bezug auf deren Konventionen.[908] Entsprechend ist nur derjenige Teilhaber der Organisationskultur, der sich mit ihren Werten identifiziert, also in gewisser Weise Identität aus ihr gewinnt. Dies bedeutet, dass eine Organisation weder zwingend über eine Organisationskultur verfügen muss, noch dass alle Mitglieder einer Organisation ihr zugerechnet sein müssen. Dieser Vorstellung folgend kann in einer Organisation, in der jeder für sich selbst kämpft, nicht von einer Organisationskultur gesprochen werden. (Echte) Gemeinschaft – und damit Identifikation und Bindung – ist in einem solchen Fall nicht denkbar, gleichzeitig jedoch Voraussetzung für die Entstehung und Aufrechterhaltung einer Organisationskultur.[909] Die Organisationskultur ist damit nicht zwingend „die Gesamtheit aller in einem Unternehmen bestehenden Normen, Werte und Orientierungen, die durch Aktionsmuster gelebt, entwickelt und verändert werden",[910] sondern bezieht sich nur auf diejenigen Konventionen, die Teil der Organisationskultur (als organisationale Situation) sind. Es können durchaus abweichende Konventionen in der Organisation bestehen,[911] die dann jedoch nicht Teil der Organisationskultur sind, weil sich zwischen den Organisationsmitgliedern kein „emotionaler Wahrnehmungs- und Handlungsverbund"[912] einstellt. Entsprechend gibt es so etwas wie eine Organisationskultur der Unterwerfung oder Eskalation im beschriebenen Sinne nicht.[913] Demgegenüber ist

---

[908] vgl. auch Krell 1988, S. 116

[909] vgl. Smircich 1983b, S. 64; Deeg/Weibler 2008, S. 107

[910] Weidmann/Armutat 2008, S. 90

[911] vgl. Graen 1976, S. 1202

[912] Küpers/Weibler 2005, S. 84

[913] vgl. Abschnitt 5.3.1

etwa eine „up or out"-Organisationskultur möglich und lässt vielleicht sogar diejenigen, die sie „überleben", enger zusammenrücken.

Eine solche Vorstellung von Organisationskultur wird dadurch gestützt, dass sich eine Vielzahl von unabhängigen oder sich gar widersprechenden Konventionen generell nicht zu einer Einheit aggregieren lässt. So kann beispielsweise die Kultur in einer Organisation, die von autoritärer Führung geprägt ist, nicht als Einheit (und damit nicht als Organisationskultur) aufgefasst werden, da die Konventionen für den oder die Führenden andere sind als für den oder die Geführten. Zwischen beiden kann aufgrund des repulsiv geprägten Verhältnisses kein emotionaler Wahrnehmungs- und Handlungsverbund entstehen. Entsprechend können insbesondere auf verschiedenen Hierarchieebenen unterschiedliche Kulturen herrschen. Schein spricht sogar davon, dass sich die Kultur der oberen Führungskräfte generell nicht in (kulturellen) Einklang mit dem Rest der Organisation bringen lässt.[914] Das, was für die Konventionen einer Organisationskultur gilt, gilt entsprechend für die Teilhaber der Organisationskultur. Nicht alle Organisationsmitglieder sind automatisch Teilhaber der Organisationskultur. Organisationskultur verteilt sich letztlich auf diejenigen, die sich ihr (und ihren Konventionen) verbunden fühlen und Identität aus ihr gewinnen.[915] Attraktion ist in jedem Fall eine notwendige Eigenschaft von Organisationskulturen.

Mit Schreyögg lassen sich Organisationskulturen nach ihrer Stärke differenzieren. Eine starke Organisationskultur lässt sich nach ihm anhand dreier Kriterien beurteilen: der Prägnanz, dem Verbreitungsgrad und der Verankerungstiefe. Die Prägnanz einer Organisationskultur bezieht sich auf die Klarheit und Allgemeingültigkeit ihrer Konventionen. Der Verbreitungsgrad gibt den Anteil derjenigen Organisationsmitglieder an, die die Konventionen der Organisationskultur teilen.

---

[914] vgl. Schein 1997, S. 61
[915] vgl. auch Hatch/Cunliffe 2013, S. 159

Die Verankerungstiefe bezieht sich darauf, inwieweit die Konventionen einer Organisationskultur verinnerlicht sind.[916] Bezugnehmend auf die Terminologie dieser Arbeit beruht die Stärke einer Organisationskultur damit im Wesentlichen auf der Existenz weniger strukturierender Enge-Pole im Sinne (überwiegend) einseitiger charismatischer Führungskommunikation beispielsweise durch die Vision (Prägnanz), auf der Anzahl der Teilhaber der Organisationskultur als Gemeinschaft (Verbreitungsgrad) sowie auf dem Grad der leiblichen Einschleifung der Konventionen, also darauf, wie tief diese jeweils verankert bzw. in „Fleisch und Blut" übergegangen[917] und in diesem Sinne veränderbar und zugänglich sind (Verankerungstiefe). Der Unterschied zwischen der Ebene der Basisannahmen und der geteilten Werte bei Schein liegt in ihrer Verankerungstiefe. Inwieweit diese drei Kriterien jeweils zu gewichten sind, ist eine schwierige Frage. Eine Organisationskultur hat beispielsweise eine hohe Verankerungstiefe, aber eine niedrige Prägnanz, wenn die Durchführung von Ritualen einer Organisationskultur mechanische Züge annimmt und dadurch an Bedeutsamkeit verliert.[918]

Dem Verständnis dieser Arbeit folgend ist den drei genannten Kriterien als viertes und notwendiges Kriterium noch die Attraktivität als lustvolle Bindung der Teilhaber einer Organisationskultur untereinander hinzuzufügen.[919] Erst mit diesem Kriterium der Attraktivität lässt sich etwas über die (Ver-)Bindung der Teilhaber untereinander aussagen. Während die drei Kriterien von Schreyögg etwas über die Kohärenz der Organisationskultur aussagen („Kultur vereinheitlicht"), bezieht sich die Attraktion auf deren Kohäsion („Kultur verbindet").[920]

---

[916] vgl. Schreyögg 1989, S. 95-97; 2008, S. 376-378; Scherm/Pietsch 2007, S. 141-142

[917] Sackmann 1983, S. 403

[918] vgl. Abschnitt 5.5.3

[919] vgl. auch Neubauer 2003, S. 33

[920] Ein hoher Verbreitungsgrad kann auf eine hohe Kohäsion der Teilhaber hinweisen, muss dies jedoch nicht. Die Anziehungskraft einer verschworenen

Weder ist die Kohärenz notwendige Voraussetzung der Kohäsion einer Organisationskultur noch umgekehrt, auch wenn das eine das andere jeweils begünstigen kann.[921] Die Attraktion beschreibt, inwiefern die Organisationskultur eine integrierende Wirkung nach innen und eine abgrenzende Wirkung nach außen besitzt. Alternativ könnte hier mit Nerdinger auch zwischen Sozialisation (Kohärenz) und Gravitation (Kohäsion bzw. Attraktion) unterschieden werden.[922]

In Organisationen lässt sich nicht alles durch ihre Kultur erklären, da die Handlungen nicht nur dem Einfluss der Kultur ausgesetzt sind, sondern darüber hinaus einer Reihe weiterer Einflüsse.[923] Die Artefakte in einer Organisation können ebenso Ausdruck der Organisationskultur, der gemeinsamen Situation (z. B. einer Abteilung) oder der persönlichen Situation eines einzelnen Organisationsmitglieds (z. B. das Wohnen im eigenen Büro) sein. Hier ist es in erster Linie die Stärke einer Organisationskultur, die bestimmt, inwieweit sich Subkulturen etablieren (können), die als gemeinsame Situationen über eine ähnliche Stärke wie diese verfügen bzw. sich lediglich durch ihren geringeren Verbreitungsgrad von der Organisationskultur unterscheiden.[924] Es ist prinzipiell möglich, dass eine Organisationskultur von einer Subkultur „abgelöst" wird. Hier gelten dieselben Rahmenbedingungen, die bereits allgemein für eine Gemeinschaft herausgearbeitet wurden.[925] Innerhalb einer Organisation können sich unterschiedliche Konventionen herausbilden, die in ihrer jeweiligen Subkultur Gültigkeit besitzen.[926] Als gemeinsame Situationen können sich Subkulturen beispielsweise auf die Bereiche oder Abteilungen einer Organisation

---

Gemeinschaft kann beispielsweise durch eine Erhöhung des Verbreitungsgrads geschwächt werden.

[921] vgl. Rathje 2007, S. 261-263; 2010, S. 18-22

[922] vgl. Nerdinger 2014a, S. 72

[923] vgl. Hatch 1993, S. 667

[924] vgl. auch Schreyögg 1989, S. 96; Hatch/Cunliffe 2013, S. 161

[925] vgl. Abschnitt 5.5

[926] vgl. Sackmann 1991, S. 28

sowie allgemein auf größere Gruppen beziehen.[927] Da neben der Organisationskultur in Organisationen allgemein eine Vielzahl gemeinsamer Situationen im Sinne einer situativen Pluralität existieren,[928] muss die Organisationskultur immer relativ zu anderen Situationen gesehen werden, da sich bereits in kleinen Arbeitsgruppen oder Abteilungen immer auch Konventionen entwickeln, die keiner Anbindung an eine „übergeordnete" Organisationskultur bedürfen, deshalb jedoch zu dieser noch lange nicht in Konkurrenz stehen (müssen).

6.2 Die organisationale Atmosphäre

6.2.1 Die atmosphärische Wirkung der Organisationskultur

Die Organisationskultur hat mit der Ebene der Artefakte eine sichtbare Seite und ist damit eng mit der Wahrnehmung der Organisationsmitglieder verbunden. Kulturelle Artefakte sind sichtbarer Ausdruck der Konventionen einer Organisationskultur.[929] Als Ausdruck werden die Artefakte einer Organisationskultur ganzheitlich und damit entweder als Atmosphäre (Gefühlsausdruck) oder in Führungs- und Teamkommunikation (Erlebnisausdruck) über Brückenqualitäten wahrgenommen. Die Verhaltensweisen äußern sich primär in leiblicher Kommunikation, können jedoch auch als Atmosphäre wahrgenommen werden. Dies ist der Fall, wenn die Verhaltensweisen zwar wahrgenommen werden, man jedoch nicht in sie verstrickt ist, beispielsweise wenn man ein Großraumbüro betritt und die Anwesenden alle hektisch gestikulieren oder lethargisch vor sich hin darben. Dass man nicht in sie verstrickt ist, heißt jedoch nicht, dass man (z. B. in Bezug auf den vorgefundenen Zustand) nicht affektiv von ihr betroffen sein kann.

---

[927] vgl. Jacobsen 1996, S. 49; Neubauer 2003, S. 34

[928] vgl. Abschnitt 5.8

[929] vgl. Schein 1984, S. 3-4; Sackmann 1991, S. 33; Nerdinger 2014b, S. 153

Die Atmosphäre einer Organisationskultur wird wesentlich durch die Erwartungshaltung ihrer Teilhaber bestimmt. Dies gilt analog für den Spielraum der Führungs- und Teamkommunikation, der ebenso kulturell geprägt und durch die Erwartungshaltungen der Kommunizierenden konventionell vorgegeben ist. Je stärker eine Organisationskultur ist, desto weniger wird ein Abweichen von ihren Konventionen geduldet. Wer beispielsweise die Kleiderordnung einer Organisation nicht beachtet, wird als atmosphärischer „Störfaktor" wahrgenommen. Ähnliches mag für eine Abteilung gelten, die entgegen den Gepflogenheiten ihre Räumlichkeiten in tiefstem Schwarz hält und anstatt des normalen Lichts Kerzen aufstellt. Die architektonische Gestaltung der Gebäude und die Inneneinrichtung sind ein Spiegelbild des individuellen Charakters einer Organisation[930] und dieses Spiegelbild gilt es zu wahren bzw. nicht zu verzerren. Die atmosphärische Wirkung von Gebäuden oder Inneneinrichtungen besitzt nur dann Autorität, wenn sie aus einer kulturellen Prägung heraus als authentisch oder glaubwürdig empfunden wird.[931] Dies gilt ebenso für leibliche Kommunikation. Wer sich nicht an die Regeln der Führungskommunikation hält und seinen Vorgesetzten den Konventionen bzw. etablierten Dominanzverhältnissen widersprechend duzt oder seinen Blick zurückwirft, wenn ein Ausweichen erwartet wird, dem wird ablehnendes Verhalten entgegengebracht. Wer die Teamkommunikation einer Organisation nicht beherrscht, wird nicht als vollwertiges Mitglied akzeptiert, da er das Miteinander eher stört als fördert.

Die atmosphärische Wirkung von Artefakten wie Architektur, Mythen, Kleidung und Verhaltensweisen ist nicht nur Ausdruck der Konventionen im Sinne einer Resultante, sondern wirkt verstärkend auf diese zurück, so dass sich die Konventionen und die Artefakte einer Organisationskultur gestaltkreishaft hervorbringen und aufrechterhalten.[932]

---

[930] vgl. Berg/Kreiner 1990, S. 42
[931] vgl. ebd., S. 65
[932] vgl. auch Gagliardi 2006, S. 704; Adloff 2013, S. 112; Küpers 2013a, S. 326

Die Organisationskultur wird vermittelt, erneuert und erzeugt, indem die Organisationsmitglieder die Konventionen atmosphärisch entfalten.[933] Die Organisationskultur prägt nicht nur die Erscheinungsweise und die Verhaltensweisen ihrer Teilhaber, sondern auch, wie diese von den jeweils anderen Teilhabern wahrgenommen werden.[934] Eine kulturkonforme Erscheinung und ein kulturkonformes Verhalten werden als stimmig wahrgenommen. Ein Abweichen von der konventionsadäquaten Atmosphäre wird von der Allgemeinheit dagegen als unstimmig wahrgenommen und in diesem Sinne nicht geduldet und niedergehalten.[935] Die Atmosphäre der Organisationskultur schränkt dadurch, dass sie die Konventionen nicht nur ausdrückt, sondern auch festhält, den Handlungsspielraum der Organisationsmitglieder ein.[936] Dieser Einschränkung des Handlungsspielraums steht entsprechend eine Erleichterung der Orientierung gegenüber.[937]

Besonders deutlich wird der Einfluss der Atmosphäre einer Organisationskultur auf den konventionell vorgegebenen Handlungsspielraum für neue Organisationsmitglieder. Diese sind mit den Konventionen zunächst nicht vertraut, müssen sich diese jedoch als die richtige Art des Wahrnehmens, Denkens und Fühlens in einem Sozialisationsprozess aneignen, um Teilhaber der Organisationskultur zu werden.[938] Dieser Sozialisationsprozess nimmt seinen Beginn auf der sichtbaren Ebene einer Organisationskultur. Die neuen Organisationsmitglieder erleben am eigenen Leib, wie die Mitglieder der Organisation in leiblicher Kommunikation miteinander umgehen, welche Atmosphäre als

---

[933] vgl. auch Brown/Brooks 2002, S. 330

[934] vgl. Weick/Sutcliffe 2010, S. 116

[935] vgl. auch Fromm 2008, S. 80

[936] vgl. Neuberger 1989, S. 73-74

[937] vgl. Schreyögg 1988, S. 162; 2008, S. 377-378

[938] vgl. Schein 1984, S. 3; Ford 1999, S. 386; Alvesson 2013, S. 64; Nerdinger 2014b, S. 150-151

passend empfunden wird und welche nicht.[939] Wie leicht sich die Anpassung neuer Organisationsmitglieder und die Übernahme von Ritualen vollzieht, hängt auch von deren Vorgeschichte und Anschlussfähigkeit an die neue Kultur ab,[940] so dass neue Organisationsmitglieder teilweise danach ausgewählt werden, ob sie zur bestehenden Kultur passen oder nicht.[941] Da ein neues Organisationsmitglied mit seiner Vorgeschichte immer auch eigene Impulse mit in die Organisationskultur einbringt, besteht zumindest prinzipiell die Möglichkeit, dass diese Impulse in die Organisationskultur mit einfließen.[942] Die Möglichkeit der Impulssetzung besteht beispielsweise durch eine relativ hohe Anzahl neuer im Vergleich zu bestehenden Organisationsmitgliedern (Verbreitungsgrad), durch einen relativ geringen Einschleifungsgrad der bestehenden Organisationskultur (Verankerungstiefe) oder durch das Charisma der neuen Organisationsmitglieder (Prägnanz, Attraktion).[943] Organisationskultur birgt einerseits die gestaltkreishafte Tendenz der Verfestigung und ist andererseits in einem beständigen Wandel neuer Mitglieder und Erfahrungen.[944] Auf welcher Seite der „Schwerpunkt" liegt, hängt von der Stärke der Organisationskultur ab.

6.2.2 Organisationsklima als organisationale Atmosphäre

Die geteilten Wahrnehmungen innerhalb einer Organisation wurden bislang als Atmosphären verstanden, die über die Organisationskultur gebunden und stabilisiert werden sowie ihrerseits die Organisationskultur stabilisieren und aufrechterhalten. Diese Atmosphären, die an die Organisationskultur als organisationale Situation gebunden sind,

---

[939] vgl. Selan 2006, S. 66

[940] vgl. Weber 2012, S. 141

[941] vgl. Schein 1990, S. 115; Scherm/Julmi 2012, S. 75

[942] vgl. Schein 1984, S. 12; Julmi/Scherm 2012a, S. 29; Scherm/Julmi 2012, S. 75

[943] vgl. Julmi/Scherm 2012a, S. 29

[944] vgl. Schein 1990, S. 115

können als organisationale Atmosphären verstanden werden. Durch die Verwurzelung organisationaler Atmosphären in den (organisationalen) Konventionen kann davon ausgegangen werden, dass zwischen den verschiedenen kulturinduzierten Atmosphären in Organisationen eine gewisse Konsistenz besteht, so dass diese jeweils als stimmig erlebt werden und über die Organisationskultur eine zeitliche Stabilität erhalten. Diese Eigenschaften organisationaler Atmosphären lenken die Aufmerksamkeit auf das Konzept des Organisationsklimas, wie nachfolgend kurz erläutert werden soll. Hierbei besteht der Zweck keinesfalls darin, den aktuellen Stand der sehr vielschichtigen Organisationsklimaforschung und ihren Zusammenhang zur Organisationskulturforschung aufzuarbeiten.[945] Vielmehr liegt der Fokus auf einer restrealistischen Integration des Konzepts in den aufgezeigten Zusammenhang von Organisationskultur und Atmosphäre.

Das Konzept des Organisationsklimas bezieht sich allgemein auf die geteilte und zeitlich überdauernde Wahrnehmung einer Organisation oder bestimmter Merkmale einer Organisation durch die Organisationsmitglieder.[946] Das Organisationsklima ist einerseits in den jeweils subjektiven Wahrnehmungen der Organisationsmitglieder fundiert, wird jedoch andererseits als Eigenschaft der Organisation und damit unabhängig vom einzelnen Organisationsmitglied betrachtet[947] und auf der organisationalen Ebene verortet.[948] Ein Organisationsklima ergibt sich jedoch erst dann, wenn die Organisationsmitglieder in ihren jeweiligen individuellen Wahrnehmungen eine gewisse Konsistenz aufweisen.[949] Je konsistenter die Wahrnehmungen der

---

[945] vgl. hierzu z. B. Conrad/Sydow 1988; Moran/Volkwein 1992; Denison 1996; Schneider/Ehrhart/Macey 2011; 2013

[946] vgl. Ashforth 1985, S. 837; Conrad/Sydow 1988, S. 82; West/Richter 2008, S. 214; Schneider/Ehrhart/Macey 2013, S. 362; Rosenstiel/Bögel 2014, S. 194

[947] vgl. Woodman/King 1978, S. 818

[948] vgl. Moran/Volkwein 1992, S. 20; Schneider/Ehrhart/Macey 2013, S. 364

[949] vgl. Giesler 2003, S. 146-147

Organisationsmitglieder sind, desto eher werden sie sich auch als Kollektiv konsistent verhalten und untereinander Konsens finden.[950]. Der Grad dieser Konsistenz bestimmt die Stärke eines Organisationsklimas.[951]

Bereits mit dieser sehr knappen Ausführung zum Organisationsklima wird deutlich, dass das Organisationsklima restrealistisch mit den organisationalen Atmosphären gleichgesetzt werden kann.[952] Hierbei ist jedoch zu berücksichtigen, dass es nicht „die eine" organisationale Atmosphäre gibt, so wie es „die eine" Organisationskultur gibt. Eine gemeinsame Situation kann von verschiedenen Atmosphären durchzogen sein bzw. sich atmosphärisch jeweils auf verschiedene Weise zeigen. Ihre (jeweilige) Stimmigkeit in Bezug auf die Organisationskultur wird dadurch nicht infrage gestellt. Dies gilt entsprechend für das Organisationsklima. Indem das Organisationsklima als restrealistisches Phänomen verstanden wird, verliert es spezifische Eigenschaften, die dem Organisationsklima als nicht direkt beobachtbares, statisches und naturwissenschaftliches Konstrukt häufig zugeschrieben werden.[953] Stattdessen zeigt sich das Organisationsklima auf jeweils verschiedene Weise und wird doch in Bezug auf die Organisationskultur als stimmig empfunden und entsprechend konsistent wahrgenommen, so dass die Stärke des Organisationsklimas von der Stärke der Organisationskultur abhängt, die letztlich ebenso auf die Konsistenz der geteilten Konventionen und (wahrnehmbaren) Verhaltensweisen verweist.[954]

---

[950] vgl. Schneider/Ehrhart/Macey 2013, S. 368

[951] vgl. ebd., S. 367; Flamholtz/Randle 2014, S. 249

[952] vgl. auch Forehand/Gilmer 1964, S. 377; Payne/Mansfield 1978, S. 210; Isaksen 2009, S. 183; Flamholtz/Randle 2014, S. 249

[953] vgl. Ashforth 1985, S. 837; Conrad/Sydow 1988, S. 82; Patterson/Warr/West 2004, S. 198

[954] vgl. Sørensen 2002, S. 72

6.3 Organisationsklima und Organisationskultur

6.3.1 Klimatische Erneuerung und Umstimmung der Organisationskultur

Die Organisationskultur ist als organisationale Situation vom Organisationsklima als organisationale Atmosphäre(n) durchzogen. Zwischen Organisationskultur und Organisationsklima besteht eine gestaltkreishafte Verbindung: Das Organisationsklima ist Ausdruck der Konventionen einer Organisationskultur[955] und diese Konventionen werden über das Organisationsklima erneuert und auf diese Weise gefestigt. Diesem Ansatz am nächsten kommen Flamholtz/Randle, die das Organisationsklima explizit als die Atmosphäre einer Organisation verstehen, die wesentlich durch die Organisationskultur beeinflusst wird.[956] Indem das Organisationsklima nicht nur Ausdruck der Konventionen einer Organisationskultur ist, sondern ebenso auf diese zurückwirkt, kommt ihm eine phänomenologische Eigenständigkeit zu, durch die es möglich ist, dass das Organisationsklima auf eine Weise wirkt, die nicht kulturinduziert ist.

Bei der Organisationskultur handelt es sich um eine zuständliche Situation, deren Bedeutsamkeit sich atmosphärisch als Organisationsklima in der Regel nur in Ausschnitten (segmentiert) zeigt. Obwohl sich die Organisationskultur aufgrund der leiblichen Responsivität und der Spontaneität ihrer Teilhaber auch als zuständliche Situation in einem Prozess des beständigen Wandels befindet,[957] ist eine Erneuerung oder Umgestaltung der Organisationskultur nur in einer aktuellen Situation und damit einhergehend außeralltäglich (impressiv) sich manifestierendem Organisationsklima möglich.[958] Berezin spricht in einem vergleichbaren Kontext von spektakulären Ereignissen, die

---

[955] vgl. Schein 2010, S. 25; Ashkanasy/Härtel 2014, S. 136-137
[956] vgl. Flamholtz/Randle 2014, S. 249
[957] vgl. auch Schein 1984, S. 14
[958] vgl. auch Abschnitt 5.5.2

intensive Erfahrungen induzieren und diese Erfahrungen in den kollektiven Erfahrungsschatz reabsorbieren lassen.[959] Im Folgenden sollen die Erneuerung und die Umgestaltung der Organisationskultur mittels intensiver klimatischer Erfahrungen jeweils gesondert betrachtet werden. Der erste Fall wird als „klimatische Erneuerung", der zweite Fall – mit Schmitz (1973b, S. 150) – als „klimatische Umstimmung" bezeichnet.

Mit der Verankerungstiefe einer Organisationskultur droht die Absinkung in die Alltäglichkeit und damit verbunden der Verlust des Inhalts an die Form.[960] Eine klimatische Erneuerung wirkt gewissermaßen dem Absinken der Organisationskultur in die Alltäglichkeit und dem damit verbundenen Verlust an Bedeutsamkeit entgegen. Um mit zunehmender Bedeutung der Form den Inhalt zu bewahren, bedarf es kulturkonformer Zeremonien, um das Organisationsklima als (organisationale) Atmosphäre der (organisationalen) Gemeinschaft wieder aufleben zu lassen. Zeremonien „haben nicht nur die Funktion, Traditionen zu bewahren, sondern sie beschwören auch immer wieder aufs Neue den gemeinsamen Geist; sie geben das Gefühl des Dazugehörens und stimmen neue Mitglieder auf die Kultur ein. Auf dem Hintergrund dieser Funktionen ebnen sie den Weg, Meinungsverschiedenheiten beizulegen und drohende Konflikte abzuwiegeln; sie geben der Gemeinsamkeit die Priorität".[961] Nach Sackmann dienen Zeremonien dazu, „emotionale Energie in Form von Gefühlen freizulassen" und „die Strukturen und das Funktionieren einer Organisation zu stabilisieren und fortzuführen".[962] Da mit dem Absinken in die Alltäglichkeit eine Schwächung der Organisationskultur und längerfristig sogar ihr Verlust drohen, ist eine (regelmäßige) klimatische Erneuerung für den Erhalt einer Organisationskultur grundsätzlich notwendig.

---

[959] vgl. Berezin 2012, S. 627
[960] vgl. auch Sackmann 1983, S. 402
[961] Schreyögg 1989, S. 100
[962] Sackmann 1983, S. 402

Während die Verankerungstiefe die „Verinnerlichung" der Konventionen im Alltag beschreibt, setzt die klimatische Erneuerung an der Prägnanz und der Attraktion der Organisationskultur an. Zeremonien, die neue Organisationsmitglieder auf die Organisationskultur einstimmen sollen, wirken zudem auf deren Verbreitungsgrad.

Mit Knodt lassen sich in Bezug auf klimatische Erneuerungen insbesondere die gemeinschaftsbildende Funktion und die Außeralltäglichkeit von Festen (als spezielle Form von Zeremonien) hervorheben. Knodt beschreibt das Fest als „die Gemeinschaft als Ereignis"[963] schlechthin und Festlichkeit als „das Durchbrechen zueinander, im Extrem sogar [als] die Auflösung alltäglicher Zeit- und Raumbestimmungen und die Neubegründung einer Gemeinschaft".[964] Für Knodt stellt das Fest mit seiner „atmosphärischen Überflutung"[965] gleichsam das Ausgleichselement (und den Trost) für das Trostlose des Alltags dar.[966]

Insbesondere über die Prägnanz – die als Ausdruck strukturierender Enge-Pole wesentlich mit (charismatischer oder autoritärer) Dominanz verbunden ist – geht mit starken Organisationskulturen eine Autorität einher, die durch den gezielten Einsatz von Zeremonien auch die Möglichkeiten der Täuschung und des Missbrauchs eröffnet. Diese Facette starker Organisationskulturen wird teilweise als deren „dunkle Seite" bezeichnet.[967] Grundsätzlich ist etwa die zeremonielle Aufführung von Festen ein sehr altes Mittel, um die Dominanzverhältnisse einer Kultur zu festigen, ihre Mythen in einer aktuellen Situation aufleben zu lassen und die (Attraktion innerhalb der) Gemeinschaft zu

---

[963] Knodt 1994, S. 64, Hervorhebungen im Original

[964] ebd., S. 65

[965] ebd., S. 66

[966] vgl. ebd., S. 65

[967] vgl. z. B. Willmott 1993b, S. 515; O'Reilly/Chatman 1996, S. 187-188; Alvesson 2013, S. 152

festigen.[968] Als „Eindruckstechniken" können zeremonielle Aufführungen als gezielte Instrumente der Machterhaltung durch die Machthaber eingesetzt werden.[969] Willmott spricht in diesem Zusammenhang von einer Kolonisierung der affektiven Domäne der Organisationsmitglieder, indem die Bindung der Organisationsmitglieder an eine monolithische Struktur des Wahrnehmens, Fühlens und Denkens gebunden wird, wodurch die Organisationskultur totalitäre Züge annimmt.[970] Denn eine starke Organisationskultur bedeutet auch, dass abgrenzendes Verhalten in Bezug auf deren Konventionen – durch die Herrschaft oder Diktatur des „Man" – nicht geduldet und niedergehalten wird. Dadurch können sich Organisationsmitglieder, die aufgrund fehlender Attraktion keine Teilhaber der Organisationskultur sind, dem Zwang ausgesetzt sehen, dem konventionellen Druck der Organisationskultur nachzugeben und das eigene Handeln entsprechend auszurichten.[971] In diesem Sinne spielt auch die autoritäre Führungskommunikation für die Organisationskultur eine Rolle, die durch Repulsion nach außen die Attraktion nach innen sogar verstärken kann, zumindest für diejenigen, die aufrichtig an ihre Kultur „glauben".

Neben der klimatischen Erneuerung ist ebenso eine klimatische Umstimmung möglich, nach der eine Änderung des Organisationsklimas auch eine Veränderung der Konventionen herbeiführt. Da sich das Organisationsklima auf die geteilten Wahrnehmungen bezieht, kann es sich prinzipiell schneller ausformen und verändern als die eingeschliffenen Konventionen der Organisationskultur[972] und entsprechend auch im Widerspruch zu diesen stehen.[973] Dieser Unterschied ist

---

[968] vgl. Rappe 2008a, S. 82

[969] vgl. ebd., S. 90; auch Schmitz 2005c, S. 39

[970] vgl. Willmott 1993b, S. 517

[971] vgl. Schreyögg 1989, S. 102; Willmott 1993b, S. 522-523; Oelsnitz 2000, S. 161; Abschnitt 5.5.2

[972] vgl. Moran/Volkwein 1992, S. 39; auch Ozcelik/Langton/Aldrich 2008, S. 189

[973] vgl. Schöll 2009, S. 39

jedoch kein prinzipieller, sondern ein gradueller, da (wie gezeigt) auch die Wahrnehmung über die gestaltkreishafte Verbundenheit von Organisationskultur und Organisationsklima eingeschliffen und perspektivisch geschient ist.[974] Entsprechend muss eine Atmosphäre eine gewisse – durch die Prägnanz, die Verankerungstiefe und die Attraktion einer Organisationskultur bestimmte – „Intensitätsschwelle" überschreiten, bevor sie von den Teilhabern einer Organisationskultur als aktuelles Organisationsklima geteilt wird und die kulturellen Konventionen beeinflussen bzw. verändern kann.[975] Schein wählt hier als recht drastisches Beispiel eines solchen Überschreitens der Intensitätsschwelle die gemeinsame Erfahrung einer Kampfeinheit im Krieg.[976]

Ein solches Überschreiten der kulturinduzierten Intensitätsschwelle zeigt sich insbesondere bei historischen Wendepunkten auf organisationaler Ebene, die etwa durch Krisen oder Misserfolge herbeigeführt werden können,[977] aber auch unwillkürlich, etwa wenn sprichwörtlich der Funke überspringt und die Organisationsmitglieder mitgerissen werden.[978] Schmitz spricht in diesem Zusammenhang von „[k]limatischen Umstimmungen der Atmosphäre des Erlebens",[979] die bis hinein in die leiblich eingeschliffenen Verhaltensweisen der Organisationsmitglieder wirken können.[980] Bei einer klimatischen Umstimmung tauchen die betroffenen Organisationsmitglieder in ein spürbares Organisationsklima als geteilte und impressiv sich manifestierende Atmosphäre ein und bestimmen „die Bildungen und Wandlungen der

---

[974] vgl. Rappe 2005, S. 420-421, 434

[975] vgl. auch Schein 1990, S. 115; Nolan/Küpers 2009, S. 67

[976] vgl. Schein 1990, S. 111

[977] vgl. auch Sackmann 1983, S. 403-404

[978] vgl. auch Schmitz 1973b, S. 151

[979] ebd., S. 150

[980] vgl. auch ebd., S. 150; Hatch 1993, S. 674

Geschichte wesentlich" mit.[981] Eine klimatische Umstimmung kann allmählich oder plötzlich einsetzen.[982]

Eine klimatische Umstimmung kann das Organisationsklima ins Negative ebenso wie ins Positive kippen lassen. Negativ zeigt sie sich, wenn
ein bestimmtes Verhalten zu einem bestimmten Zeitpunkt das „Fass
zum Überlaufen bringt" und das Organisationsklima dadurch nachhaltig vergiftet.[983] Diese Gefahr besteht bei der autoritären Führung,
wenn der durch sie auferlegte Zwang nicht mehr hingenommen wird
oder ein solcher aufgrund eines bestimmten Ereignisses nicht mehr
gegeben ist. In diesem Fall kann der autoritär Führende – der per Definition kein Teilhaber der Organisationskultur ist – in seiner Position
bedroht werden. Ebenso ist eine negative klimatische Umstimmung
möglich, wenn beispielsweise die als ungerecht empfundene Verteilung von Ressourcen dauerhaft unausgeglichen bleibt und sich der
über einen längeren Zeitraum aufgestaute Unmut negativ entlädt.[984]
Positiv kann sich die klimatische Umstimmung bei der charismatischen Führung zeigen. Bereits eine einzige visionäre Rede eines charismatischen Führers kann einen historischen Wendepunkt im beschriebenen Sinne herbeiführen. In diesem Zusammenhang wird als
Beispiel gerne die berühmte Rede von Martin Luther King („I have a
dream") genannt.[985] Autoritäre und charismatische Führung können
hier durchaus Hand in Hand gehen, beispielsweise wenn ein Aufstand
gegen die autoritäre Führung von einem charismatisch Führenden ge-
leitet wird, der dem autoritär Führenden gleichsam den dominanten
Enge-Pol „entreißt" und das Klima lustvoll kippen lässt. Insgesamt
spielt vorhandene oder nicht (mehr) vorhandene Führung bzw.

---

[981] Schmitz 1973b, S. 147
[982] vgl. ebd., S. 152; Härtel/Ashkanasy 2011, S. 95
[983] vgl. Uzarewicz 2011, S. 279
[984] vgl. Rappe 2008a, S. 115
[985] vgl. Neubauer 2003, S. 145

Führungskommunikation bei klimatischen Umstimmungen eine wesentliche Rolle.[986]

6.3.2 Organisationsklima ohne Organisationskultur

Die Organisationskultur wurzelt in den Konventionen der Organisationsmitglieder als Gemeinschaft. Sie hat als gemeinsamer Handlungs- und Wahrnehmungsverbund eine attraktive Wirkung und ist in diesem Sinne lustvoll geprägt. Das Organisationsklima bezieht sich restrealistisch auf die geteilte Wahrnehmung von mehreren Organisationsmitgliedern und verweist auf das Phänomen der (geteilten) Atmosphäre. Entsprechend kann ein Organisationsklima ebenso lustvoll wie unlustvoll geprägt sein. Dies stellt keinen Widerspruch dar, wie am Beispiel der Trauerfeier gezeigt wurde.[987] Es ist jedoch auch ein Fall möglich, der bisher nicht betrachtet wurde: der Fall einer geteilten Wahrnehmung (Organisationsklima) ohne geteilte Gemeinschaft (Organisationskultur). Organisationskultur wird im Rahmen dieser Arbeit als Gemeinschaft verstanden, was zur Folge hat, dass eine Organisation, die von autoritärer Führung geprägt ist und ohne Teamkommunikation auskommt, diesem Verständnis folgend keine Organisationskultur besitzt. Der Gedanke dahinter ist der, dass sich alleine durch abgrenzendes Verhalten keine Gemeinschaft gewinnen lässt und sich ohne Gemeinschaft keine gemeinsamen Konventionen bilden können, auf die man sich ohne Nachdenken „intuitiv" verlässt, da jeder letztlich auf seine persönliche Situation zurückgeworfen wird und entsprechend jeder seine eigenen Konventionen bzw. Überlebensstrategien bilden (oder sich „ausdenken") muss. Die in der Organisationskulturforschung diskutierte Frage, ob eine von abgrenzendem Verhalten

---

[986] vgl. auch Litwin/Stringer 1968, S. 144; Isaksen 2007, S. 5
[987] vgl. Abschnitt 5.4.2

und Dissens geprägte Organisation eine Organisationskultur besitzt,[988] wird entsprechend verneint.

Das Fehlen einer Organisationskultur impliziert jedoch kein Fehlen eines Organisationsklimas. Die Mitglieder einer Organisation können jeder für sich sein und doch eine atmosphärische, zeitlich stabile Wahrnehmung der Organisation teilen. Eine auf autoritärer Führung aufgebaute „Schreckensherrschaft", die jede Gemeinschaftsbildung wirkungsvoll zu unterbinden weiß, führt zu einem Klima der Angst und der Isolation, das nicht nur jeder für sich aus seiner Situation je anders wahrnimmt, sondern ebenso als objektive Tatsache in der Luft liegt und den Organisationsmitgliedern als subjektive Tatsache die Kehle zuschnürt.[989] Ähnliches gilt etwa für eine Klima des Misstrauens, bei der es keiner autoritären Führung bedarf, um eine Gemeinschaftsbildung zu verhindern. Zieht man die Kriterien der Prägnanz, des Verbreitungsgrads und der Verankerungstiefe heran, ließe sich in manchen Fällen noch von einer Organisationskultur sprechen. Insbesondere die Prägnanz – als unlustvoll erlebter, dominierender Enge-Pol – scheint hier eine wichtige Rolle zu spielen. Fällt der Enge-Pol (z. B. durch einen Sturz des Schreckensherrschers) weg, kann das Organisationsklima schlagartig aufbrechen und die Verhaltensweisen können sich verändern.[990] Unabhängig von diesen Kriterien lässt sich jedoch in allen diesen Fällen nicht von einer Organisationskultur sprechen, weil das Kriterium der Attraktivität nicht gegeben ist.

Durch ein solches Verständnis wird erneut die (phänomenologische) Eigenständigkeit des Phänomens des Organisationsklimas gegenüber dem Phänomen der Organisationskultur deutlich. Entsprechend kann das Organisationsklima nicht auf die sichtbare Ebene der Organisationskultur reduziert werden, auch wenn das Organisationsklima

---

[988] vgl. Schneider/Salvaggio 2002, S. 221
[989] vgl. auch De Rivera 1992, S. 201
[990] vgl. auch Nolan/Küpers 2009, S. 62

häufig genau dies ist: die Manifestation der Organisationskultur. Es ist jedoch neben der klimatischen Umstimmung ebenso möglich, dass die Entstehung einer Organisationskultur gerade durch das Organisationsklima verhindert wird oder eine bestehende Organisationskultur durch eine klimatische Umstimmung zerstört wird.

6.4 Der Gestaltkreis der Organisationskultur

Auf organisationaler Ebene besteht – wie in diesem Kapitel gezeigt – ein enges, wechselseitiges Verhältnis zwischen Atmosphäre, Klima und Kultur. Die Atmosphäre bezieht sich jeweils auf die konkrete Wahrnehmung eines Organisationsmitglieds in Bezug auf die Organisation. Handelt es sich bei dieser Wahrnehmung um eine von den Organisationsmitgliedern geteilte und zeitlich relative stabile Wahrnehmung, kann die Atmosphäre als Klima bezeichnet werden. Das Klima verweist auf die Verfestigung einzelner Atmosphären. Wirkt sich das Klima zudem auf die Verhaltensweisen aus und bestimmt den konventionellen Umgang sowie die Identität der Teilhaber untereinander über einen längeren Zeitraum, so dass von einer Verfestigung gesprochen werden kann, besteht zudem eine gemeinsame Situation konventioneller Art, die als Kultur bezeichnet wird. Die Kultur besteht aus einer nicht sichtbaren Ebene der Konventionen sowie einer sichtbaren Ebene der Artefakte. Als Ausdruck der Konventionen bilden die (einzelnen) Artefakte (ganzheitliche) Atmosphären, so dass die Kultur atmosphärisch bzw. dann klimatisch wirkt, wodurch die Kultur beständig vermittelt, erneuert und erzeugt wird. Diese sich selbst verstärkende Wirkung von Organisationskultur, Atmosphäre und Organisationsklima kann der Terminologie dieser Arbeit folgend als „Gestaltkreis der Organisationskultur" bezeichnet werden.[991] Abb. 7 veranschaulicht diesen Zusammenhang.

---

[991] vgl. Julmi/Scherm 2012a, S. 15-21; Scherm/Julmi 2012, S. 73

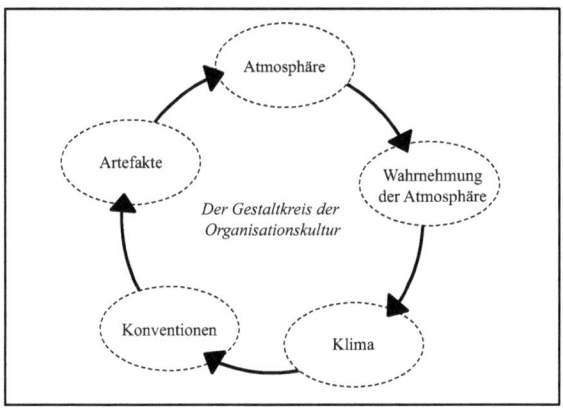

Abb. 7 Der Gestaltkreis der Organisationskultur (vgl. Julmi/Scherm 2012a, S. 31)

Das als Gestaltkreis erarbeitete Verständnis von Atmosphäre, Klima und Kultur stimmt in hohem Maße mit den Arbeiten von De Rivera und deren Übertragungen auf den organisationalen Kontext von Müller-Seitz sowie mit den Arbeiten von Pfister überein, die diesen Zusammenhang ebenfalls als Kreislauf beschreiben und die Begriffe Atmosphäre, Klima und Kultur durch ihre (in dieser Reihenfolge) zunehmende zeitliche Stabilität kennzeichnen.[992] Ebenfalls mit diesen Arbeiten konsistent sind die Möglichkeiten einer klimatischen Erneuerung sowie einer klimatischen Umstimmung der Kultur. Mit der klimatischen Erneuerung lassen sich (zumindest analytisch) zwei unterschiedliche Kreisläufe innerhalb des Gestaltkreises der Organisationskultur konzipieren: der „Kreislauf der Bestätigung" und der „Kreislauf der Erneuerung". Der Kreislauf der Bestätigung zeichnet sich durch die segmentierte atmosphärische Wahrnehmung der Organisationskultur aus. Die kulturinduzierte Atmosphäre wird als segmentierte immer nur bloß wahrgenommen, schleift sich jedoch durch die kontinuierliche Bestätigung leiblich ein. Dem Kreislauf der Bestätigung fehlt

---

[992] vgl. Abschnitte 3.3.2 und 3.3.4

jedoch das affektive Betroffensein der Organisationsmitglieder, so dass dieser Kreislauf alleine zu einem Absinken in die Alltäglichkeit und einer gleichzeitigen Mechanisierung der Rituale führt. Hier bedarf es eines zusätzlichen Kreislaufs der Erneuerung, der die Organisationskultur in einer impressiv sich zeigenden Atmosphäre zeremoniell zum Ausdruck bringt. Eine solche impressive Atmosphäre wird nicht nur wahrgenommen, sondern macht die Teilhaber der Organisationskultur affektiv betroffen, so dass die Organisationskultur „mit Leben" gefüllt bzw. vor dem Absinken in die Bedeutungslosigkeit bewahrt wird.

Auf ähnliche Weise wirkt auch die klimatische Umstimmung, die nur über das affektive Betroffensein der Teilhaber der Organisationskultur Letztere zu beeinflussen vermag. So kann sich etwa bei Restrukturierungsmaßnahmen das Organisationsklima für alle wahrnehmbar – im Sinne eines kollektiven affektiven Betroffenseins – verändern,[993] wodurch sich mit der Zeit auch die Organisationskultur verändern kann.[994] Voraussetzung für eine klimatische Umstimmung ist allerdings, dass eine gewisse Intensitätsschwelle überschritten wird, die wiederum von der Stärke der Organisationskultur abhängt. Während die Intensitätsschwelle von der Prägnanz, dem Verbreitungsgrad, der Verankerungstiefe und der Attraktion bestimmt wird, greift ihr Überschreiten wesentlich an der Prägnanz an, wenn innerhalb der Organisationskultur ein Enge-Pol wegfällt (z. B. der Enge-Pol des Erfolgs bei Misserfolg, der gemeinsamen Vergangenheit bei einer Restrukturierung oder eines charismatisch Führenden durch seine Versetzung) oder ein neuer hinzukommt, der die Organisationsmitglieder gleichsam in ihren Bann zieht. Eine Senkung der Intensitätsschwelle ist jedoch auch über die Schwächung der Attraktion möglich (z. B. durch das Schüren von Misstrauen) oder über einen signifikanten Austausch der Organisationsmitglieder und die damit verbundene Senkung des

---

[993] vgl. Isaksen 2007, S. 5
[994] vgl. Härtel/Ashkanasy 2011, S. 95

Verbreitungsgrads. Zusammenfassend sind die beiden Kreisläufe der Bestätigung und der Erinnerung sowie die Möglichkeit einer klimatischen Umstimmung schematisch in Abb. 8 abgebildet.

Die beiden Kreisläufe der Organisationskultur sollen allerdings nicht suggerieren, dass die Organisationskultur – von klimatischen Umstimmungen abgesehen – nur die Tendenz der Verfestigung kennt. Der konventionell vorgegebene Spielraum einer Organisationskultur mag zwar immer kleiner werden, eine vollständige Mechanisierung – und damit Determinierung – ist jedoch mit der leiblich zusammengebundenen Spontaneität und Responsivität ihrer Teilhaber nicht vereinbar. Eine vollständige Mechanisierung entspräche einer vollständigen Bedeutungslosigkeit und diese wiederum einer vollständigen Auflösung der gemeinsamen Situation (inklusive ihrer Bindung). Jede gemeinsame Situation besitzt notwendigerweise einen Spielraum, der jeweils unterschiedlich ausgefüllt werden kann, so dass bezüglich der Entwicklung einer konventionellen gemeinsamen Situation ein Mindestmaß an Offenheit konstitutiv ist. Dies gilt für beide Kreisläufe gleichermaßen. Die alltäglichen Rituale sind zwar eingeübt, werden jedoch beständig durch leiblich-spontane Impulse mitkonstituiert und auf diese Weise auch variiert. Eine Zeremonie kann kulturkonform sein, jedoch ebenso abweichende oder ergänzende Elemente enthalten, die ihren Weg in die Organisationskultur finden. Kulturfremde Artefakte können ebenso abgelehnt (und entfernt) wie akzeptiert (und in die Kultur absorbiert) werden.[995] Die Organisationskultur ist daher wie jede gemeinsame Situation nicht nur einer Verfestigung, sondern immer auch einem beständigen Wandel unterworfen.[996]

---

[995] vgl. Hatch 1993, S. 667
[996] vgl. Schein 1984, S. 14

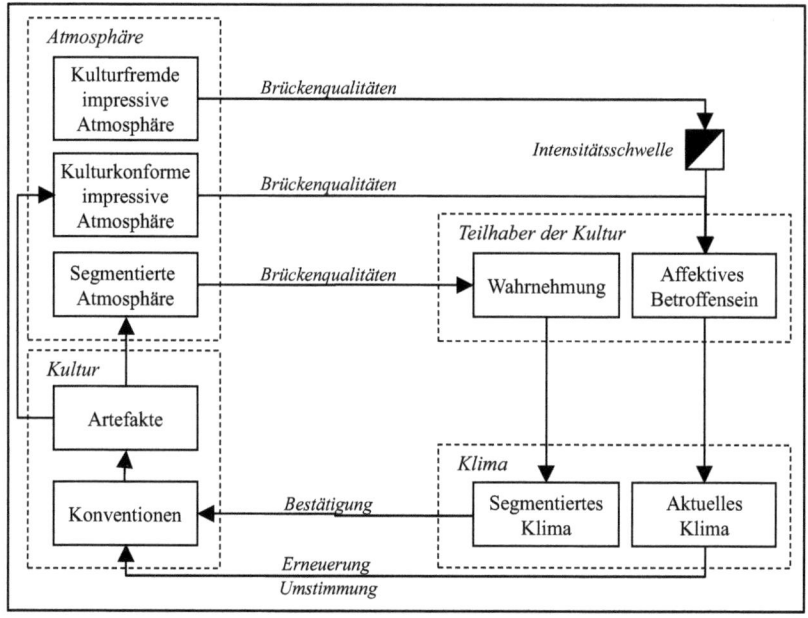

Abb. 8 Klimatische Bestätigung, Erneuerung und Umstimmung der Organisationskultur (Eigene Darstellung)

Beide Aspekte lassen sich gut am Zugang neuer Organisationsmitglieder veranschaulichen. Einerseits wird die Art und Weise, wie potenzielle neue Organisationsmitglieder ausgewählt werden, ebenso von den Konventionen der Organisationskultur mit beeinflusst, wie neue Organisationsmitglieder durch die Organisationskultur sozialisiert werden. Andererseits bringen neue Organisationsmitglieder ebenso ihre eigene Wahrnehmungen und Konventionen mit und besitzen damit prinzipiell einen Einfluss auf die Organisationskultur.[997]

---

[997] vgl. Schein 1984, S. 12; 1990, S. 115; Ployhart/Hale/Campion 2014, S. 33, 37

7 Erscheinungsweisen von Atmosphären in Organisationen: eine Idealtypologie

7.1 Differenzierung von Atmosphären und Bildung von Idealtypen

Nachdem in den Kapiteln 5 und 6 mit der situativen Dynamik der Entwicklung von Atmosphären die Prozessperspektive von Atmosphären in Organisationen beleuchtet wurde, steht nachfolgend mit der Untersuchung der Erscheinungsweisen von Atmosphären in Organisationen die inhaltliche Perspektive im Vordergrund. Im Zentrum der Überlegungen steht die Frage, auf welche verschiedene Weisen sich Atmosphären in den Wahrnehmungen der Organisationsmitglieder zeigen können. Da die Wahrnehmung von Atmosphären leiblich ist bzw. (als affektives Betroffensein) in die leibliche Dynamik von Enge und Weite sowie Lust und Unlust eingreift, sind Atmosphären in ihrer Wirkung dahingehend zu differenzieren, ob sie primär engend oder weitend, lustvoll oder unlustvoll erlebt werden.

Zunächst können Atmosphären eine engende ebenso wie eine weitende Wirkung aufweisen. Die Weite eines gigantischen Eingangsbereichs wird leiblich anders wahrgenommen als die Enge eines Fahrstuhls.[998] Räume können so ausgestaltet sein, dass sie mehr oder weniger von sich aus – also prinzipiell auch für einen Außenstehenden – eine einladende oder ausladende Wirkung besitzen, beispielsweise ob es sich um einen Ort der Versammlung handelt, an dem Gespräche gestattet sind oder nicht.[999] Die anwesenden Personen in einem Raum tragen ebenfalls wesentlich zur Konstitution von Atmosphären bei, ohne dass man mit diesen in leibliche Kommunikation treten

---

[998] vgl. Gugutzer 2012, S. 63
[999] vgl. Fayard/Weeks 2011, S. 48

müsste.[1000] Die engende Wirkung eines Fahrstuhls wird von der Anzahl der mitfahrenden Personen ebenso beeinflusst wie die Weite eines gigantischen Eingangsbereichs durch die Anwesenheit großer Menschenmengen relativiert wird. Engende Atmosphären sind in ihrer Wirkung allgemein durch eine konzentrische Tendenz gekennzeichnet, die auf die Enge des Leibes zuläuft. Weitende Atmosphären zeichnen sich entsprechend durch eine exzentrische Tendenz aus, die in die Weite des Raumes zeigt.[1001] Von einladenden Atmosphären geht eine anziehende Wirkung aus; sie laden den Anwesenden zum Verweilen ein. Ausladende Atmosphären besitzen dagegen eine abstoßende Wirkung; sie bringen eine leibliche Tendenz des Verlassen-Wollens mit sich. Bei der Differenzierung von ein- bzw. ausladenden Atmosphären zeigt sich eine gewisse Nähe zu den Stellungsqualitäten bei Dürckheim.[1002]

Über die Ausprägungen der Dimension der Enge (Enge und Weite) sowie der Lust (Lust und Unlust) können aufgrund der aufgezeigten Unterschiede außerhalb und Ähnlichkeiten innerhalb der jeweiligen Ausprägungen im leiblichen Erleben vier Typen gebildet werden, die sich anhand zweier Merkmale (Dimension der Enge, Dimension der Lust) mit jeweils zwei Merkmalsausprägungen (Enge und Weite, Lust und Unlust) differenzieren lassen: die einladend-engende, die einladend-weitende, die ausladend-engende sowie die ausladend-weitende Atmosphäre. Ähnlich unterscheidet bereits Schober über die Dimensionen Lust/Unlust sowie Ruhe/Erregung die vier Atmosphärenarten anziehend-erregend, anziehend-beruhigend, abweisend-erregend und abweisend-beruhigend,[1003] die weitgehend den genannten Idealtypen entsprechen. Obwohl Schober nicht explizit anführt, worauf seine

---

[1000] vgl. Scherm/Julmi 2012, S. 75
[1001] vgl. Rappe 2012, S. 132
[1002] vgl. Abschnitt 3.2.2
[1003] vgl. Schober 1993, S. 119-120

Überlegungen beruhen, finden diese ihren Ursprung vermutlich in der Umweltpsychologie.[1004]

Mit den genannten vier Typen lässt sich eine Typologie der Atmosphären (mit einem zweidimensionalen Merkmalsraum) bilden. Mit einer solchen Typologie, die „immer aus mehreren Typen und ihrer Relation untereinander [besteht]", kann der Phänomenbereich der Atmosphären „im Hinblick auf Ähnlichkeiten und Distanzen" strukturiert werden.[1005] Dadurch ergeben sich für die weiteren Ausführungen „Möglichkeiten einer systematischen Argumentation" sowie eine „Sprachklarheit und Präzisierung der Überlegungen".[1006]

Bei den vier genannten Typen handelt es sich – den Gedanken Webers folgend – um sogenannte „Idealtypen", die allgemein durch die Isolierung und Überspitzung konkreter, beobachtbarer Merkmale (hier: Enge, Weite, Lust, Unlust) gewonnen werden.[1007] Die Bildung von Idealtypen stellt eine „gewissermaßen am Reißbrett" entworfene Konstruktion dar, die auf den bisher gewonnenen Erkenntnissen aufbaut und „als bewusste Hervorhebung einzelner Aspekte bei Vernachlässigung anderer als weniger relevant eingeschätzter Merkmale"[1008] verstanden werden kann.[1009] Die einladend-engende Atmosphäre wird als Idealtyp 1, die einladend-weitende Atmosphäre als Idealtyp 2, die ausladend-engende Atmosphäre als Idealtyp 3 und die ausladend-weitende Atmosphäre als Idealtyp 4 bezeichnet. Abb. 9 zeigt die vier Idealtypen im Überblick.

[1004] vgl. Abschnitte 3.3.1.2 und 4.6
[1005] Kuckartz 2010, S. 556
[1006] Pietsch 2003, S. 38
[1007] vgl. Weber 1973, S. 191; Tippelt 2010, S. 116
[1008] Kuckartz 2010, S. 556
[1009] vgl. Scott 1998, S. 46; Kuckartz 2010, S. 555-557

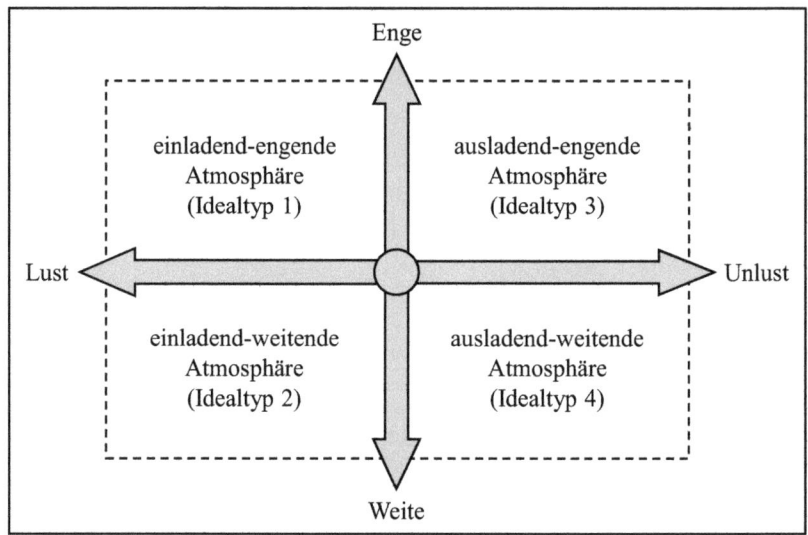

Abb. 9 Idealtypen von Atmosphären (Eigene Darstellung)

Die weitenden Atmosphären entsprechen im Wesentlichen der Atmosphäre der Zufriedenheit (Idealtyp 2) sowie der Atmosphäre der Verzweiflung (Idealtyp 4) bei Schmitz.[1010] Der (ontologischen) Sichtweise
von Schmitz, dass die Atmosphären der Zufriedenheit und der Verzweiflung als reine Stimmungen „die Urschicht, den Boden oder Hintergrund des Gefühls" bilden,[1011] soll jedoch nicht gefolgt werden, auch
wenn diese Sichtweise nicht expressis verbis ausgeschlossen wird.
Vielmehr wird hier ein Ansatz verfolgt, der Atmosphären hinsichtlich
ihrer Wirkung (als affektives Betroffensein oder als Wahrnehmung)
unterscheidet. Während Atmosphären immer in Weite ergossen sind,
können sie auf den Betroffenen eine engende oder weitende Wirkung
ausüben.[1012] Zudem unterscheidet Schmitz nicht grundsätzlich

---

[1010] vgl. Schmitz 1969, S. 219-264
[1011] ebd., S. 263
[1012] vgl. ebd., S. 97-98

zwischen lustvoll und unlustvoll erlebten Atmosphären. Er führt zwar an, dass Zufriedenheit „mit Freude den lustvollen, Verzweiflung mit Trauer den leidvollen Charakter teilt", sieht hier jedoch „zwei Paare von jeweils deutlich artverschiedener Lust oder Unlust".[1013] Diese Ansicht wird (wie dargelegt) in dieser Arbeit nicht geteilt.[1014]

Die vier genannten Idealtypen werden nachfolgend beschrieben und präzisiert. Hierbei wird auf Raumatmosphären ebenso eingegangen wie auf Situationsatmosphären. Darüber hinaus sollen jeweils Brückenqualitäten herausgearbeitet werden, die für den jeweiligen Atmosphärentyp charakteristisch sind, auch wenn eine generelle Zuordnung von bestimmten Brückenqualitäten zu einem Atmosphärentyp nicht möglich ist.

7.2 Vier Idealtypen von Atmosphären

7.2.1 Idealtyp 1: Die einladend-engende Atmosphäre

Die einladend-engende Atmosphäre strahlt eine angenehme Nähe und Intimität zwischen den Anwesenden aus. Sie besitzt eine anregende Wirkung und lädt dazu ein, mit anderen in Kontakt zu treten und sich lustvoll gegenüber einer potenziellen Kontaktaufnahme aus der Umgebung (responsiv) zu öffnen. Man ist in positiver Erwartung darauf gefasst, jederzeit in leibliche Kommunikation verwickelt werden zu können, beispielsweise wenn man positiv auf das potenzielle Klingeln des Telefons gespannt ist. Die Umgebung gibt die Handlungsmöglichkeiten vor und übernimmt dadurch die Führung. Dies wird jedoch nicht als aufdringlich empfunden, sondern als angenehm oder entlastend.[1015] Einladend-engende Atmosphären fördern die

---

[1013] ebd., S. 257
[1014] vgl. Abschnitt 4.2.3
[1015] vgl. auch Tischer 1994, S. 109

Interaktion und das gemeinsame Handeln.[1016] Beispiele einladend-en-gender Atmosphären sind die intime, die unbefangene, die gelöste, die lustige, die mutige, die entschlossene, die lockere oder die freu-dige Atmosphäre.[1017]

Die räumliche Umgebung kann sich entsprechend dadurch auszeich-nen, dass von ihr eine einladend-engende Atmosphäre ausgeht und darauf ausgelegt ist, Menschen zusammenzubringen.[1018] Sitzplätze in einem Tagungsraum laden beispielsweise dazu ein, Platz zu nehmen und an einer gemeinsamen Diskussion teilzunehmen. Eine geöffnete Tür lädt dazu ein, einzutreten.[1019] Eine gut sichtbare und frei zugängli-che Kaffeeecke kann für die Vorbeigehenden eine gewisse Intimität ausstrahlen und dazu einladen, zu verweilen und sich in Gespräche mit Vorbeigehenden verwickeln zu lassen.[1020] Hier offenbart sich der konzentrische Charakter darin, jederzeit positiv auf ein Eindringen von außen gefasst zu sein. Dicht möblierte, farbenprächtige oder interes-sante Räumlichkeiten, die nicht überladen wirken, können den Anwe-senden in einem positiven Sinne anregen.[1021]

Synästhetische Charaktere, die den einladend-engenden Atmosphä-ren nahestehen, sind beispielsweise das Strahlende, das Leuchtende, das Helle und das Warme: Ein Gesicht strahlt vor Freude, die Blicke der Anwesenden leuchten, jemanden überkommt die helle Freude oder die Diskussion der Kollegen ist durch eine Wärme gekennzeich-net.[1022] In Bezug auf Farben ließe sich mit Goethe das Gelbe anführen, das den genannten synästhetischen Charakteren nahesteht. Nach Goethe führt das Gelbe in seiner „höchsten Reinheit immer die Natur

---

[1016] vgl. auch Kruse 1974, S. 107

[1017] vgl. auch Lüdtke 1998, S. 139

[1018] vgl. auch Bell/Greene/Fisher/Baum 2001, S. 265

[1019] vgl. Kruse 1974, S. 106

[1020] vgl. auch Barmeyer/Würfl 2012, S. 349-350; Griffero 2014, S. 2

[1021] vgl. Miller/Schlitt 1985, S. 101; Leichtle 2009, S. 118

[1022] vgl. Lütdke 1998, S. 141

des Hellen mit sich, und besitzt eine heitere, muntere, sanft reizende Eigenschaft"; es macht „einen durchaus warmen und behaglichen Eindruck".[1023] Als charakteristische Bewegungssuggestionen lassen sich Aufforderungscharaktere nennen, zu denen etwa die genannten Sitzplätze oder die geöffnete Türe gehören. Darüber hinaus lässt sich etwa das Hebende als Bewegungssuggestion einladend-engender Atmosphären nennen.[1024]

7.2.2 Idealtyp 2: Die einladend-weitende Atmosphäre

In der einladend-weitenden Atmosphäre mit ihrem exzentrischen Charakter liegt der Schwerpunkt nicht auf Nähe oder Intimität, sondern auf Entspannung und Privatsphäre. Die einladend-weitende Atmosphäre lädt den Anwesenden ein, zu verweilen und sich auszubreiten. Störungen und Ablenkungen sind nicht zu erwarten. Die empfundene Privatsphäre kann auf der (subjektiven) Tatsache beruhen, tatsächlich alleine zu sein; sie kann jedoch ebenso in einer respektvollen Distanz der Anwesenden zueinander begründet sein, beispielsweise wenn jemand das Gefühl hat, ungestört sprechen zu können, nicht weil er alleine ist, sondern weil die anderen aus Respekt nicht hinhören.[1025] Die einladend-weitende Atmosphäre beschreibt im Wesentlichen das, was Schmitz die Atmosphäre der Zufriedenheit als „Glück gegebenes reines erfülltes Gefühl" nennt.[1026] In dieser spürt der Betroffene eine „ausgeglichene Entspannung, in der sich keine Anregung nach irgend einer Seite mit Entschiedenheit aufdrängt".[1027] In der einladend-weitenden Atmosphäre ist der Mensch mit sich und der Welt im Einklang; er kann sich sammeln und im Augenblick verweilen.[1028]

[1023] Goethe 1955, S. 226
[1024] vgl. auch Griffero 2014, S. 50
[1025] vgl. Miller/Schlitt 1985, S. 26-46
[1026] Schmitz 1969, S. 246
[1027] ebd., S. 229
[1028] vgl. auch Lüdtke 1998, S. 143

Das „beständige Wechselspiel des Daseins" kommt „für einen Augenblick zur Ruhe".[1029]

Die von Huppertz beschriebene „spirituelle Atmosphäre" ist ein Beispiel für eine einladend-weitende Atmosphäre. In einer spirituellen Atmosphäre werden Elemente, die zu einer Handlung auffordern, entfernt, während stabile, traditionelle und natürliche Elemente betont werden. Sie ist unaufdringlich und gibt dem Anwesenden Raum, sich zu entfalten.[1030] Ebenfalls als einladend-weitende Atmosphäre zu werten ist die „Atmosphäre ästhetischer Anregung" nach Kazig, in der die Besonderheiten bestimmter Erscheinungsformen wie selbstverständlich ins Auge fallen und Möglichkeiten eines Innehaltens gegeben sind. Eine solche Atmosphäre findet sich etwa im Kunstmuseum.[1031] Weitere Beispiele einladend-weitender Raumatmosphären sind die heitere, die feierliche und die andächtige Atmosphäre.[1032] Die räumliche Umgebung einer einladend-weitenden Atmosphäre muss nicht zwangsläufig so großzügig sein wie in einer Kirche oder einem Kunstmuseum. Eine einladend-weitende Atmosphäre kann auch von einem sehr engen, gemütlichen Raum ausgehen, wenn die Begrenzung Geborgenheit gibt und auf diese Weise den Anwesenden einlädt, sich auszubreiten.[1033] Eine einladend-weitende Atmosphäre kann gerade erst dadurch entstehen, dass Raum eingeengt wird, wenn dies mit einer als angenehm oder angemessen empfundenen Abgrenzung im Sinne des Wohnens einhergeht. Das Feuer in einem offenen Kamin strahlt eine solche Atmosphäre aus.[1034] Die Atmosphäre des Wohnens ist für seinen Bewohner eine einladende und weitende,[1035] so dass diese

---

[1029] ebd., S. 142
[1030] vgl. Huppertz 2007, S. 170-175
[1031] vgl. Kazig 2008, S. 157-158
[1032] vgl. auch Lüdtke 1998, S. 142-143
[1033] vgl. auch Heller 1989, S. 202
[1034] vgl. Leichtle 2009, S. 118
[1035] vgl. Abschnitt 5.7

allgemein dem Idealtyp der einladend-weitenden Atmosphären zuzuordnen ist.

Mit der einladend-weitenden Atmosphäre geht eine gewisse Geschlossenheit einher. Entsprechend zeichnen sich einladend-weitende Bewegungssuggestionen durch das Abrundende, Dämpfende, Entlastende, Vollendende, Ausgleichende, Weiche oder Befreiende aus. Die Atmosphäre der Heiterkeit besitzt beispielsweise im Gegensatz zur Atmosphäre der Freude nichts Hebendes. Vielmehr werden Erhebungen und Bedrückungen gedämpft, abgerundet oder beruhigt und in diesem Sinne geschlossen.[1036] Die Geschlossenheit der einladend-weitenden Atmosphäre ist jedoch nicht als Absperrung zu verstehen, sondern sie ist „naturgemäß verschmolzen mit einer der Umgebung zugewandten Offenheit".[1037] Alle finden in der einladend-weitenden Atmosphäre ihren Platz, an dem sie sich in harmonischer Koexistenz mit den anderen entfalten können.[1038] Die Betroffenen sind einerseits präsent, andererseits aber auch auf eine gewisse Weise entrückt, so dass sie einander nicht stören.[1039] Demgegenüber ist die Harmonie der einladend-weitenden Atmosphäre sehr störungsanfällig. Lärm kann die spirituelle Atmosphäre eines Meditationsraums ebenso stören wie große Menschenmengen die Atmosphäre ästhetischer Anregung im Museum. Ein besonders prägnanter synästhetischer Charakter einladend-weitender Atmosphären ist die (phänomenale) Stille, die sich auf die Abwesenheit von Lärm ebenso beziehen kann wie auf die Abwesenheit großer Menschenmengen oder eine glatte Wasseroberfläche. Eine Atmosphäre der Stille geht beispielsweise von in die Höhe strebenden Säulen aus.[1040] Darüber hinaus lassen sich als synästhetische Charaktere kalte Farben wie Blau oder

---

[1036] vgl. Schmitz 1969, S. 253-254

[1037] ebd., S. 256

[1038] vgl. ebd., S. 256

[1039] vgl. auch Lüdtke 1998, S. 143

[1040] vgl. Hasse 2013, S. 48

Grün nennen: „Eine Farbe wirkt umso näher, je wärmer sie ist, sie wirkt umso entfernter, je kälter sie ist".[1041] Blau hat als Bewegungssuggestion zudem etwas Zurückweichendes, durch das es den Raum öffnet und man sich weniger bedrängt fühlt.[1042] Besonders eindringlich zeigt sich die Weite des Blaus beim Betrachten eines wolkenlosen Himmels.[1043]

7.2.3 Idealtyp 3: Die ausladend-engende Atmosphäre

Die ausladend-engende Atmosphäre hat wie die einladend-engende Atmosphäre eine engende Wirkung mit konzentrischem Charakter, die jedoch unlustvoll besetzt ist. Ausladend-engende Atmosphären sind mit einer unangenehmen Spannung verbunden, der man sich auf eine gewisse Weise ausgeliefert fühlt. Durch die engende Wirkung geht das kontrollierende bzw. führende Moment von der Umgebung aus, die als bedrohlich, aufdringlich oder bedrückend wahrgenommen wird.[1044] Diese Wahrnehmung kann durch das Fehlen von Rückzugsmöglichkeiten verstärkt werden, da man – wie allgemein beim Schmerz oder bei der Angst – durch das Hemmen der Fluchtimpulse auf die unlustvoll erlebte leibliche Enge zurückgeworfen wird.[1045] In diesem Sinne kann auch eine zu große Offenheit oder Transparenz engend wirken.[1046]

Bei einer bedrohlichen Atmosphäre kann die Bedrohung tatsächlich vorhanden oder potenziell erwartet werden. Ein Raum kann bedrohlich wirken, wenn in ihm die permanente Möglichkeit des Zusammenstoßes mit anderen Personen oder Gegenständen besteht oder wenn plötzlich der Strom oder das Licht ausfällt. Kazig spricht ähnlich von

---

[1041] Heller 1989, S. 23

[1042] vgl. Waldenfels 2000, S. 81

[1043] vgl. Schmitz 1967, S. 140

[1044] vgl. auch Tischer 1994, S. 110

[1045] vgl. auch Flade 2008, S. 134

[1046] vgl. Gerhardt/Walden 2014, S. 31-32

„leicht gefährlichen Atmosphären", die mit einer erhöhten Anspannung verbunden sind und zeitweilig Stress auslösen können.[1047] Ein Raum kann bedrohlich wirken, wenn er mit einer bestimmten Erwartungshaltung verbunden ist, die etwa einen überforderten Mitarbeiter annehmen lässt, dass jeden Moment eine unangenehme Aufgabe an ihn herangetragen wird oder der gefürchtete Vorgesetzte (als autoritär Führender) auftaucht. Die Vorstandsetage kann mit einer bedrohlichen Atmosphäre besetzt sein. Dies kann selbst dann gelten, wenn sich die Räumlichkeiten in ihrer Ausgestaltung nicht von anderen Räumlichkeiten unterscheiden; die bedrohliche Wirkung kann jedoch durch die Ausgestaltung verstärkt werden (z. B. durch die Besetzung des obersten Stockwerks im Gebäude, dunkle Gänge, eine unheimliche Stille oder übergroß dimensionierte Schreibtische). Ebenfalls eine ausladend-engende Atmosphäre ist die bedrückende Atmosphäre der Trauer; ein trauernder Mitarbeiter kann seine anwesenden Kollegen über die gedrückte Gestik, Mimik und Körperhaltung in seine Trauer mit hinein reißen und dadurch eine spürbare Schwere und Beklemmnis verbreiten. Die Handlungen werden dann aus einer Schwere heraus vollzogen, die alles hemmt und verlangsamt.[1048]

Ein weiteres in Bezug auf Organisationen prägnantes Beispiel ist die stressgeladene Atmosphäre, wobei sich Stress in diesem Zusammenhang auf die unlustvoll und beklemmend wahrgenommene Form des Distresses bezieht.[1049] Die Wahrnehmung einer stressgeladenen Atmosphäre kann in der persönlichen Situation eines Organisationsmitglieds fundiert sein, wenn für es die empfundenen Anforderungen durch die Umgebung höher sind als die leiblich verfügbaren Ressourcen.[1050] In einem solchen Fall geht selbst vom eigenen Büro eine stressgeladene Atmosphäre aus – im Extremfall mag es einem sogar so

[1047] vgl. Kazig 2008, S. 154-155
[1048] vgl. Slaby 2011, S. 133-134
[1049] vgl. Mirowsky/Ross 2003, S. 23
[1050] vgl. Oelsnitz 2012, S. 23; Julmi/Scherm 2013a, S. 21

vorkommen, dass sich die Wände auf einen zubewegen. Eine stress-geladene Atmosphäre kann jedoch ebenso primär von der räumlichen Umgebung ausgehen. Evans/McCoy führen diesbezüglich eine Reihe von Merkmalen auf, unter anderem eine zu geringe Distanz zwischen den anwesenden Personen oder Gegenständen, eine hohe Dichte und Intensität akustischer und visueller Reize sowie eine Umgebung, in der sich Änderungen und Störungen allgemein nur schwer voraussagen lassen.[1051]

Da ausladend-engende Atmosphären von einer bleiernen Schwere, die einem die Kehle zuschnürt, ebenso gekennzeichnet sein können wie von einer überdrehten Hektik, stellen sich die ausladend-engen-den Atmosphären als recht heterogene Menge heraus. Dies gilt ana-log für spezifische Bewegungssuggestionen und synästhetische Cha-raktere. Bei der Trauer überwiegen ähnlich wie bei der Bedrohlichkeit bezüglich der synästhetischen Charaktere Minusqualitäten wie das Dunkle, Düstere, Schwarze.[1052] Bei einer überdrehten Hektik überwiegt dagegen eher das Grelle, Scharfe, Rote. Das Schwarze und das Rote scheinen als synästhetische Charaktere allgemein den ausladend-en-genden Atmosphären nahezustehen: „Schwarz und Rot sind die Grundfarben der Bedrohung und der Stärke, der Brutalität und des Lärms".[1053] Rot gilt als dominante und aggressive Farbe; sie geht über das Warme in das Heiße bzw. Glühende hinaus.[1054] Als Bewegungssug-gestionen ausladend-engender Atmosphären lassen sich das Harte, Eckige, Stechende, Verstärkende, Belastende, Unausgeglichene, Ein-greifende oder Niederdrückende nennen.

Während einladend-weitende Atmosphären eher mit einer Abge-schlossenheit nach außen einhergehen (Schutz), sind ausladend-

---

[1051] vgl. Evans/McCoy 1998, S. 86-87

[1052] vgl. Schmitz 1969, S. 257

[1053] Heller 1989, S. 105; vgl. Mayer 2012, S. 47; Kluck 2014, S. 203

[1054] vgl. Schmitz 1978, S. 56-57; Hauskeller 1995, S. 133; Nüchterlein/Richter 2008, S. 220

engende Atmosphären eher durch ein Ausgeliefertsein nach außen charakterisiert (Schutzlosigkeit). Kommt ein Organisationsmitglied dem anderen zu nahe, dringt er in dessen Privatsphäre ein,[1055] beispielsweise wenn sich der Patient durch das ständige Eindringen der Ärzte und Krankenschwestern in seinem Territorium bedroht fühlt.[1056] Diese Bedrohung kann auch vom Eindringling selbst wahrgenommen werden, der widerwillig in die Privatsphäre anderer eindringt, etwa wenn der Mitarbeiter beim Betreten der Vorstandsetage das Gefühl hat, in einen Bereich einzudringen, in dem er eigentlich nichts zu suchen hat. Das Eindringende in Bezug auf die Privatsphäre kann selbst als Bewegungssuggestion verstanden werden und muss keinesfalls von Personen ausgehen. Lärm kann als Bewegungssuggestion ebenso in die Privatsphäre eines Menschen eindringen.[1057] Darüber hinaus ist Lärm ein synästhetischer Charakter, der sich wie angeführt den Farben Rot und Schwarz zuordnen lässt, sich aber ebenso in einer überfüllten Architektur oder in aufdringlichen Werbemedien finden lässt.[1058] Lärm kann allerdings nicht als allgemeines Kennzeichen ausladend-engender Atmosphäre geltend gemacht werden; auch die Stille kann auf einer Trauerfeier die Anwesenden erdrücken oder bedrohlich wirken: „Weil vor der Stille keine Flucht möglich ist, kann sie [...] bedrohlicher sein als jedes Geräusch, so wie die Dunkelheit furchtbarer sein kann als jede Schreckensgestalt im hellen Sonnenlicht".[1059]

7.2.4 Idealtyp 4: Die ausladend-weitende Atmosphäre

Die ausladend-weitende Atmosphäre besitzt einen exzentrischen Charakter, der unlustvoll erlebt wird. Das räumliche Erleben ist mit einer spürbaren Ausdehnung verbunden. Man verliert sich unlustvoll in der

---

[1055] vgl. Gifford 2007, S. 149
[1056] vgl. Sommer 1969, S. 28
[1057] vgl. Gifford 2007, S. 383
[1058] vgl. auch Schober 1993, S. 119
[1059] Hauskeller 1995, S. 107

Weite, weil ein führender Enge-Pol fehlt. Obwohl keine „Gefahr" oder weil keine „Rettung" sich abzeichnen, wäre man am liebsten woanders. Hierzu gehört etwa die fremdartige Architektur eines Gebäudes, die zwar nicht abschreckend (sprich: engend) wirkt, zu der man aber keinen Zugang findet. Sehr eindringlich zeigt sich das ausladend Weitende in der kafkaesken Atmosphäre: Das alltägliche Miteinander ist durch ein permanentes Aneinander-Vorbeireden gekennzeichnet. Die leiblichen Beziehungen bestehen aus einem undurchschaubaren Geflecht von Missverständnissen, anstatt der Bedeutsamkeit einer gemeinsamen Situation dominiert die Bedeutungslosigkeit. Auf der erfolglosen Suche nach Antworten gerät man immer tiefer in das Labyrinth einer Organisation mit ihren undurchdringbaren Regeln und ihren verschachtelten Gängen hinein, bis man sich schließlich in ihm verliert oder „wahnsinnig" wird.[1060] Obwohl man in der kafkaesken Atmosphäre kein Teil der gemeinsamen Situation einer Organisation ist, wird man immer tiefer in diese verstrickt und bleibt schließlich in ihr gefangen.[1061] Durchaus mit der kafkaesken Atmosphäre verwandt ist die von Griffero beschriebene Atmosphäre der bürokratischen Kälte, die sich architektonisch beispielsweise schon von außen durch vollständig verglaste oder aus Granit bestehende Gebäude zeigt, durch die das Gebäude atmosphärisch von seiner Umgebung abgeschnitten wird.[1062] Weitere Beispiele ausladend-weitender Atmosphären sind die langweilige, die öde, die verlorene, die sehnsüchtige, die triste, die befremdliche und die bizarre Atmosphäre.

Mit Schmitz lässt sich die ausladend-weitende Atmosphäre im Wesentlichen als Atmosphäre der Leere beschreiben, die „die Gegenstände der Umgebung des Betroffenen atmosphärisch durchtränkt, indem sie diesen das Gepräge der Sinnlosigkeit, des Grauen, der

---

[1060] vgl. Savenco 2011, S. 104; Munro/Huber 2012
[1061] vgl. Clegg/Kornberger 2006, S. 150-151
[1062] vgl. Griffero 2014, S. 95

endlosen Wiederholung aufdrückt".[1063] Als Beispiel nennt Schmitz die Verschlafenheit am Morgen, das hässliche Häusermeer einer Großstadt oder ein Bahnhof, auf dem man unterwegs ist.[1064] In der ausladend-weitenden Atmosphäre bleibt das leer, was in der einladend-weitenden als erfüllt empfunden wird.[1065] Im Gegensatz zu einladend-weitenden Atmosphären sind die Geschlossenheit und die Offenheit bei einer ausladend-weitenden Atmosphäre nicht zu einer Einheit verschmolzen, sondern schließen sich gewissermaßen gegenseitig aus. Die Offenheit zeigt sich in der Leere, die Geschlossenheit in einem Ausgeschlossen-Sein von Erfülltheit. Die Möglichkeit eines Daseins in harmonischer Koexistenz mit anderen scheint „ausgeschlossen".

Der synästhetische Charakter solcher Atmosphären findet sich nach Schmitz insbesondere in der neutralen Zone zwischen Plus- und Minusqualitäten. Hierzu zählen beispielsweise das Trübe, Fahle, Kühle, Graue, Schäbige, Matte, Charakterlose oder Fade.[1066] Neben dem Grau scheint Lila als Farbe „der gemischten Gefühle",[1067] die mit einer gewissen Unruhe „ohne Fröhlichkeit"[1068] verbunden ist, eine gewisse Nähe zu ausladend-weitenden Atmosphären zu besitzen. Neben den aufgeführten synästhetischen Charakteren kann eine ausladend-weitende Atmosphäre ebenso von einer sehr lebendigen und farbenfrohen Umgebung ausgehen. Für den sich vor Heimweh verzehrenden Mitarbeiter im Auslandseinsatz kann das bunte Treiben einer fremden Großstadt atmosphärisch in das tristeste Grau getaucht sein.[1069] Ähnliches gilt für die ausladende Weitung, die sich auch auf engstem Raum offenbaren kann. Der Vorgesetzte kann sich seiner Machtlosigkeit und

---

[1063] Schmitz 1969, S. 222
[1064] vgl. Schmitz 1994a, S. 41-42
[1065] vgl. Schmitz 1969, S. 261
[1066] vgl. ebd., S. 225-227
[1067] Heller 1989, S. 165
[1068] Goethe 1955, S. 230
[1069] vgl. auch Schmitz 1969, S. 228

der Sinnlosigkeit seiner Anstrengungen durch ein viel zu kleines und vollgestelltes Büro nur umso schärfer bewusst werden.[1070]

In der ausladend-weitenden Atmosphäre mischen sich auf eine paradoxe Art Trägheit und Unruhe. Der Unruhe fehlt es an Initiative und Entschluss. Weil die Unruhe in alle Richtungen und doch nirgendwo konkret hin strebt, hebt sie sich selbst auf und wird zur Trägheit.[1071] Die Bewegung gleicht einem Strampeln in zähfließendem Honig: Egal wie sehr man sich bewegt, man kommt doch nicht von der Stelle. Es fehlt das führende Element bzw. der Enge-Pol. In der monotonen Trägheit einer unterforderten Abteilung auf dem Abstellgleis kann einerseits für alle spürbar ein solches führendes Element fehlen, das Schwung in die Sache bringen würde, während andererseits jeder trägheitsbedrohende Eingriff von außen vehement abgewimmelt wird. Ebenfalls mit einer ausladend-weitenden Atmosphäre der Leere verbunden ist das Erleben von Burnout, das mit einer „oft chronifizierte[n] Niedergeschlagenheit und innere[n] Leere"[1072] sowie einem diffusen Gefühl der Ohnmacht bzw. Machtlosigkeit[1073] einhergeht. Von Burnout betroffene Organisationsmitglieder finden selbst in Arbeitspausen keine Ruhe; „anstelle von Ruhe und Erholung erleben sie Unruhe und Leere".[1074]

7.3 Der situative Einfluss auf die idealtypische Einordnung von Atmosphären

Da sich die gebildete Typologie nicht auf die Atmosphäre selbst, sondern auf ihre Wirkung bezieht, kann entsprechend dieselbe Atmosphäre in ihrer Wirkung unterschiedlichen Idealtypen zugeordnet

---

[1070] vgl. auch ebd., S. 230-231
[1071] vgl. ebd., S. 236
[1072] Wortmann 2013, S. 28
[1073] vgl. Jüptner 1993, S. 94-95
[1074] Brühlmann 2013, S. 531

werden. Dieselbe Raumatmosphäre kann aus verschiedenen Situationen heraus unterschiedlich erlebt werden. Die für einen Außenstehenden einladend-engend anmutende Kaffeeecke kann für die Organisationsmitglieder ebenso eine ausladend-engende Atmosphäre ausstrahlen, je nachdem mit welchen Verhaltensweisen dieser Ort verwoben ist. Ob die Kaffeeecke tatsächlich für Gespräche genutzt wird bzw. als einladend empfunden wird, hängt von Führungskommunikation ab, also davon, was diesbezüglich von dominanten Organisationsmitgliedern vorgelebt wird.[1075] Die in der Vergangenheit durch leibliche Kommunikation gewonnene Erwartungshaltung bestimmt, wie die Situation wahrgenommen wird und welches Verhalten situationsadäquat ist.[1076]

Insbesondere das Einladende oder Ausladende eines Raumes lässt sich nur sehr schwer von der (persönlichen und gemeinsamen) Situation trennen, da das Einladende (bzw. Ausladende) eines Raumes in lustvollen (bzw. unlustvollen) Erfahrungen fundiert ist – auch wenn darüber hinaus nicht ausgeschlossen werden soll, dass bestimmte Bewegungssuggestionen oder synästhetische Charaktere mehr oder weniger von sich aus (also kulturunabhängig bzw. genetisch) einer lustvollen oder unlustvollen Erfahrung näher stehen. Als Beispiel für eine lustvolle Erfahrung ließe sich die (geometrische) Symmetrie nennen, der teilweise nachgesagt wird, dass sie universell vom Menschen als „schön" empfunden wird.[1077] Beispiel einer als kulturunabhängig diskutierten unlustvollen Erfahrung sind die von einer Spinne ausgehenden Bewegungssuggestionen.[1078] Als Erklärung solch genetisch verankerter Wahrnehmungsmuster wird häufig die Evolution herangezogen. Bautz vermutet in der Evolution gar die Ursache der (phänomenalen) Verwandtschaft von Atmosphären des Gefühls und des

[1075] vgl. auch Fayard/Weeks 2011, S. 49-50
[1076] vgl. Gärtner 2007, S. 331-332; Kapitel 4 und 5
[1077] vgl. z. B. Enquist/Arak 1994; Eberhardt-Metzger 2012, S. 9
[1078] vgl. Chafi/Schiaratura/Rusinek 2012, S. 82

Wetters.[1079] Für die vorliegende Arbeit kann es letztlich offenbleiben, ob bestimmte Wahrnehmungsmuster angeboren sind oder auf (frühkindlichen) Erfahrungen beruhen. In beiden Fällen sind die Wahrnehmungsmuster Teil der persönlichen Situation eines Menschen – und ihre persönliche Situation tragen Organisationsmitglieder immer auch in die Organisation mit herein. Selbst in gemeinsamen Situationen schwingt die persönliche Situation eines Menschen im Hintergrund mit, so dass die Wahrnehmung von Atmosphären in Organisationen auch in gemeinsamen Situationen nicht frei von individuellen Einflüssen ist.

Neben dem Einladenden und dem Ausladenden sind grundsätzlich auch das Engende und das Weitende in der Wahrnehmung von Atmosphären nur schwer von der Situation zu lösen. Dies liegt insbesondere darin begründet, dass Situationen mit Dominanzverhältnissen einhergehen, die sich als Engungs- und Weitungsverhältnisse zeitlich in Situationen (gestaltkreishaft) einlagern bzw. verfestigen. Wer sich dem Büro des autoritär Führenden nähert, erfährt eine unlustvolle Engung, vergleichbar mit dem Eintreten in eine dunkle, enge Höhle („des Löwen"). Das anschließende Wieder-Heraustreten aus dem Büro wird dann als lustvolle Weitung empfunden, so als ob man aus der engen, dunklen Höhle wieder ins Freie gelangt.

Besonders prägnant zeigt sich in Organisationen die Verquickung von Raum- und Situationsatmosphäre bei Großraumbüros.[1080] Zunächst sind in einem Großraumbüro gleichermaßen Aspekte der Engung und der Weitung gegeben; der Aspekt der Weitung durch die Weite des Raums, der Aspekt der Engung durch die räumliche Enge der Organisationsmitglieder untereinander. Ob die Weitung oder die Engung überwiegt, hängt von der Offenheit bzw. Durchlässigkeit der Kommunikation ab, also ob sich die Organisationsmitglieder an ihren

---

[1079] vgl. Bautz 2008, S. 113
[1080] vgl. auch Zalesny/Farace 1987, S. 255

Arbeitsplätzen ungestört fühlen oder jederzeit darauf gefasst sind, in leibliche Kommunikation verstrickt zu werden.[1081] Hier können räumliche Elemente (z. B. Trennwände, Ausdruck der anwesenden Personen) ebenso ihren Anteil haben wie die aus früheren Erfahrungen gewonnene Erwartungshaltung. Wenn jemand unentwegt das Gefühl hat, dass sich ihm von hinten die Blicke in den Leib bohren, steigt die Bewegungssuggestion gleichsam direkt aus der Situation auf. Analog zu Engung und Weitung kann dasselbe Großraumbüro gleichermaßen als einladend oder ausladend empfunden werden. Ein Überwiegen der Engung kann zu spontanen Gesprächen anregen, es kann jedoch auch als Verlust der Privatsphäre bedrohlich wahrgenommen werden.[1082] Ein Überwiegen der Weite kann zu einem ungestörten Arbeiten animieren oder zu einem Gefühl der Isolation führen. Beides hängt wesentlich von der Situation der Organisationsmitglieder ab, die sich ihrerseits als Ausdruck in der Mimik, Gestik und Körperhaltung der Anwesenden manifestiert und dadurch als Atmosphäre auch für Außenstehende sichtbar wird. Dies zeigt sich gut an (negativem wie positivem) Stress, der sich zwar primär aus den (wahrgenommenen) Anforderungen (als Programme) der Situation ergibt, jedoch ebenso eine ansteckende Wirkung besitzen kann.[1083] Ähnliches gilt bei der Weitung für die einladende Gemütlichkeit und die ausladende Lethargie.

7.4 Nähe und Distanz als Verbindungsglied der Idealtypen von Atmosphären

Sucht man nach einem – über die Dimensionen der Enge und der Lust hinausgehenden – Zusammenhang oder so etwas wie einem verbindenden Glied zwischen den Idealtypen, lässt sich in gewisser Weise von der ausladende-engenden über die einladend-engende und die

---

[1081] vgl. auch Gerhardt/Walden 2014, S. 31-32
[1082] vgl. Fayard/Weeks 2011, S. 46-47
[1083] vgl. Weilbacher 2012, S. 23

einladend-weitende bis zur ausladend-weitenden Atmosphäre eine abnehmende Nähe bzw. zunehmende Distanz feststellen. Bei der ausladend-engenden Atmosphäre ist die Nähe so groß, dass sie als Eingriff in die Privatsphäre als unangenehm empfunden wird. Die einladend-engende Atmosphäre ist zwar ebenfalls durch Nähe gekennzeichnet, diese ist aber weniger aufdringlich und wird als angenehm empfunden. Die einladend-weitende Atmosphäre ist dagegen eher von einer (respektvollen) Distanz geprägt; dennoch haben alle in einer solchen Atmosphäre ihren Platz. Bei der ausladend-weitenden Atmosphäre kommt die Distanz als Ausgeschlossen-Sein schließlich ganz ohne Nähe aus bzw. ist durch die Abwesenheit von Nähe charakterisiert.

Goethes Farbenlehre scheint in diesem Zusammenhang ein ähnliches Spektrum zwischen Nähe und Distanz zu beschreiben. Nach Goethe besitzen Farben eine Plus- und eine Minusseite. Farben der Plusseite, die vom (anregend) Gelben über das Orange ins (aufdringlich) Rote gehen, „stimmen regsam, lebhaft, strebend",[1084] während die vom Grünen ins Blaue gehende Minusseite „zu einer unruhigen, weichen und sehnenden Empfindung"[1085] stimmt und in diesem Sinne über die Entspannung hinaus auf eine diffuse Unruhe und Haltlosigkeit verweist. Neben den Farben lassen sich zudem die synästhetischen Charaktere des Warmen und Kalten sowie des Hellen und Dunklen in ein Spektrum zwischen Nähe und Distanz einordnen.[1086]

Das Unlustvolle lässt sich insbesondere in den Extremen des „Zuviels" und des „Zuwenigs" ausmachen, sprich in der Engung der Aufdringlichkeit einerseits und in der Weitung der Ausgeschlossenheit andererseits. Das Lustvolle dagegen wird als stimmig und maßvoll empfunden.[1087] Nähe und Distanz schließen sich nicht aus, sondern stützen

---

[1084] Goethe 1955, S. 225
[1085] ebd., S. 228
[1086] vgl. auch Böhme 2013b, S. 33
[1087] vgl. auch Schober 1993, S. 120-121

einander. In der einladend-engenden Atmosphäre schwingt die Distanz im Hintergrund mit, so dass man noch „Luft zum Atmen" hat. In der einladend-weitenden Atmosphäre schwingt analog immer eine gewisse Nähe im Sinne einer Verbundenheit und Vertrautheit mit, ohne die man sich verloren oder isoliert vorkommen würde. Die Stimmigkeit einladender Atmosphäre lässt sich jedoch nicht auf einzelne Elemente analytisch „herunterbrechen" – nicht zuletzt deshalb, weil die Atmosphäre eines Raumes in der Wahrnehmung nicht von der Situation des Wahrnehmenden getrennt werden kann. Die Dunkelheit eines Raumes kann die Aufdringlichkeit einer versammelten Runde dämpfen und (exzentrisch) Gemütlichkeit ausstrahlen; dieselbe Dunkelheit kann im gleichen Raum jedoch ebenso (konzentrisch) bedrohlich wirken, wenn man in der versammelten Runde niemanden kennt.

Darüber hinaus spielt die persönliche Situation eines Organisationsmitglieds eine Rolle bei der Wahrnehmung von Atmosphären, so dass dieselbe Atmosphäre in Bezug auf Nähe und Distanz von verschiedenen Personen in einer Organisation sehr unterschiedlich wahrgenommen werden kann, denn „was für den einen angenehme Nähe ist, kann für den anderen peinlich und zudringlich sein. Distanz kann verletzen oder als Freiraum empfunden werden".[1088] Eine gemeinschaftliche Atmosphäre kann als gemütlich empfunden werden und zum Verweilen einladen. Sie kann aber ebenso mit einem Gefühl des Unwohlseins verbunden sein und den Wunsch auslösen, den Bereich der gemeinschaftlichen Nähe umgehend zu verlassen, wenn sie als Störung der eigenen Aktivität empfunden wird.[1089]

Eng verbunden mit Nähe und Distanz sind die leibliche Responsivität und Spontaneität. Empfundene Nähe fordert grundsätzlich zu einem Antwortverhalten auf. In der einladend-engende Atmosphäre ist diese Aufforderung anregend, da zwar der Schwerpunkt auf der

---

[1088] Schultheis 2013, S. 70
[1089] vgl. Kazig 2008, S. 157

Responsivität liegt, für die Spontaneität jedoch immer noch ein Spielraum besteht. Dieser Spielraum fällt in der ausladend-engenden Atmosphäre weg, so dass die Spontaneität gleichsam erstickt wird. Das
Antwortverhalten kommt über die mechanische Wiederholung einge-
schliffener Verhaltensweisen mitunter nicht hinaus. In der einladend-
weitenden Atmosphäre liegt der Schwerpunkt auf der Spontaneität,
die sich entfalten kann, ohne den Anschluss an die Umgebung bzw.
die Responsivität zu verlieren. Dieser Anschluss wird erst in der ausladend-weitenden Atmosphäre verloren; hier wird die leibliche Spontaneität zu einer Art blinden Spontaneität, die keinen Anschluss an die
Umgebung findet. Die ausladend-weitende Atmosphäre wirkt daher
stets auf die eine oder andere Weise befremdlich. Die Stimmigkeit einer Atmosphäre lässt sich auch daran festmachen, ob sich in ihr die
leibliche Responsivität ebenso wie die Spontaneität entfalten kann,
wobei der Schwerpunkt eher auf der Responsivität (Idealtyp 1) oder
der Spontaneität (Idealtyp 2) liegen kann. In einer als unstimmig empfundenen Atmosphäre kann sich entweder die Spontaneität (Idealtyp 3) oder die Responsivität (Idealtyp 4) nicht mehr entfalten.

7.5 Idealtypen von Organisationsklimata

Da Organisationsklimata Atmosphären sind, kann die erarbeitete Idealtypologie von Atmosphären auch auf die Unterscheidung von Organisationsklimata übertragen werden. Dies wird auch durch die Arbeiten von Håkonsson/Obel/Burton (2008) und Ashkanasy/Härtel (2014)
gestützt, auf die nachfolgend eingegangen werden soll. Beide Arbeiten greifen auf Circumplex-Modelle der Affekte zurück, um Klimata
voneinander zu unterscheiden (wobei sich nur Ashkanasy/Härtel explizit auf das Organisationsklima beziehen). Die Integrierbarkeit des
Circumplex-Modells affektiver Qualitäten in die phänomenologische
Fundierung dieser Arbeit wurde bereits in Abschnitt 4.6 aufgezeigt. Da
sich die genannten Arbeiten jedoch nicht auf das Circumplex-Modell
von Russell beziehen, muss zunächst auf die jeweils zugrunde

gelegten Circumplex-Modelle und ihre Bezüge zu besagtem Modell von Russell eingegangen werden.

Håkonsson/Obel/Burton (2008, S. 72-73) übertragen das Circumplex-Modell der Emotionen von Huy (2002, S. 35) auf die Klimaforschung. Da Huy sein Modell direkt von Larsen/Diener (1992) übernimmt, reicht es hier aus, auf deren Modell einzugehen. Larsen/Diener vereinen in ihrem Circumplex-Modell der Affekte das Circumplex-Modell der Affekte von Russell[1090] und das Circumplex-Modell der Affekte von Watson/Tellegen (1985). Auf Letzteres beziehen sich auch Ashkanasy/Härtel. Entsprechend ihrer Entwicklungshistorie ist zunächst auf das Modell von Watson/Tellegen und anschließend auf das Modell von Larsen/Diener einzugehen, bevor die Arbeiten von Håkonsson/Obel/Burton und Ashkanasy/Härtel eingeordnet werden können.

Das Circumplex-Modell von Watson/Tellegen besitzt die beiden Dimensionen „Positiver Affekt" (engl. *positive affect*) sowie „Negativer Affekt" (engl. *negative affect*), die jeweils die Ausprägungen „hoch" und „niedrig" besitzen können. Aus den beiden Dimensionen ergeben sich die vier Ausprägungen „Hoher positiver Affekt" (z. B. aktiv, begeistert, schwungvoll, kräftig), „Niedriger positiver Affekt" (z. B. schläfrig, dumpf, schwerfällig, phlegmatisch), „Hoher negativer Affekt" (z. B. erschüttert, ängstlich, feindselig, nervös) und „Niedriger negativer Affekt" (z. B. ruhend, gelassen, sanft, entspannt). Die hierbei verwendete Terminologie ist etwas irreführend, da die Dimension „Positiver Affekt" sowohl lustvolle als auch unlustvolle Elemente enthält. Hoher positiver Affekt bezieht sich auf die Attribute „lustvoll" (engl. *pleasantness*) und „aktivierend" (engl. *strong engagement*), niedriger positiver Affekt dagegen auf die Attribute „unlustvoll" (engl. *unpleasantness*) und „losgelöst" (engl. *disengagement*). Entsprechendes gilt für die Dimension „Negativer Affekt". Die Dimensionen Lust/Unlust sowie Lösung/Bindung des Circumplex-Modells von Russell finden sich bei

---

[1090] vgl. Abschnitt 3.3.1.2

dieser Operationalisierung gleichsam in den Diagonalen wieder.[1091] Entsprechend lassen sich die vier Idealtypen von Atmosphären direkt den jeweiligen Ausprägungen beider Dimensionen zuordnen (Abb. 10), während sie in dem Modell von Russell jeweils Kombinationen der Ausprägungen beider Dimensionen zuzuordnen sind (Abb. 11).

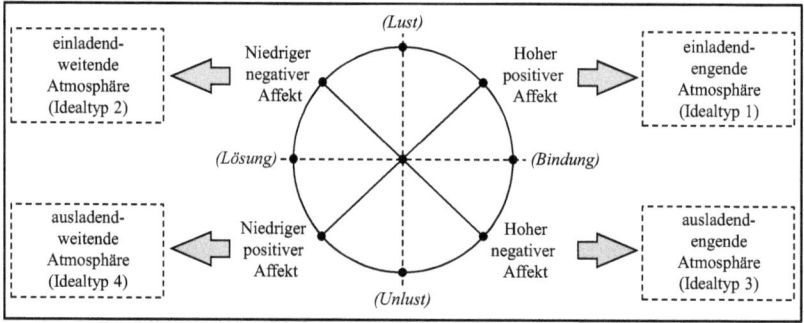

Abb. 10   Das Circumplex-Modell der Affekte von Watson/Tellegen und die Zuordnung zu den Idealtypen von Atmosphären (vgl. auch 1985, S. 221)

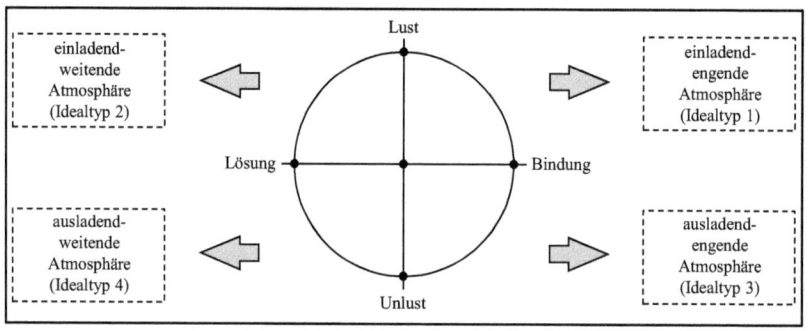

Abb. 11   Das Circumplex-Modell der Affekte von Russell und die Zuordnung zu den Idealtypen von Atmosphären (vgl. auch 1980, S. 1164, 1167)

[1091] vgl. Watson/Tellegen 1985, S. 221; Larsen/Diener 1992, S. 28-30

Larsen/Diener kombinieren die Modelle von Russell und Watson/Tellegen, wobei sie sich in ihren Dimensionen an Russell mit den beiden Dimensionen Lust (mit den beiden Ausprägungen Lust und Unlust) und Aktiviertheit (mit den beiden Ausprägungen hohe und niedrige Aktiviertheit) orientieren.[1092] Die Zuordnung der Idealtypen von Atmosphären verläuft daher analog zu dem Modell von Russell (Abb. 12).

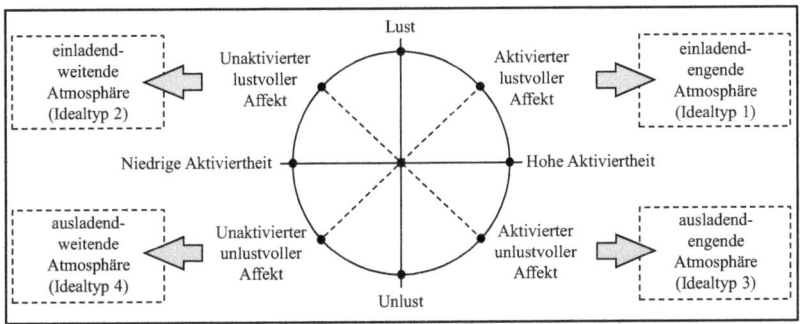

Abb. 12   Das Circumplex-Modell der Affekte von Larsen/Diener und die Zuordnung zu den Idealtypen von Atmosphären (vgl. auch 1992, S. 31)

Håkonsson/Obel/Burton ordnen den vier Kombinationsmöglichkeiten der Dimensionsausprägungen bei Larsen/Diener jeweils ein bestimmtes Klima zu.[1093] Das Prozessklima (engl. *internal process climate*) wird den unaktivierten unlustvollen Affekten, das Zielerreichungsklima (engl. *rational goal climate*) den aktivierten unlustvollen Affekten, das Entwicklungsklima (engl. *developmental climate*) den aktivierten lustvollen Affekten und das Gruppenklima (engl. *internal process climate*) den unaktivierten lustvollen Affekten zugeordnet (Abb. 13).

[1092] vgl. Larsen/Diener 1992, S. 31
[1093] vgl. zum Folgenden Håkonsson/Obel/Burton 2008, S. 72-75

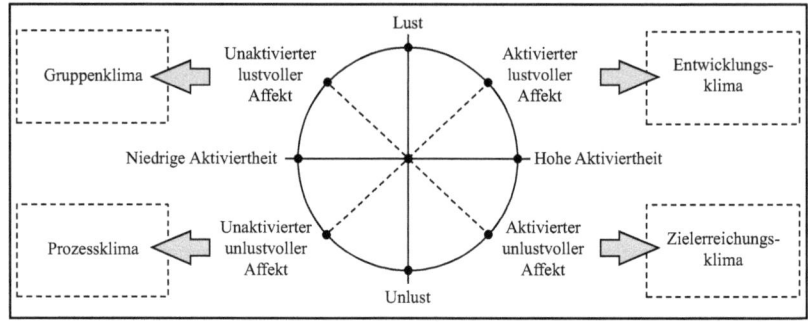

Abb. 13   Das Circumplex-Modell der Affekte von Larsen/Diener und die
Zuordnung zur Klimatypologie von Håkonsson/Obel/Burton
(vgl. auch Håkonsson/Obel/Burton 2008, S. 73)

Ohne hier im Einzelnen auf die vier Klimatypen einzugehen, kann die
Einteilung als misslungen bezeichnet werden. Der Grund hierfür liegt
weniger in dem zugrunde gelegten Modell von Larsen/Diener, als vielmehr in der diffusen Verwendung des Begriffs der Aktiviertheit sowie
in dessen diffuser Abgrenzung zum Begriff der Spannung. Zunächst
wird Aktiviertheit als Intensität der Erregung bezeichnet. Daraus wird
gefolgert, dass eine hohe Aktiviertheit vorliegt, wenn die Beteiligten
nach eigener Überzeugung mit Veränderungen umzugehen in der
Lage sind (aktives Verhalten), während eine niedrige Aktiviertheit entsprechend vorliegt, wenn dies nicht der Fall ist (passives Verhalten).
Dieser Schlussfolgerung kann nicht gefolgt werden, da die wahrgenommene Bedrohung durch eine Veränderung bei gleichzeitiger
Überzeugung, mit dieser nicht umgehen zu können, keinesfalls eine
niedrige Intensität der Erregung impliziert. Aus einem passiven Verhalten folgt keine niedrige Erregung. Weiter wird der Begriff der Spannung bezogen auf einen Zustand angespannter Beziehungen, auf ein
Unbehagen aufgrund gegenseitiger Feindseligkeiten sowie auf Stress
durch die Ausbalancierung gegensätzlicher Elemente. Obwohl hier
der Bezug zu einer hohen Intensität der Erregung offensichtlich ist,
wird der Begriff der Spannung der Dimension der Lust zugeordnet:
Eine hohe Spannung wird als unlustvoll, eine niedrige Spannung als

lustvoll erlebt. Damit wird nicht nur die Möglichkeit einer positiven Spannung ausgeschlossen, sondern es wird auch die Abgrenzung beider Dimensionen auf eine diffuse Weise verwischt. Diese Unschärfe zieht sich dann entsprechend durch die Beschreibung der vier Klimatypen (weshalb auf deren weitere Erläuterung hier verzichtet wird).

Die Arbeit von Ashkanasy/Härtel (2014) greift auf das Circumplex-Modell von Watson/Tellegen zurück, um zwischen einem positiven und einem negativen Organisationsklima zu unterscheiden. Neben den Aspekten Lust und Unlust finden jedoch die Aspekte Lösung und Bindung keine Berücksichtigung, so dass das Modell nur unvollständig genutzt und dadurch auf eine gewisse Weise verzerrt wird, da das Modell von Watson/Tellegen eine abgekoppelte Betrachtung der (positiven) Lust und der (negativen) Unlust von den Aspekten der Lösung und der Bindung eigentlich nicht erlaubt. Im Lichte des in dieser Arbeit zugrunde gelegten Verständnisses von Organisationskultur kann der Arbeit von Ashkanasy/Härtel zudem dort nicht gefolgt werden, wo sie analog der Betrachtung des Organisationsklimas zwischen einer positiven und einer negativen Organisationskultur unterscheiden, da die Möglichkeit einer negativen Organisationskultur aufgrund der fehlenden Attraktion ausgeschlossen wurde.[1094] Zusammenfassend stützt die Arbeit von Ashkanasy/Härtel zwar die grundsätzliche Anwendbarkeit von Circumplex-Modellen der Affekte für die Unterscheidung verschiedener Idealtypen von Organisationsklimata, schöpft deren Potenzial jedoch nicht aus. Dies gelingt (auf eine konsistente Weise) erst mit der in dieser Arbeit erarbeiteten Idealtypologie von Atmosphären, die ebenso als Idealtypologie von Organisationsklimata verstanden werden kann.

Abschließend soll noch eine Einschränkung bezüglich der Übertragbarkeit der beschriebenen Circumplex-Modelle auf die erarbeitete Idealtypologie von Atmosphären bzw. Klimata nicht unerwähnt

---

[1094] vgl. Abschnitt 6.1.3

bleiben. Circumplex-Modelle nehmen allgemein an, dass eine sehr hohe Ausprägung auf einer Dimension mit einer moderaten Ausprägung auf der anderen Dimension einhergeht.[1095] Grafisch wird dies durch die Kreisform ausgedrückt, durch die extreme Ausprägungen in beiden Dimensionen ausgeschlossen werden, da sich diese Bereiche „außerhalb" der Kreisform befinden. Eine solche Annahme wird in Bezug auf die hier erarbeitete Idealtypologie nicht getroffen, wenngleich auch nicht ausgeschlossen.

7.6 Einordnung der Realtypen von Atmosphären nach Schöll

Idealtypen werden anhand „einseitige[r] Steigerung eines oder einiger Gesichtspunkte" gebildet,[1096] die in der Realität nicht notwendigerweise in Reinform auftreten müssen; nach Weber leisten Idealtypen gar einen umso besseren Dienst, je „schärfer und eindeutiger konstruiert die Idealtypen sind: je weltfremder sie also, in diesem Sinne, sind, desto besser leisten sie ihren Dienst".[1097] Dies lässt sich allgemein auch für die Dimensionen der Lust und der Enge mit ihren Ausprägungen sagen. So etwas wie eine reine Enge oder eine reine Weite gibt es genauso wenig wie eine reine Lust oder eine reine Unlust, die sich als solche unmittelbar und ungefiltert wahrnehmen ließen.[1098] Dies gilt entsprechend auch für die vier genannten Idealtypen von Atmosphären. Atmosphären können sich nicht nur auf jeweils sehr unterschiedliche Weise manifestieren, sondern sie lassen sich in der Wahrnehmung häufig auch nicht eindeutig einem der vier Idealtypen zuordnen. Die Atmosphäre der Euphorie ist beispielsweise einladend, jedoch nicht einseitig engend oder weitend. Sie ist einladend-weitend, weil sie einerseits mit einer spürbaren leiblichen Ausdehnung bzw.

[1095] vgl. Larsen/Diener 1992, S. 26

[1096] Weber 1973, S. 191, Hervorhebungen im Original

[1097] Weber 1984, S. 39, Hervorhebungen im Original

[1098] vgl. Abschnitt 4.2.3

Entspannung verbunden ist. Sie ist jedoch auch einladend-engend, da die exzentrische „Tendenz durch entgegenkommende Resonanz immer wieder aufgefangen und zu neuen Schwingungen angeregt wird".[1099] Die Atmosphäre der Euphorie lässt sich daher den Idealtypen 1 und 2 mit oszillierend-rhythmischem Charakter zuordnen.

In der MOF findet sich bis dato kein Versuch, anhand eines definierten Merkmalsraums Idealtypen von Atmosphären zu bilden, so dass die vorgestellte Idealtypologie in dieser Hinsicht Neuland betritt. Immerhin finden sich allgemein in der Literatur vereinzelt Versuche, verschiedene Realtypen von Atmosphären zu differenzieren.[1100] Realtypen sind im Gegensatz zu Idealtypen konkret „in der Realität vorhanden und vorfindbar".[1101] Sie lassen sich durch Idealtypen veranschaulichen, vergleichen und einordnen.[1102] Die beschriebene Atmosphäre der Euphorie ist in diesem Sinne ebenso ein Realtyp von Atmosphären wie die konkret beschriebenen Atmosphären, die den jeweiligen Idealtypen zugeordnet wurden (z. B. die Atmosphären der Bedrohung und der Trauer bei den ausladend-engenden Atmosphären). Darüber hinaus sind insbesondere die von Schöll beschriebenen fünf[1103] bzw. sechs[1104] verschiedenen Atmosphären, „die in Organisationen zu beobachten sind",[1105] für die vorliegende Untersuchung von Relevanz. Diese sollen nachfolgend kurz skizziert und in die vorgestellte Idealtypologie eingeordnet sowie anhand dieser beurteilt werden. Schöll unterscheidet zwischen der „aufgekratzt-hektischen", der „kämpferisch-hitzigen", der „kühl-distanzierten", der „niedergeschlagen-ohnmächtigen", der „freundlich-gelassenen" sowie der „abwertend-

---

[1099] Schmitz 1969, S. 295
[1100] vgl. z. B. Schöll 2007, 2009; Kazig 2008
[1101] Kluge 1999, S. 60
[1102] vgl. ebd., S. 69-70; Tippelt 2010, S. 119
[1103] vgl. Schöll 2007
[1104] vgl. Schöll 2009
[1105] Schöll 2007, S. 326

dämonisierenden" Atmosphäre.[1106] Im Vorgriff auf die nachstehenden Erläuterungen zeigt Abb. 14 schemenhaft die Einordnung der Realtypen von Schöll in die vorgestellte Idealtypologie.

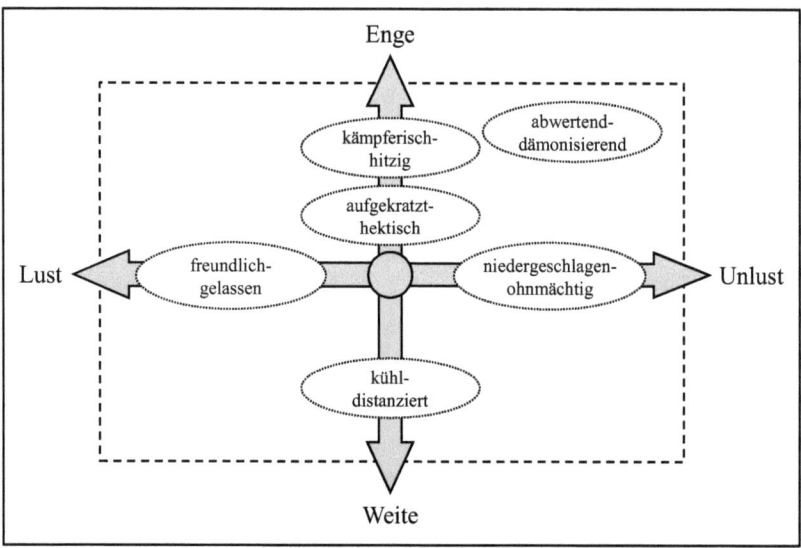

Abb. 14 Realtypen von Atmosphären nach Schöll und ihre idealtypische Einordnung (Eigene Darstellung)

Die aufgekratzt-hektische Atmosphäre ist durch ihre „[s]chnelle und abwechslungsreiche Körpersprache" und der expressiven Mimik und Gestik den engenden Atmosphären zuzuordnen. Die Atmosphäre wirkt „locker, flexibel, lässig, aber teilweise auch flüchtig" und besitzt damit Züge einer als angenehm bzw. nicht zu aufdringlich empfundenen Nähe. Andererseits wird sie ebenso als „[a]ufgedreht, bemüht locker, nervös" beschrieben, so dass die aufgekratzt-hektische Atmosphäre gleichermaßen einen Hang zur Aufdringlichkeit besitzt. Letztlich scheint es daher sinnvoll, die aufgekratzt-hektische Atmosphäre in einem mehr oder weniger neutralen Bereich zwischen der

---

[1106] vgl. Abschnitt 3.3.4; zum Folgenden Schöll 2007, S. 327

einladend-engenden und der ausladend-engenden Atmosphäre anzusiedeln, wobei die aufgekratzt-hektische Atmosphäre leicht in die eine
oder die andere Richtung ausschlägt.

Ähnliches gilt für die kämpferisch-hitzige Atmosphäre, die ebenfalls
eindeutig zu den engenden Atmosphären gehört: Die „Mitarbeiter wirken entschlossen, die Körpersprache ist eher expressiv und raumgrei-
fend". Da sich so etwas wie eine bemühte Lockerheit bei der kämpferisch-hitzigen Atmosphäre nicht findet, ist die kämpferisch-hitzige Atmosphäre als engender im Vergleich zur aufgekratzt-hektischen Atmosphäre zu bewerten. Die kämpferisch-hitzige Atmosphäre ist jedoch weder eindeutig einladend noch ausladend, da die „Abgrenzung
gegen andere Personen oder andere Gruppen" ebenso Bestandteil
dieser Atmosphäre ist wie „starke Bindungen" untereinander. Die
kämpferisch-hitzige Atmosphäre ist entsprechend eine einladend-engende Atmosphäre, wenn man Teil der gemeinsamen Situation ist,
und eine ausladend-engende Atmosphäre, wenn man nicht „dazuge-
hört". Aus Sicht des Wahrnehmenden müsste die kämpferisch-hitzige
Atmosphäre entsprechend dieser zwei Ausprägungen weiter differenziert werden.

Die kühl-distanzierte Atmosphäre ist quasi das Gegenstück der kämpferisch-hitzigen Atmosphäre. Sie ist mit ihrer Distanziertheit eindeutig
den weitenden Atmosphären zuzuordnen: „Die Körpersprache wirkt
reduziert und unnahbar, Mimik und Gestik gleichsam eingefroren. [...]
Die Sprache ist nüchtern bis langweilig, kommt oft normalisiert daher". Eine solche „überbetont-sachlich[e]" Atmosphäre kann mit ihrer
Neutralität einladend sein, da sie durch ihre Unaufdringlichkeit und
Berechenbarkeit Raum zur Entfaltung geben kann. Sie kann aber
ebenso ausladend sein, wenn man zur „Sache" keinen Zugang hat
oder wenn man sich wegen der betonten Sachlichkeit und der fehlenden leiblichen Beziehungen zueinander verloren fühlt. Die Entstehung
einer gemeinsamen Situation oder gar Organisationskultur ist in einer
derartigen Atmosphäre schwierig.

Die niedergeschlagen-ohnmächtige Atmosphäre scheint zunächst eine ausladend-weitende Atmosphäre zu sein: „Die Körpersprache wirkt eher ausweichend, die Körperspannung ist niedrig. [...] Es mutet alles etwas bewegungslos an [...]. Führungskräfte wirken zurückgezogen bzw. inszenieren sich gern gemeinsam mit den Mitarbeitern als Opfer. [...] Es wird wenig, gedämpft, teilweise auch weinerlich gesprochen". Die niedergeschlagen-ohnmächtige Atmosphäre ist „müde", „diffus", „neblig-feucht". Da Schöll die niedergeschlagen-ohnmächtige Atmosphäre jedoch darüber hinaus als „engend" bezeichnet und das Niedergeschlagene ebenso wie die durchaus anklingende Traurigkeit zudem auf (engende) Bewegungssuggestionen des Niederdrückenden verweisen, kann die niedergeschlagen-ohnmächtige Atmosphäre auch eine ausladend-engende Atmosphäre darstellen. In diesem Fall wäre die Ohnmacht weniger als diffuse Machtlosigkeit, sondern vielmehr als konkrete Erstarrung durch eine Bedrohung zu verstehen. Eine Atmosphäre, die durch beide Aspekte gleichermaßen beschrieben wird, ist allerdings nur schwer vorstellbar, so dass sich die Frage stellt, ob Schöll hier nicht eigentlich zwei konkrete Realtypen von Atmosphären miteinander vermischt, die er eigentlich unterscheiden müsste.

Die freundlich gelassene Atmosphäre ist in ihrer Wirkung grundsätzlich einladend mit einem leichten Übergewicht der Weitung. Die Körpersprache wirkt „entspannt, weder gewollt noch stilisiert oder bemüht. Man sieht hauptsächlich in aufgelockerte Gesichter. Mimik und Gestik wirken unverkrampft". Die Atmosphäre ist „weitend", „leicht, klar". Der einladende, aber nicht ausschließlich weitende Charakter der freundlich-gelassenen Atmosphäre zeigt sich insbesondere in einem ausgewogenen „Nähe-Distanz-Spiel".

Am eindeutigsten lässt sich die abwertend-dämonisierende Atmosphäre[1107] einem der vier Idealtypen zuordnen, nämlich der

---

[1107] vgl. zum Folgenden Schöll 2009, S. 38

ausladend-engenden Atmosphäre. In dieser wird bewusst Angst verbreitet, sie ist „[e]ngend, drückend, angstbeladen". Insgesamt lassen sich – sieht man von der Ambivalenz in den Beschreibungen der niedergeschlagen-ohnmächtigen Atmosphäre ab – alle von Schöll angeführten Atmosphären in die vorgestellte Typologie einordnen.

7.7 Anwendungsbeispiel Kreativität und Möglichkeiten der Gestaltung

Die Untersuchung der Erscheinungsweisen und Entwicklungsdynamiken von Atmosphären in Organisationen abschließend soll nachfolgend kurz die Möglichkeit der Anwendung der erarbeiteten theoretischen Grundlagen am Beispiel der Kreativität skizziert werden. Damit soll gewissermaßen ein beispielhafter Ausblick auf die Möglichkeiten zukünftiger Forschung gegeben werden, der entsprechend auszuarbeiten wäre.

In Bezug auf die Entwicklungsdynamiken gemeinsamer Situationen und Atmosphären ist in Bezug auf die Kreativität insbesondere das Zusammenspiel von (segmentierten) alltäglichen und (impressiven) außeralltäglichen Atmosphären von Relevanz. Da Kreativität untrennbar mit dem Neuen und Überraschenden verbunden ist,[1108] kann der Ausbruch aus der Alltäglichkeit und der Herrschaft des „Man" als konstitutiv für kreative Atmosphären angesehen werden.[1109] Größere, abrupte Veränderungen sind kaum in segmentierten Situationen herbeizuführen. Stattdessen bedarf es wie aufgezeigt einer aktuellen Situation mit einer impressiv sich manifestierenden Atmosphäre. Hierfür existieren beispielsweise Kreativitätstechniken, die gerade darauf abzielen, die leiblich eingeschliffenen Verhaltensweisen aufzubrechen

---

[1108] vgl. Lubart 1994, S. 290; Brodbeck 1995, S. 18-19; Rehkämper 2006, S. 845; Heinze 2012, S. 584; Julmi/Scherm 2013c, S. 104
[1109] vgl. Brodbeck 1995, S. 2, 55, 123-125; Schlicksupp 1999, S. 50; Elberfeld 2006, S. 524-526

und den Teilnehmer dadurch von seinen gewohnten Bewegungs- und Wahrnehmungsmustern zu lösen.[1110]

In Bezug auf die Erscheinungsweisen von Atmosphären ließen sich die vier erarbeiteten Idealtypen auf ihre kreativitätsfördernde Wirkung hin untersuchen. Während allgemein das Lustvolle häufig als konstitutiv für die Kreativität angesehen wird,[1111] lassen sich die lustvollen Atmosphären weiter nach ihrer engenden oder weitenden Wirkung differenzieren. Eine von Unterstützung und Kooperation geprägte einladend-engende Atmosphäre scheint etwa für Kreativität in Gruppen geeignet zu sein,[1112] während die einladend-weitende Atmosphäre die „Arbeit im stillen Kämmerlein" betont.[1113] In der Anregung (Enge) wird eine neue, aktuelle (häufig gemeinsame) Situation geschaffen (Intensitätssteigerung), während man sich in der Stille (Weite) aus der Situation herauszieht (Intensitätsminderung). In beiden Richtungen sind kreative Erfahrungen möglich.[1114] Phänomenologisch ist jedoch auch die Kreativität aus der Not heraus („Not macht erfinderisch") als Phänomen nicht von der Hand zu weisen, so dass auch die einladend-engende Atmosphäre kreativitätsfördernd sein kann.[1115]

Mit der Anwendung der erarbeiteten theoretischen Grundlagen wie hier am Beispiel der Kreativität angedeutet stellt sich die Frage nach der praktischen Gestaltbarkeit der theoretisch gewonnenen Erkenntnisse. Das Ziel der Arbeit bestand in einem (geisteswissenschaftlichen verstandenem) Verstehen und Erklären der Entwicklungsdynamiken und Erscheinungsweisen von Atmosphären in Organisationen.

[1110] vgl. z. B. Julmi/Scherm 2014

[1111] vgl. Rogers 1959, S. 78-80; Bollnow 1974, S. 121; Preiser 2006, S. 189; Karl 2009, S. 95-96; Julmi/Scherm 2013c, S. 103

[1112] vgl. Hülsheger/Anderson/Salgado 2009, S. 1131

[1113] vgl. Amabile 1996, S. 258; Mainemelis 2001, S. 555; Huppertz 2007, S. 183; Csíkszentmihályi 2010, S. 230

[1114] vgl. Hüther/Schmid 2010, S. 140

[1115] vgl. Amabile 2002, S. 56

Während in der MOF mit dem Verstehen und Erklären in der Regel noch kein unmittelbarer Praxisbezug gegeben ist und sich Gestaltungsempfehlungen aus Theorien (wenn überhaupt) eher als Nebeneffekt ergeben,[1116] ist die Trennung zwischen Theorie und Praxis – wie im Prinzip bei jeder den hermeneutischen Zirkel der Erkenntnis berücksichtigenden Herangehensweise – dem Restrealismus folgend keine dichotome, sondern eine verwachsene. Darüber hinaus setzt der Restrealismus mit seiner lebensweltlichen Perspektive an der Erfahrung des Menschen an und hat sich entsprechend nach dem zu richten, was sich als Phänomen in der Praxis zeigt – ein Anspruch, an dem sich letztlich auch diese Arbeit messen lassen muss.

Aus der genannten „Verwachsenheit" sowie der lebensweltlichen Orientierung des Restrealismus folgt, dass einerseits der Praxistransfer der theoretischen Erkenntnisse dieser Arbeit relativ reibungslos gelingen kann und sich entsprechende Gestaltungsempfehlungen ableiten lassen. Mit dieser Möglichkeit ist jedoch untrennbar eine Einschränkung verbunden, denn es können keine vom Gestalter und seiner Situation unabhängigen, allgemeingültigen Gestaltungsempfehlungen gegeben werden. Der hermeneutische Zirkel und der Aspekt der Ganzheitlichkeit müssen auch in der Gestaltung gewahrt bzw. berücksichtigt werden. Beides setzt für die Gestaltung einen (subjektiven) Gestalter voraus, der gestaltet. So wie das Verstehen nicht ohne Verstehenden gedacht werden kann, kann das Gestalten nicht ohne einen Gestalter gedacht werden, der darüber hinaus – will er aus den Erkenntnissen dieser oder anschließender Arbeiten heraus gestalten – ein verstehender Gestalter sein muss. Entsprechend ergeben sich insbesondere dann Gestaltungsempfehlungen, wenn die explizierten (lebensweltlich-)objektiven Tatsachen für den (unvoreingenommenen und Gestaltungsabsichten verfolgenden) Leser zu subjektiven Tatsachen werden. Erst durch das subjektive Evidenzerlebnis des Lesers werden die Ausführungen (subjektiv-)tatsächlich verstehend und

---

[1116] vgl. Scherm/Pietsch 2007, S. 118

erklärend. Ein solches ist Voraussetzung dafür, dass sich der Gestalter die hier erarbeiteten Erkenntnisse „einverleiben" und situativ zur Geltung bringen kann. Allgemeingültige und situationsunabhängige Gestaltungsempfehlungen lassen sich immer nur auf Kosten des Einzelfalls geben, der jedoch aus einer phänomenologischen Sicht nicht marginalisiert werden kann und darf. Bei der Gestaltung geht es entsprechend nicht um eine universelle richtige oder falsche, sondern um eine je situativ stimmige oder unstimmige.

Die Stimmigkeit einer Gestaltung hängt daher nicht nur vom Gestaltungszweck ab, sondern ebenso von der jeweiligen Gestaltungssituation, die sich jedoch nicht – wie etwa vom situativen Ansatz angenommen[1117] – auf (formal-)objektive Merkmale einer Situation reduzieren lässt. Über die Situation hinaus muss der Gestalter ein „Gespür für Atmosphärisches"[1118], eine „atmosphärische Kompetenz"[1119] oder eine „atmosphärische Intelligenz"[1120] mitbringen. Dies gilt für Atmosphären im Allgemeinen ebenso wie für spezifische Atmosphären, die etwa die Kreativität fördern sollen.

Wer mit dieser Arbeit verstanden hat, wie sich Gemeinschaften entwickeln, festigen und auflösen (lassen) oder auf welche Weise Atmosphären wirken, kann entsprechend im Rahmen seiner Möglichkeiten (und im Rahmen dieser Arbeit) gestaltend Impulse setzen. In diesem Zusammenhang sind die Ausführungen zur Entwicklung gemeinsamer Situationen, zu der als organisationale Situation auch die Organisationskultur zählt, Gestaltungsempfehlungen ebenso zugänglich wie die entwickelte Idealtypologie von Atmosphären. Die über eine gewisse Impulssetzung hinausgehende – gleichsam am Reißbrett entworfene – Gestaltung von Situationen und Atmosphären ist aufgrund der aufgezeigten (Eigen)Dynamiken, Unterschiedlichkeiten und

---

[1117] vgl. Schreyögg 1994, S. 166
[1118] Tellenbach 1968, S. 49, Hervorhebung im Original
[1119] Knodt 1994, S. 69
[1120] Schöll 2007, S. 324

Ganzheitlichkeit in der Wahrnehmung nicht möglich; es sei denn natürlich, man ist ein „atmosphärisches Genie". Damit soll selbstverständlich nicht ausgeschlossen werden, dass man in Organisationen mit logischem Denken und kalkulierender Rationalität nichts erreichen kann, aber – und das ist das Entscheidende – alle Logik und Rationalität muss die leibliche Dynamik des Zusammenlebens in Organisationen berücksichtigen und hat sich dieser im Zweifel unterzuordnen.

8 ZUSAMMENFASSUNG UND AUSBLICK

Mit der Untersuchung der Erscheinungsweisen von Atmosphären in Organisationen und der in diesem Zusammenhang erarbeiteten Idealtypologie kann die vorliegende Arbeit abgeschlossen und ihr Ziel als erreicht betrachtet werden. Nachfolgend sollen die zentralen Erkenntnisse der Arbeit kurz zusammengefasst werden. Abschließend soll ein Ausblick auf Möglichkeiten zur weiteren Erforschung von Atmosphären in Organisationen gegeben werden.

Zunächst wurde mit der vorliegenden Arbeit ganz allgemein der Forderung nachgekommen, sich innerhalb der MOF verstärkt mit einer phänomenologischen Herangehensweise zu beschäftigen.[1121] Da die Arbeit mit dem Restrealismus wissenschaftstheoretisches Neuland betreten hat, musste dieses in Kapitel 2 zunächst abgesteckt werden. Damit konnte eine Basis gewonnen werden, die sich im Verlaufe der Arbeit einerseits als anschlussfähig an die bestehende MOF erwies, andererseits die theoretische Durchdringung von Atmosphären in Organisationen ermöglichte. Obwohl sich die Arbeit wissenschaftstheoretisch nicht ohne weiteres in die bestehende Literatur der MOF einordnen lässt, konnte eine Vielzahl von Begriffen und Konzepten der MOF in das Paradigma des Restrealismus integriert werden.

In Kapitel 3 erfolgte die Hinführung zum konkreten Untersuchungsgegenstand der Arbeit. Der zunächst erfolgte historische Überblick über die Atmosphärenforschung zeigte im Wesentlichen auf, dass die Arbeiten von Schmitz gewissermaßen den „Durchbruch" zu einer systematischen Atmosphärenforschung markieren und entsprechend zu berücksichtigen sind. Demgegenüber erwies sich die Atmosphärenforschung innerhalb der MOF als bislang wenig erschlossen und zudem als theoretisch unzureichend fundiert. Diesem „Missverhältnis" folgend wurden in Kapitel 4 die theoretischen Grundlagen für eine adäquate Erforschung von Atmosphären in Organisationen

---

[1121] vgl. Sanders 1982, S. 353; Conklin 2007, S. 285; Gill 2014, S. 133

erarbeitet. Neben den Arbeiten von Schmitz wurden hier insbesondere die Arbeiten von Rappe berücksichtigt, mit denen sich neben der räumlichen auch die zeitliche – und damit die situative – Dynamik von Atmosphären in den Blick nehmen ließ.

Das mit den theoretischen Grundlagen zum Ausdruck kommende Grundverständnis der Arbeit lässt sich folgendermaßen auf den Punkt bringen:

- Atmosphären und ihre Wahrnehmung beruhen auf gemeinsamen Situationen,
- gemeinsame Situationen beruhen auf leiblicher Kommunikation,
- die Möglichkeit zur leiblichen Kommunikation beruht auf dem menschlichen Leib und
- der Leib ist das Medium des In-der-Welt-Seins, mit dem der Mensch an seine Umgebung angeschlossen ist.

Neben einer theoretischen Fundierung konnten die Ansätze von Schmitz und Rappe in Verbindung mit Ansätzen der Umweltpsychologie, insbesondere dem Circumplex-Modell der Affekte, gebracht werden. Dadurch können einerseits korrespondierende Erkenntnisse der Umweltpsychologie in das erarbeitete phänomenologische Fundament integriert werden, andererseits können die aufgezeigten leiblichen, atmosphärischen und situativen Dynamiken in die Umweltpsychologie integriert werden. Darüber hinaus lassen sich die auffälligen Parallelen auch als Bestätigung der jeweils anderen Forschungsrichtung auffassen. Für eine phänomenologische Fundierung der umweltpsychologischen Ansätze ist jedoch – wie hinreichend gezeigt – das S-O-R-Paradigma zwingend zugunsten eines restrealistischen Paradigmas aufzugeben, in dem Subjektivität und Objektivität nicht in einem Verhältnis gegenseitiger Ausschließlichkeit stehen. Neben der Umweltpsychologie konnte zudem ein Anschluss an die Erforschung von emotionalen Klimakonzepten sowie zur organisationalen Ästhetik hergestellt werden.

Dem in Kapitel 4 erarbeiteten Grundverständnis folgend wurde der Leib in Kapitel 5 zunächst als Grundvoraussetzung jeglichen organisationalen Zusammenlebens herausgearbeitet. Organisationen können dem Verständnis der Arbeit nach nicht als dem Leib vorgängig gedacht werden, da es gerade der gespürte Leib ist, der das Zusammenleben in Organisationen wesentlich fundiert und beeinflusst bzw. erst ermöglicht. Ziel des Kapitels war es, die Entwicklungsdynamiken gemeinsamer Situationen und Atmosphären in Organisationen herauszuarbeiten. In diesem Sinne ging es vornehmlich (aber nicht nur) um die zeitliche Dimension in der Atmosphärenwahrnehmung, d.h., wie es kommt, dass Mitglieder in Organisationen Atmosphären (in gemeinsamen Situationen) gleich oder (in verschiedenen Situationen) unterschiedlich wahrnehmen. Es ging also gleichsam um die Frage, wie sich in Organisationen gleiche oder unterschiedliche Perspektiven entwickeln. Hier zeigte sich insbesondere die Führungskommunikation als entscheidend. Die Dimension der Lust entscheidet darüber, ob Perspektiven überhaupt geteilt werden. In der attraktiven Führungskommunikation findet eine Annäherung und damit eine Angleichung der Perspektiven statt. Bei der repulsiven Führungskommunikation werden Perspektiven dagegen nicht geteilt bzw. gewinnen in ihrer Abgrenzung sogar noch an Schärfe. Liegt eine attraktive Führungskommunikation vor, entscheidet die Dimension der Enge darüber, wessen Perspektive geteilt wird. Der dominante Part fungiert als Perspektivengeber, der dominierte Part als Perspektivennehmer. Bei der wechselseitigen Führungskommunikation werden die Perspektiven in einem gegenseitigen Anpassungsprozess aufeinander abgestimmt. Bei der charismatischen Führung bestimmt der charismatische Führende die Perspektive, die vom charismatisch Geführten übernommen wird. Bei der autoritären Führung erschließt sich die Perspektive des Führenden dem Geführten dagegen nicht.

Von der Führungskommunikation ausgehend konnte die situative und atmosphärische Dynamik des Zusammenlebens in Organisationen insgesamt in einem breiten Spektrum eingefangen werden, beginnend mit einer ersten flüchtigen Begegnung von Organisationsmitgliedern als Nährboden gemeinsamer Situationen bis hin zu gemeinsamen Situationen, die sich mittels Ritualen über „Generationen" hinweg institutionalisiert haben und nicht mehr hinterfragt werden. Eine solche stellt letztlich auch die in Kapitel 6 untersuchte Organisationskultur als gemeinsame Situation auf organisationaler Ebene dar. Neben dem Konzept der Organisationskultur wurde in Kapitel 6 dasjenige des Organisationsklimas in das erarbeitete theoretische Fundament integriert und als organisationale Atmosphären herausgearbeitet. Auf diese Weise konnten einerseits die Konzepte der Situation und der Atmosphäre in die bestehende (Kultur- und Klima-)Forschung integriert werden, andererseits ermöglichte diese Integration auch, die Konzepte der Organisationskultur und des Organisationsklimas voneinander abzugrenzen und ihre Zusammenhänge zu beleuchten. So konnte etwa den Kriterien der Stärke einer Organisationskultur nach Schreyögg mit der Attraktion ein viertes Kriterium hinzugefügt werden.

Neben den Entwicklungsdynamiken von Situationen und Atmosphären in Organisationen konnte in Kapitel 7 eine Idealtypologie von Atmosphären in Organisationen (und darüber hinaus) erarbeitet werden, mittels derer Atmosphären in ihrer Erscheinungsweise, also inhaltlich, differenziert werden können. Hierbei stand weniger die Atmosphäre, als vielmehr ihre Wahrnehmung im Vordergrund, so dass der jeweilige situative Hintergrund des Wahrnehmenden adäquat berücksichtigt werden konnte. Anhand der Realtypen von Schöll wurde hier beispielhaft eine idealtypische Einordnung vorgenommen.

Bei der vorliegenden Arbeit handelt es sich allgemein um die erste umfassende Untersuchung von Atmosphären in Organisationen. Indem Gefühle als Atmosphären verstanden werden, leistet die Arbeit in diesem Zusammenhang einen Beitrag zur Erforschung von Gefühlen in Organisationen, die nach Fineman in der MOF zwar häufig als fehlende Zutat zum Verständnis des organisationalen

Zusammenlebens gepriesen werden,[1122] aufgrund der überwiegend quantitativen Herangehensweisen jedoch nur unzureichend erforscht würden. Vielmehr sagten diese Herangehensweisen mehr über die vorgefertigten Kategorien des Forschers als über die Qualität von Gefühlen aus.[1123] Die vorliegende Arbeit betont dagegen die Qualität von Gefühlen (als Atmosphären), während eine quantitative Erfassung von Gefühlen mit dem Restrealismus (zumindest erkenntnistheoretisch) abzulehnen ist.

Letztlich spielt für den Menschen nichts eine Rolle, solange etwas für ihn keine subjektive Tatsache ist. Ohne subjektive Tatsachen existiert keine Kommunikation, Situation oder Atmosphäre, über die sich die Organisationsmitglieder (lebensweltlich-)objektiv verständigen können. Aufbauend auf einem phänomenologischen Verständnis des menschlichen Leibes konnte eine theoretische Grundlage zur Erforschung von Phänomenen in Organisationen erarbeitet werden, die Subjektivität, Gefühle (als Atmosphären), Motivation, Dominanz, Kommunikation, Identität und Gemeinschaft zu ihren Grundprinzipen erhebt und damit einem auf rationalem Kalkül basierenden Verständnis von Organisation diametral entgegensteht. Dem Verständnis dieser Arbeit folgend sind Gefühle, Motivationen und Dominanzverhältnisse nicht primär das Ergebnis oder Begleiterscheinungen rationaler Überlegungen, sondern können diesen ebenso vorausgehen – wenn sie überhaupt voneinander getrennt werden können. In jedem Fall ist das Zusammenleben von leiblichen Kräften geprägt, die dieses wesentlich mitbestimmen, durch den Handelnden selbst jedoch nicht oder wenigstens nicht vollumfänglich offengelegt werden können.

Abschließend soll noch ein kurzer Ausblick auf die Möglichkeiten einer weitergehenden Erforschung von Atmosphären in Organisationen gegeben werden. Zunächst wurde mit der vorliegenden Arbeit (wie

---

[1122] vgl. Fineman 2004, S. 720
[1123] vgl. ebd., S. 731

ausgeführt) nicht nur eine neue Theorie in der MOF eingeführt, sondern es wurde mit dem Restrealismus wissenschaftstheoretisches Neuland in der MOF betreten. Die erarbeitete Theorie der Atmosphären in Organisationen zeichnet sich zwar durch eine hohe Anschlussfähigkeit an bestehende Konzepte der MOF aus; dennoch handelt es sich im Wesentlichen um Grundlagenforschung, die den Blick auf die Bedeutung und die Komplexität von Atmosphären in Organisationen zuallererst freilegen sollte. Darüber hinaus darf die Arbeit explizit als theoretisches Fundament für die weitere Erforschung von Atmosphären (und Situationen) in der MOF verstanden werden.

Theorien werden in der MOF typischerweise aus anderen Disziplinen importiert und anschließend domestiziert.[1124] Während das Importieren einer neuen Theorie durch die Schaffung grundlegender Voraussetzungen zur Erforschung von Atmosphären in Organisationen Ziel dieser Arbeit war, gilt es nun, ihr Potenzial in der MOF in weiteren Forschungsvorhaben auszuschöpfen und die Theorie der Atmosphären in der MOF zu domestizieren. So könnten aufbauend auf den erarbeiteten Grundlagen spezifische Fragestellungen im Zusammenhang mit Atmosphären in Organisationen erforscht werden. Eine mögliche Herangehensweise wurde diesbezüglich am Beispiel der Kreativität angedeutet.

Neben der Erforschung spezifischer Fragestellungen ist es ebenso möglich, aufbauend auf den Erkenntnissen dieser Arbeit weitere Grundlagenforschung bezüglich Atmosphären in Organisationen zu betreiben. Hier könnte beispielsweise mit Schmitz das Zusammenspiel personaler Emanzipation und personaler Regression berücksichtigt werden.[1125] Auf diese Weise ließe sich neben dem leiblichen auch der personale Anteil bei der Entstehung von gemeinsamen Situationen und Atmosphären untersuchen, der in dieser Arbeit weitgehend

---

[1124] vgl. Alvesson/Sandberg 2014, S. 969
[1125] vgl. Schmitz 2009b, S. 101-116

ausgeklammert wurde. Darüber hinaus könnte etwa mit Rappe die gemeinsame Situation weiter in synthetische und sympathetische gemeinsame Situationen differenziert werden: Während in größeren Gemeinschaften oder Organisationen die Elemente synthetisch verbunden sind und sich durch eine gewisse Lockerheit im Verbund auszeichnen, beruht das Gemeinschaftsgefühl etwa der Freundschaft auf sympathetischen Beziehungen und setzt leibliche Nähe voraus.[1126] Obwohl in der vorliegenden Arbeit derartige Differenzierungen nicht vorgenommen werden, sollte die grundsätzliche Anschlussfähigkeit jedoch gegeben sein.

[1126] vgl. Rappe 2004, S. 218

Briefwechsel mit Hermann Schmitz über Atmosphären in Organisationen

Hagen, 15. August 2015

Sehr geehrter Herr Professor Schmitz,

erlauben Sie mir, Ihnen ein Exemplar meiner jüngst erschienenen Dissertationsschrift zum Thema „Atmosphären in Organisationen" zukommen zu lassen.

Die Arbeit basiert wesentlich auf den Erkenntnissen Ihrer Neuen Phänomenologie und verteidigt diese beispielsweise gegenüber dem Atmosphärenverständnis von Böhme als weitaus fruchtbareren Ansatz (schon allein wegen des bei Böhme fehlenden Situationsbegriffs). Bei der vereinzelt angebrachten Kritik gegenüber Ihren Ansätzen habe ich hoffentlich einen maßvollen Ton getroffen. Hier bin ich selbstverständlich für Anmerkungen und Anregungen jederzeit sehr offen und dankbar.

Des Weiteren finden Sie noch einen Aufsatz zur Kreativität[1127] in englischer Sprache, der gewissermaßen aus einer kleinen Anmerkung von Ihnen heraus entstand. In einem Brief empfahlen Sie mir einmal, zum Thema Kreativität den Abschnitt „Denken" aus Ihrem Buch „Bewusstsein" zu lesen. Damit haben Sie nicht nur meine Fragen im anschließenden Interview mit Ihnen[1128] vorgeprägt, sondern auch mein Denken über Kreativität im Allgemeinen wesentlich mitbeeinflusst. Der

---

[1127] Julmi, Christian/Scherm, Ewald: The domain-specificity of creativity: Insights from new phenomenology, in: Creativity Research Journal 27 (2/2015), S. 151-159

[1128] Schmitz, Hermann: Kreativität erleben, in: Julmi, Christian (Hrsg.): Gespräche über Kreativität, Bochum, Freiburg 2013, S. 17-42

Aufsatz, der hoffentlich ganz in Ihrem Sinne ist, mag hierfür als Beleg gelten.

Mit den besten Grüßen aus Hagen

Ihr Christian Julmi

Kiel, 31. August 2015

Sehr geehrter Herr Dr. Julmi!

Ihren kühnen Brückenschlag von der Phänomenologie zur Betriebswirtschaft habe ich bei Lektüre Ihrer Dissertation mit viel Interesse und Sympathie verfolgt und ebenso gern Ihren vorzüglich gelungenen Aufsatz über Kreativitätstypen gelesen. Besonders freut mich der Mut, mit dem Sie meine Auffassung der Gefühle als räumlich ergossene Atmosphären und leiblich ergreifende Mächte sich zu eigen machen. Sie sind mir beinahe etwas zu forsch, indem Sie die nachträglich von mir eingeführte Bestimmung der Gefühle als Halbdinge nicht erwähnen; ich wollte damit einer falschen Verdinglichung der Gefühle, als seien sie so etwas wie Wolken oder elektrische Felder, vorbeugen, ebenso wie mit der Einordnung des Gefühlsraumes unter die flächenlosen Räume. Aber in diesen Hinsichten dürften wir übereinstimmen.

Sie bringen auch ziemlich scharfe Kritiken an meiner Phänomenologie vor. Das ist mir sehr willkommen, als Gelegenheit zum Nachdenken und zur Stellungnahme. Ich verbinde diese im Folgenden mit Anführungszeichen für Ihre Gedankengänge und nummeriere die betreffenden Punkte.

1.) Seite 32f. (Ihres Buches):[1129] Sie werfen mir ein „subjektivistisch-positivistisches Weltbild" vor, weil ich den hermeneutischen Zirkel nicht genügend berücksichtige. Ich habe oft gegen den Ausdruck „hermeneutischer Zirkel" protestiert, weil in dem seit Aristoteles etablierten Sprachgebrauch ein Zirkel im Definieren oder im Begründen mir vorliegt, wenn das Ergebnis vorausgesetzt wird, so dass man aus dem Verfahren nichts lernen kann. Das ist hier nicht gemeint. Es handelt sich vielmehr um die Kluft zwischen Situation und Explikation, die dadurch entsteht, dass die Situationen wegen Ihrer binnendiffusen

---

[1129] Die Seitenzahlen wurden an die zweite Auflage des Buches angepasst.

Bedeutsamkeit für das Herausholen einzelner Bedeutungen ein Fass ohne Boden ist, das zu fortwährendem Nachschöpfen und ggf. Uminterpretieren Anlass gibt. Diese Wiederholung erzeugt den Anschein eines Zirkels. Die Kluft besteht aber nur in der vereinzelnden Perspektive des satzförmig sprechenden Menschen, die auch bei ihrer Wahrnehmung beständig von Explikationen Gebrauch machen. Wenn wir uns wie die Tiere auf das Aussprechen ganzer Situationen mit Schreien und Ausrufen beschränkten – wie Alkmene mit dem „Ach!" am Schluss von Kleists Amphitryon –, gäbe es keine Versuchung, von einem hermeneutischen Zirkel zu sprechen. Für das wissenschaftliche Sprechen besteht aber diese Kluft im Verhältnis zu dem, was Husserl (oder Berger/Luckmann) „Lebenswelt" nennen. In meinem Aufsatz „Naturwissenschaft und Phänomenologie" in: Erwägen Wissen Ethik Jahrgang 15, 2004, Heft 2 habe ich in Nr. ((51)) gegen Husserl betont, dass die unwillkürliche Lebenserfahrung in meinem Sinn kein Randplatz für Beschreibungen, sondern regulatives Prinzip für Annäherung der Abstraktionsbasis der Begriffsbildung an ein im Prinzip unendlich fernes Ziel ist, oder, wie ich in Nr. ((38)) formuliere, eine warnende, negative Instanz wie das Gewissen, die sich meldet, wenn man bei einer Aufstellung merkt, dass sie noch nicht ganz zur unwillkürlichen Lebenserfahrung passt und noch justiert werden muss. Den Vorwurf eines unreflektierten Positivismus möchte ich Ihnen zurückgeben, weil sie auf Seite 33 schreiben, der hermeneutische (oder biografische Zirkel) „filtere" die Wahrnehmung auf eine spezifische Weise. Von einem Filter kann man nur sprechen, wenn man an ein Ding an sich glaubt. So bringt Heinrich v. Kleist seiner Braut Wilhelmine v. Zenge die Unerkennbarkeit der Dinge an sich nach Kant durch einen Filtervergleich nahe: „Wenn alle Menschen statt der Augen grüne Gläser hätten, so würden sie urteilen müssen, die Gegenstände, welche sie dadurch erblicken, sind grün." Die Wahrnehmung kann nichts filtern, weil keine absolut objektive, eindeutige bestimmbare Welt aus einzelnen Bestandteilen einem wahrnehmenden Subjekt zur Filterung gegenüber steht. Statt dessen kenne ich nur kontingente, sich überschneidende, aber im Prinzip anpassungsfähige Situationen, aus denen satzförmige

Rede einzelne Bedeutungen und an diesen als Fälle von Gattungen „aufgehängte" einzelne Sachen entbirgt und in stabile Konstellationen aufnimmt. Ich nenne das „erkenntnistheoretischer Explikationismus", siehe von mir „Gibt es die Welt?", Kapitel 9.

2.) Seite 33: Schmitz „vermag die zeitliche Dimension jedoch letztlich nicht schlüssig in sein Begriffssystem zu integrieren". Zur Begründung führen Sie den hermeneutischen Zirkel an, wozu jetzt nichts mehr zu sagen ist. Auf Seite 106 Ihres Buches finde ich einen weiteren Hinweis: „Da die Philosophie von Schmitz in Bezug auf die biografische Dimension des Leibes jedoch nicht über eine ausreichend fundierte zeitliche Dimension verfügt, wird die Terminologie von Schmitz hier nicht weiter verfolgt." Wegen eines nicht näher bezeichneten Mangels für die Fundierung einer biografischen Dimension des Leibes gehen Sie über meine Begriffsbildung zur Zeit wie über eine Parkgasse hinweg. Ich bin mir keiner Vernachlässigung der personalen Lebensgeschichte bewusst, die ich ebenso wie die persönliche leibliche Disposition im Zusammenhang mit der persönlichen Situation sorgfältig analytisch bedacht habe. In meinem Buch „Die Person" (System der Philosophie Band IV) haben die Seiten 496-501 die Überschrift: „Die Lebensgeschichte". In meinem Buch „Phänomenologie der Zeit" behandle ich in Kapitel 5 „Zeit als Geschichte" und fasse über den Begriff der Geschichte ausdrücklich die Lebensgeschichte des Individuums. Ich verstehe nicht, wie Ihr weitrechendes Verdikt gegen meine Phänomenologie der Zeit zu verstehen ist, und hätte gern nähere Aufschlüsse.

3.) Seite 62: Nach Rappe, dem Sie sich anschließen, „eröffnet sich im Unterschied zu Schmitz die Dimension der erlebten Zeit durch die Lust, die als eine Art intentionaler Motiv-Geber fungiert und den Menschen auf die Befriedigung der Lust und Vermeidung von Unlust zeitlich ausrichtet." Rappe versteht wie Kant (Kritik der praktischen Vernunft) das motivationale Streben des Menschen als Streben nach Lust. Vielmehr ist dieses Streben ein Streben nach Erfolgen, bei deren Erreichung sich die Lust als Lohn oder Prämie einzustellen pflegt; daraus ein Streben nach Lust machen, ist eine Verwechslung, die zuerst

Joseph Butler im 18. Jahrhundert aufgedeckt und im Anschluss an diesen dann David Hume an einer Stelle seiner „An Enquiry Concerning Human Understanding" klargestellt hat, die ich in deutscher Übersetzung in meinem Buch „Der Weg der europäischen Philosophie" Band II S. 399 anführe (ähnlich schon Aristoteles, Nikomachische Ethik 1174 b 31-33). In der isländischen Hovardsaga heißt es von dem nach längerem beharrlichen Bemühen erfolgreichen Bluträcher Hovard: „Hovard sagte, er sorge sich nicht um die Folgen; mit Kummer und Sorgen sei es für ihn nun vorbei, und wie immer seine Sache sich wende, er werde es zufrieden sein. Er war auch so heiter und fröhlich gegen jedermann wie ein junger Bursch." Man kann doch nicht sagen, der Mann habe nach Lust gestrebt; er strebte nach Rache als Erfüllung seiner wichtigsten Aufgabe, und als er Erfolg gehabt hatte, wurde Lust sein Lohn. Nicht viel anders ist es beim Speisegenuss. Der Liebhaber edlen Weines genießt die feinen Aromen mit Lust, aber er wäre nicht zufrieden, wenn man ihm statt dessen Schokolade oder Speiseeis als gleichwertige oder überlegene Lustquelle anböte. Wer die Lust eigens erstrebt, statt sie als Prämie für einen Erfolg zu erzielen, erhascht meist nur ein fades Surrogat. Einen wesentlichen Zusammenhang von Lust und Zeit, wie Sie ihn mit Rappe unterstellen, kann ich nach Aufklärung dieser Verwechslung nicht erkennen.

4.) Die Atmosphärenwahrnehmung „findet immer nur durch bereits geprägte, vom Gedächtnis mitgeformte Perspektiven statt, sodass es keine reine (von der Sozialisation losgelöste) Wahrnehmung einer Atmosphäre oder eines Gefühls gibt." Das ist zwar gewöhnlich der Fall, gilt aber nicht allgemein. Es kann Ergriffenheit durch Gefühle geben, die den Betroffenen so völlig aus der Bahn werfen, dass die Verstörung (eventuell auch als beglückende) den Einfluss der Sozialisation aufhebt. Ich verweise auf die Geschichte von Siddhartha Gautama. Der junge Prinz Gautama wird in der Luxusumgebung eines Palastes fern von allen Unannehmlichkeiten aufgezogen; bei seiner ersten Ausfahrt sieht er einen Alten, einen Kranken und einen Toten und ist so verstört, dass er acht Jahre lang asketisch über die Ursache des Übels in der Welt meditiert, bis ihm die Erleuchtung kommt, dass der Durst, der alle Wesen schafft und leitet, diese Ursache ist und die Rettung im Austritt ins Nirvana besteht.

5.) Seite 101: Sie ersetzen meinen Ausdruck „Schwellung" durch „Entspannung", weil das wegen der Wiederholung der beiden Silben des Wortes „Spannung" in „Entspannung" besser klinge. Damit brechen Sie meiner Charakteristik der leiblichen Dynamik sozusagen das Rückgrat in Gestalt des (vitalen) Antriebs mit antagonistischem Ineinandergreifen von Engung und Weitung als Spannung und Schwellung. Entspannung in meinem Sinn ist privative Weitung durch Abspaltung von Weitung aus der Schwellung mit entsprechendem Nachlassen der Spannung. Sie dagegen machen aus der Entspannung einen Grundbegriff. Der Unterschied zeigt sich darin, dass Sie Wollust und Stolz als Entspannungszustände ausgeben, während es sich für mich um von Schwellung überwogene Hochspannungen handelt, fernab jeder Entspannung.

6.) Seite 109: „Schmitz verfügt in seinem Begriffssystem über kein Äquivalent für die Reflexivität des Leibes, weshalb er zwischen Leib und Körper auch keine Brücke zu bauen vermag." Die Reflexivität des Leibes besteht nach mir im Ineinandergreifen von Spannung und Schwellung im vitalen Antrieb, das sich, sozusagen durch Exteriorisierung des innerleiblichen Dialogs, in Gestalt der Einleibung (als leiblicher Kommunikation im Kanal des vitalen Antriebs) auf alle Kontakte (z. B. der Wahrnehmung) überträgt. Die leibliche, präpersonale Brücke vom Leib zwischen Körpern, einschließlich des eigenen Körpers, ist demgemäß die Einleibung. Unbetroffen davon bleibt mein Nachweis unvereinbarer Merkmale von Leib und Körper. Daraus entsteht vielleicht der täuschende Anschein einer Brückenlosigkeit.

7.) Seite 152: Sie bemängeln, dass „solidarische Einleibung auf die Zuwendung zu einem Partner angewiesen ist". Ein Gegenbeispiel ist die Massenpanik als solidarische Einleibung in einem gemeinsamen Fluchtimpuls, bei dem die Teilnehmer sich so wenig einander zuwenden, dass einer den anderen wie einen toten Gegenstand behandelt, den er beiseite schiebt, umschmeißt oder gar tottrampelt. Ich definiere solidarische Einleibung durch Fehlen der Zuwendung zu einem Partner. Das ergibt sich daraus, dass meine Beispiele aus der bloß leiblichen Kommunikation gewonnen sind, während Sie den Umfang des Begriffs so dehnen, dass auch Züge des personalen Lebens hinzukommen, z. B., wenn die Teamarbeit in einem Betrieb als solidarische Einleibung aufgefasst wird.

8.) Seite 266-269: Ihre Beschreibung von vier Idealtypen von Atmosphären in Organisationen gefällt mir sehr gut, erweist sich aber bei der Anwendung auf die Realtypen nach Schöll als etwas zu unspezifisch, indem etwa die aufgekratzt-hektische und die kämpferisch-hitzige Atmosphäre in Zwischenstellungen geraten, die schwer zu unterscheiden sind. Ich habe den Eindruck, dass ein differenzierendes Element fehlt. Dafür möchte ich einen Vorschlag machen. Von den zwei Dimensionen leiblicher Dynamik, die ich unterscheide, berücksichtigen Sie nur die erste (Enge und Weite) und übergehen die zweite von epikritischer und protopathischer Tendenz. Die Differenzierung jener beiden Typen von Realatmosphären ließe sich verbessern, wenn man hinzunähme, dass die aufgekratzt-hektische Atmosphäre eher epikritischer, die kämpferisch-hitzige eher protopathische Züge hat. Bei der niedergeschlagen-ohnmächtigen Atmosphäre nach Schöll finden Sie Züge der Weitung mit Hervorhebung der Engung in für Sie undurchsichtige Weise vermischt und vermuten deshalb eine Vermengung verschiedener Atmosphärentypen durch Schöll. Es könnte aber sein, dass Sie die betreffenden Züge falsch auf Weitung gedeutet haben, während es sich vielmehr um protopathische Tendenz handelt. Die niedergeschlagen-ohnmächtige Atmosphäre würde sich dann als eine Atmosphäre protopathischer Engung (wie beim Hunger u. a.) herausstellen.

Bitte glauben Sie nicht, dass ich den Wert Ihres Buches durch diese Kritiken herabsetzen wollte. Was die Phänomenologie angeht, finde ich insbesondere Ihre Darstellungen der Situationen und der leiblichen Kommunikation vom Typ der Einleibung gelungen und angemessen. Ihr Buch ist ein verdienstlicher und aussichtsreicher Sprung in Neuland. Das gilt auch für Ihren schönen Aufsatz über domänenspezifische Kreativität, in dem Ihr Doktorvater als Mitverfasser angegeben ist; die Konzeption stammt sicherlich von Ihnen. Beanstanden könnte ich allenfalls die zu scharfe Gegenüberstellung leiblicher Kreativität durch Atmosphären und hermeneutischer Kreativität durch Situationen auf S. 156, denn auch leibliche Kreativität ist Umgang mit Situationen, was das von Ihnen herangezogene Beispiel vom Autofahrer in Unfallgefahr zeigt, und hermeneutische Kreativität hat oft viel mit Atmosphären zu tun.

Seien Sie bedankt für Ihre wertvollen Gaben aus nachhaltigem Mitdenken, die mich hoffen lassen, dass ich weiterhin vom gedanklichen Austausch mit Ihnen Gewinne haben werde.

In dieser Aussicht, mit meinen besten Grüßen,

Ihr Hermann Schmitz.

Hagen, 30. September 2015

Sehr geehrter Herr Professor Schmitz,

haben Sie vielen Dank für Ihre Anmerkungen und Anregungen in Bezug auf meine Dissertation sowie den Aufsatz über Kreativitätstypen. Entschuldigen Sie bitte meine recht späte Antwort. Ich habe Ihren Brief erst nach meinem Urlaub erhalten und gebe zu, dass Sie mir einige Hausaufgaben aufgegeben haben, über die nachzudenken mich Zeit kostete. Für jemanden wie mich, der immer noch am Anfang seiner wissenschaftlichen Laufbahn und Entwicklung steht, sind Ihre Ausführungen besonders wertvoll, weil Sie ganz konkret aufzeigen, wo Vertiefungsbedarf besteht, und als Feedback da ansetzen, wo ich konkret arbeite. In diesem Sinn kann ich meine zu scharf formulierte Kritik nicht mehr in der dargelegten Form aufrechterhalten. Ich danke Ihnen dafür, mich überzeugend darauf hingewiesen zu haben!

Die Bestimmung der Gefühle als Halbdinge sowie die Einordnung des Gefühlsraums über die flächenlosen Räume finden in meinen Arbeiten in der Tat keine Erwähnung. Dies soll aber keinesfalls heißen, dass sie darin keine Gültigkeit besitzen. Im Gegenteil stimme ich hier mit Ihnen überein. Da ich mit der Berücksichtigung von Leib, Atmosphäre, leiblicher Kommunikation und (gemeinsamer) Situation einen nicht unerheblichen Teil Ihres Schaffens (insbesondere des Systems der Philosophie) zu berücksichtigen versucht habe, war ich auf eine starke Komprimierung angewiesen, die an manchen Stellen einer unzulänglichen Verkürzung gleichkommen mag. Dies war zumindest nicht meine Intention. Bei zukünftigen Arbeiten werde ich hinsichtlich der beiden von Ihnen genannten Punkte versuchen, sie zu integrieren oder zumindest einen Hinweis darauf platzieren. Da Sie Ihre Anmerkungen so schön thematisch nummeriert haben, möchte ich dies gerne beibehalten und mich nachfolgend an einer Stellungnahme meinerseits versuchen.

1.) In Bezug auf den hermeneutischen Zirkel spielen Sie den positivistischen Ball an mich zurück, weil ich von einer gefilterten Wahrnehmung spreche und die Rede von einem Filter nur dann einen Sinn ergibt, wenn es auch etwas gibt, das gefiltert wird und daher zunächst ungefiltert ist. Ohne Zweifel haben Sie in diesem Punkt Recht. Ich bin mir jedoch nicht sicher, ob es sich hier lediglich um ein sprachliches Problem handelt oder diese Ansicht allgemein in meiner Arbeit durchscheint. Was will ich eigentlich – oder nicht ohne Ironie: „wirklich" – sagen? Letztlich wird der Blick des Menschen über seine Sozialisation (oder den biografischen Zirkel) geformt. Hier stimme ich Ihnen zu, dass Situationen eine ganz wesentliche Rolle spielen, und zwar sowohl in der Sozialisation wie auch in der momentanen Wahrnehmung, die immer situativ ist. Ohne Sozialisation und Situation kann ich mir Wahrnehmung überhaupt nicht oder nur sehr schwer vorstellen. Insofern meine ich, eigentlich auch implizit keine Wahrnehmung an sich zu unterstellen. Unterschiedliche Sozialisationen und Situationen führen zu unterschiedlicher Wahrnehmung. Das habe ich mit gefilterter Wahrnehmung gemeint oder meinen wollen. Hier lehnte ich mich an den Arbeiten von Rappe an, der allerdings mit meiner scharfen Kritik an Ihnen nicht einverstanden war und ähnliche Argumente wie Sie vorbrachte. Ich nehme an, Sie würden denselben Einwand anführen, wenn ich anstatt von einem Filter von einer Brille sprechen würde. Vielleicht wäre es treffender, von einer imprägnierten oder geschienten Wahrnehmung zu sprechen? Wenn ich von einer jeweils spezifischen Perspektive auf die Wirklichkeit (oder Lebenswelt) spreche, ist das dann schon positivistisch, weil ich überhaupt die Perspektive der Wirklichkeit gegenüberstelle oder müsste ich die Perspektive mit der Wirklichkeit gleichsetzen? Aber was meinen Sie dann mit einem im Prinzip unendlich fernen, aber dennoch leitenden Ziel, oder mit einer gleichsam nackten Lebenserfahrung, zu der man sich, ohne sie je zu erreichen, vortastet? Ich gebe zu, dass ich Schwierigkeiten habe, mir eine Aufstellung vorzustellen, die gänzlich zur unwillkürlichen Lebenserfahrung passt und keiner Justierung mehr bedarf (auch wenn es ein unerreichbares Ziel bleibt). Was hätte ich dann erreicht?

2.) Sie schreiben, ich gehe (auf Seite 106 meines Buches) über Ihre Begriffsbildung der Zeit hinweg wie über eine Parkgasse und richten an mich die Frage, wie mein „Verdikt" gegen Ihre Phänomenologie der Zeit zu verstehen sei. Zunächst würde ich nicht von einem Verdikt sprechen. Ich finde Ihre Phänomenologie der Zeit aufschlussreich und kann inhaltlich auch wenig kritisieren. Im Gegenteil ist es ja auch konstitutiv für meine Arbeit, dass die Lebensgeschichte insbesondere von einschneidenden Erlebnissen geprägt ist, die als Kristallisationskerne gewissermaßen das Erleben prägen und ordnen. Sie legen überzeugend dar, dass das Person-Sein immer geschichtlich ist. Hier habe ich (mit Rappe) vielleicht einfach eine etwas andere Perspektive auf die Dinge angelegt, mit der so etwas wie eine leibliche Motivationsstruktur in den Blick genommen wird – und weil die Perspektive eine andere ist, gehe ich dann gewissermaßen über Ihre Konzeption unreflektiert hinweg. Mit Rappe lassen sich bereits auf Ebene der leiblichen Regungen Motivationsstrukturen aufweisen und zeigen sich prägnant bei Hunger und Durst, die als gegenwärtiger und leiblich gespürter Mangel auf ihre Aufhebung hinauswollen. Mangel und Fülle bestimmen aber nicht nur die leibliche Dynamik, sondern wachsen über die Sozialisation durch Ausbildung „leiblicher Dispositionen" (ein Begriff, den Rappe zwar in Anlehnung an ihre Phänomenologie entwickelte, aber über das Habitus-Konzept von Bourdieu in seiner Erklärungskraft wesentlich erweitert) auch in die persönliche Situation eines Menschen ein. Ein dauerhaft erlebter Mangel kann so sehr in die persönliche Situation eines Menschen einwachsen, dass er dispositional geradezu auf dessen Aufhebung fixiert ist, auch wenn der Mangel aktuell gar nicht besteht (unter Umständen muss er dann deshalb zu einem Psychologen oder Psychiater). Ebenso kann es sein, dass sich in Bereichen, in denen jemand nie einen Mangel erlebt hat, auch keine entsprechenden persönlichen Dispositionen ausbilden.

3.) Über Fülle und Mangel zeichnet sich dann die zeitliche Dimension der Lust ab, die Sie als so etwas wie eine eigenständige Dimension kritisieren. Hier schließe ich mich Rappe an, der in kritischer Absetzung von Ihrem Ansatz über das Paar Lust und Unlust eine eigenständige, wesentliche Erweiterung der Leibphänomenologie vorgenommen hat, und die Zusammenhänge dieses Paares mit der Zeit ausführlich diskutiert. Sie verstehen das Streben nach Lust in Ihrem Brief „als Streben nach Erfolgen, bei deren Erreichung sich die Lust als Lohn oder Prämie einzustellen pflegt". Sie führen Hovard aus der Isfjording-Sage an, der nicht auf Lust, sondern auf Rache aus ist. Eigentlich sehe ich gar keinen Widerspruch und würde ebenso wenig wie Sie sagen, dass der Mann primär nach Lust gestrebt hat. Ich glaube, so ist das mit der Dimension der Lust aber auch nicht gemeint (und hätte vielleicht von mir stärker diesbezüglich herausgearbeitet werden müssen). Es geht meines Erachtens darum, dass Mangel unlustvoll und Fülle lustvoll erlebt wird, woraus eine leibliche-zeitliche Richtung resultiert, die vom Mangel ausgeht und auf die Aufhebung des Mangels weist. In besagtem Beispiel liegt der Mangel in einem Zustand, der durch die Rache aufgehoben wird, was dann lustvoll erlebt wird. Ich würde das Motiv wie Sie aber nicht in der Lust, sondern in der Rache sehen. Allerdings zeigt beispielsweise die „süße Rache" auch die Möglichkeit eines stark lustbetonten Rachegefühls, so dass hier möglicherweise eine zu scharfe Trennung droht.

4.) Sie schreiben, dass es zwar gewöhnlich der Fall sei, dass es keine von der Sozialisation losgelöste Wahrnehmung gebe, man dies aber nicht generalisieren könne. Sie führen Gefühle an, die den Betroffenen aus der Bahn werfen und den begleitenden Einfluss der Sozialisation aufheben. Sie verweisen auf den jungen Prinzen Gautama, der fern von allen Unannehmlichkeiten aufwächst. Als er bei seiner ersten Ausfahrt einen Alten, einen Kranken und einen Toten sieht, ist er so verstört, dass er acht Jahre lang asketisch über die Ursachen des Übels in der Welt meditiert. Ich finde das Beispiel sehr passend, da es eindrücklich die Begegnung mit dem Fremden, dem Nicht-Erwarteten illustriert. Ich weiß aber nicht, ob ich so weit gehen würde, der Sozialisation deshalb gänzlich ihren Einfluss abzusprechen. Es spricht doch alles für das Gegenteil, da die anderen Menschen um ihn herum an die Eindrücke gewöhnt sind. Wie also ein Mensch Eindrücke erfährt, hängt immer auch von seiner Sozialisation ab. Ob es Eindrücke gibt, die so stark sein können, dass sie die „leiblichen Dispositionsgeflechte" (Rappe) gänzlich außer Kraft setzen können, lässt sich mit guten Gründen bezweifeln. Man kann hier auch an den Ausspruch von Hans Lenk denken, dass man nicht nicht interpretieren kann.

5.) Sie kritisieren meine Ersetzung Ihres Begriffs der Schwellung durch den Begriff der Entspannung, womit ich gewissermaßen das Rückgrat Ihrer Charakteristik der leiblichen Dynamik brechen würde. Auch wenn ich in meiner Arbeit diesen Schritt nicht wirklich begründe, ist dies ein Punkt, über den ich immer wieder sehr viel nachgedacht habe. Was in Ihrer Gegenüberstellung von Spannung und Schwellung zweifellos besser zum Ausdruck gebracht wird, ist das antagonistische Zusammenspiel beider Tendenzen, also wenn etwa die Erhöhung der Spannung die Schwellung erst anstachelt und so beide wechselseitig aufeinander bezogen sind. Bei der Gegenüberstellung von Spannung und Entspannung lässt sich ein solches Zusammenspiel weniger prägnant beschreiben, wird aber meines Erachtens auch nicht ausgeschlossen, da ja die Tendenzen der Engung und der Weitung in meinem Buch von Ihnen übernommen werden und ich dadurch der Meinung war, das Rückgrat nicht gebrochen zu haben. Auch hier lehne ich mich an Arbeiten von Rappe an, der Ihrer Gegenüberstellung nicht gefolgt ist, aber ebenfalls Enge und Weite und viele weitere Begriffe ihrer Leibphänomenologie übernahm. Sicherlich hat er mit seinem mittlerweile recht umfangreichen Werk einen eigenen Ansatz geschaffen, aber dass er dadurch das Rückgrat Ihrer Charakteristik der leiblichen Dynamik brechen würde, scheint mir etwas übertrieben. Sind nicht wissenschaftliche Begriffssysteme dazu da, entwickelt und verbessert zu werden? Vielleicht sind nicht alle Teile ihres Systems so verzahnt, dass man sie nicht gewinnbringend ändern könnte. Bei Ihren Beispielen der Wollust und des Stolzes finde ich die Schwellung als Begriff sehr passend, aber bei anderen Beispielen wie etwa dem Flanieren oder Sonnenbaden tue ich mir schon schwerer. Lässt sich beim Stolz nicht auch eine leibliche Tendenz der Entspannung aufweisen (sofern man sie nicht ausschließlich in Ihrem Sinne der privativen Weitung versteht)? Oder kann Stolz nicht sogar auch Tendenzen der Engung mit einschließen? Mir scheint bei der Gegenüberstellung von Spannung und Entspannung zudem die leibliche Richtung plausibler integrierbar, von der Spannung in Richtung der Entspannung. Hier bin ich mir aber nicht sicher, ob ich strikt voneinander zu unterscheidende Phänomene unzulässig konfundiere. Ich komme beim Nachdenken über Schwellung (Schmitz) vs. Entspannung (Rappe) häufig an einen Punkt, der sich mit Ihren Worten vielleicht metaphorisch als unendlichfach iterierte Unentschiedenheit ausdrücken ließe.

6.) Mit Recht haben Sie auf die in Ihrem Begriffssystem enthaltene Reflexivität hingewiesen, die im Ineinandergreifen von Spannung und Schwellung besteht. Dies wird in Ihrem System ja auch hinreichend deutlich, so dass ich meine Aussage auf Seite 109 zurücknehmen muss. Als umso wertvoller für mein wissenschaftliches Reflektieren gilt mir daher Ihre Anmerkung.

7.) Hier machen Sie mich auf eine wesentliche Schwachstelle meiner Arbeit aufmerksam, nämlich die Ausdehnung der leiblichen Kommunikation auf das personale Leben, die ich in meiner Arbeit nicht ausreichend thematisiere (das Begriffspaar von personaler Regression und Emanzipation findet beispielsweise keine explizite Erwähnung oder gar Verwendung). Einerseits glaube ich, dass eine solche Ausdehnung möglich und auch wichtig ist, andererseits kommt hier eine Komplexität ins Spiel, die mich letztlich an meine Grenzen herangeführt hat und einer kritischen Rezeption gegenüber offen steht. Hier würde mich interessieren, wie Sie allgemein dazu stehen, leibliche Kommunikation (antagonistische und solidarische Einleibung) auch als Elemente des personalen Lebens in den Blick zu nehmen. Gerade bei der solidarischen Einleibung fällt mir dies besonders schwer, weil man ja nichts aneinander erprobt, das in eine segmentierte, gemeinsame Situation einwachsen kann. Aber ob es grundsätzlich möglich ist oder nicht, empfinde ich als schwierige Frage.

8.) Ihre Anmerkungen in Bezug auf die Zuordnung meiner Idealtypen der Atmosphären auf die Realtypen von Schöll finde ich sehr feinsinnig und äußerst hilfreich. Gerne nehme ich Ihren Vorschlag an und werde in meiner weiteren Arbeit auf die Unterscheidung zwischen epikritischer und protopathischer Tendenz eingehen, da hierdurch in der Tat eine differenziertere Betrachtung möglich ist.

Herzlich bedanken möchte ich mich auch für Ihre Anmerkungen zu dem Kreativitätsaufsatz hinsichtlich der zu scharfen Gegenüberstellung von leiblicher und hermeneutischer Kreativität, mit der Sie mir in Zukunft eine präzisere Herangehensweise bei dieser Thematik ermöglichen. Es soll im nächsten Jahr ein deutscher Artikel zu diesem Thema erscheinen,[1130] für den ich versuchen werde, Ihre Anregungen bestmöglich zu berücksichtigen.

Abschließend möchte ich noch einmal betonen, welchen Wert Ihre präzisen Anmerkungen nicht nur für mein Nachdenken, sondern auch für meine weiteren Arbeiten besitzen. Als Wirtschaftswissenschaftler bin ich nun im Zuge meiner Habilitation angehalten, mich verstärkt konventionelleren Themen der Betriebswirtschaftslehre zu widmen. Diese Herausforderung nehme ich natürlich gerne an, mein wissenschaftliches „Herzblut" fließt aber in den Bereichen der Leibphänomenologie, und zwar sowohl in Bezug auf die von Ihnen begründete Neue Phänomenologie als auch auf den weiterführenden, eigenständigen Ansatz von Rappe, der mich mit Ihren Arbeiten bekannt machte – unter anderem, indem er betonte, dass er Ihr Werk für die größte wissenschaftlich-philosophische Errungenschaft des 20. Jahrhunderts halte.

Die bisherige Vernachlässigung einer so spannenden und bereichernden Philosophie kommt in meinen Augen nicht nur einem Skandal

---

[1130] Julmi, Christian/Scherm, Ewald: Leibliche, hermeneutische und analytische Kreativität, in: Volke, Stefan/Kluck, Steffen (Hrsg.): Körperskandale. Zum Konzept der gespürten Leiblichkeit, Freiburg, München 2017, S. 249-274

gleich, sondern beraubt auch viele junge Wissenschaftler um einen (wie es Professor Klatt so schön ausdrückt) „ungehobenen Schatz" – oder, wie ich aufgrund der vielfältigen Anschlussmöglichkeiten fast sagen möchte, um ein „Füllhorn" –, dessen Inhalt es erlaubt, abseits der allseits betriebenen Anhäufungen von Marginalien noch echte Erkenntnissprünge zu vollziehen. Insofern versuche ich, auch weiterhin der Leibphänomenologie treu zu bleiben und freue mich auf weiteren Kontakt und weitere Anregungen.

Mit den besten Grüßen aus Hagen

Ihr Christian Julmi

Kiel, 2. Oktober 2015

Sehr geehrter Herr Dr. Julmi,

selten hat mir ein Brief so große Freude bereitet wie Ihr gestern emp-
fangener vom 30. September. Sie gehen so fair und gründlich, wie irgend möglich und wunderbar ist, auf meine Einwände ein, so dass sich
ein ideal geeignetes Feld möglicher Verständigung öffnet. Das spornt
mich an, gleich anhand Ihrer von mir übernommenen Nummerierung
zu antworten. Ich muss mich aber dafür entschuldigen, dass ich Ihnen
meine Handschrift zumute. Die senile (ich bin 87 Jahre alt) Makulade-
generation hat auf meinem rechten Auge, das ich zur Zeit allein zum
Lesen benutze, zusammen mit einem „Nachstar" zugenommen, so
dass mein Lesen schwieriger und mein Schreiben unsicherer geworden ist; wenn das linke Auge gleichfalls gegen Katarakt operiert ist,
wird es vielleicht weiterhelfen.

1.) Der „Positivismus", den wir uns gegenseitig vorgeworfen haben, beruht auf einem falschen Leitbild, das durch die Reden von Filterung,
Schienung, aufgesetzten Brillen u. dgl. suggeriert wird. Es handelt sich
um den Glauben, dass einzelne Gegenstände mit völlig eigener Bestimmtheit vorliegen und dann einer Bearbeitung unterliegen, durch
die sie in veränderter Form zur Erscheinung kommen. Vielmehr ist die
Bestimmtheit einzelner Gegenstände von vornherein abhängig von
Gattungen, deren Fälle sie sind, und die Gattungen müssen mit Hilfe
der Sprache aus bedeutsamen Situationen hervorgeholt werden,
wodurch deren Bedeutsamkeit prägend auf die Bestimmtheit einwirkt. Die bedeutsamen (namentlich zuständlichen) Situationen, um
die es sich handelt, sind nicht von vornherein aufeinander abgestimmt, aber mehr oder weniger anpassungsfähig im Sinne einer „Ho-
rizontverschmelzung" (Gadamer). Das unendlich ferne Ziel eines Be-
greifens der unwillkürlichen Lebenserfahrung wäre erreicht, wenn es
gelänge, alle diese Horizonte hermeneutisch zu verschmelzen.

2.) Die Motivation des menschlichen Strebens ist zwar in leiblichem Betroffensein fundiert, geht aber im personalen Streben weit darüber hinaus. Darüber dürften wir einig sein. Dagegen wende ich mich gegen Ihre Deutung dieser gesamten Motivation mit dem Leitbild der Aufhebung eines Mangels nach dem Muster der leiblichen Bedürfnisse Hunger und Durst, die durch Auffüllung mit Stoffen gesättigt werden. Nach meiner Überzeugung ist das allgemeine Motiv des menschlichen und tierischen Strebens die Beseitigung des Problemdrucks in der binnendiffusen Bedeutsamkeit von Situationen, die von Sachverhalten, Programmen und Problemen gebildet wird. Diese Beseitigung gelingt manchmal durch Ausfüllung einer Leere; öfters und in gewissem Sinne immer aber im Gegenteil durch Entleerung, nämlich Erleichterung durch Entlastung vom Problemdruck. Das störende Gewicht einer bedrängenden Situation ist weg. Dieser Schwund wird, sozusagen zufällig, manchmal durch Auffüllung erreicht, wie bei Hunger und Durst.

3.) Demgemäß kann die Lust, die aus einem Erfolg (d. h. der Abwerfung des Problemdrucks einer bedrängenden Situation) resultiert, nicht richtig als Lust durch Erfüllung (d. h. durch Fülle, die einen Mangel ausgleicht) bestimmt werden. Sie ist eher die entspannende Lust privativer Weitung aus Befreiung von etwas. Ich erinnere an die von mir aus der isländischen Hovardsaga zitierten Sätze. Der alte, erfolgreiche Rächer Hovard ist nach seinem Erfolg fröhlich ausgelassen wie ein junger Bursch; die erwartbaren gefährlichen Folgen seines kühnen Wagnisses imponieren ihm nicht mehr, weil deren Problemdruck gegen den, den er abgeworfen hat, für ihn nicht mehr ins Gewicht fällt. Wie es auch kommt, er will damit zufrieden sein. „Süß" ist die Rache als Befreiung, als Aufhebung des Problemdrucks empörenden Zorns, aber die gelingt mit einer Absicht, die sich erst einmal dem Problem und nicht der Lust bei Erfolg seiner Lösung zuwendet. Allerdings hat die Person durch ihr Vermögen vorgreifender Erwartung die Möglichkeit, die Lustprämie genießend vorwegzunehmen, aber wenn sie sich zu sehr darin vertieft, ist sie in Gefahr, den Erfolg selbst zu verfehlen.

4.) Die erschütternde Ergriffenheit von Gefühlen kann den Betroffenen, wie die Buddha-Legende vorführt, aus der Steuerung seines Lebens durch die bisherige Sozialisation herausreißen. Das ist aber, wie Sie richtig bemerken, nicht so zu verstehen, dass die bisherige Sozialisation ihren Einfluss auf sein Leben verlöre, schon deshalb nicht, weil er dieselbe Sprache wie vorher weiterspricht. Aber sein Leben hat eine neue, nicht mehr von seiner Sozialisation bestimmte Richtung eingeschlagen; die Richtlinie des Lebens hat sich plötzlich geändert.

5.) Mit Weiterführung meiner Theorien, auch abweichender, bin ich grundsätzlich einverstanden, ja, ich dürste danach, weil Stillstand auf Sterilität hinausliefe. Aber, wenn dabei zu viel Porzellan zerschlagen wird, muss mir ein Einspruch erlaubt sein. Das ist meines Erachtens der Fall, wenn Schwellung durch Entspannung ersetzt wird. Dann geht nämlich der Unterschied zweier Weisen leiblicher Weitung verloren, der antagonistischen an Spannung gebundenen (Schwellung) und der entspannten (privative Weitung). Um das wieder an dem Hovard der isländischen Saga zu verdeutlichen: Dieser alte, geschwächte Mann, früher ein gewaltiger Kämpfer, wird von einem übermächtigen Aggressor, der seinen unschuldigen Sohn ermordet und ihn, als er deswegen vorstellig wird, mehrfach auf das Schrecklichste verhöhnt, in einen ohnmächtigen Zorn getrieben, dessen Schwellung durch das seiner Schwäche auferlegten Hemmung spannend niedergehalten wird, so dass er drei Jahre lang im Bett liegen bleibt. Als sich dann die Gelegenheit zur Rache bietet, erwacht sein altes Reckentum im Aufschwellen seines Zorns, und mit einer ebenso gut geplanten wie vom Glück begünstigten Operation tötet er den Übeltäter. Die Folge ist seine schon beschriebene Erleichterung. Idealtypisch zeigt diese Entwicklung, wie sich die Schwellung aus der Hemmung durch übermächtige Spannung entlädt und durch den Erfolg in privative, entspannte Weitung umkippt. Der Stolz ist aus der Übermacht der Spannung durch überwiegende Schwellung schon heraus, aber er bedarf der Spannung und damit, wie Sie schreiben, die „Tendenz der Engung", um sich von ihr abzustoßen. Auch darin stimme ich Ihnen zu, dass die unumkehrbare leibliche Richtung in die Weite Spannung und Entspannung (privative Weitung) vermitteln kann, aber ich gebe zu bedenken, dass sie daher (anders als Schwellung und privative Weitung) Engung mitführen kann, z. B. als Blick, der entspannend in die Tiefe des Raumes führt, sich aber auch als engender konzentrierter Blick an einzelne Ziele zu richten vermag (ähnlich wie das Ausatmen, das mit Entspannung in die Weite strömt, aber als stoßendes gehemmtes Ausatmen Engung mitnehmen kann).

Die Punkte 6.) und 8.) Ihres Briefes bedürfen keines Kommentares, wohl aber

7.) Hier handelt es sich um das schwierige Problem des Einflusses personaler Emanzipation auf solidarische Einleibung z. B. in wirtschaftlichen Organisationen wie einem Team. Fundierend ist dann die solidarische Einleibung in ein „Betriebsklima", einer meist leiblich sehr vom Gefühl getragener Atmosphäre durchzogenen gemeinsamen Situationen, wobei diese Atmosphäre alle Stufen von beflügeltem Eifer zu Misstrauen, Depression und Panik durchlaufen kann. Auf diesem Fundament bauen mannigfache persönliche Stellungnahmen auf. Diese können sich in Preisgabe oder Widerstand einerseits dem „Betriebsklima" selbst zuwenden, andererseits aber auch Bestandteilen der gemeinsamen Situationen, wie Themen (Aufgabe, Hindernisse), Sachen und Personen. Diese persönlichen Stellungnahmen haben die Gestalt antagonistischer (einseitiger oder wechselseitiger) Einleibung, die wieder persönliche Stellungnahmen auf sich ziehen kann usw.; dazu können eventuell „Reziprozitätsspiralen" (wie ich mich im Anschluss an Laing ausgedrückt habe) vorgreifender Erwartung kommen, etwa in der Form: Er erwartet, dass sie erwarten, dass er erwartet usw. Alle diese sich überkreuzenden Erwartungen sind Stellungnahmen und gehen in das „Betriebsklima" ein.

Jetzt bleibt mir nur noch die Hoffnung auszudrücken, dass unser Gespräch sich fortsetzt, mit diesen verwandten Themen. Ich bin gespannt darauf.

Mit herzlichem Gruß und guten Wünschen für den Erfolg Ihrer Weiter-
arbeit,

Ihr Hermann Schmitz

LITERATURVERZEICHNIS

Abel, Theodore (1948): The operation called verstehen, in: American Journal of Sociology 54 (3/1948), S. 211-218

Adler, Paul S./Borys, Bryan (1993): Materialism and idealism in organizational research, in: Organization Studies 14 (5/1993), S. 657-679

Adloff, Frank (2013): Gefühle zwischen Präsenz und implizitem Wissen. Zur Sozialtheorie emotionaler Erfahrung, in: Ernst, Christoph/Paul, Heike (Hrsg.): Präsenz und implizites Wissen. Zur Interdependenz zweier Schlüsselbegriffe der Kultur- und Sozialwissenschaften, Bielefeld 2013, S. 97-124

Adloff, Frank/Jörke, Dirk (2013): Gewohnheiten, Affekte und Reflexivität. Ein pragmatisches Modell sozialer Kooperation in Anschluss an Dewey und Mead, in: Österreichische Zeitschrift für Soziologie 38 (1 Supplement/2013), S. 21-41

Albert, Stuart/Whetten, David A. (1985): Organizational identity, in: Research in Organizational Behavior 7 (1985), S. 263-295

Aldrich, Howard E. (1979): Organizations and environments, Englewood Cliffs 1979

Allen, Joseph A./Lehmann-Willenbrock, Nale (2013): What happens before a meeting? – Small Talk steigert die Meetingeffektivität, in: PERSONALquarterly 65 (2/2013), S. 22-27

Allen, Natalie J. (1996): Affective reactions to the group and the organization, in: West, Michael A. (Hrsg.): Handbook of work group psychology, Chichester u. a. 1996, S. 371-396

Allen, Natalie J./Meyer, John P. (1990): Organizational socialization tactics: A longitudinal analysis of links to newcomers' commitment and role orientation, in: Academy of Management Journal 33 (4/1990), S. 847-858

Alloa, Emmanuel/Depraz, Natalie (2012): Edmund Husserl – „Ein merkwürdig unvollkommen konstituiertes Ding", in: Alloa, Emmanuel/Bedorf, Thomas/Grüny, Christian/Klass, Tobias N. (Hrsg.): Leiblichkeit. Geschichte und Aktualität eines Konzepts, Tübingen 2012, S. 7-22

Alvesson, Mats (2011): Organizational culture. Meaning, discourse, and identity, in: Ashkanasy, Neal M./Wilderom, Celeste P.

M./Peterson, Mark F. (Hrsg.): The handbook of organizational culture and climate, 2. Aufl., Los Angeles u. a. 2011, S. 11-28

Alvesson, Mats (2013): Understanding organizational culture, 2. Aufl., London u. a. 2013

Alvesson, Mats/Sandberg, Jörg (2013): Has management studies lost its way? Ideas for more imaginative research, in: Journal of Management Studies 50 (1/2013), S. 128-152

Alvesson, Mats/Sandberg, Jörg (2014): Habitat and habitus: Boxed-in versus box-breaking research, in: Organization Studies 35 (7/2014), S. 967-987

Amabile, Teresa M. (1996): Creativity in context: Update to "The social psychology of creativity", Boulder 1996

Amabile, Teresa M. (2002): Creativity under the gun, in: Harvard Business Review 80 (8/2002), S. 52-61

Ambady, Nalini/Rosenthal, Robert (1992): Thin slices of expressive behavior as predictors of interpersonal consequences: A meta-analysis, in: Psychological Bulletin 111 (2/1992), S. 256-274

Anderson, Ben (2009): Affective atmosphere, in: Emotion, Space and Society 2 (2009), S. 77-81

Apel, Jochen (2011): Daten und Phänomene. Ein Beitrag zur wissenschaftstheoretischen Realismusdebatte, Frankfurt u. a. 2011

Apel, Karl-Otto (1979): Die Erklären:Verstehen-Kontroverse in transzendentalpragmatischer Sicht, Frankfurt a. M. 1979

Arnheim, Rudolf (1991): Neue Beiträge, Köln 1991

Ashforth, Blake E. (1985): Climate formation: Issues and extensions, in: Academy of Management Review 10 (4/1985), S. 837-847

Ashkanasy, Neal M. (2003): Emotions in organizations: A multi-level perspective, in: Research in Multi-Level Issues 2 (2003), S. 9-54

Ashkanasy, Neal M./Daus, Catherine S. (2002): Emotion in the workplace: The new challenge for managers, in: Academy of Management Executive 16 (1/2002), S. 76-86

Ashkanasy, Neal M./Härtel, Charmine E. J. (2014): Positive and negative affective climate and culture: The good, the bad, and the ugly, in: Schneider, Benjamin/Barbera, Karen M. (Hrsg.): The Oxford handbook of organizational climate and culture, Oxford 2014, S. 136-152

Ashkanasy, Neal M./Humphrey, Ronald H. (2011): Current emotion research in organizational behavior, in: Emotion Review 3 (2/2011), S. 214-224

Astley, W. Graham/Van de Ven, Andrew H. (1983): Central perspectives and debates in organization theory, in: Administrative Science Quarterly 28 (2/1983), S. 245-273

Babin, Barry J./Attaway, Jill S. (2000): Atmospheric affect as a tool for creating value and gaining share of customer, in: Journal of Business Research 49 (2/2000), S. 91-99

Bacharach, Samuel B. (1989): Organizational theories: Some criteria for evaluation, in: Academy of Management Review 14 (4/1989), S. 496-515

Bachelard, Gaston (1975): Poetik des Raumes, Frankfurt a. M., Berlin, Wien 1975

Bacon, Roger (2009): The art and science of logic, Toronto 2009

Baker, Julie (1987): The role of the environment in marketing services: The consumer perspective, in: Czepiel, John A./Congram, Carole/Shanahan, James (Hrsg.): The services challenge: Integrating for competitive advantage, Chicago 1987, S. 79-89

Barbalet, Jack M. (1998): Emotion, social theory, and social structure. A macrosociological approach, Cambridge 1998

Barmeyer, Christoph/Würfl, Konstantin (2012): Wissenstransfer während der Kaffeepause? In: Zeitschrift Führung + Organisation 81 (5/2012), S. 348-353

Bar-Tal, Daniel (1990): Group beliefs. A conception for analyzing group structure, processes, and behavior, New York u. a. 1990

Bar-Tal, Daniel/Halperin, Eran/De Rivera, Joseph H. (2007): Collective emotions in conflict situations: Societal implications, in: Journal of Social Issues 63 (2/2007), S. 441-460

Bartel, Caroline A./Wiesenfeld, Batia M. (2013): The social negotiation of group prototype ambiguity in dynamic organizational contexts, in: Academy of Management Review 38 (4/2013), S. 503-524

Bass, Bernard M./Avolio, Bruce J. (1993): Transformational leadership and organizational culture, in: Public Administration Quarterly 17 (1/1993), S. 112-121

Battegay, Raymond (1973): Der Mensch in der Gruppe, Band I: Sozialpsychologische und dynamische Aspekte, 4. Aufl., Bern, Stuttgart, Wien 1973

Baudson, Tanja G. (2011): Synästhesie, Metapher und Kreativität, in: Dresler, Martin (Hrsg.): Kognitive Leistungen. Intelligenz und mentale Fähigkeiten im Spiegel der Neurowissenschaften, Heidelberg 2011, S. 125-148

Baumgarten, Alexander G. (1961): Aesthetica. Unveränderter reprographischer Nachdruck der Ausgabe von Frankfurt 1750, Hildesheim 1961

Bautz, Timo (2008): Stimmig/unstimmig. Was unterscheidet Atmosphären? In: Goetz, Rainer/Graupner, Stefan (Hrsg.): Atmosphäre(n). Interdisziplinäre Annäherungen an einen unscharfen Begriff, München 2008, S. 111-121

Baxter, Lynne/Hughes, Christina (2004): Tongue sandwiches and bagel days: Sex, food and mind-body dualism, in: Gender, Work & Organization 11 (4/2004), S. 363-380

Becker, Heinz (2008): Machtgewinn – Führungsstile als Verbindung von Person und Führungsaufgabe, in: Wendel, Hans J./Kluck, Steffen (Hrsg.): Zur Legitimierbarkeit von Macht, Freiburg, München 2008, S. 139-149

Becker, Timo (2013): Management mit Kultur. Die wachsende Rolle von Kunst und Kultur in der Managementausbildung, Wiesbaden 2013

Beckermann, Ansgar (1977): Gründe und Ursachen, Kronberg i. T. 1977

Belina, Bernd (2013): Raum. Zu den Grundlagen eines historisch-geographischen Materialismus, Münster 2013

Bell, Paul A./Greene, Thomas C./Fisher, Jeffrey D./Baum, Andrew (2001): Environmental psychology, 5. Aufl., Fort Worth u. a. 2001

Bénabou, Roland (2013): Groupthink: Collective delusions in organizations and markets, in: Review of Economic Studies 80 (2/2013), S. 429-462

Benjamin, Walter (2011): Das Kunstwerk im Zeitalter seiner technischen Reproduzierbarkeit. Mit Ergänzungen aus der ersten und zweiten Fassung, Stuttgart 2011

Berekoven, Ludwig (1995): Erfolgreiches Einzelhandelsmarketing. Grundlagen und Entscheidungshilfen, 2. Aufl., München 1995

Berezin, Babel (2001): Emotions and political identity: Mobilizing affection for the polity, in: Goodwin, Jeff/Jasper, James M./Polletta, Francesca (Hrsg.): Passionate politics: Emotions and social movements, Chicago, London 2001, S. 83-98

Berezin, Babel (2012): Events as templates of possibility: An analytical typology of political facts, in: Alexander, Jeffrey C./Jacobs, Ronald N./Smith, Philip (Hrsg.): The Oxford handbook of cultural sociology, New York 2012, S. 613-635

Berg, Per O./Kreiner, Kristian (1990): Corporate architecture: Turning physical settings into symbolic resources, in: Gagliardi, Pasquale (Hrsg.): Symbols and artifacts: Views of the corporate landscape, Berlin, New York 1990, S. 41-67

Berger, Peter L./Luckmann, Thomas (2012): Die gesellschaftliche Konstruktion der Wirklichkeit, 24. Aufl., Frankfurt a. M. 2012

Berger, Roger (2013): Altruistische Reziprozität. Theoretische Überlegungen und experimentelle Evidenz, in: Kölner Zeitschrift für Soziologie und Sozialpsychologie 65 (1/2013), S. 31-48

Bergler, Reinhold (2008): Identität und Image, in: Bentele, Günter/Fröhlich, Romy/Szyszka, Peter (Hrsg.): Handbuch der Public Relations. Wissenschaftliche Grundlagen und berufliches Handeln, 2. Aufl., Wiesbaden 2008, S. 321-334

Bergson, Henri (1889): Essai sur les données immédiates de la conscience, Paris 1889

Berman, Barry/Evans, Joel R. (2013): Retail management. A strategic approach, 12. Aufl., Boston u. a. 2013

Bettis, Richard A./Gambardella, Alfonso/Helfat, Constance/Mitchell, Will (2014): Theory in strategic management, in: Strategic Management Journal 35 (10/2014), S. 1411-1413

Bhattacherjee, Anol (2012): Social science research: Principles, methods, and practices, 2. Aufl., Tampa 2012

Biehl-Missal, Brigitte (2011): Wirtschaftsästhetik. Wie Unternehmen die Kunst als Inspiration und Werkzeug nutzen, Wiesbaden 2011

Biehl-Missal, Brigitte (2013): The atmosphere of the image: An aesthetic concept for visual analysis, in: Consumption Markets & Culture 16 (4/2013), S. 356-367

Biehl-Missal, Brigitte/Saren, Michael (2012): Atmospheres of seduction: A critique of aesthetic marketing practices, in: Journal of Macromarketing 32 (2/2012), S. 168-180

Bierhoff, Hans W./Müller, Günter F. (1999): Positive feelings and cooperative support in project groups, in: Swiss Journal of Psychology 58 (3/1999), S. 180-190

Binswanger, Ludwig (1994): Das Raumproblem in der Psychopathologie, in: Herzog, Max (Hrsg.): Ludwig Binswanger – Ausgewählte Werke, Band 3, Vorträge und Aufsätze, Heidelberg 1994, S. 123-177

Bischoff, Werner (2007): Nicht-visuelle Dimensionen des Städtischen, Oldenburg 2007

Bitner, Mary J. (1992): Servicescapes: The impact of physical surroundings on customers and employees, in: Journal of Marketing 56 (2/1992), S. 57-71

Bloch, Susana/Orthous, Pedro/Santibañez-H, Guy (1987): Effector patterns of basic emotions: A psychological method for training actors, in: Journal of Social and Biological Structures 10 (1/1987), S. 1-19

Böhle, Fritz (2010): Verdrängung und (Wieder-)Entdeckung des Informellen und Impliziten in der Arbeitswelt. Grenzen der Objektivierung und Formalisierung, in: Großheim, Michael/Kluck, Steffen (Hrsg.): Phänomenologie und Kulturkritik. Über die Grenzen der Quantifizierung, Freiburg, München 2010, S. 107-139

Böhle, Fritz/Fross, Dirk (2009): Erfahrungsgeleitete und leibliche Kommunikation und Kooperation in der Arbeitswelt, in: Alkemeyer, Thomas (Hrsg.): Ordnung in Bewegung. Choreographien des Sozialen, Bielefeld 2009, S. 107-126

Böhme, Gernot (1985): Anthropologie in pragmatischer Hinsicht, Frankfurt a. M. 1985

Böhme, Gernot (1989): Für eine ökologische Naturästhetik, Frankfurt a. M. 1989

Böhme, Gernot (2001): Aisthetik. Vorlesungen über Ästhetik als allgemeine Wahrnehmungslehre, München 2001

Böhme, Gernot (2006): Architektur und Atmosphäre, München 2006

Böhme, Gernot (2007): Atmosphäre in zwischenmenschlicher Kommunikation, in: Debus, Stephan/Posner, Roland (Hrsg.):

Atmosphären im Alltag. Über ihre Erzeugung und Wirkung, Bonn 2007, S. 281-293

Böhme, Gernot (2008): Atmosphären wahrnehmen, Atmosphären gestalten, mit Atmosphären leben: Ein neues Konzept ästhetischer Bildung, in: Goetz, Rainer/Graupner, Stefan (Hrsg.): Atmosphäre(n). Interdisziplinäre Annäherungen an einen unscharfen Begriff, München 2008, S. 31-43

Böhme, Gernot (2013a): Atmosphäre. Essays zur neuen Ästhetik, 7. Aufl., Frankfurt a. M. 2013

Böhme, Gernot (2013b): Synästhesien im Rahmen einer Phänomenologie der Wahrnehmung, in: Wolkenkuckucksheim 31 (2013), S. 23-35

Böhme, Hartmut (1997): Gefühl, in: Wulf, Christoph (Hrsg.): Vom Menschen. Handbuch Historische Anthropologie, Weinheim, Basel 1997, S. 525-548

Boiger, Michael/Mesquita, Batja (2012): The construction of emotion in interactions, relationships, and cultures, in: Emotion Review 4 (3/2012), S. 221-229

Bollnow, Otto F. (1970): Die pädagogische Atmosphäre. Untersuchungen über die gefühlsmäßigen zwischenmenschlichen Voraussetzungen der Erziehung, 4. Aufl., Heidelberg 1970

Bollnow, Otto F. (1974): Das Wesen der Stimmungen, 5. Aufl., Frankfurt a. M. 1974

Bollnow, Otto F. (1984): Mensch und Raum, 5. Aufl., Stuttgart u. a. 1984

Boltres-Streeck, Klaus (2012): Beziehungswetter – über die wirtschaftliche Bedeutung von Stimmungen und Atmosphären, in: Boltres-Streeck, Klaus/Femers, Susanne (Hrsg.): Finanztango – Wirtschaftliche Beziehungen und ihr Management in der Wirtschaftskommunikation, Wiesbaden 2012, S. 105-117

Bonnin, Gaël/Goudey, Alain (2012): The kinetic quality of store design: An exploration of its influence on shopping experience, in: Journal of Retailing and Consumer Services 19 (6/2012), S. 637-643

Borch, Christian (2009): Organizational atmospheres: Foam, affect and architecture, in: Organization 17 (2/2009), S. 223-241

Bornemann, Ernst (1967): Betriebspsychologie, Wiesbaden 1967

Bost, Erhard (1987): Ladenatmosphäre und Konsumentenverhalten, Heidelberg 1987

Bourdieu, Pierre (1993): Sozialer Sinn. Kritik der theoretischen Vernunft, Frankfurt a. M. 1993

Brodbeck, Karl-Heinz (1995): Entscheidung zur Kreativität, Darmstadt 1995

Bronfen, Elisabeth (1986): Der literarische Raum, Tübingen 1986

Brown, Reva B./Brooks, Ian (2002): Emotion at work: Identifying the emotional climate of night nursing, in: Journal of Management in Medicine 16 (5/2002), S. 327-344

Bruch, Heike/Vogel, Bernd (2009): Organisationale Energie, 2. Aufl., Wiesbaden 2009

Brühlmann, Toni (2013): Burnout. Stressverarbeitungsstörung und Lebenssinnkrise, in: Der Schmerz 28 (5/2013), S. 521-533

Bryman, Alan (1992): Charisma and leadership in organizations, London, Newbury, New Delhi 1992

Buckley, Patrick G. (1987): The internal atmosphere of a retail store, in: Advances in Consumer Research 14 (1/1987), S. 568

Burrell, Gibson/Morgan, Gareth (1979): Sociological paradigms and organisational analysis. Elements of the sociology of corporate life, London 1979

Butler, Judith (1991): Das Unbehagen der Geschlechter, Frankfurt a. M. 1991

Butler, Nick/Dunne, Stephen (2012): Duelling with dualism: Descartes, Foucault and the history of organizational limits, in: Management & Organizational History 7 (1/2012), S. 31-44

Cameron, Kim S./Whetten, David A. (1983): Organizational effectiveness: One model or several? In: Cameron, Kim S./Whetten, David A. (Hrsg.): Organizational effectiveness: A comparison of multiple models, New York 1983, S. 1-24

Canetti, Elias (1973): Masse und Macht. Zweiter Band, München 1973

Cardador, M. Teresa/Rupp, Deborah E. (2011): Organizational culture, multiple needs, and the meaningfulness of work, in: Ashkanasy, Neal M./Wilderom, Celeste P. M./Peterson, Mark F. (Hrsg.): The handbook of organizational culture and climate, 2. Aufl., Los Angeles u. a. 2011, S. 158-180

Carr, Adrian/Hancock, Philip (Hrsg.) (2003): Art and aesthetics at work, New York 2003

Chafi, Alhadi/Schiaratura, Loris/Rusinek, Stéphane (2012): Three patterns of motion which change the perception of emotional faces, in: Psychology 3 (1/2012), S. 82-89

Chanlat, Jean-François (2006): Space, organisation and management thinking: A socio-historical perspective, in: Clegg, Stewart R./Kornberger, Martin (Hrsg.): Space, organizations and management theory, Malmö, Liber, Copenhagen 2006, S. 17-43

Chartrand, Tanya L./Bargh, John A. (1999): The chameleon effect: The perception-behavior link and social interaction, in: Journal of Personality and Social Psychology 76 (6/1999), S. 893-910

Chartrand, Tanya L./Van Baaren, Rick (2009): Human mimicry, in: Advances in Experimental Social Psychology 41 (2009), S. 219-274

Chebat, Jean-Charles/Michon, Richard (2003): Impact of ambient odors on mall shoppers' emotions, cognition and spending. A test of competitive causal theories, in: Journal of Business Research 56 (7/2003), S. 529-539

Cherulnik, Paul D./Donley, Kristina A./Wiewel, Tay Sha R./Miller, Susan R. (2001): Charisma is contagious: The effect of leaders' charisma on observers' affect, in: Journal of Applied Social Psychology 31 (10/2001), S. 2149-2159

Chmielewicz, Klaus (1979): Forschungskonzeption der Wirtschaftswissenschaft, 2. Aufl., Stuttgart 1979

Chytry, Josef (2008): Organizational aesthetics: The artful firm and the aesthetic moment in organization and management theory, in: Aesthesis: International Journal of Art and Aesthetics in Management and Organizational Life 2 (2/2008), S. 60-72

Ciompi, Luc (1997): Die emotionalen Grundlagen des Denkens. Entwurf einer fraktalen Affektlogik, Göttingen 1997

Clegg, Stewart R./Kornberger, Martin (2006): Organising space, in: Clegg, Stewart R./Kornberger, Martin (Hrsg.): Space, organizations and management theory, Malmö, Liber, Copenhagen 2006, S. 143-162

Clegg, Stewart R./Kornberger, Martin/Pitsis, Tyrone (2011): Managing & organizations. An introduction to theory and practice, 3. Aufl., Los Angeles u. a. 2011

Colville, Ian/Brown, Andrew D./Pye, Annie (2012): Simplexity: Sensemaking, organizing and storytelling for our time, in: Human Relations 65 (1/2012), S. 5-15

Conklin, Thomas A. (2007): Method or madness. Phenomenology as knowledge creator, in: Journal of Management Inquiry 16 (3/2007), S. 275-287

Conrad, Peter/Sydow, Jörg (1988): Organisationskultur, Organisationsklima und Involvement, in: Dülfer, Eberhardt (Hrsg.): Organisationskultur: Phänomen – Philosophie – Technologie, Stuttgart 1988, S. 77-94

Corley, Kevin G./Gioia, Dennis A. (2011): Building theory about theory building: What constitutes a theoretical contribution? In: Academy of Management Review 36 (1/2011), S. 12-32

Corman, Steven R. (2000): The need for common ground, in: Corman, Steven R./Poole, Marshall S. (Hrsg.): Perspectives on organizational communication. Finding common ground, New York 2000, S. 3-13

Csíkszentmihályi, Mihály (2010): Flow. Das Geheimnis des Glücks, 15. Aufl., Stuttgart 2010

Czarniawska, Barbara (1998): Narrative approach in organization studies, Thousand Oaks 1998

Dale, Karen (2001): Anatomising embodiment and organisation theory, Basingstoke, New York 2001

Dale, Karen/Burrell, Gibson (2000): What shape are we in? Organization theory and the organized body, in: Hassard, John/Holliday, Ruth/Willmott, Hugh (Hrsg.): Body and organization, London, Thousand Oaks, New Delhi 2000, S. 15-30

Darden, William R./Babin, Barry J. (1994): Exploring the concept of affective quality: Expanding the concept of retail personality, in: Journal of Business Research 29 (2/1994), S. 101-109

Day, Graham (2006): Community and everyday life, London, New York 2006

De Montoux, Pierre G. (2000): The art management of aesthetic organizing, in: Linstead, Stephen/Höpfl, Heather (Hrsg.): The aesthetics of organization, London, Thousand Oaks, New Delhi 2000, S. 35-60

De Rivera, Joseph H. (1992): Emotional climate: Social structure and emotional dynamics, in: Strongman, Kenneth T. (Hrsg.):

International Review of Studies on Emotion. Volume 2, New York 1992, S. 197-218

Deal, Terrence E./Kennedy, Allan A. (1982): Corporate cultures. The rites and rituals of corporate life, Reading 1982

Deeg, Jürgen/Weibler, Jürgen (2008): Die Integration von Individuum und Organisation, Wiesbaden 2008

Deetz, Stanley (1996): Describing differences in approaches to organization science: Rethinking Burell and Morgan and their legacy, in: Organization Science 7 (2/1996), S. 191-207

Degkwitz, Peter (2007): Plädoyer für ein psychosoziales Verständnis von Sucht, in: Dollinger, Bernd/Schmidt-Semisch, Henning (Hrsg.): Sozialwissenschaftliche Suchtforschung, Wiesbaden 2007, S. 59-81

Dehner, Klaus (2013): Das verkannte Leistungsmotiv Bindung. Warum gute Führungskräfte Beziehungsmanager sein müssen, in: Ideenmanagement 39 (4/2013), S. 115-118

Denison, Daniel R. (1996): What is the difference between organizational culture and organizational climate? A native's point of view on a decade of paradigm wars, in: Academy of Management Review 21 (3/1996), S. 619-654

Descartes, René (2009): Meditationen, Hamburg 2009

Descartes, René (2013): Entwurf der Methode. Mit der Dioptrik, den Meteoren und der Geometrie, Hamburg 2013

Dilthey, Wilhelm (1990): Die geistige Welt. Einleitung in die Philosophie des Lebens, Bd. 5, 8. Aufl., Göttingen 1990

Doerfler, Wolfgang (2011): Innovate or die, in: Personalwirtschaft. Magazin für Human Resources (Sonderheft) 38 (12/2011), S. 25-27

Domagalski, Theresa A. (1999): Emotion in organizations: Main currents, in: Human Relations 52 (6/1999), S. 833-852

Donovan, Robert J./Rossiter, John R. (1982): Store atmosphere: An environmental psychology approach, in: Journal of Retailing 58 (1/1982), S. 34-57

Donovan, Robert J./Rossiter, John R./Marcoolyn, Gilian/Nesdale, Andrew (1994): Store atmosphere and purchasing behavior, in: Journal of Retailing 70 (3/1994), S. 283-294

Döring-Seipel, Elke (1996): Stimmung und Körperhaltung, Weinheim 1996

Dubin, Robert (1978): Theory building, 2. Aufl., New York, London 1978

Dülfer, Eberhardt (1988): Organisationskultur: Phänomen – Philosophie – Technologie. Eine Einführung in die Diskussion, in: Dülfer, Eberhardt (Hrsg.): Organisationskultur: Phänomen – Philosophie – Technologie, Stuttgart 1988, S. 1-20

Dürckheim, Graf Karlfried von (2005): Untersuchungen zum gelebten Raum. Erlebniswirklichkeit und ihr Verständnis. Systematische Untersuchungen II, in: Hasse, Jürgen (Hrsg.): Graf Karlfried von Dürckheim. Untersuchungen zum gelebten Raum, Frankfurt a. M. 2005, S. 13-108

Düttmann, Susanne (2000): Ästhetische Lernprozesse. Annäherungen an atmosphärische Wahrnehmungen in LernRäumen, Marburg 2000

Eberhardt-Metzger, Claudia (2012): Weltformel Schönheit, in: UNIVERSITAS. Orientieren! Wissen! Handeln! 67 (4/2012), S. 4-17

Echter, Dorothee (2011): Führung braucht Rituale. So sichern Sie nachhaltig den Erfolg Ihres Unternehmens, 2. Aufl., München 2011

Elberfeld, Rolf (2006): Kreativität und das Phänomen des „Nichts", in: Abel, Günter (Hrsg.): Kreativität. XX. Deutscher Kongreß für Philosophie 26.-30. September 2005 an der Technischen Universität Berlin. Kolloquienbeiträge, Hamburg 2006, S. 520-533

Elger, Christian E. (2011): Der Spielraum des Individuums. Entscheidungsprozesse im Gehirn, in: Forschung & Lehre 18 (12/2011), S. 916-918

Ellgring, Heiner (1986): Nonverbale Kommunikation, in: Rosenbusch, Heinz S. (Hrsg.): Körpersprache in der schulischen Erziehung, Baltmannsweiler 1986, S. 7-48

Enquist, Magnus/Arak, Anthony (1994): Symmetry, beauty and evolution, in: Nature 372 (2/1994), S. 169-172

Eroglu, Sevgin A./Machleit, Karen A./Davis, Lenita M. (2001): Atmospheric qualities of online retailing. A conceptual model and implications, in: Journal of Business Research 54 (2/2001), S. 177-184

Esser, James K. (1998): Alive and well after 25 years: A review of groupthink research, in: Organizational Behavior and Human Decision Processes 73 (2-3/1998), S. 116-141

Etzioni, Amitai (1964): Modern organizations, Englewood Cliffs 1964

Evans, Gary W./McCoy, Janetta M. (1998): When buildings don't work: The role of architecture in human health, in: Journal of Environmental Psychology 18 (1/1998), S. 85-94

Ewenstein, Boris/Whyte, Jennifer (2007): Beyond words: Aesthetic knowledge and knowing in organizations, in: Organization Studies 28 (5/2007), S. 689-708

Fairholm, Gilbert W. (1991): Values leadership. Toward a new philosophy of leadership, New York 1991

Fayard, Anne-Laure/Weeks, John (2011): Das kreative Büro, in: Harvard Business Manager 22 (10/2011), S. 46-56

Felfe, Jörg (2006): Transformationale und charismatische Führung – Stand der Forschung und aktuelle Entwicklungen, in: Zeitschrift für Personalpsychologie 5 (4/2006), S. 165-176

Felfe, Jörg (2008): Mitarbeiterbindung, Göttingen u. a. 2008

Feyerabend, Paul (1986): Wider den Methodenzwang, Frankfurt a. M. 1986

Feyerabend, Paul (1989): Irrwege der Vernunft, Frankfurt a. M. 1989

Fineman, Stephen (2004): Getting the measure of emotion – and the cautionary tale of emotional intelligence, in: Human Relations 57 (6/2004), S. 719-740

Flade, Antje (1987): Wohnen – psychologisch betrachtet, Bern 1987

Flade, Antje (2008): Architektur – psychologisch betrachtet, Bern 2008

Flamholtz, Eric G./Randle, Yvonne (2014): Implications of organizational life cycles for corporate culture and climate, in: Schneider, Benjamin/Barbera, Karen M. (Hrsg.): The Oxford handbook of organizational climate and culture, Oxford 2014, S. 257-275

Ford, Cameron M. (1999): Corporate culture, in: Runco, Mark A./Pritzker, Steven R. (Hrsg.): Encyclopedia of creativity, Vol. 1 (Ae - H), New York 1999, S. 385-393

Forehand, Garlie A./Gilmer, B. von Haller (1964): Environmental variation in studies of organizational behavior, in: Psychological Bulletin 62 (6/1964), S. 361-382

Forstmann, Matthias/Burgmer, Pascal/Mussweiler, Thomas (2012): "The mind is willing, but the flesh is weak": The effects of mind-body dualism on health behavior, in: Psychological Science 23 (10/2012), S. 1239-1245

Foucault, Michel (1978): Dispositive der Macht. Über Sexualität, Wissen und Wahrheit, Berlin 1978

Foucault, Michel (2005): Analytik der Macht, Frankfurt a. M. 2005

Foxall, Gordon R./Goldsmith, Ronald E./Brown, Stephen (1998): Consumer psychology for marketing, 2. Aufl., London 1998

Freese, Lee (1980): Formal theorizing, in: Annual Review of Sociology 6 (1980), S. 187-212

French, John R. P./Raven, Bertram (1959): The bases of social power, in: Cartwright, Dorwin (Hrsg.): Studies in social power, Ann Arbor 1959, S. 150-165

Frijda, Nico H./Kuipers, Peter/Ter Schure, Elisabeth (1989): Relations among emotion, appraisal, and emotional action readiness, in: Journal of Personality and Social Psychology 57 (2/1989), S. 212-228

Frijda, Nico H./Mesquita, Batja/Sonnemans, Joep/Van Goozen, Stephanie (1991): The duration of affective phenomena or emotions, sentiments and passions, in: Strongman, Kenneth T. (Hrsg.): International Review of Studies on Emotion. Volume 1, New York 1991, S. 187-225

Fromm, Ludwig (2008): Situativ bestimmte Qualitäten im Raum. Leibliche Dispositionen situativer Erfahrungen, Eine Studie, in: Goetz, Rainer/Graupner, Stefan (Hrsg.): Atmosphäre(n). Interdisziplinäre Annäherungen an einen unscharfen Begriff, München 2008, S. 69-93

Fuchs, Thomas/Koch, Sabine C. (2014): Embodied affectivity: On moving and being moved, in: Frontiers in Psychology 5 (508/2014), S. 1-12

Gagliardi, Pasquale (2006): Exploring the aesthetic side of organizational life, in: Clegg, Stewart R./Hardy, Cynthia/Lawrence, Thomas B./Nord, Walter R. (Hrsg.): The SAGE handbook of organization studies, 2. Aufl., London, Thousand Oaks, New Delhi 2006, S. 701-724

Gardner, Meryl P. (1985): Mood states and consumer behavior: A critical review, in: Journal of Consumer Research 12 (3/1985), S. 281-299

Gärtner, Christian (2007): Innovationsmanagement als soziale Praxis. Grundlagentheoretische Vorarbeiten zu einer Organisationstheorie des Neuen, München, Mering 2007

Gärtner, Christian (2013): Cognition, knowing and learning in the flesh: Six views on embodied knowing in organization studies, in: Scandinavian Journal of Management 29 (4/2013), S. 338-352

Gent, Werner (1930): Die Raum-Zeit-Philosophie des 19. Jahrhunderts. Historische, kritische und analytische Untersuchungen, Bonn 1930

George, Jennifer M. (1990): Personality, affect, and behavior in groups, in: Journal of Applied Psychology 75 (2/1990), S. 107-116

George, Jennifer M. (1996): Group affective tone, in: West, Michael A. (Hrsg.): Handbook of work group psychology, Chichester u. a. 1996, S. 77-93

George, Jennifer M./Brief, Arthur P. (1992): Feeling good-doing good: a conceptual analysis of the mood at work-organizational spontaneity relationship, in: Psychological Bulletin 112 (2/1992), S. 310-329

Georgesen, John C./Harris, Monica J. (1998): Why's my boss always holding me down? A meta-analysis of power effects on performance evaluations, in: Personality and Social Psychology Review 2 (3/1998), S. 184-195

Gergen, Kenneth J./Thatchenkery, Tojo J. (1996): Organization science as social construction: Postmodern potentials, in: The Journal of Applied Behavioral Science 32 (4/1996), S. 356-377

Gerhardt, Astrid/Walden, Rotraut (2014): Wer sich wohlfühlt, ist produktiv, in: Personalführung 47 (12/2014), S. 28-34

Gersick, Connie J. G./Hackman, J. Richard (1990): Habitual routines in task-performing groups, in: Organizational Behavior and Human Decision Processes 47 (1/1990), S. 65-97

Ghosh, Avijit (1990): Retail Management, Chicago u. a. 1990

Ghoshal, Sumantra/Moran, Peter (1996): Bad for practice: A critique of the transaction cost theory, in: Academy of Management Review 21 (1/1996), S. 13-47

Gibson, James J. (1982): Die Sinne und der Prozeß der Wahrnehmung, 2. Aufl., Bern, Stuttgart, Wien 1982

Giddens, Anthony (1984): The constitution of society: Outline of the theory of structuration, Cambridge 1984

Giesler, Marianne (2003): Kreativität und organisationales Klima, Münster 2003

Gifford, Robert (2007): Environmental psychology. Principles and practice, 4. Aufl., Colville 2007

Gill, Michael J. (2014): The possibilities of phenomenology for organizational research, in: Organizational Research Methods 17 (2/2014), S. 118-137

Gioia, Dennis A./Schultz, Majken/Corley, Kevin G. (2000): Organizational identity, image, and adaptive instability, in: Academy of Management Review 25 (1/2000), S. 63-81

Giseke, Wiltrud (2010): Atmosphären in Bildungskontexten – Beziehungstheoretische Überlegungen, in: Egger, Rudolf/Hackl, Bernd (Hrsg.): Sinnliche Bildung? Pädagogische Prozesse zwischen vorprädikativer Situierung und reflexivem Anspruch, Wiesbaden 2010, S. 57-70

Goethe, Johann W. von (1955): Die Schriften zur Naturwissenschaft, Erste Abteilung: Texte, Vierter Band. Zur Farbenlehre. Widmung, Vorwort und didaktischer Teil, Weimar 1955

Goetz, Rainer (2008): Atmosphäre und ästhetisches Interesse, in: Goetz, Rainer/Graupner, Stefan (Hrsg.): Atmosphäre(n). Interdisziplinäre Annäherungen an einen unscharfen Begriff, München 2008, S. 238-270

Goffman, Erving (1986): Interaktionsrituale. Über Verhalten in direkter Kommunikation, Frankfurt a. M. 1986

Goleman, Daniel/Boyatzis, Richard/McKee, Annie (2002): Primal leadership. Learning to lead with emotional intelligence, Boston 2002

Gontard, Maximilian (2002): Unternehmenskultur und Organisationsklima. Eine empirische Untersuchung, München, Mering 2002

Götte, Martin (1962): Betriebsklima, Göttingen 1962

Gouldner, Alvin W. (1960): The norm of reciprocity: A preliminary statement, in: American Sociological Review 25 (2/1960), S. 161-178

Graen, George B. (1976): Role-making processes within complex organizations, in: Dunette, Marvin D. (Hrsg.): Handbook of industrial and organizational psychology, Chicago 1976, S. 1201-1245

Graen, George B./Uhl-Bien, Mary (1995): Relationship-based approach to leadership: Development of leader-member exchange (LMX) theory of leadership over 25 years: Applying a multi-level multi-domain perspective, in: The Leadership Quarterly 6 (2/1995), S. 219-247

Grant, Stuart (2013): Performing on aesthetics of atmosphere, in: Aesthetics 23 (1/2013), S. 12-32

Grayson, Rollo A. S./McNeill, Lisa S. (2009): Using atmospheric elements in service retailing: Understanding the bar environment, in: Journal of Services Marketing 23 (7/2009), S. 517-527

Greshoff, Rainer/Kneer, Georg/Schneider, Wolfgang L. (2008a): Die „Verstehen-Erklären-Kontroverse" als Debatte um die methodischen Grundlagen der Sozial- und Kulturwissenschaften, in: Greshoff, Rainer/Kneer, Georg/Schneider, Wolfgang L. (Hrsg.): Verstehen und Erklären. Sozial- und kulturwissenschaftliche Perspektiven, München 2008, S. 7-11

Greshoff, Rainer/Kneer, Georg/Schneider, Wolfgang L. (Hrsg.) (2008b): Verstehen und Erklären. Sozial- und kulturwissenschaftliche Perspektiven, München 2008

Griffero, Tonino (2014): Atmospheres: Aesthetics of emotional space, Farnham 2014

Gröppel, Andrea (1991): Erlebnisstrategien im Einzelhandel. Analyse der Zielgruppen, der Ladengestaltung und der Warenpräsentation zur Vermittlung von Einkaufserlebnissen, Heidelberg 1991

Grossbart, Sanford/Hampton, Ronald/Rammohan, B./Lapidus, Richard S. (1990): Environmental dispositions and customer response to store atmospherics, in: Journal of Business Research 21 (3/1990), S. 225-241

Großheim, Michael (2012): Der Mensch in der Phänomenologie, Rostock 2012

Gugutzer, Robert (2006): Der body turn in der Soziologie. Eine programmatische Einführung, in: Gugutzer, Robert (Hrsg.): Body turn. Perspektiven der Soziologie des Körpers und des Sports, Bielefeld 2006, S. 9-53

Gugutzer, Robert (2012): Verkörperungen des Sozialen. Neophänomenologische Grundlagen und soziologische Analysen, Bielefeld 2012

Gugutzer, Robert (2013): Hermann Schmitz: Der Gefühlsraum, in: Senge, Konstanze/Schützeichel, Rainer (Hrsg.): Hauptwerke der Emotionssoziologie, Wiesbaden 2013, S. 304-310

Gustafsson, Cecilia (2006): Organisations and physical space, in: Clegg, Stewart R./Kornberger, Martin (Hrsg.): Space, organizations and management theory, Malmö, Liber, Copenhagen 2006, S. 221-240

Gzyl, Sonya (2010): Unentbehrliche Begegnungen, Bochum 2010

Hackman, J. Richard (1990): Groups that work (and those that don't). Creating conditions for effective teamwork, San Francisco, Oxford 1990

Håkansson, Håkan (1982): International marketing and purchasing of industrial goods. An interaction approach, Chichester u. a. 1982

Håkonsson, Dorthe D./Obel, Børge/Burton, Richard M. (2008): Rational emotionality: Integrating emotions into psychological climate, in: Burton, Richard M./Eriksen, Bo H./Håkonsson, Dorthe D./Knudsen, Thorbjørn/Snow, Charles C. (Hrsg.): Designing organizations. 21st century approaches, New York 2008, S. 59-81

Harding, Nancy/Lee, Hugh/Ford, Jackie/Learmonth, Mark (2011): Leadership and charisma: A desire that cannot speak its name? In: Human Relations 64 (7/2011), S. 927-949

Hareli, Shlomo/Rafaeli, Anat (2008): Emotion cycles: On the social influence of emotion in organizations, in: Research in Organizational Behavior 28 (2008), S. 35-59

Härtel, Charmine E. J./Ashkanasy, Neal M. (2011): Healthy human cultures as positive work environments, in: Ashkanasy, Neal M./Wilderom, Celeste P. M./Peterson, Mark F. (Hrsg.): The handbook of organizational culture and climate, 2. Aufl., Los Angeles u. a. 2011, S. 85-100

Hartmann, Dirk (2000): Willensfreiheit und die Autonomie der Kulturwissenschaften, in: Handlung, Kultur, Interpretation 9 (1/2000), S. 66-103

Hassard, John/Cox, Julie W. (2013): Can sociological paradigms still inform organizational analysis? A paradigm model for post-paradigm times, in: Organization Studies 34 (11/2013), S. 1701-1728

Hassard, John/Holliday, Ruth/Willmott, Hugh (2000): The body and organization, in: Hassard, John/Holliday, Ruth/Willmott, Hugh (Hrsg.): Body and organization, London, Thousand Oaks, New Delhi 2000, S. 1-14

Hasse, Jürgen (2003): Stadt als gelebter und erlebter Raum – kein Sein ohne Handeln? In: Döring, Martin E./Engelhardt, Gunther H./Feindt, Peter H./Oßenbrügge, Jürgen (Hrsg.): Stadt – Raum – Natur. Die Metropolregion als politisch konstruierter Raum, Hamburg 2003, S. 171-199

Hasse, Jürgen (2008): Die Stadt als Raum der Atmosphären. Zur Differenzierung von Atmosphären und Stimmungen, in: Die Alte Stadt 35 (2/2008), S. 103-116

Hasse, Jürgen (2012): Atmosphären der Stadt. Aufgespürte Räume, Berlin 2012

Hasse, Jürgen (2013): Synästhesie. Eine Grundform der Wahrnehmung – zum Beispiel von Architektur, in: Wolkenkuckucksheim 31 (2013), S. 39-65

Hasse, Jürgen (2014): Was Räume mit uns machen – und wir mit ihnen. Kritische Phänomenologie des Raumes, Freiburg, München 2014

Hatch, Mary J. (1993): The dynamics of organizational culture, in: Academy of Management Review 18 (4/1993), S. 657-693

Hatch, Mary J./Cunliffe, Ann L. (2013): Organization theory. Modern, symbolic and postmodern perspectives, 3. Aufl., Oxford 2013

Hatch, Mary J./Yanow, Dvora (2003): Organization theory as interpretive science, in: Tsoukas, Haridimos/Knudsen, Christian (Hrsg.): The Oxford handbook of organization theory, Oxford 2003, S. 63-87

Hatfield, Elaine/Cacioppo, John T./Rapson, Richard L. (1994): Emotional contagion, Cambridge 1994

Hauser, Bernhard (2014): Konflikte in und zwischen Gruppen, in: Rosenstiel, Lutz von/Regnet, Erika/Domsch, Michael E. (Hrsg.): Führung von Mitarbeitern. Handbuch für erfolgreiches Personalmanagement, 7. Aufl., Stuttgart 2014, S. 354-367

Hauskeller, Michael (1995): Atmosphären erleben, Berlin 1995

Haverkamp, Michael (2009): Synästhetisches Design. Kreative Produktentwicklung für alle Sinne, München, Wien 2009

Heaphy, Emily D./Dutton, Jane E. (2008): Positive social interactions and the human body at work: Linking organizations and physiology, in: Academy of Management Review 33 (1/2008), S. 137-162

Heidegger, Martin (1983): Die Grundbegriffe der Metaphysik. Welt – Endlichkeit – Einsamkeit, Frankfurt a. M. 1983

Heidegger, Martin (2006): Sein und Zeit, 19. Aufl., Tübingen 2006

Heinze, Thomas (2012): Was sind kreative Forschungsleistungen? Konzeptuelle Überlegungen, Beispiele aus der Wissenschaftsgeschichte und bibliometrische Befunde, in: Kölner Zeitschrift für Soziologie und Sozialpsychologie 64 (3/2012), S. 583-599

Heller, Eva (1989): Wie Farben wirken, Reinbek 1989

Hempel, Carl G. (1965): Aspects of scientific explanation. And other essays in the philosophy of science, New York 1965

Henckmann, Wolfhart (2008): Atmosphäre, Stimmung, Gefühl, in: Goetz, Rainer/Graupner, Stefan (Hrsg.): Atmosphäre(n). Interdisziplinäre Annäherungen an einen unscharfen Begriff, München 2008, S. 45-84

Hernes, Tor (2004a): Studying composite boundaries: A framework of analysis, in: Human Relations 57 (9/2004), S. 9-29

Hernes, Tor (2004b): The spatial construction of organization, Amsterdam, Philadelphia 2004

Hernes, Tor/Bakken, Tore/Olsen, Per I. (2006): Spaces as process: Developing a recursive perspective on organisational space, in: Clegg, Stewart R./Kornberger, Martin (Hrsg.): Space, organizations and management theory, Malmö, Liber, Copenhagen 2006, S. 44-63

Hibbert, Paul/Sillince, John/Diefenbach, Thomas/Cunliffe, Ann L. (2014): Relationally reflexive practice: A generative approach to theory development in qualitative research, in: Organizational Research Methods 17 (3/2014), S. 278-298

Hieber, Lutz (2012): Künstlerische und naturwissenschaftliche Kreativität, in: Göttlich, Udo/Kurt, Ronald (Hrsg.): Kreativität und Improvisation, Wiesbaden 2012, S. 263-293

Hirschauer, Stefan (2013): Un/doing differences. Die Kontingenz sozialer Zugehörigkeiten, in: Zeitschrift für Soziologie 43 (3/2013), S. 170-191

Hochschild, Arlie R. (1990): Das gekaufte Herz, Frankfurt a. M. 1990

Hoffmann, K. Douglas/Turley, L. W. (2002): Atmospherics, service encounters and consumer decision making: An integrative perspective, in: Journal of Marketing Theory and Practice 10 (3/2002), S. 33-47

Hofmann, Susanne (2013): Atmosphäre als partizipative Entwurfsstrategie, Berlin 2013

Hofstede, Geert/Hofstede, Gert J. (2005): Cultures and organizations. Software of the mind, 2. Aufl., New York 2005

Hollander, Edwin P. (1958): Conformity, status, and idiosyncrasy credit, in: Psychological Review 65 (2/1958), S. 117-127

Holt, Robin/Sandberg, Jörg (2011): Phenomenology and organization theory, in: Research in Sociology of Organizations 32 (2011), S. 215-249

Homburg, Christian (2012): Marketingmanagement. Strategien – Instrumente – Umsetzung – Unternehmensführung, 4. Aufl., Wiesbaden 2012

House, Robert J. (1977): A 1976 theory of charismatic leadership, in: Hunt, James G./Larson, Lars L. (Hrsg.): Leadership: The cutting edge, Carbondale 1977, S. 189-207

House, Robert J. (1991): The distribution of exercise of power in complex organizations: A MESO theory, in: The Leadership Quarterly 2 (1/1991), S. 23-58

House, Robert J./Shamir, Boas (1993): Toward the integration of transformational, charismatic, and visionary theories, in: Chemers, Martin M./Ayman, Roya (Hrsg.): Leadership theory and research, San Diego u. a. 1993, S. 81-107

House, Robert J./Singh, Jitendra V. (1987): Organizational behavior: Some new directions for I/O psychology, in: Annual Review of Psychology 38 (1987), S. 669-718

Hövel, Erik vom/Schüßler, Ingeborg (2005): Die erwachsenenpädagogische Atmosphäre. (Wieder-)Entdeckung einer zentralen didaktischen Kategorie, in: REPORT 28 (4/2005), S. 59-68

Hülsheger, Ute R./Anderson, Neil/Salgado, Jesus F. (2009): Team-level predictors of innovation at work: A comprehensive meta-analysis spanning three decades of research, in: Journal of Applied Psychology 94 (5/2009), S. 1128-1145

Huppertz, Michael (2007): Spirituelle Atmosphären, in: Debus, Stephan/Posner, Roland (Hrsg.): Atmosphären im Alltag. Über ihre Erzeugung und Wirkung, Bonn 2007, S. 157-185

Husserl, Edmund (1928): Vorlesungen zur Phänomenologie des inneren Zeitbewusstseins, Halle 1928

Hüther, Gerald/Schmid, Bernd (2010): Der Innovationsgeist fällt nicht vom Himmel. Kreativität in Menschen und Organisationen aus neurobiologischer und systemischer Sicht, in: Schreyögg, Astrid/Schmidt-Lellek, Christoph (Hrsg.): Die Organisation in Supervision und Coaching, Wiesbaden 2010, S. 126-142

Huy, Quy N. (2002): Emotional balancing of organizational continuity and radical change: The contribution of middle managers, in: Administrative Science Quarterly 47 (1/2002), S. 31-69

Iacoboni, Marco (2009): Imitation, empathy, and mirror neurons, in: Annual Review of Psychology 60 (2009), S. 653-670

Intelmann, Claudia (2004): Der Raum in der Psychoanalyse. Zur Wirkung des Raumes auf den psychoanalytischen Prozess, München 2004

Isaksen, Scott G. (2007): The climate for transformation: Lessons for leaders, in: Creativity and Innovation Management 16 (1/2007), S. 3-15

Isaksen, Scott G. (2009): Creative organizational climate, in: Kerr, Barbara (Hrsg.): Encyclopedia of giftedness, creativity, and talent, Volume 1, Los Angeles u. a. 2009, S. 183-184

Jacobsen, Niels (1996): Unternehmenskultur. Entwicklung und Gestaltung aus interaktionistischer Sicht, Frankfurt a. M. u. a. 1996

Jäggi, Christian J. (2009): Sozio-kultureller Code, Rituale und Management. Neue Perspektiven in interkulturellen Feldern, Wiesbaden 2009

Jang, SooCheong/Namkung, Young (2009): Perceived quality, emotions, and behavioral intentions: Application of an extended Mehrabian-Russell model to restaurants, in: Journal of Business Research 62 (4/2009), S. 451-460

Janis, Irving L. (1971): Groupthink, in: Psychology Today 5 (11/1971), S. 43-46, 74-76

Janis, Irving L. (1972): Victims of groupthink: A psychological study of foreign-policy decisions and fiascoes, Oxford 1972

Johnson, Phil/Duberley, Joanne (2003): Reflexivity in management research, in: Journal of Management Studies 40 (5/2003), S. 1279-1303

Joy, Annamma/Sherry, John F. Jr. (2003): Speaking of art as embodied imagination: A multisensory approach to understanding aesthetic experience, in: Journal of Consumer Research 30 (2/2003), S. 259-282

Julmi, Christian/Lindner, Florian/Scherm, Ewald (2013): Risiken des Shareholder-Value – Vermeidung von Unternehmenskrisen durch reflexionsorientiertes Controlling, in: Business + Innovation 4 (1/2013), S. 16-26

Julmi, Christian/Scherm, Ewald (2012a): Der atmosphärische Einfluss auf die Organisationskultur: ein multidisziplinärer Ansatz, in: SEM Radar. Zeitschrift für Systemdenken und Entscheidungsfindung im Management 11 (2/2012), S. 3-37

Julmi, Christian/Scherm, Ewald (2012b): Subjektivität als Ausdruck von Lebendigkeit, in: Internationale Zeitschrift für Philosophie und Psychosomatik 3 (1/2012), S. 1-8

Julmi, Christian/Scherm, Ewald (2013a): Burnout trotz geringer Anforderungen: Warum auch Arbeitslose an Burnout erkranken können, in: SEM Radar. Zeitschrift für Systemdenken und Entscheidungsfindung im Management 12 (2/2013), S. 17-27

Julmi, Christian/Scherm, Ewald (2013b): Intuitives Management. Notwendigkeit, Voraussetzungen und Einflussfaktoren, in: WiSt – Wirtschaftswissenschaftliches Studium 42 (8/2013), S. 422-427

Julmi, Christian/Scherm, Ewald (2013c): Vertrauen schafft Kreativität. Wie ein kreativer Spielraum entsteht, in: Zeitschrift Führung + Organisation 82 (2/2013), S. 103-109

Julmi, Christian/Scherm, Ewald (2014): Das Rad der Kreativität. Wie Körper und Geist Denkblockaden lösen, in: IM+io. Das Magazin für Innovation, Organisation und Management 29 (1/2014), S. 22-26

Julmi, Christian/Scherm, Ewald (2015): The domain-specificity of creativity: Insights from new phenomenology, in: Creativity Research Journal 27 (2/2015), S. 161-169

Jüptner, Heinrich (1993): Burnout: Gesundheitsbildung durch physische und psychische Aktivierung und Entspannung, in: Zeitschrift für Arbeitswissenschaft 47 (3/1993), S. 93-97

Karl, Dorothee (2009): Arbeitsfähigkeit, ein ganzheitlicher, integrativer Ansatz, Frankfurt a. M. 2009

Kazig, Rainer (2008): Typische Atmosphären städtischer Plätze. Auf dem Weg zu einer anwendungsorientierten Atmosphärenforschung, in: Die Alte Stadt 35 (2/2008), S. 147-160

Kestel, Christina (2011): „Wir überschätzen uns", in: Harvard Business Manager 22 (8/2011), S. 94-97

Kets de Vries, Manfred F. R. (1995): Organizational paradoxes. Clinical approaches to management, 2. Aufl., London 1995

Kets de Vries, Manfred F. R./Miller, Danny (1985): The neurotic organization, San Francisco, Washington, London 1985

Kiefer, Tina (2002): Understanding the emotional experience of organizational change: Evidence from a merger, in: Advances in Developing Human Resources 4 (1/2002), S. 39-61

Kieser, Alfred (1996): Moden & Mythen des Organisierens, in: DBW – Die Betriebswirtschaft 56 (1/1996), S. 21-39

Kieser, Alfred/Walgenbach, Peter (2010): Organisation, 6. Aufl., Stuttgart 2010

Kilduff, Martin/Mehra, Ajay/Dunn, Mary B. (2011): From blue sky research to problem solving: A philosophy of science theory of new knowledge production, in: Academy of Management Review 36 (2/2011), S. 297-317

Kilian, Karsten (2007): Multisensuales Markendesign als Basis ganzheitlicher Markenkommunikation, in: Florack, Arnd/Scarabis, Martin/Primosch, Ernst (Hrsg.): Psychologie der Markenführung, München 2007, S. 323-356

King, Ian W. (2008): How we know what we know: The potentiality of art and aesthetics, in: Barry, Daved/Hansen, Hans (Hrsg.): The SAGE handbook of new approaches in management and organization, London u. a. 2008, S. 42-48

Klaußner, Stefan (2013): Führung und Feedback: zwischen Reflexion und Retention – Überlegungen zur Konzeption von Führungsgesprächen, in: Zeitschrift für betriebswirtschaftliche Forschung 65 (2/2013), S. 191-212

Kluck, Steffen (2008): Der Zeitgeist als Situation, Rostock 2008

Kluck, Steffen (2014): Pathologien der Wirklichkeit. Ein phänomenologischer Beitrag zur Wahrnehmungstheorie und zur Ontologie der Lebenswelt, Freiburg, München 2014

Kluge, Susann (1999): Empirisch begründete Typenbildung. Zur Konstruktion von Typen und Typologien in der qualitativen Sozialforschung, Opladen 1999

Knape, Joachim/Überall, Lisa (2012): Ratschläge des Rhetorikers, in: WiSt – Wirtschaftswissenschaftliches Studium 41 (1/2012), S. 43-46

Knodt, Reinhard (1994): Ästhetische Korrespondenzen. Denken im technischen Raum, Stuttgart 1994

Konegen, Norbert/Sondergeld, Klaus (1985): Wissenschaftstheorie für Sozialwissenschaftler. Eine problemorientierte Einführung, Opladen 1985

Kotler, Philip (1973): Atmospherics as a marketing tool, in: Journal of Retailing 49 (4/1973), S. 48-64

Kotler, Philip/Keller, Kevin L./Brady, Mairead/Goodman, Malcolm/Hansen, Torben (2009): Marketing management, Harlow u. a. 2009

Kreiner, Glen E. (2011): Organizational identity. Culture's conceptual cousin, in: Ashkanasy, Neal M./Wilderom, Celeste P. M./Peterson, Mark F. (Hrsg.): The handbook of organizational culture and climate, 2. Aufl., Los Angeles u. a. 2011, S. 463-480

Krell, Gertraude (1988): Organisationskultur – Renaissance der Betriebsgemeinschaft? In: Dülfer, Eberhardt (Hrsg.): Organisationskultur: Phänomen – Philosophie – Technologie, Stuttgart 1988, S. 113-126

Kroeber-Riel, Werner/Gröppel-Klein, Andrea (2013): Konsumentenverhalten, 10. Aufl., München 2013

Kruse, Lenelis (1974): Räumliche Umwelt. Die Phänomenologie des räumlichen Verhaltens als Beitrag zu einer psychologischen Umwelttheorie, Berlin, New York 1974

Kuckartz, Udo (2010): Typenbildung, in: Mey, Günter/Mruck, Katja (Hrsg.): Handbuch Qualitative Forschung in der Psychologie, Wiesbaden 2010, S. 553-568

Kuhn, Thomas S. (1973): Die Struktur wissenschaftlicher Revolutionen, Frankfurt a. M. 1973

Küpers, Wendelin (2002): Phenomenology of aesthetic organising – Ways towards aesthetically responsive organizations, in: Consumption, Markets and Culture 5 (1/2002), S. 21-46

Küpers, Wendelin (2013a): A phenomenology of embodied senses: The 'making' of sense in organizational culture, in: International Journal of Work Organisation and Emotion 5 (4/2013), S. 325-341

Küpers, Wendelin (2013b): Embodied inter-practices of leadership – Phenomenological perspectives on relational and responsive leading and following, in: Leadership 9 (3/2013), S. 335-357

Küpers, Wendelin/Weibler, Jürgen (2005): Emotionen in Organisationen, Stuttgart 2005

Küpers, Wendelin/Weibler, Jürgen (2008): Emotions in organisations: An integral perspective, in: International Journal of Work Organisation and Emotion 2 (3/2008), S. 256-287

Kutschera, Franz von (1998): Ästhetik, 2. Aufl., Berlin, New York 1998

Landweer, Hilge (2008): Die Stimme des Gewissens. Sind personengebundene Gefühle Atmosphären? In: Großheim, Michael (Hrsg.): Neue Phänomenologie zwischen Praxis und Theorie, Freiburg, München 2008, S. 379-398

Langewitz, Wolf (2007): Beyond content analysis and non-verbal behaviour – What about atmosphere? A phenomenological approach, in: Patient Education and Counseling 53 (2007), S. 319-323

Larsen, Randy J./Diener, Edward (1992): Promises and problems with the circumplex model of emotion, in: Clark, Margaret S. (Hrsg.): Emotion. Review of Personality and Social Psychology 13, Thousand Oaks 1992, S. 25-59

Laske, Stephan/Meister-Scheytt, Claudia/Küpers, Wendelin (2006): Organisation und Führung, Münster u. a. 2006

Latka, Thomas (2013): Raumphilosophie. Der Beratungsraum als Einladung, in: BSO Journal 17 (3/2013), S. 6-11

Laufer, Hartmut (2007): Vertrauen und Führung. Vertrauen als Schlüssel zum Führungserfolg, Offenbach 2007

Lauth, Bernhard/Sareiter, Jamel (2005): Wissenschaftliche Erkenntnis. Eine ideengeschichtliche Einführung in die Wissenschaftstheorie, 2. Aufl., Paderborn 2005

Lee, Allen S. (1991): Integrating positivist and interpretive approaches to organizational research, in: Organization Science 2 (4/1991), S. 342-365

Lefebvre, Henri (1977): Kritik des Alltagslebens, Kronberg i. T. 1977

Leichtle, Veronika A. (2009): Handbuch für atmosphärische Gestaltung im Hotel. Ambiente schaffen, Sinne berühren, Gäste begeistern, Berlin 2009

Lenk, Hans (1972): Erklärung, Prognose, Planung. Skizzen zu Brennpunktproblemen der Wissenschaftstheorie, Freiburg 1972

Lenk, Hans (1993): Interpretationskonstrukte. Zur Kritik der interpretatorischen Vernunft, Frankfurt a. M. 1993

Lenk, Hans (2000): Erfassung der Wirklichkeit, Würzburg 2000

Lenk, Hans (2013): Kreativität, Leistung und Motivation, in: Julmi, Christian (Hrsg.): Gespräche über Kreativität, Bochum, Freiburg 2013, S. 74-97

Levy, Michael/Weitz, Barton A. (2004): Retailing management, 5. Aufl., Boston u. a. 2004

Lewin, Kurt (1969): Grundzüge der topologischen Psychologie, Bern, Stuttgart 1969

Litwin, George H./Stringer, Robert A. (1968): Motivation and organizational climate, Boston 1968

Litzcke, Sven/Schuh, Horst/Pletke, Matthias (2013): Stress, Mobbing und Burn-out am Arbeitsplatz, 6. Aufl., Berlin, Heidelberg 2013

Lubart, Todd I. (1994): Creativity, in: Sternberg, Robert J. (Hrsg.): Thinking and problem solving. Handbook of perception and cognition, 2. Aufl., San Diego u. a. 1994, S. 289-332

Lüdtke, Ulrike (1998): Die pädagogische Atmosphäre: Analyse – Störungen – Transformation – Bedeutsamkeit. Eine anthropologische Grundlegung der Sprachheilpädagogik, Frankfurt a. M. u. a. 1998

Luhmann, Niklas (1989): Vertrauen. Ein Mechanismus der Reduktion sozialer Komplexität, 3. Aufl., Stuttgart 1989

Lütjen, Torben (2012): Barack Obama und das Charisma der Fremdheit, in: UNIVERSITAS. Orientieren! Wissen! Handeln! 67 (9/2012), S. 18-27

Lyon, Margot L./Barbalet, Jack M. (1994): Society's body: Emotion and the "somatization" of social theory, in: Csordas, Thomas J. (Hrsg.): Embodiment and experience. The existential ground of culture and self, Cambridge 1994, S. 48-66

Mahayni, Ziad (2002): Atmosphäre als Gegenstand der Kunst. Monets Gemäldeserie der Kathedrale von Rouen, in: Mahayni, Ziad (Hrsg.): Neue Ästhetik. Das Atmosphärische und die Kunst, München 2002, S. 59-69

Mainemelis, Charalampos (2001): When the muse takes it all: A model for the experience of timelessness in organizations, in: Academy of Management Review 26 (4/2001), S. 548-565

Manser, Tanja (2010): Koordination und Teamarbeit in der Akutmedizin, in: Notfall + Rettungsmedizin 13 (5/2010), S. 357-362

Martin, Joanne (2002): Organizational culture. Mapping the terrain, Thousand Oaks 2002

May, Thomas (1997): Organisationskultur. Zur Rekonstruktion und Evaluation heterogener Ansätze in der Organisationstheorie, Opladen 1997

Mayer, Peter/Schinnenburg, Heike (2012): Rituale als Werkzeug im Hochschulmanagement. Veränderungsprozesse, Wandel der Kultur und die Rolle von Artefakten, in: Wissenschaftsmanagement 18 (3/2012), S. 44-48

Mayer, Ulrike (2012): Außenwirkung, in: Human Resources Manager 3 (2/2012), S. 46-47

McAuley, John (2004): Hermeneutic understanding, in: Cassell, Catherine/Symon, Gillian (Hrsg.): Essential guide to qualitative methods in organizational research, London, Thousand Oaks, New Delhi 2004, S. 192-202

McElroy, James C./Morrow, Paula C. (2010): Employee reactions to office redesign: A naturally occurring quasi-field experiment in a multi-generational setting, in: Human Relations 63 (5/2010), S. 609-636

McKenna, Eugene (2006): Business psychology and organisational behaviour. A student's handbook, 4. Aufl., Hove, New York 2006

McLean, Laird D. (2005): Organizational culture's influence on creativity and innovation: A review of the literature and implications for human resource development, in: Advances in Developing Human Resources 7 (2/2005), S. 226-246

Mehrabian, Albert/Russell, James A. (1974): An approach to environmental psychology, Cambridge, London 1974

Meisenheimer, Wolfgang (2004): Das Denken des Leibes und der architektonische Raum, Köln 2004

Merleau-Ponty, Maurice (1966): Phänomenologie der Wahrnehmung, Berlin 1966

Merten, Klaus (1977): Kommunikation. Eine Begriffs- und Prozessanalyse, Opladen 1977

Meyer, John W./Rowan, Brian (1977): Institutionalized organizations: Formal structures as myth and ceremony, in: The American Journal of Sociology 83 (2/1977), S. 340-363

Meyer-Sickendiek, Burkhard (2011): Lyrisches Gespür. Vom geheimen Sensorium moderner Poesie, Paderborn 2011

Miettinen, Reijo/Samra-Fredericks, Dalvirand/Yanow, Dvora (2009): Re-turn to practice: An introductory essay, in: Organization Studies 30 (12/2009), S. 1309-1327

Miller, Kent D./Tsang, Eric W. (2010): Testing management theories: Critical realist philosophy and research methods, in: Strategic Management Journal 32 (2/2010), S. 139-158

Miller, Stuart/Schlitt, Judith K. (1985): Interior space. Design concepts for personal needs, New York 1985

Mintzberg, Henry (1983): Power in and around organizations, Englewood Cliffs 1983

Mirowsky, John/Ross, Catherine E. (2003): Social causes of psychological distress, 2. Aufl., New York 2003

Moran, Dermot (2000): Introduction to phenomenology, London, New York 2000

Moran, Thomas E./Volkwein, J. Fredericks (1992): The cultural approach to the formation of organizational climate, in: Human Relations 45 (1/1992), S. 19-47

Morey, Nancy C./Luthans, Fred (1984): An emic perspectives and ethnoscience methods for organizational research, in: Academy of Management Review 9 (1/1984), S. 27-36

Morgan, Gareth (1990): Paradigm diversity in organizational research, in: Hassard, John/Pym, Denis (Hrsg.): The theory and philosophy of organizations. Critical issues and new perspectives, London, New York 1990, S. 13-29

Morris, Desmond (1982): Der Mensch mit dem wir leben, München 1982

Morris, J. Andrew/Feldman, Daniel C. (1996): The dimensions, antecedents, and consequences of emotional labor, in: Academy of Management Review 21 (4/1996), S. 986-1010

Mowday, Richard T./Steers, Richard M./Porter, Lyman W. (1979): The measurement of organizational commitment, in: Journal of Vocational Behavior 14 (2/1979), S. 224-247

Muetzelfeldt, Michael (2006): Organizational space, place and civility, in: Clegg, Stewart R./Kornberger, Martin (Hrsg.): Space, organizations and management theory, Malmö, Liber, Copenhagen 2006, S. 113-128

Mühlmann, Wilhelm E. (1966): Umrisse einer Kulturanthropologie, in: Mühlmann, Wilhelm E./Müller, Ernst W. (Hrsg.): Kulturanthropologie, Köln, Berlin 1966, S. 15-49

Müller, Günter F./Bierhoff, Hans W. (1994): Arbeitsengagement aus freien Stücken – psychologische Aspekte eines sensiblen Phänomens, in: Zeitschrift für Personalforschung 8 (4/1994), S. 367-379

Müller, Jenny (2012): Multisensuale Gestaltung der Ladenatmosphäre zur Profilierung von Store Brands. Ein theoriegeleitetes, experimentelles Design zum Shopperverhalten, Wiesbaden 2012

Müller, Klaus (2011): Komplexität und Ganzheit, in: wisu – das wirtschaftsstudium 40 (10/2011), S. 1370-1377

Müller-Pelzer, Werner (2014): Interkulturelle Existenz, in: Müller-Pelzer, Werner (Hrsg.): Selbstevaluation interkultureller Erfahrungen, Göttingen 2014, S. 217-274

Müller-Seitz, Gordon (2008): Positive Emotionalität in Organisationen. Identifikation realtypischer Erscheinungsformen und Gestaltungsoptionen aus Sicht des Humanressourcen-Managements, Wiesbaden 2008

Munro, Iain/Huber, Christian (2012): Kafka's mythology: Organization, bureaucracy and the limits of sensemaking, in: Human Relations 65 (4/2012), S. 523-544

Nerdinger, Friedemann W. (2014a): Gravitation und organisationale Sozialisation, in: Nerdinger, Friedemann W./Blickle, Gerhard/Schaper, Niclas (Hrsg.): Arbeits- und Organisationspsychologie, 3. Aufl., Berlin, Heidelberg 2014, S. 71-82

Nerdinger, Friedemann W. (2014b): Organisationsklima und Organisationskultur, in: Nerdinger, Friedemann W./Blickle, Gerhard/Schaper, Niclas (Hrsg.): Arbeits- und Organisationspsychologie, 3. Aufl., Berlin, Heidelberg 2014, S. 143-158

Neubauer, Walter (2003): Organisationskultur, Stuttgart 2003

Neuberger, Oswald (1989): Symbolisches Management als Vermittlung zwischen Individualisierung und Organisierung, in: Drumm, Hans J. (Hrsg.): Individualisierung der Personalwirtschaft. Grundlagen, Lösungsansätze und Grenzen, Bern 1989, S. 69-81

Neuberger, Oswald (2002): Führen und führen lassen, 6. Aufl., Stuttgart 2002

Nickerson, Raymond S. (1998): Confirmation bias: A ubiquitous phenomenon in many guises, in: Review of General Psychology 2 (2/1998), S. 175-220

Nolan, Terry/Küpers, Wendelin (2009): Organizational climate, organizational culture and workplace relationships, in: Morrison, Rachel L./Wright, Sarah L. (Hrsg.): Friends and enemies in organizations, Basingstoke, New York 2009, S. 57-77

Nüchterlein, Petra/Richter, Peter G. (2008): Raum und Farbe, in: Richter, Peter G. (Hrsg.): Architekturpsychologie. Eine Einführung, 3. Aufl., Lengerich 2008, S. 209-231

Obermiller, Carl/Bitner, Mary J. (1989): Store atmosphere: Peripheral cue for product evaluation, in: Stewart, David C. (Hrsg.): American Psychological Association Annual Conference Proceedings, Consumer Psychology Division, Washington 1989, S. 52-53

Oelsnitz, Dietrich von der (2000): Marktorientierte Organisationsgestaltung. Eine Einführung, Stuttgart, Berlin, Köln 2000

Oelsnitz, Dietrich von der (2012): „Das macht mich krank!" Gefährden die moderne Arbeitswelt und falsche Führung die Mitarbeitergesundheit? In: UNIVERSITAS. Orientieren! Wissen! Handeln! 67 (2/2012), S. 20-41

Omer, Haim/Alon, Nahi/Schlippe, Arist von (2007): Feindbilder. Psychologie der Dämonisierung, Göttingen 2007

Opp, Karl-Dieter (2014): Methodologie der Sozialwissenschaften. Einführung in Probleme ihrer Theorienbildung und praktischen Anwendung, 7. Aufl., Wiesbaden 2014

O'Reilly, Charles A./Chatman, Jennifer A. (1996): Culture as social control: Corporations, cults, and commitment, in: Research in Organizational Behavior 18 (1996), S. 157-200

Ortmann, Günther (2012): Macht in Organisationen und die Bürde des Entscheidens. Zehn theoretische Einsichten für die Praxis, in: Gruppendynamik und Organisationsberatung 43 (2/2012), S. 121-136

Ortmann, Hedwig (1997): Lernatmosphären. Vorüberlegungen zu einer hochschuldidaktischen Raumtheorie – Ein Überblick, in: Bürmann, Jörg/Dauber, Heinrich/Holzapfel, Günther (Hrsg.): Humanistische Pädagogik in Schule, Hochschule und Weiterbildung, Bad Heilbrunn 1997, S. 179-198

Osgood, Cornelius (1951): Culture – Its empirical and non-empirical character, in: Southwestern Journal of Anthropology 7 (2/1951), S. 202-214

Oswick, Cliff/Fleming, Peter/Hanlon, Gerard (2011): From borrowing to blendig: Rethinking the processes of organizational theory building, in: Academy of Management Review 36 (2/2011), S. 318-337

Ozcelik, Hakan/Langton, Nancy/Aldrich, Howard (2008): Doing well and doing good: The relationship between leadership practices that facilitate a positive emotional climate and organizational performance, in: Managerial Psychology 23 (2/2008), S. 186-203

Parikh, Jagdish (1994): Intuition. The new frontier of management, Oxford, Cambridge 1994

Park, Lora E./Streamer, Lindsey/Huang, Li/Galinsky, Adam D. (2013): Stand tall, but don't put your feet up: Universal and culturally-specific effects of expansive postures on power, in: Journal of Experimental Social Psychology 49 (6/2013), S. 965-971

Parsons, Andrew (2011): Atmosphere in fashion stores: Do you need to change? In: Journal of Fashion Marketing and Management 15 (4/2011), S. 428-445

Paschen, Michael/Dihsmaier, Erich (2011): Psychologie der Menschenführung, Berlin 2011

Patterson, Malcolm/Warr, Peter/West, Michael (2004): Organizational climate and company productivity: The role of employee affect and employee level, in: Journal of Occupational and Organizational Psychology 77 (2/2004), S. 193-216

Pavlov, Ivan P. (1927): Conditioned reflexes: An investigation of the physiological activity of the cerebral cortex, London 1927

Payne, Roy/Mansfield, Roger (1978): Correlates of individual perceptions of organizational climate, in: Journal of Occupational Psychology 51 (3/1978), S. 209-218

Pettigrew, Andrew M. (1979): On studying organizational cultures, in: Administrative Science Quarterly 24 (4/1979), S. 570-581

Pettinger, Richard (1996): Introduction to organisational behaviour, Houndmills, London 1996

Pfister, Dieter (2008): Wie Change- und Raumgestaltungs-Management verbunden werden können, in: OrganisationsEntwicklung 27 (3/2008), S. 55-65

Pfister, Dieter (2010): Atmosphäre und Ort. Zur Wissenschaft und Praxis des Raumverständnisses und der Raumentwicklung zu Beginn des 21. Jahrhunderts. Schriftenreihe des Instituts für Topologie, Nr. 1, München 2010

Pfister, Dieter (2011): Raum – Atmosphäre – Nachhaltigkeit. Emotionale und kulturelle Aspekte der sozialen Nachhaltigkeit des Bauens, des Immobilienmarketings und der Gebäudebewirtschaftung, Basel 2011

Pfister, Dieter (2013): Atmospheric Design. Zur Bedeutung von Atmosphäre und Design für eine sozial nachhaltige Raumgestaltung, 2. Aufl., Basel 2013

Pietsch, Gotthard (2003): Reflexionsorientiertes Controlling: Konzeption und Gestaltung, Wiesbaden 2003

Pizer, Michelle K./Härtel, Charmine E. J. (2005): For better or for worse: Organizational culture and emotions, in: Härtel, Charmine E./Zerbe, Wilfred J./Ashkanasy, Neal M. (Hrsg.): Emotions in organizational behavior, Mahwah 2005, S. 335-358

Ployhart, Robert E./Hale, Donald Jr./Campion, Michael C. (2014): Staffing within the social context, in: Schneider, Benjamin/Barbera, Karen M. (Hrsg.): The Oxford handbook of organizational climate and culture, Oxford 2014, S. 23-43

Pongratz, Hans J. (2002): Legitimitätsgeltung und Interaktionsstruktur. Die symbolische Repräsentation hierarchischer Verfügungsrechte in Führungsinteraktionen, in: Zeitschrift für Soziologie 31 (4/2002), S. 255-274

Popper, Karl R. (2005): Logik der Forschung, 11. Aufl., Tübingen 2005

Prasad, Ajnesh (2012): Beyond analytical dichotomies, in: Human Relations 65 (5/2012), S. 567-595

Pratt, Michael C. (1998): To be or not to be? Central questions in organizational identification, in: Whetten, David A./Godfrey, Paul C. (Hrsg.): Identity in organizations, Thousand Oaks, London, New Delhi 1998, S. 171-207

Preiser, Siegfried (2006): Creativity research in German-speaking countries, in: Kaufmann, James C./Sternberg, Robert J. (Hrsg.): The international handbook of creativity, Cambridge 2006, S. 167-201

Preusker, Siegfried (2014): Die Gemeinsamkeit der Leiber. Eine sprachkritische Interexistenzialanalyse der Leibphänomenologie von Hermann Schmitz und Thomas Fuchs, Frankfurt a. M. 2014

Puccinelli, Nancy M. (2008): Nonverbal communicative competence, in: Rickheit, Gert/Strohner, Hans (Hrsg.): Handbook of communication competence, Berlin 2008, S. 257-275

Quinn, Robert E./Rohrbaugh, John (1983): A spatial model of effectiveness criteria: Towards a competing values approach to organizational analysis, in: Management Science 29 (3/1983), S. 363-377

Rappe, Guido (1995): Archaische Leiberfahrung: der Leib in der frühgriechischen Philosophie und in außereuropäischen Kulturen, Berlin 1995

Rappe, Guido (2004): Interkulturelle Ethik, Bd. I: Ethik und Rationalitätsformen im Kulturvergleich. Eine Kritik am Postkonventionalismus, Berlin u. a. 2004

Rappe, Guido (2005): Interkulturelle Ethik, Bd. II: Ethische Anthropologie, 1. Teil: Der Leib als Fundament von Ethik, Berlin u. a. 2005

Rappe, Guido (2006): Interkulturelle Ethik, Bd. II: Ethische Anthropologie, 2. Teil: Personale Ethik, Berlin u. a. 2006

Rappe, Guido (2008a): Interkulturelle Ethik, Bd. III: Deontologische Tugendethik: die Theorie antiker Selbstkultivierung, Berlin u. a. 2008

Rappe, Guido (2008b): Unternehmenskultur und Kreativität: Neue Wege der Forschung in ihrer praktischen Anwendung (Unveröffentlichter Vortrag), Karlsruhe 2008 (Manuskript)

Rappe, Guido (2009): Die Scham im Kulturvergleich. Antike Konzepte des moralischen Schamgefühls in Griechenland und China, Bochum, Freiburg 2009

Rappe, Guido (2010a): Die Natur des Menschen als moralisches Potenzial: Konzepte des menschlichen Selbstverständnisses im alten China und in Griechenland, Bochum 2010

Rappe, Guido (2010b): Interkulturelle Ethik, Bd. IV: Ethik als Lebenskunst. Die Praxis antiker ethischer Techniken, Berlin u. a. 2010

Rappe, Guido (2012): Leib und Subjekt. Phänomenologische Beiträge zu einem erweiterten Menschenbild, Bochum 2012

Rappe, Guido (2013): Kreatives Potenzial und kreative Atmosphären, in: Julmi, Christian (Hrsg.): Gespräche über Kreativität, Bochum, Freiburg 2013, S. 43-73

Rappe, Guido (2015a): Mensch, Erkenntnis und Technologie. Eine Einführung in die subjektivistische Erkenntnistheorie, Tokyo 2015 (Manuskript)

Rappe, Guido (2015b): Subjektivismus und die Paradoxien der Moderne. Eine Ouvertüre, Tokyo 2015 (Manuskript)

Rathje, Stefanie (2007): Intercultural competence: The status and future of a controversial concept, in: Language and Intercultural Communication 7 (4/2007), S. 254-266

Rathje, Stefanie (2010): Gestaltung von Organisationskultur – Ein Paradigmenwechsel, in: Barmeyer, Christoph/Bolten, Jürgen (Hrsg.): Interkulturelle Personal- und Organisationsentwicklung. Methoden, Instrumente und Anwendungsfälle, Sternenfels 2010, S. 15-30

Rauh, Andreas (2008): Versuche zur aisthetischen Atmosphäre, in: Goetz, Rainer/Graupner, Stefan (Hrsg.): Atmosphäre(n). Interdisziplinäre Annäherungen an einen unscharfen Begriff, München 2008, S. 123-141

Rauh, Andreas (2012a): Atmosphären: Wahrnehmungen im Umfeld der Kunst, in: Goetz, Rainer/Graupner, Stefan (Hrsg.): Atmosphäre(n) II. Interdisziplinäre Annäherungen an einen unscharfen Begriff, München 2012, S. 192-208

Rauh, Andreas (2012b): Die besondere Atmosphäre, Bielefeld 2012

Rayburn, Steven W./Voss, Kevin E. (2013): A model of consumer's retail atmosphere perceptions, in: Journal of Retailing and Consumer Services 20 (4/2013), S. 400-407

Rehkämper, Klaus (2006): Wurzeln und Grenzen von Kreativität in Bildern, in: Abel, Günter (Hrsg.): Kreativität. XX. Deutscher Kongreß für Philosophie 26.-30. September 2005 an der Technischen Universität Berlin. Kolloquienbeiträge, Hamburg 2006, S. 844-864

Richter, Peter G./Goller, Katrin (2008): Ortsidentität und Ortsbindung, in: Richter, Peter G. (Hrsg.): Architekturpsychologie. Eine Einführung, 3. Aufl., Lengerich 2008, S. 175-207

Rimé, Bernard (2007): The social sharing of emotion as an interface between individual and collective processes in the construction of emotional climates, in: Journal of Social Issues 63 (2/2007), S. 307-322

Risch, Gerhard (2013): Über den vitalen Antrieb eines Unternehmens, in: Becker, Heinz (Hrsg.): Zugang zu Menschen. Angewandte Philosophie in zehn Berufsfeldern, Freiburg, München 2013, S. 110-128

Robert, Christopher/Wilbanks, James E. (2012): The wheel model of humor: Humor events and affect in organizations, in: Human Relations 65 (9/2012), S. 1071-1099

Rodatz, Christoph (2010): Der Schnitt durch den Raum. Atmosphärische Wahrnehmung in und außerhalb von Theaterräumen, Bielefeld 2010

Rogers, Carl R. (1959): Toward a theory of creativity, in: Anderson, Harold H. (Hrsg.): Creativity and its cultivation, New York 1959, S. 69-82

Rosenstiel, Lutz von (1983): Betriebsklima heute, 2. Aufl., Ludwigshafen 1983

Rosenstiel, Lutz von/Bögel, Rudolf (2014): Arbeitszufriedenheit und Organisationsklima, in: Rosenstiel, Lutz von/Regnet, Erika/Domsch, Michael E. (Hrsg.): Führung von Mitarbeitern. Handbuch für erfolgreiches Personalmanagement, 7. Aufl., Stuttgart 2014, S. 187-200

Rosenstiel, Lutz von/Nerdinger, Friedemann W. (2011): Grundlagen der Organisationspsychologie. Basiswissen und Anwendungshinweise, 7. Aufl., Stuttgart 2011

Russell, James A. (1979): Affective space is bipolar, in: Journal of Personality and Social Psychology 37 (3/1979), S. 345-356

Russell, James A. (1980): A circumplex model of affect, in: Journal of Personality and Social Psychology 39 (6/1980), S. 1161-1178

Russell, James A. (2003): Core affect and the psychological construction of emotion, in: Psychological Review 110 (1/2003), S. 145-172

Russell, James A./Mehrabian, Albert (1977): Evidence for a three factor theory of emotions, in: Journal of Research in Personality 11 (3/1977), S. 273-294

Russell, James A./Pratt, Geraldine (1980): A description of the affective quality attributed to environments, in: Journal of Personality and Social Psychology 38 (2/1980), S. 311-322

Russell, James A./Weiss, Anna/Mendelsohn, Gerald A. (1989): Affect grid: A single-item scale of pleasure and arousal, in: Journal of Personality and Social Psychology 57 (3/1989), S. 493-502

Sackmann, Sonja A. (1983): Organisationskultur: Die unsichtbare Einflussgröße, in: Gruppendynamik 14 (4/1983), S. 393-406

Sackmann, Sonja A. (1991): Cultural knowledge in organizations. Exploring the collective mind, Newbury Park, London, New Delhi 1991

Salzmann, Ralph (2007): Multimodale Erlebnisvermittlung am Point of Sale. Eine verhaltenswissenschaftliche Analyse unter besonderer Berücksichtigung der Wirkungen von Musik und Duft, Wiesbaden 2007

Sanders, Patricia (1982): Phenomenology: A new way of viewing organizational research, in: Academy of Management Review 7 (3/1982), S. 353-360

Sartre, Jean-Paul (1952): Das Sein und das Nichts. Versuch einer phänomenologischen Ontologie, Hamburg 1952

Sauerwald, Kilian (2007): Effektivität und Effizienz: Zielbeziehungen organisationaler Entscheidungen, München, Mering 2007

Savenco, Iulian G. (2011): Bureaucracy – Angel or demon? In: Acta Universitatis Danubius 3 (1/2011), S. 103-111

Schanz, Günther (1975): Einführung in die Methodologie der Betriebswirtschaftslehre, Köln 1975

Schein, Edgar H. (1984): Coming to a new awareness of organizational culture, in: MIT Sloan Management Review 25 (2/1984), S. 3-16

Schein, Edgar H. (1990): Organizational culture, in: American Psychologist 45 (2/1990), S. 109-119

Schein, Edgar H. (1997): Wenn das Lernen im Unternehmen wirklich gelingen soll, in: Harvard Business Manager 19 (3/1997), S. 61-72

Schein, Edgar H. (2010): Organizational culture and leadership, 4. Aufl., San Francisco 2010

Scheler, Max (1923): Wesen und Formen der Sympathie, 2. Aufl., Bonn 1923

Scherer, Andreas G. (1998): Pluralism and incommensurability in strategic management and organization theory: A problem in search of a solution, in: Organization 5 (2/1998), S. 147-168

Scherer, Andreas G./Marti, Emilio (2014): Wissenschaftstheorie der Organisationstheorie, in: Kieser, Alfred/Ebers, Mark (Hrsg.): Organisationstheorien, 7. Aufl., Stuttgart 2014, S. 15-42

Scherm, Ewald/Julmi, Christian (2012): Einfluss der Atmosphäre, in: OrganisationsEntwicklung 31 (2/2012), S. 69-76

Scherm, Ewald/Pietsch, Gotthard (2007): Organisation. Theorie, Gestaltung, Wandel, München 2007

Scherm, Ewald/Pietsch, Gotthard (2008): Management- und Entscheidungsunterstützung in Organisationen: zwischen Technik und Interaktion, in: Bortfeldt, Andreas/Homberger, Jörg/Kopfer, Herbert/Pankratz, Giselher/Strangmeier, Reinhard (Hrsg.): Intelligente Entscheidungsunterstützung. Aktuelle Herausforderungen und Lösungsansätze, Wiesbaden 2008, S. 429-446

Scherm, Ewald/Süß, Stefan (2010): Personalmanagement, 2. Aufl., München 2010

Schermerhorn, John R./Hunt, James G./Osborn, Richard N. (1991): Managing organizational behavior, 4. Aufl., New York u. a. 1991

Scheve, Christian von (2009): Emotionen und soziale Strukturen. Die affektiven Grundlagen sozialer Ordnung, Frankfurt a. M., New York 2009

Schlicksupp, Helmut (1999): Innovation, Kreativität und Ideenfindung, 5. Aufl., Würzburg 1999

Schmid, Bernd/Gérard, Christiane (2008): Intuition und Professionalität. Systemische Transaktionsanalyse in Beratung und Therapie, Heidelberg 2008

Schmid, Wilhelm (2006): Rituale als Pflege einer anderen Form der Zeit, in: UNIVERSITAS. Orientieren! Wissen! Handeln! 61 (1/2006), S. 48-57

Schmidt, Robert (2012): Soziologie der Praktiken. Konzeptionelle Studien und empirische Analysen, Berlin 2012

Schmitt, Bernd/Zarantonello, Lia (2013): Consumer experience and experiental marketing: A critical review, in: Review of Marketing Research 10 (2013), S. 25-61

Schmitz, Hermann (1964): System der Philosophie, Bd. I: Die Gegenwart, Bonn 1964

Schmitz, Hermann (1965): System der Philosophie, Bd. II: Der Leib, 1. Teil: Der Leib, Bonn 1965

Schmitz, Hermann (1966): System der Philosophie, Bd. II: Der Leib, 2. Teil: Der Leib im Spiegel der Kunst, Bonn 1966

Schmitz, Hermann (1967): System der Philosophie, Bd. III: Der Raum, 1. Teil: Der leibliche Raum, Bonn 1967

Schmitz, Hermann (1969): System der Philosophie, Bd. III: Der Raum, 2. Teil: Der Gefühlsraum, Bonn 1969

Schmitz, Hermann (1973a): System der Philosophie, Bd. III: Der Raum, 3. Teil: Der Rechtsraum. Praktische Philosophie, Bonn 1973

Schmitz, Hermann (1973b): Zusammenhang in der Geschichte, in: Hübner, Kurt/Menne, Albert (Hrsg.): Natur und Geschichte. X. Deutscher Kongreß für Philosophie, Kiel 8.-12. Oktober 1972, Hamburg 1973, S. 143-153

Schmitz, Hermann (1974): Das leibliche Befinden und die Gefühle, in: Zeitschrift für philosophische Forschung 28 (3/1974), S. 325-338

Schmitz, Hermann (1977): System der Philosophie, Bd. III: Der Raum, 4. Teil: Das Göttliche und der Raum, Bonn 1977

Schmitz, Hermann (1978): System der Philosophie, Bd. III: Der Raum, 5. Teil: Die Wahrnehmung, Bonn 1978

Schmitz, Hermann (1980a): System der Philosophie, Bd. IV: Die Person, Bonn 1980

Schmitz, Hermann (1980b): System der Philosophie, Bd. V: Die Aufhebung der Gegenwart, Bonn 1980

Schmitz, Hermann (1992): Leib und Gefühl: Materialien zu einer philosophischen Therapeutik, 2. Aufl., Paderborn 1992

Schmitz, Hermann (1994a): Gefühle als Atmosphären und das affektive Betroffensein von ihnen, in: Fink-Eitel, Hinrich/Lohmann, Georg (Hrsg.): Zur Philosophie der Gefühle, 2. Aufl., Frankfurt a. M. 1994, S. 33-56

Schmitz, Hermann (1994b): Neue Grundlagen der Erkenntnistheorie, Bonn 1994

Schmitz, Hermann (1994c): Wozu Neue Phänomenologie? In: Großheim, Michael (Hrsg.): Wege zu einer volleren Realität. Neue Phänomenologie in der Diskussion, Berlin 1994, S. 7-18

Schmitz, Hermann (1997): Höhlengänge. Über die gegenwärtige Aufgabe der Philosophie, Berlin 1997

Schmitz, Hermann (1998a): Der Leib, der Raum und die Gefühle, Ostfildern 1998

Schmitz, Hermann (1998b): Situationen und Atmosphären. Zur Ästhetik und Ontologie bei Gernot Böhme, in: Hauskeller, Michael/Rehmann-Sutter, Christoph/Schiemann, Gregor (Hrsg.): Naturerkenntnis und Natursein. Für Gernot Böhme, Frankfurt a. M. 1998, S. 176-190

Schmitz, Hermann (2004): Naturwissenschaft und Phänomenologie, in: Erwägen Wissen Ethik 15 (2/2004), S. 147-154

Schmitz, Hermann (2005a): Einführung in den Beitrag von Graf Karlfried von Dürckheim aus philosophischer Perspektive, in: Hasse, Jürgen (Hrsg.): Graf Karlfried von Dürckheim. Untersuchungen zum gelebten Raum, Frankfurt a. M. 2005, S. 109-115

Schmitz, Hermann (2005b): Situationen und Konstellationen. Wider die Ideologie totaler Vernetzung, Freiburg, München 2005

Schmitz, Hermann (2005c): Über das Machen von Atmosphären, in: Blume, Anna (Hrsg.): Zur Phänomenologie der ästhetischen Erfahrung, München 2005, S. 26-43

Schmitz, Hermann (2007): Gefühle als Atmosphären, in: Debus, Stephan/Posner, Roland (Hrsg.): Atmosphären im Alltag. Über ihre Erzeugung und Wirkung, Bonn 2007, S. 260-280

Schmitz, Hermann (2008): Die Legitimierbarkeit von Macht, in: Wendel, Hans J./Kluck, Steffen (Hrsg.): Zur Legitimierbarkeit von Macht, Freiburg, München 2008, S. 5-19

Schmitz, Hermann (2009a): Atmosphäre, in: Stumm, Gerhard/Pritz, Alfred (Hrsg.): Wörterbuch der Psychotherapie, 2. Aufl., Wien 2009, S. 48-49

Schmitz, Hermann (2009b): Kurze Einführung in die Neue Phänomenologie, München 2009

Schmitz, Hermann (2010a): Die zeichenlose Botschaft, in: Großheim, Michael/Volke, Stefan (Hrsg.): Gefühl, Geste, Gesicht, Freiburg, München 2010, S. 18-29

Schmitz, Hermann (2010b): Jenseits des Naturalismus, Freiburg 2010

Schmitz, Hermann (2010c): Von der Verhüllung zur Verstrickung. Der Mensch zwischen Situationen und Konstellationen, in: Großheim, Michael/Kluck, Steffen (Hrsg.): Phänomenologie und Kulturkritik. Über die Grenzen der Quantifizierung, Freiburg, München 2010, S. 37-51

Schmitz, Hermann (2011a): Der Leib, Berlin, Boston 2011

Schmitz, Hermann (2011b): Emotionale Selbsttäuschung, in: Andermann, Kerstin/Eberlein, Undine (Hrsg.): Gefühle als Atmosphären. Neue Phänomenologie und philosophische Emotionstheorie, Berlin 2011, S. 35-41

Schmitz, Hermann (2012a): Atmosphäre und Gefühl – Für eine Neue Phänomenologie, in: Heibach, Christiane (Hrsg.): Atmosphären. Dimensionen eines diffusen Phänomens, München 2012, S. 38-56

Schmitz, Hermann (2012b): Atmosphärische Räume, in: Goetz, Rainer/Graupner, Stefan (Hrsg.): Atmosphäre(n) II. Interdisziplinäre Annäherungen an einen unscharfen Begriff, München 2012, S. 17-30

Schmitz, Hermann (2012c): Das Reich der Normen, Freiburg, München 2012

Schmitz, Hermann (2013): Kreativität erleben, in: Julmi, Christian (Hrsg.): Gespräche über Kreativität, Bochum, Freiburg 2013, S. 17-42

Schmitz, Hermann (2014a): Atmosphären, Freiburg, München 2014

Schmitz, Hermann (2014b): Gibt es die Welt? Freiburg, München 2014

Schmitz, Hermann (2014c): Phänomenologie der Zeit, Freiburg 2014

Schneider, Benjamin/Ehrhart, Mark G./Macey, William H. (2011): Organizational climate research: Achievements and the road ahead, in: Ashkanasy, Neal M./Wilderom, Celeste P. M./Peterson, Mark F. (Hrsg.): The handbook of organizational culture and climate, 2. Aufl., Los Angeles u. a. 2011, S. 29-49

Schneider, Benjamin/Ehrhart, Mark G./Macey, William H. (2013): Organizational climate and culture, in: Annual Review of Psychology 64 (2013), S. 361-388

Schneider, Benjamin/Gunnarson, Sarah K./Niles-Jolly, Kathryn (1994): Creating the climate and culture of success, in: Organizational Dynamics 23 (1/1994), S. 17-29

Schneider, Benjamin/Salvaggio, Amy N. (2002): Climate strength: A new direction for climate research, in: Journal of Applied Psychology 82 (2/2002), S. 220-229

Schneider, Robert (1981): Geschichte betriebswirtschaftlicher Theorie. Allgemeine Betriebswirtschaftslehre für das Hauptstudium, München, Wien 1981

Schober, Reinhard (1993): Atmosphäre, in: Hahn, Heinz/Kagelmann, H. Jürgen (Hrsg.): Tourismuspsychologie und Tourismussoziologie. Ein Handbuch zur Tourismuswissenschaft, München 1993, S. 119-121

Schöll, Raimund (2007): Atmosphärische Intelligenz, in: Zeitschrift Führung + Organisation 76 (6/2007), S. 324-330

Schöll, Raimund (2009): Ihr Einfluss aufs Stimmungsbarometer. Atmosphärische Intelligenz, in: managerSeminare 20 (4/2009), S. 36-42

Schouten, Sabine (2007): Sinnliches Spüren. Wahrnehmung und Erzeugung von Atmosphären im Theater, Berlin 2007

Schreyögg, Georg (1988): Kann und darf man Unternehmenskulturen ändern? In: Dülfer, Eberhardt (Hrsg.): Organisationskultur: Phänomen – Philosophie – Technologie, Stuttgart 1988, S. 155-168

Schreyögg, Georg (1989): Zu den problematischen Konsequenzen starker Unternehmenskulturen, in: Zeitschrift für betriebswirtschaftliche Forschung 41 (2/1989), S. 94-113

Schreyögg, Georg (1994): Umwelt, Technologie und Organisationsstruktur. Eine Analyse des kontingenztheoretischen Ansatzes, 2. Aufl., Bern, Stuttgart, Wien 1994

Schreyögg, Georg (2008): Organisation. Grundlagen moderner Organisationsgestaltung, 5. Aufl., Wiesbaden 2008

Schroer, Markus (2005): Zur Soziologie des Körpers, in: Schroer, Markus (Hrsg.): Soziologie des Körpers, Frankfurt a. M. 2005, S. 7-47

Schulte-Zurhausen, Manfred (2014): Organisation, 6. Aufl., München 2014

Schultheis, Klaudia (2005): Einführung in den Beitrag von Graf Karlfried von Dürckheim aus erziehungswissenschaftlicher Perspektive, in: Hasse, Jürgen (Hrsg.): Graf Karlfried von Dürckheim. Untersuchungen zum gelebten Raum, Frankfurt a. M. 2005, S. 117-132

Schultheis, Klaudia (2013): Nähe und Distanz in pädagogischen Beziehungen, in: Becker, Heinz (Hrsg.): Zugang zu Menschen. Angewandte Philosophie in zehn Berufsfeldern, Freiburg, München 2013, S. 49-72

Schultze, Ulrike/Stabell, Charles (2004): Knowing what you don't know? Discourses and contradictions in knowledge management research, in: Journal of Management Studies 41 (4/2004), S. 549-573

Schütz, Alfred (1932): Der sinnhafte Aufbau der sozialen Welt. Eine Einleitung in die verstehende Soziologie, Wien 1932

Schützeichel, Rainer (2004): Soziologische Kommunikationstheorien, Konstanz 2004

Scott, W. Richard (1998): Organizations. Rational, natural, and open systems, 4. Aufl., Upper Saddle River 1998

Selan, Eva (2006): Der Blick von außen auf internes Klima, in: TRAi-NiNG. Das Magazin für Weiterbildung und HR-Management (6/2006), S. 66-69

Sendlmeier, Walter F. (2012): Wenige Worte sagen mehr als ein Bild, in: Personalführung 45 (3/2012), S. 14-19

Seyfert, Robert (2011): Atmosphären – Transmissionen – Interaktionen: Zu einer Theorie sozialer Affekte, in: Soziale Systeme 17 (1/2011), S. 73-96

Shannon, Claude E./Weaver, Warren (1949): The mathematical theory of communication, Urbana 1949

Shapira, Zur (2014): "I've got a theory paper – Do you?": Conceptual, empirical, and theoretical contributions to knowledge in the organizational sciences, in: Organization Science 22 (5/2014), S. 1312-1321

Sieben, Barbara (2007): Management und Emotionen. Analyse einer ambivalenten Verknüpfung, Frankfurt, New York 2007

Sieweke, Jost (2012): Imitation und Institutionalisierung. Warum Nachahmung zu Ineffizienz führen kann, in: Zeitschrift Führung + Organisation 81 (5/2012), S. 342-347

Sieweke, Jost (2014): Imitation and processes of institutionalization – Insights from Bourdieu's theory of practice, in: Schmalenbach Business Review 66 (1/2014), S. 24-42

Simmel, Georg (1923): Soziologie. Untersuchungen über die Formen der Vergesellschaftung, 3. Aufl., München, Leipzig 1923

Skilton, Paul F./Dooley, Kevin J. (2010): The effects of repeat collaboration on creative abrasion, in: Academy of Management Review 35 (1/2010), S. 119-134

Sköldberg, Kaj (1998): Heidegger and organization: Notes towards a new research programme, in: Scandinavian Journal of Management 14 (1-2/1998), S. 77-102

Slaby, Jan (2011): Möglichkeitsraum und Möglichkeitssinn. Bausteine einer phänomenologischen Gefühlstheorie, in: Andermann, Kerstin/Eberlein, Undine (Hrsg.): Gefühle als Atmosphären. Neue Phänomenologie und philosophische Emotionstheorie, Berlin 2011, S. 125-138

Sloterdijk, Peter (1998): Sphären I: Blasen. Mikrosphärologie, Frankfurt a. M. 1998

Sloterdijk, Peter (1999): Sphären II: Globen. Makrosphärologie, Frankfurt a. M. 1999

Sloterdijk, Peter (2004): Sphären III: Schäume. Plurale Sphärologie, Frankfurt a. M. 2004

Smircich, Linda (1983a): Concepts of culture and organizational analysis, in: Administrative Science Quarterly 28 (3/1983), S. 339-358

Smircich, Linda (1983b): Organizations as shared meanings, in: Pondy, Louis R./Frost, Peter J./Morgan, Gareth/Dandridge, Thomas C. (Hrsg.): Organizational symbolism, Greenwich 1983, S. 55-65

Soeffner, Hans-Georg (1992): Die Auslegung des Alltags, Teil 2: Die Ordnung der Rituale, Frankfurt a. M. 1992

Soentgen, Jens (1998): Die verdeckte Wirklichkeit: Einführung in die Neue Phänomenologie von Hermann Schmitz, Bonn 1998

Sommer, Robert (1969): Personal space. The behavioral basis of design, Englewood Cliffs 1969

Sonntag, Jan (2013): Demenz und Atmosphäre. Musiktherapie als ästhetische Arbeit, Frankfurt a. M. 2013

Sørensen, Jesper B. (2002): The strength of corporate culture and the reliability of firm performance, in: Administrative Science Quarterly 47 (1/2002), S. 70-91

Sørensen, Tim F. (2015): More than a feeling: Towards an archaeology of atmosphere, in: Emotion, Space and Society (2015), im Erscheinen

Spangenberg, Eric R./Crowley, Ayn E./Henderson, Pamela W. (1996): Improving the store environment: Do olfactory cues affect evaluations and behaviors? In: Journal of Marketing 60 (2/1996), S. 67-80

Spies, Kordelia/Hesse, Friedrich/Loesch, Kerstin (1997): Store atmosphere, mood and purchasing behavior, in: International Journal of Research in Marketing 14 (1/1997), S. 1-17

Steinmann, Horst/Schreyögg, Georg/Koch, Jochen (2013): Management. Grundlagen der Unternehmensführung. Konzepte – Funktionen – Fallstudien, 7. Aufl., Wiesbaden 2013

Stinchcombe, Arthur L. (1987): Constructing social theories, Chicago, London 1987

Stitzel, Michael/Zeichhardt, Rainer (2012): Schwierige Gespräche führen. Einflussfaktoren und Lösungskompetenzen, in: Zeitschrift Führung + Organisation 81 (2/2012), S. 104-109

Strati, Antonio (1992): Aesthetic understanding of organizational life, in: Academy of Management Review 17 (3/1992), S. 568-581

Strati, Antonio (1996): Organizations viewed through the lens of aesthetics, in: Organization 3 (2/1996), S. 209-218

Strati, Antonio (1999): Organization and aesthetics, London, Thousand Oaks, New Delhi 1999

Strati, Antonio (2000): The aesthetic approach in organization studies, in: Linstead, Stephen/Höpfl, Heather (Hrsg.): The aesthetics of organization, London, Thousand Oaks, New Delhi 2000, S. 13-34

Strati, Antonio (2009): 'Do you do beautiful things?': Aesthetics and art in qualitative methods of organization studies, in: Buchanan, David A./Bryman, Alan (Hrsg.): The SAGE handbook of organizational research methods, London u. a. 2009, S. 230-245

Strati, Antonio/De Montoux, Pierre G. (2002): Introduction: Organizing aesthetics, in: Human Relations 55 (7/2002), S. 755-766

Streich, Richard K. (2003): Work-Life-Balance – Rollenprobleme von Führungskräften in der Berufs- und Privatsphäre, in: Rosenstiel, Lutz von/Regnet, Erika/Domsch, Michael E. (Hrsg.): Führung von Mitarbeitern. Handbuch für erfolgreiches Personalmanagement, 5. Aufl., Stuttgart 2003, S. 111-118

Styhre, Alexander (2004): The (re)embodied organization: Four perspectives on the body in organizations, in: Human Resource Development International 7 (1/2004), S. 101-116

Süß, Stefan (2004): Internationales Personalmanagement – Eine theoretische Betrachtung, München, Mering 2004

Süß, Stefan (2009): Managementkonzept, in: DBW – Die Betriebswirtschaft 69 (1/2009), S. 113-117

Süß, Stefan/Sayah, Shiva (2012): Work-Life-Balance, in: WiSt – Wirtschaftswissenschaftliches Studium 41 (3/2012), S. 163-166

Sutherland, John W. (1975): Systems: Analysis, administration, and architecture, Princeton 1975

Sydow, Jörg/Schreyögg, Georg/Koch, Jochen (2009): Organizational path dependence: Opening the black box, in: Academy of Management Review 34 (4/2009), S. 689-709

Tajfel, Henri/Turner, John C. (1986): The social identity theory of intergroup relations, in: Austin, William G./Worchel, Stephen (Hrsg.): Psychology of intergroup relations, Chicago 1986, S. 7-24

Tarde, Gabriel (2009): Die Gesetze der Nachahmung, Frankfurt a. M. 2009

Taylor, Steven S./Hansen, Hans (2005): Finding form: Looking at the field of organizational aesthetics, in: Journal of Management Studies 42 (6/2005), S. 1211-1231

Tellenbach, Hubert (1968): Geschmack und Atmosphäre, Salzburg 1968

Tiedens, Larissa Z./Fragale, Alison R. (2003): Power moves: Complementary in dominant and submissive nonverbal behavior, in: Journal of Personality and Social Psychology 84 (3/2003), S. 558-568

Tippelt, Rudolf (2010): Idealtypen konstruieren und Realtypen verstehen – Merkmale der Typenbildung, in: Ecarius, Jutta/Schäffer, Burkhard (Hrsg.): Typenbildung und Theoriegenerierung. Methoden und Methodologien qualitativer Bildungs- und Biographieforschung, Opladen, Farmington Hills 2010, S. 115-126

Tischer, Bernd (1994): Einleibung und Emotion in der mündlichen Kommunikation, in: Großheim, Michael (Hrsg.): Wege zu einer volleren Realität. Neue Phänomenologie in der Diskussion, Berlin 1994, S. 103-118

Tokarev, Sergei A. (1977): The segregative and integrative functions of culture, in: Bernardi, Bernardo (Hrsg.): The concept and dynamics of culture, Den Haag, Paris 1977, S. 167-175

Tomkins, Leah/Eatough, Virginia (2013): The feel of experience: Phenomenological ideas for organizational research, in: Qualitative Research in Organizations and Management: An International Journal 8 (3/2013), S. 258-275

Tost, Leigh P./Gino, Francesca/Larrick, Richard P. (2013): When power makes others speechless: The negative impact of leader power on team performance, in: Academy of Management Review 56 (5/2013), S. 1465-1486

Townley, Barbara (2003): Epistemische Grundlagen des modernen Managements und abstrakte Managementsysteme, in: Weiskopf, Richard (Hrsg.): Menschenregierungskünste. Anwendungen poststrukturalistischer Analyse auf Management und Organisation, Wiesbaden 2003, S. 37-64

Trappe, Thomas (2012): Wie sie wollen, in: Human Resources Manager 3 (5/2012), S. 31-33

Trice, Harrison M./Beyer, Janice M. (1984): Studying organizational cultures through rites and ceremonials, in: Academy of Management Review 9 (4/1984), S. 653-669

Tse, Herman H. M./Dasborough, Marie T./Ashkanasy, Neal M. (2008): A multi-level analysis of team climate and interpersonal exchange relationships at work, in: The Leadership Quarterly 19 (2/2008), S. 195-211

Tsoukas, Haridimos (2000): False dilemmas in organization theory: Realism or social constructivism, in: Organization 7 (4/2000), S. 531-535

Turley, L. W./Milliman, Ronald E. (2000): Atmospheric effects on shopping behavior: A review of the experimental evidence, in: Journal of Business Research 49 (2/2000), S. 193-211

Uhrich, Sebastian (2008): Stadionatmosphäre als verhaltenswissenschaftliches Konstrukt im Sportmarketing, Wiesbaden 2008

Uzarewicz, Charlotte (2013): Räume zum Lernen – Räume zum Lehren? Über atmosphärische Einflüsse und Gestaltungsmöglichkeiten, in: Linseisen, Elisabeth/Uzarewicz, Charlotte (Hrsg.): Aktuelle Pflegethemen lehren. Wissenschaftliche Praxis in der Pflegeausbildung, Stuttgart 2013, S. 143-161

Uzarewicz, Michael (2011): Der Leib und die Grenzen der Gesellschaft. Eine neophänomenologische Soziologie des Transhumanen, Stuttgart 2011

Van Dick, Rolf (2012): Gesünder in der Gruppe, in: Harvard Business Manager 23 (8/2012), S. 14-16

Van Iterson, Ad/Waddington, Kathryn/Michelson, Grant (2011): Breaking the silence. The role of gossip in organizational culture, in: Ashkanasy, Neal M./Wilderom, Celeste P. M./Peterson, Mark F. (Hrsg.): The handbook of organizational culture and climate, 2. Aufl., Los Angeles u. a. 2011, S. 375-392

Van Maanen, John/Kunda, Gideon (1989): "Real feelings": Emotional expression and organizational culture, in: Research in Organizational Behavior 11 (1989), S. 43-103

Vester, Heinz-Günter (2009): Kompendium der Soziologie I: Grundbegriffe, Wiesbaden 2009

Vilnai-Yavetz, Iris/Rafaeli, Anat/Schneider-Yaacov, Caryn (2005): Instrumentality, aesthetics and symbolism of office design, in: Environment and Behavior 37 (4/2005), S. 533-551

Voigt, Rüdiger (1989): Mythen, Rituale und Symbole in der Politik, in: Voigt, Rüdiger (Hrsg.): Politik der Symbole. Symbole der Politik, Opladen 1989, S. 9-37

Waldenfels, Bernhard (2000): Das leibliche Selbst. Vorlesungen zur Phänomenologie des Leibes, Frankfurt a. M. 2000

Walgenbach, Peter (2006): Die Strukturationstheorie, in: Kieser, Alfred/Ebers, Mark (Hrsg.): Organisationstheorien, 6. Aufl., Stuttgart 2006, S. 404-426

Waschkies, Hans-Joachim (1993): Paradigmen als Situationen, in: Großheim, Michael/Waschkies, Hans-Joachim (Hrsg.): Rehabilitierung des Subjektiven. Festschrift für Hermann Schmitz, Bonn 1993, S. 129-141

Watson, David/Tellegen, Auke (1985): Toward a consensual structure of mood, in: Psychological Bulletin 98 (2/1985), S. 219-235

Watzlawick, Paul/Beavin, Janet H./Jackson, Don D. (1974): Menschliche Kommunikation. Formen, Störungen, Paradoxien, 4. Aufl., Bern, Stuttgart, Wien 1974

Weber, Max (1973): Gesammelte Aufsätze zur Wissenschaftslehre, 4. Aufl., Tübingen 1973

Weber, Max (1980): Wirtschaft und Gesellschaft, 5. Aufl., Tübingen 1980

Weber, Max (1984): Soziologische Grundbegriffe, 6. Aufl., Tübingen 1984

Weber, Susanne M. (2012): Macht und Gegenmacht. Organisation aus praxistheoretischer Perspektive – Implikationen für eine habitus- und feldreflexive Organisationsberatung, in: Gruppendynamik und Organisationsberatung 43 (2/2012), S. 137-152

Wefers, Michael (2012): Mit Zuversicht, Optimismus und Vertrauen den Wandel meistern. Über die Kunst, Mitarbeiter für Veränderungen zu begeistern, in: Personalführung 45 (4/2012), S. 50-56

Weibler, Jürgen (2012): Personalführung, 2. Aufl., München 2012

Weibler, Jürgen (2013): Entzauberung der Führungsmythen, München 2013

Weibler, Jürgen (2014): Führung der Mitarbeiter durch den nächsthöheren Vorgesetzten, in: Rosenstiel, Lutz von/Regnet, Erika/Domsch, Michael E. (Hrsg.): Führung von Mitarbeitern. Handbuch für erfolgreiches Personalmanagement, 7. Aufl., Stuttgart 2014, S. 271-283

Weick, Karl E. (1979): The social psychology of organizing, 2. Aufl., Reading 1979

Weick, Karl E. (1995): Sensemaking on organizations, Thousand Oaks 1995

Weick, Karl E./Sutcliffe, Kathleen M. (2010): Das Unerwartete managen. Wie Unternehmen aus Extremsituationen lernen, 2. Aufl., Stuttgart 2010

Weidmann, Reiner/Armutat, Sascha (2008): Gedankenblitz und Kreativität – Ideen für ein innovationsförderndes Personalmanagement, Bielefeld 2008

Weilbacher, Jan C. (2012): Wechselspiel statt Tagesgeschäft, in: Human Resources Manager 3 (2/2012), S. 20-24

Weinert, Ansfried B. (2004): Organisations- und Personalpsychologie, 5. Aufl., Weinheim, Basel 2004

Weir, Peter (1989): Dead poets society (Film), USA 1989

Weizsäcker, Viktor von (1990): Gesammelte Schriften 3: Wahrnehmen und Bewegen. Die Tätigkeit des Nervensystems, Frankfurt a. M. 1990

Werhahn, Hans (2010): Grenzen des konstruierenden Denkens, in: Großheim, Michael/Kluck, Steffen (Hrsg.): Phänomenologie und Kulturkritik. Über die Grenzen der Quantifizierung, Freiburg, München 2010, S. 244-248

Werner, Götz W. (2013): Kreativität und Gesellschaft, in: Julmi, Christian (Hrsg.): Gespräche über Kreativität, Bochum, Freiburg 2013, S. 98-103

West, Michael A./Richter, Andreas W. (2008): Climates and cultures for innovation and creativity at work, in: Zhou, Jing/Shalley, Christina E. (Hrsg.): Handbook of organizational creativity, New York, London 2008, S. 211-236

Whetten, David A. (1989): What constitutes a theoretical contribution? In: Academy of Management Review 14 (4/1989), S. 490-495

White, Jay D. (1990): Phenomenology and organization development, in: Public Administration Quarterly 14 (1/1990), S. 75-85

Whyte, Glen (1989): Groupthink reconsidered, in: Academy of Management Review 14 (1/1989), S. 40-56

Widlok, Thomas (2009): Die Dynamik der Rituale verstehen, in: Personalführung 42 (4/2009), S. 48-53

Wiedemann, Wolfgang (2009): Keine Angst vor der Seelsorge, Göttingen 2009

Williamson, Oliver E. (1975): Markets and hierarchies: Analysis and antitrust implications, New York, London 1975

Willmott, Hugh (1990): Beyond paradigmatic closure in organizational enquiry, in: Hassard, John/Pym, Denis (Hrsg.): The theory and philosophy of organizations. Critical issues and new perspectives, London, New York 1990, S. 44-60

Willmott, Hugh (1993a): Breaking the paradigm mentality, in: Organization Studies 14 (5/1993), S. 681-719

Willmott, Hugh (1993b): Strength is ignorance; slavery is freedom: Managing culture in modern organizations, in: Journal of Management Studies 30 (4/1993), S. 515-552

Wilms, Falko E. P. (2013): Dialog als Weg des gemeinsamen Denkens, in: Business + Innovation 4 (3/2013), S. 52-59

Wolf, Barbara (2015): Atmosphären des Aufwachsens, Rostock 2015

Wolf, Joachim (2013): Organisation, Management, Unternehmensführung. Theorien, Praxisbeispiele und Kritik, 5. Aufl., Wiesbaden 2013

Wolkowitz, Carol (2006): Bodies at work, London, Thousand Oaks, New Delhi 2006

Woodman, Richard W./King, Donald C. (1978): Organizational climate: Science or folklore? In: Academy of Management Review 3 (4/1978), S. 816-826

Woodworth, Robert S./Marquis, Donald G. (1947): Psychology, 5. Aufl., New York 1947

Wortmann, Achim (2013): Die Rolle von Persönlichkeit bei der Inneren Kündigung im Bezug zu den Prädiktoren Psychologischer Vertrag und Sensibilität für Ungerechtigkeit, Hamburg 2013

Wuchterl, Kurt (1977): Methoden der Gegenwartsphilosophie, Bern, Stuttgart 1977

Wundt, Wilhelm (1924): An introduction to psychology, London 1924

Yalch, Richard F./Spangenberg, Eric R. (2000): The effects of music in a retail setting on real and perceived shopping times, in: Journal of Business Research 49 (2/2000), S. 139-147

Yani-de-Soriano, M. Mirella/Foxall, Gordon R. (2006): The emotional power of place: The fall and rise of dominance in retail research, in: Journal of Retailing and Consumer Services 13 (6/2006), S. 403-419

Zalesny, Mary D./Farace, Richard V. (1987): Traditional versus open offices: A comparison of sociotechnical, social relations, and symbolic meanings perspectives, in: Academy of Management Journal 30 (2/1987), S. 240-259

Zhang, Zhongyuan/Spicer, André (2014): 'Leader, you first': The everyday production of hierarchical space in a Chinese bureaucracy, in: Human Relations 67 (6/2014), S. 739-762